Wolfgang Czysz

GONTIA

Günzburg in der Römerzeit

Archäologische Entdeckungen an der bayerisch-schwäbischen Donau

Den Druck unterstützten folgende Institutionen:

Historischer Verein Günzburg
Lions Club International, Lions-Club Günzburg/Schwaben
Bezirk Schwaben
Bayerisches Staatsministerium für Wissenschaft, Forschung und Kunst
Gesellschaft für Archäologie in Bayern e.V.

Die Deutsche Bibliothek - CIP-Einheitsaufnahme

Gontia : Günzburg in der Römerzeit ; archäologische Entdeckungen
an der bayerisch-schwäbischen Donau / Wolfgang Czysz.
- Friedberg: Likias-Verl., 2002

ISBN 3-9807628-2-3

Unterm Berg 2
86316 Friedberg

Satz: Likias-Verlag (V. Babucke, U. Ibler)
Layout: Likias-Verlag (V. Babucke, U. Ibler), W. Czysz
Druck: Druckerei Böhm, Augsburg

Inhaltsverzeichnis

Zum Geleit

Wer den Abschnitt „200 Jahre Römerforschung in Günzburg" in diesem Buch durchgelesen hat, muß sich zumindest über die Hartnäckigkeit der Günzburger Laien wundern, mit der sie seit den 20er und 30er Jahren des 19. Jahrhunderts römische Bodenforschung betrieben haben. Die Reihe beginnt mit Johann Nepomuk von Raiser († 1853) als frühestem Anreger und Sammler und setzt sich fort mit Ignaz Wetzler († 1869) und seiner Gründung eines Archäologischen Vereins im Jahr 1831. Eine Neugründung von Verein und Museum im Jahr 1902 lockte zu ernsthaften Aktivitäten. Sie verbinden sich mit den Namen Patin, Steigenberger, Bencker, Vogeser, Oberndorfer, Stötter und nicht zuletzt Auer, dessen Leistung durch die Zerstörung des Museums 1945 in materieller Hinsicht stark beeinträchtigt wurde.
Der Neubeginn ab 1948 erfuhr ein wachsendes Interesse seitens des Bayerischen Landesamts für Denkmalpflege und der Wissenschaft. Stellvertretend für eine ganze Reihe wichtiger Personen gilt es, sich in Dankbarkeit an die Verdienste von Dr. Norbert Walke von der Spätrömischen Kommission der Bayerischen Akademie der Wissenschaften in München zu erinnern. Der große Forschungsdurchbruch kam 1976 mit den Ausgrabungen des römischen Gräberfelds an der Ulmer Straße unter der nimmermüden Regie von Dr. Wolfgang Czysz von der Außenstelle Schwaben des Bayerischen Landesamts für Denkmalpflege, dem auch die Neueinrichtung der römischen Abteilung im Museum in Günzburg zu verdanken ist. Das neue Werk aus seiner Feder bündelt erstmals den Forschungsstand in Günzburg aus wissenschaftlicher Sicht, ohne den interessierten Laien „außen vor" zu lassen.
Im jährlich erscheinenden Fundbericht der Bayer. Vorgeschichtsblätter heißt es im Band 26, 1961, 291: "An zahlreichen Stellen des Stadtgebiets konnten ... wieder römische Kulturreste ... geborgen und topographische Beobachtungen gemacht werden, die in größerem Zusammenhang gewürdigt zu werden verdienten ...".
Der Verfasser dieses Vorworts schätzt sich glücklich, nach einem halben Jahrhundert eigenen Tuns als Kreisheimatpfleger und Vorsitzender des Historischen Vereins Günzburg das Gefühl zu genießen, daß seine Leidenschaft an der Sache in diesem Buch ihren Sinn bekommt und nicht einem egoistischen Selbstzweck gedient hat.

Josef Weizenegger
1. Vorsitzender des Historischen Vereins Günzburg e.V.

Der Lions-Club Günzburg/Schwaben fühlt sich seit seiner Gründung in erster Linie der Hilfe bei sozialen Notlagen im regionalen Umfeld und bei weltweiten Aktionen verpflichtet. Daneben wurden stets aber auch kulturelle Aufgaben gefördet. Anliegen des historischen Vereins Günzburg standen dabei mehrmals im Mittelpunkt.
Das 20jährige Bestehen des Lions-Clubs Günzburg feierten wir mit einer der breiten Öffentlichkeit sichtbaren Gabe. Im Jahr 1990 wurde am Rand des römischen Gräberfeldes an der Ulmer Straße die Nachbildung eines Grabtempels unter dem damaligen Präsidenten Reinhard Ettemeyer errichtet. Zum 30jährigen Bestehen des Lions-Clubs griff der damalige Präsident Dr. Ralf Strassner einen Wunsch des historischen Vereins auf und fördert nun den neuen Band über die Geschichte Günzburgs in der Römerzeit.
Wir freuen uns, bei der verantwortungsvollen Aufgabe mitgeholfen zu haben, die Vergangenheit unserer Stadt sichtbar zu machen und ihren Bürgern damit ein Stück Selbstbewußtsein und Identität zu geben. Dem Historischen Verein gratulieren wir zum 100jährigen Bestehen und danken seinem Vorsitzenden Josef Weizenegger ausdrücklich für seine verdienstvolle Arbeit in 45 Jahren als Heimatpfleger.

Günzburg, im März 2002

Günther Elster
Präsident Lions-Club Günzburg/Schwaben

Vorwort

Non erit finis – diese Befürchtung hatte Josef Weizenegger in den letzten Jahren immer wieder beunruhigt, wenn ihm die Arbeit am römischen Günzburg nicht schnell genug vorangehen wollte. Zweifel waren in Anbetracht der chronischen Überlastung eines Denkmalpflegers und angesichts der zu bewältigenden Fundmengen im Museum nicht unbegründet.
Fast ein halbes Jahrtausend – das entspricht einer Zeitspanne von der Entdeckung Amerikas bis heute – haben die Römer die Geschichte unseres Landes und auch das Schicksal jenes Platzes an der Donau bestimmt, der sich innerhalb weniger Jahrzehnte von einem Militärposten zur bedeutenden Zivilsiedlung *Gontia* entwickelt hatte. Die Archäologie dieses Ortes aufzubereiten und in verständlicher Sprache dem interessierten Bürger darzustellen ohne den wissenschaftlichen Anspruch aufzugeben, das war die gestellte Aufgabe. Das Ergebnis ist die erste umfassende Bearbeitung der römischen Geschichte Günzburgs auf Grundlage der archäologischen Ausgrabungen, Funde und historischen Quellen.
Daß die Arbeit zustande kommen konnte, verdanken wir dem leidenschaftlichen Wirken des langjährigen Kreisheimatpflegers, Museumsleiters und 1. Vorsitzenden des Historischen Vereins Günzburg, Josef Weizenegger. Er hat uns, oft gegen Strom und Zeitgeist rudernd, bei allen Anliegen immer wieder spontan und großzügig unterstützt. Der Historische Verein, dem über 900 Günzburger Bürger angehören, ermöglichte zusammen mit anderen, im Impressum genannten Sponsoren den Druck.
Das Bayerische Landesamt für Denkmalpflege hat sich in den vergangenen 25 Jahren in Günzburg über seinen gesetzlichen Auftrag hinaus engagiert und zahlreiche Rettungsgrabungen in Kastell, Siedlung und Gräberfeld durchgeführt. An dieser Stelle danke ich allen, die als Studenten oder Helfer an den Ausgrabungen mitgewirkt und mit ihrem Einsatz zum Erfolg beigetragen haben. Wege in der Stadtverwaltung hat dabei oft der Museums- und Archivleiter W. Grabert M. A. geebnet; ihm bin ich für die Hilfsbereitschaft und die vertrauensvolle Kooperation sehr verbunden. Für fachlichen Rat, für Bestimmungen oder die Überlassung von Bildvorlagen danke ich herzlich den Kolleginnen und Kollegen Prof. Dr. K. Dietz (Würzburg), Dr. Sonja Jilek (Wien), Dr. K. Kortüm (Stuttgart) und Dr. H. Schubert (Frankfurt). Dr. D. Ebner (München) half spontan bei der Korrektur des Manuskripts und gab manchen wichtigen Hinweis. Schließlich fühle ich mich auch meinem Kollegen Dr. H. Dietrich (Bayer. Landesamt für Denkmalpflege) verpflichtet, der mich immer wieder kollegial entlastet hat.
Daß die Veröffentlichung nun erscheinen konnte, ist nicht zuletzt das Verdienst von V. Babucke M.A. und Dr. U. Ibler vom Likias-Verlag Friedberg. Sie haben den Satz, die ansprechende Grafik und das Layout besorgt; für die freundschaftliche Zusammenarbeit danke ich ihnen herzlich.
Mit dem neuen Band zur Römerzeit gratuliert das Bayerische Landesamt für Denkmalpflege dem Historischen Verein Günzburg zu seinem 100jährigen Jubiläum und bedankt sich zugleich bei seinem 1. Vorsitzenden Josef Weizenegger. Es ist geschafft, *factum est*.

Friedberg, 25. März 2002
Dr. Wolfgang Czysz

Aus Neugier wird Bürgerstolz

*„Ich wage es zu behaupten,
daß die ganze Geschichte nichts Wert wäre,
wenn die Römer nicht existiert hätten".*
Leopold von Ranke[1]

Wer mit offenen Augen durch die Welt geht und seine Umgebung interessiert und aufmerksam betrachtet, fragt früher oder später nicht nur nach dem Was und Wie der ihn umgebenden Dinge, sondern auch danach, wann sie entstanden und warum sie so und nicht anders geworden sind. Nichts anderes macht der Archäologe, der mit seiner historisch-kulturwissenschaftlichen Perspektive nach Zusammenhängen und Ursachen forscht, um die Geschichte besser zu verstehen. Nichts anderes taten einige Günzburger Bürger am Anfang des 19. Jahrhunderts, als sie die ersten Spuren der Römer entdeckten. Sie gründeten einen archäologischen Verein – übrigens als einen der ersten in Europa (Abb. 2).
Besonders aus dem vergangenen Jahrhundert stammt eine solche Fülle an verstreuten Informationen und Funden, daß es „Zeit geworden ist", sie zu bestimmen, zu ordnen und zu bewer ten, um die zahllosen Einzelhinweise bündeln und zu einem archäologisch-historischen Gesamtbild zusammenfassen zu können. Das soll die Aufgabe dieses Buchs sein.

200 Jahre Römerforschung in Günzburg

Im November 1911 wurde beim Abbruch der alten Günzbrücke eine Zinkblech-Büchse entdeckt, die in einen Kalkquader eingelassen war[2]. In der Kassette, die man am 15. Juni 1836 beim nördlichen Brückenkopf versenkt hatte, lagen Erinnerungsstücke der Stadt- und Zeitgeschichte: Eine Ansicht der Residenzstadt von 1642 und der Stadtplan von 1823 sowie J. N. Raisers Büchlein „Guntia und merkwürdige Ereignisse der Donaustadt Günzburg" aus dem Jahr 1823[3]. Ausdrücklich aber war in der Grundlegungsurkunde der 1829 - erst wenige Jahre zuvor - entdeckte *transitus Guntiensis* vermerkt, der spätantike Flußübergang über die Donau. Außerdem enthielt der Behälter eine in der Unterstadt gefundene Silbermünze des Kaisers Antoninus Pius aus dem Jahr 138/139 n. Chr.[4].
In den historischen Bezügen der Grundsteinkassette und dem Symbolgehalt ihrer „Beigaben" kommt der Stolz der Günzburger Bürgerschaft auf die römische Vergangenheit ihrer Stadt zum Ausdruck, reichte ihre Geschichte doch über fast 2000 Jahre zurück in die Zeit der römischen Kaiser. Damit reihte sich Günzburg in die Liste jener Römerstädte nördlich der Alpen ein, die im 1. Jahrhundert nach Christi Geburt gegründet und Teil eines damals die bekannte Welt umspannenden Herrschaftsgebiets waren, des *Imperium Romanum*.
Jener mediterranen Stadtkultur verdanken wir heute mehr als man gemeinhin vermutet: Die zahllosen lateinischen Fremd- und Lehnwörter unserer Sprache in Alltag und Wissenschaft, Schrift und Zeichen, Recht und Gesetz, zielgerichtetes politisches Denken und organisiertes Handeln. Rom begründete die erste staatliche, von den kaiserlichen Münzstätten garantierte Währung. Unsere Zeitrechnung, der Kalender, Sternzeichen, vieles fußt auf den in der römischen Antike gewonnenen Erkenntnissen, ganz zu schweigen von technischen Errungenschaften wie den Aquädukten, Gewölbekonstruktionen, Energiesparheizungen, Brücken und vie-

1 Altar der Günzburger *molinarii*-Wassermüller (Stich nach Raiser 1823, Taf. 1,1).

Der
archäologische Verein zu Unter-Günzburg
Zur
Beurkundung der Aufnahme
des
Herrn Wetzler Bürgermeister in Günzburg
als ordentliches Mitglied des Vereins
Günzburg den 1 Jäner 1831

2 Aufnahmeurkunde des archäologischen Vereins zu Unter-Günzburg für den Günzburger Bürgermeister Ignaz Wetzler vom 1. Januar 1831 (Maße 34 x 48 cm; Akten Hist. Ver. Günzburg).

lem anderen mehr. Diese kulturellen Leistungen haben das Abendland weit mehr und in stärkerem Maß geprägt als schwachsinnige Imperatoren, habgierige Statthalter und blutrünstige Legionen („die erfolgreichsten Krieger der Geschichte"), mit denen man Rom allzu leichtfertig und oberflächlich identifiziert.

Der erste, der sich mit der römischen Geschichte Günzburgs beschäftigt hat, war der Freiburger Johann Nepomuk von Raiser (1768–1853)[5]. Als promovierter Jurist, Appellationsrath und Kanzlei-Direktor in der Regierung von „Schwäbisch-Österreich" war er seit 1802 in Günzburg und Ulm tätig. Als Regierungsdirektor der Provinz Schwaben und Neuburg hat er „mächtig anregend eingewirkt" auf die Erforschung seiner neuen Heimat und die Gründung historischer Vereine. In den 15 Jahren seiner Tätigkeit von 1802–1817 stellte er das Wissen seiner Zeit über „Guntia" im 3. Band der „Denkwürdigkeiten des Oberdonaukreises" zusammen; dieses Heft erschien 1823 in Augsburg[6].

Seine Untersuchungen zur Römerstadt gründeten zunächst auf der Kenntnis des lateinischen Ortsnamens GONTIA, der in einem römischen Straßenverzeichnis und in Zusammenhang mit der Erwähnung des Donauübergangs *(transitus Guntiensis)* in einer Lobrede auf Kaiser Constantius Chlorus überliefert war. Davon wird später noch ausführlich zu reden sein. Schließlich hatte Raiser den ersten archäologischen Fund aus Günzburger Boden gedeutet, die Inschrift eines Neptun-Altars, den Flußfischer 1784 südlich der Obermühle aus der Günz gefischt hatten *(Abb. 1)*. Andere Fundobjekte waren damals kaum bekannt und identifizierbar, wenn man von einzelnen römischen Münzen absieht. Nach den ersten drei Günzburger Fundmünzen wuchs Raisers Sammlung rasch: 1844/45 enthielt die *Nummotheca Raiseriana* in Augsburg bereits rund 70 Günzburger Münzen. Noch am Ende des 19. Jahrhunderts bildeten seine Erkenntnisse eine gesicherte Grundlage und den Ausgangspunkt weiterer archäologischer Forschungen[7].

Das von Raiser angeregte Interesse für die römische Kultur und sein Wissen über die frühe Stadtgeschichte fiel auf fruchtbaren Boden[8]. Mitstreiter dieser Zeit war der Stadtapotheker und Bürgermeister Ignaz Wetzler (1784–1869), der damals Augenzeuge eines besonderen Fundes geworden war. Bei der Ausräumung der Donau-Fahrrinne im Jahr 1830 wurden zahlreiche Steinquader entdeckt, die man mit jenem *transitus Guntiensis,* dem besagten römischen Donauübergang, in Verbindung brachte. Die allgemeine Begeisterung für die Altertumsforschung führte bald zur Gründung eines Archäologischen Vereins, die Wetzler entschlossen in die Hand nahm. Am 19. Februar 1831 kamen über 100 Bürger zusammen mit der Aufgabe, allerorten „nach den Alterthümern seiner Gegend zu forschen", um durch die „Zusammenstellung der einzelnen Resultate in ein geordnetes Ganzes einen Beytrag zur vaterländischen Geschichte zu liefern" *(Abb. 3)*. Die Aufnahmeurkunde schmückte der rekonstruierte *transitus*-Brükkenturm und ein *Guntia*-Meilenstein *(Abb. 226)*. Leider war dem 64 Mitglieder zählenden Verein nur ein kurzes Dasein beschieden. Damals erworbene Funde gingen, soweit man weiß, verloren[9].

Die ersten wissenschaftlichen Schritte

Auch wenn die frühen Aktivitäten bald wieder eingeschlafen waren, hatten sie doch ihre Nachwirkung auf spätere Generationen. Es war sicher kein Zufall, daß Lehrkräfte des Humanistischen Gymnasiums die Archäologie wiedererweckten und im Jahr 1902 den Historischen Verein Günzburg gründeten. Zum ersten Vorsitzenden wurde Rektor Dr. Alois Patin gewählt. Der Verein zählte bald 160 Mitglieder[10]. 1903–1905 fanden die ersten Ausgrabungen auf den Äckern der Bayerschen Ziegelei statt, wo beim Lehmabbau immer wieder römische Brandgräber zum Vorschein gekommen waren. Dr. Max Bencker gab 1907 das erste gedruckte Fundinventar heraus, das die Stempel auf Lampen, Reibschüsseln und Terra Sigillata enthielt[11]. Im Folgejahr 1908 erschien der Katalog römischer Münzen, deren Sammlung auf mittlerweile 454 angestiegen war. Studienprof. Dr. Joseph Vogeser (1876–1926) aus Rettenbach führte das Fundinventar fort[12].

In diesen Werken wird bereits einer der Grundzüge Günzburger Heimatforschung sichtbar: die sorgfältige Buchführung. Die vorbildliche Inventarisation mit der sachlichen Beschreibung geborgener Fundgegenstände sowie einer bildlichen Dokumentation durch Zeichnungen oder Fotographien hob ihren Wert weit über den antiquarischer Sammelobjekte hinaus, wie sie in vielen anderen Museen damals zusammengetragen wurden. Das machte sie zu Objekten wissenschaftlicher Forschung, zumal auch die Geländebeobachtungen und Grabungsergebnisse nun in jährlich erscheinenden Tätigkeitsberichten vorgelegt wurden.

Wesentlichen Anteil an der wissenschaftlichen Qualifikation der Vereinsarbeit und den Grabungsaktivitäten hatte der Kgl. Gymnasialprof. Rudolf Oberndorfer (1846–1944), der seit 1873 Lehrer für Realien (Naturwissenschaft) und Turnen an der Günzburger Lateinschule war. Seine weitgespannten Interessen galten der Archäologie und Geschichte, aber auch der Erforschung von Käfern und Reptilien – sicher kein Zufall, was seine akribische Arbeitsweise betrifft. 1906–1907 übernahm er mit Unterstützung M. Benckers und S. Stötters die Leitung des Vereins. Damals begann eine für die Archäologie außerordentlich fruchtbare Zeit. Denn sein Verständnis für wissenschaftliche Fragestellungen und zielgerichtete Untersuchungen brachte eine neue Dimension in die Günzburger Forschung. Man grub nicht, um den Fundbestand zu erweitern und neue Objekte für die Museumssammlung zu gewinnen, sondern ging bestimmten Fragestellungen nach: Wo lag das

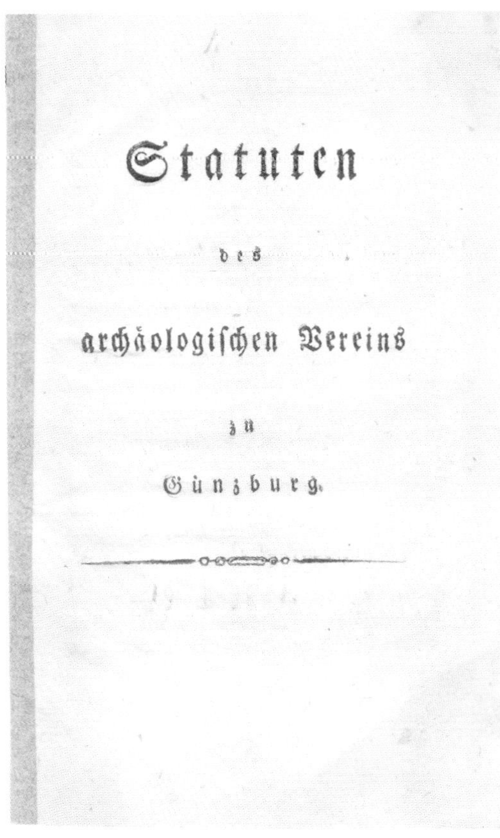

Statuten des archäologischen Vereins zu Günzburg.

3 Statuten des archäologischen Vereins zu Günzburg. Mit Bleistift bezeichnet 19.X.1831 (Maße 16,2 x 10 cm; Akten. Hist. Ver. Günzburg).

4 Südflügel des Schlosses nach dem Bombenangriff in der Nacht vom 9.4.1945. Im Erd- und Obergeschoß war seit 1937/38 das Museum untergebracht (Foto Fellerer, Günzburg).

Günzburger Kastell? Wo verliefen die Römerstraßen? Wann entwickelte sich die Zivilsiedlung *Gontia*? Wo lagen die zeitgenössischen Friedhöfe? Wie endete die römische Geschichte des Platzes?

Seit 1903 wurde die Grabungstätigkeit des Vereins fachlich und wohl auch finanziell durch das königliche Generalkonservatorium, den Vorgänger des Bayerischen Landesamts für Denkmalpflege in München begleitet und unterstützt. Die Dokumentation der jährlichen Grabungen und die Fundberichte erschienen von 1907–1933 im Jahrbuch des Historischen Vereins Dillingen.

1922 verließ Oberndorfer Günzburg und ging nach Landsberg. Serafin Stötter (1866–1954) übernahm 1923 seine Nachfolge als Vorsitzender des Historischen Vereins. Er war approbierter Bader, zugleich Stadtarchivar, und hat vor allem durch seine zahlreichen Artikel im „Günz- und Mindelboten" die Öffentlichkeit an die Tätigkeit der Archäologen herangeführt und den heimatkundlich interessierten Bürger über die Ausgrabungen des Historischen Vereins informiert. Seit 1913 wurde die archäologische Arbeit durch den Referenten für Vor- und Frühgeschichte am Kgl. Generalkonservatorium in München, Dr. Paul Reinecke, betreut. Sein „Günzburg zur Römerzeit" erschien 1913 in der Zeitschrift des Historischen Vereins für Schwaben und Neuburg[13] und bot den ersten, in vielen Details heute noch wertvollen Überblick über den römischen Abschnitt der Günzburger Geschichte. Diese Zusammenschau richtete sich nicht nur an die Fachwelt, sondern ausdrücklich auch an den interessierten Laien[14].

1937 bekam das mittlerweile beträchtlich angewachsene Museum eine neue Unterkunft im Südflügel des Markgrafenschlosses. Dort sollten die Funde den Bürgern, Heimatinteressierten und der Wissenschaft zugänglich gemacht werden. Das erfreuliche Ergebnis: Bald interessierte sich die Fachwelt für Günzburg. Friedrich Drexel (1885–1930) sichtete für seine Faiminger Grabungsbearbeitung im Rahmen der von Theodor Mommsen und anderen gegründeten Reichslimeskommission und des von ihr herausgegebenen Limeswerks (Der obergermanisch-raetische Limes – ORL) die Günzburger Funde; seine Listen von Sigillata- und Lampen-Stempeln sind in den Akten des Historischen Vereins Günzburg erhalten geblieben[15]. 1938/1939 entstand, wohl schon im Bewußtsein des drohenden Krieges, die sog. Landesaufnahmekartei des Bayerischen Landesamts für Denkmalpflege. Dazu wurden alle Informationen der in den Jahrbüchern des Historischen Vereins Dillingen erschienenen Artikel über Günzburg exzerpiert und durch den Marburger Archäologiestudenten Hans-R. Wiegand auf Karteikarten aufgezogen. Die wissenschaftliche, nun durch fotographische Sachaufnahmen ergänzte Dokumentation wurde vom 1943 gefallenen stellvertretenden Konservator am Bayerischen Landesamt für Denkmalpflege, Dr. Kurt Exner, betreut. Der 1944 an der Ostfront gefallene Dr. Karl Heinz Wagner, ebenfalls Konservator am Bayerischen Landesamt für Denkmalpflege in München, fertigte ein Inventar an.

Seit 1924 war Paul Auer (1883–1969)[16] im Vorstand des Historischen Vereins tätig. Zusammen mit Serafin Stötter hatte er geholfen, den Verein über die schwere Zeit des Zweiten Weltkriegs zu führen. Das Museum wurde durch einen Luftangriff am 9. April 1945 fast vollständig zerstört *(Abb. 4)*. Den Schülerinnen und Schülern des Gymnasiums verdanken wir die Rettung des im Feuer geborstenen Gontia-Steins und zahlreicher anderer Funde, die verbrannt aus den Trümmern gezogen werden konnten[17]. Die über den Krieg unversehrt gebliebenen vorgeschichtlichen Bestände wurden auf Anregung Dr. Werner Krämers 1951 von Dr. Armin Stroh[18] neu inventarisiert und veröffentlicht. Dr. Hans-Jörg Kellner bearbeitete die 465 römischen Fundmünzen im Rahmen seiner Münchener Dissertation (1953); die Münzliste wurde 1962 im deutschen Fundmünzencorpus (FMRD I 7132) abgedruckt.
Paul Auer hatte von 1930 bis 1957 auch als Kreisheimatpfleger in Günzburg gewirkt. Noch in unmittelbarem persönlichen Erleben von Stötter, Auer, Reinecke und Friedrich Wagner übernahm Konrektor Josef Weizenegger (*1924) 1966 den Vorsitz des Historischen Vereins *(Abb. 5)*. Als Kreisheimatpfleger seit 1957 beobachtete er über 45 Jahre lang die Baumaßnahmen der Nachkriegszeit und führte ein Fundtagebuch, das über alle Beobachtungen gewissenhaft und gründlich Auskunft gibt. Seine Notizen bilden die Grundlage der hier vorgelegten Kartierungen und vieler topographischer Einzelhinweise, die im Fundstellenanhang erstmals zusammengefaßt sind. Ein Teil seiner Fundberichte erschien in den Bayerischen Vorgeschichtsblättern, seit 1972 in der jährlichen Fundchronik „Ausgrabungen und Funde in Bayrisch-Schwaben" in der Zeitschrift des Historischen Vereins für Schwaben (1973–1982) und seit 1987 in den Beiheften der von der Kommission für Bayerische Landesgeschichte (Bayerische Akademie der Wissenschaften, München) herausgegebenen Bayerischen Vorgeschichtsblätter.
Trotz der wissenschaftlichen Problematik, zahlreicher Funde und der aktiven Arbeit des Historischen Vereins hat die akademische Forschung der Universitäten in Günzburg nie richtig Fuß gefaßt. Zwei Grabungsprojekte im Bereich des spätantiken Kastells wurden von Prof. Dr. Joachim Werner † (München) angeregt und durch den früh verstorbenen Mitarbeiter der Kommission zur Erforschung des spätrömischen Raetien an der Bayerischen Akademie der Wissenschaften, Dr. Norbert Walke, durchgeführt, 1958 am Kappenzipfel und 1962 in St. Martin. Walkes sorgfältigen Untersuchungen verdanken wir wichtige stratigraphische Beobachtungen; sie bilden heute noch einen wesentlichen Ansatzpunkt für verschiedene siedlungsgeschichtliche Fragen. Eine kurze, leider erfolglose Untersuchung im Bereich des spätantiken Friedhofs in der Oberstadt im Jahr 1966 durch Dr. Jochen Garbsch war die letzte Unternehmung der Spätrömischen Kommission in Günzburg.

Vergangenheit mit Zukunft 1958 zog das Heimatmuseum zum elften und letzten Mal in die Räume des ehemaligen Piaristenklosters um. 1977, anläßlich des 75jährigen Bestehens des Historischen Vereins und des 1900jährigen „Kastelljubiläums" erschien ein Sonderband der Günzburger Hefte mit einer Zusammenfassung des damaligen Forschungsstands zur Siedlungstopographie und Siedlungsgeschichte[19].

5 Großer Altar aus der Kiesgrube an der Heidenheimer Straße mit dem 13jährigen Gymnasiasten J. Weizenegger (1937).

1973 hatte der Bayerische Landtag das Gesetz zum Schutz und zur Pflege der Denkmäler (Denkmalschutzgesetz – DSchG) verabschiedet. Damit stand die archäologische Denkmalpflege (Bodendenkmalpflege) auf einer neuen Grundlage. Der personelle Ausbau der Außenstelle Schwaben des Bayerischen Landesamts für Denkmalpflege in Augsburg, heute im ehemaligen Benediktinerkloster Thierhaupten, ermöglichte seit 1976 umfangreiche Rettungsgrabungen im römischen Friedhof an der Ulmer Straße, die durch die Begradigung der Bundesstraße 10 und später durch die Ausweisung des Gewerbegebiets an der Reindlstraße notwendig geworden waren. Unter der Leitung von Dr. Wolfgang Czysz begann eine kontinuierliche Grabungstätigkeit; in zwölf Kampagnen zwischen 1977 und 1994 wurden über 1400 römische Gräber gesichert und geborgen (*Abb. 6*). Die ersten Ergebnisse mündeten 1982 in der neuen Präsentation des Heimatmuseums, wenig später gefolgt von der Neueinrichtung des Raums zur römischen Siedlungsgeschichte[20].

Wozu Archäologie? Warum Denkmalschutz?

Das Bewußtsein von der historischen Bedingtheit des Menschen „gebietet, historische Zeugnisse als Schlüssel zum Verständnis der Vergangenheit zu würdigen und ihren entsprechenden Wert forschend zu bestimmen. Diese Verpflichtung ist nicht nur ein wesentlicher Teil unserer Kultur, sondern im Grundsatz heute weltweit anerkannt. Dabei besteht neben dem wissenschaftlichen Anliegen der sich in aller Regel selbst genügenden archäologischen Forschung auch ein öffentliches, ja nationales Interesse, die Hinterlassenschaften längst vergangener Kulturen zu erhalten oder, wo dies nicht möglich ist, sie zumindest zu dokumentieren und in ihrer historischen Bedeutung zu interpretieren“[21]. Dem trägt das Bayerische Denkmalschutzgesetz Rechnung. In Bayern besitzt der Schutz der Kultur sogar Verfassungsrang (Art. 141). Nach der Verfassung des Freistaates Bayern ist es eine vordringliche Aufgabe der staatlichen Gemeinschaft, nicht nur Boden, Wasser und Luft als natürliche Lebensgrundlagen zukünftiger Generationen zu schützen und mit diesen Naturgütern sparsam umzugehen, sondern auch die Denkmäler der Kunst und der Geschichte zu bewahren und zu pflegen. Darüber hinaus muß besonders in den Schulen das Bewußtsein für die historische Prägung unserer Kulturlandschaft geschärft werden in der Hoffnung, daß sich auch kommende Generationen noch für den Denkmalschutz engagieren (können) und sich für den Erhalt ihrer Denkmäler einsetzen[22]. Archäologie und Denkmalschutz sind kein Steckenpferd verschrobener Altertumsforscher und Scherbenzähler, sondern eine ernste Aufgabe und Herausforderung täglicher Kulturpolitik.

Die langjährige Präsenz der Archäologen in Günzburg hat sich nicht nur positiv auf die provinzialrömische Forschung, sondern auch auf die Akzeptanz denkmalpflegerischer Aufgaben in der Bevölkerung ausgewirkt. Archäologische Belange wurden nun auch von der Stadtverwaltung mitgetragen und verständnisvoll unterstützt. Trotz der gemeinsamen Bemühungen von Denkmalschutz und Heimatpflege ist es in der jüngsten Vergangenheit jedoch immer wieder zu vermeidbaren Zerstörungen gekommen. Empfindliche Lücken schlug die Bebauung der 1970er Jahre am Pfarrhofplatz in den Bereich alter Günzläufe und ihrer Uferbefestigungen. Auch der Kastellbereich des späten 1. Jahrhunderts im Umfeld des Städtischen Friedhofs und der Römergasse hat unter Ablehnung und Desinteresse gelitten. Noch in den 1990er Jahren entstanden Neubauten ohne denkmalrechtliche Genehmigung (Römergasse 8, 10 a, 12 a, Ulmer Straße 60 u. a.), obwohl dort die Existenz archäologischer Denkmäler bekannt war.

Außer der „Trauerarbeit“ um den Verlust historischer unwiederbringbarer Substanz bleibt heute nur der unentwegte Versuch, um Verständnis für diesen konfliktträchtigen Interessensbereich zu werben; beiderseitiges Entgegenkommen war dabei auf Dauer stets die beste Lösung. Es paßt einfach nicht in das Informationszeitalter des 3. Jahrtausends, in Anbetracht zahlloser, durch Raubbau und Fehlplanungen verursachter Natur- und Umweltkatastrophen die Denkmalpflege und den Schutz unserer eigenen Umwelt zu ignorieren. Wer kann es verantworten, die ohnehin stark geschädigten Restflächen in der historisch gewachsenen Unterstadt scheinbar grenzenloser Profitgier zu opfern? Deshalb hat das Bayerische Landesamt für Denkmalpflege der städtischen Bauverwaltung Schutzzonen und archäologische Vorbehaltsflächen an der Ulmer Straße besonders im Schrebergartengelände zwischen der Bahnlinie, Am Wasen und dem Städtischen Friedhof anempfohlen *(Abb. 7)*. Die Denkmalliste der amtlichen Inventarisation (Art. 2 DSchG) enthält in der Stadt und ihren Randzonen 43 Denkmalbereiche. Im Gartengelände hinter der Ulmer Straße 1–58 zwischen Römergasse und Donaubrunnenweg liegt das Kerngebiet, in dem man in Zukunft Einzelbaumaßnahmen nur dann rasch entsorgen kann, wenn Bauabsichten frühzeitig bekannt und archäologische Untersuchungen rechtzeitig ermöglicht werden – bevor der Bagger anrollt.

Mit dem Spaten durch die Stadt

Die Geschichte ist ein dynamischer, nie abgeschlossener Prozeß. Deshalb wandelt sich mit ihr auch die Geschichtsforschung. Wachsende Erkenntnisse – tagtäglich kommen neue Bodenfunde ans Tageslicht, Jahr für Jahr erschließen Ausgrabungen großflächige Siedlungen, Befestigungen oder Friedhöfe – neue Perspektiven und Methoden führen zu neuen Fragestellungen. Jede Forschergeneration beschreitet neue Wege. Was die Günzburger Archäologen um 1900 „wußten", wird heute bezweifelt; was man 1960 erfahren wollte, ist heute bekannt; doch was gestern sicher schien, muß morgen erneut hinterfragt werden.

Der modernen Archäologie geht es keineswegs um das Anhäufen glänzender Einzelfunde; sie ist über das reine Quellensammeln längst hinausgewachsen. Es klingt paradox: Trotz der Fülle blieb das archäologische Bild lückenhaft. In Anbetracht der zahlreichen Veröffentlichungen, nicht nur über das römische Günzburg, wäre man fast geneigt zu glauben, daß alles bekannt wäre, mithin kein Forschungsbedarf mehr bestünde – doch weit gefehlt. Unzählige Einzelinformationen und Berichte von insgesamt 261 Fundstellen im Kastell und in der Zivilsiedlung (196 links, 65 rechts der Günz) sowie fast 20 wissenschaftliche Ausgrabungskampagnen der Nachkriegszeit bilden zusammen mit rund 2000 Grabfunden eine neue archäologische Grundlage und Ausgangsbasis für moderne Untersuchungen – solange man noch in Einsamkeit und Freiheit forschen kann. Die vorhandenen Grabungsmaterialien, zumal die umfangreichen Grabfunde auf dem Friedhof an der Ulmer Straße, können nach den heute gültigen Standards kaum mehr bearbeitet werden – dazu fehlt es unserer reichen Zeit an Geld und fachpolitisch-organisatorischen Strukturen, solche Großprojekte in Teamarbeit anzupakken und zu verwirklichen. Hinzu kommt: Die Siedlung der Römerzeit lag nie ungestört auf freiem Feld; deshalb kam es selten zu systematischen Ausgrabungen. Fast überall sind die römischen Schichten durch mittelalterlich-neuzeitliche Bauten gestört, oft genug tiefgründig zerstört und ausgelöscht. Die römischen Fundschichten beginnen an manchen Stellen Günzburgs nur wenige Zentimeter unter der heutigen Geländeoberfläche, manchmal schon un-

6 C. S. Sommer, J. und M. Weizenegger 1978 bei der Blockbergung des Kindergrabs 175 im Gräberfeld an der Ulmer Straße.

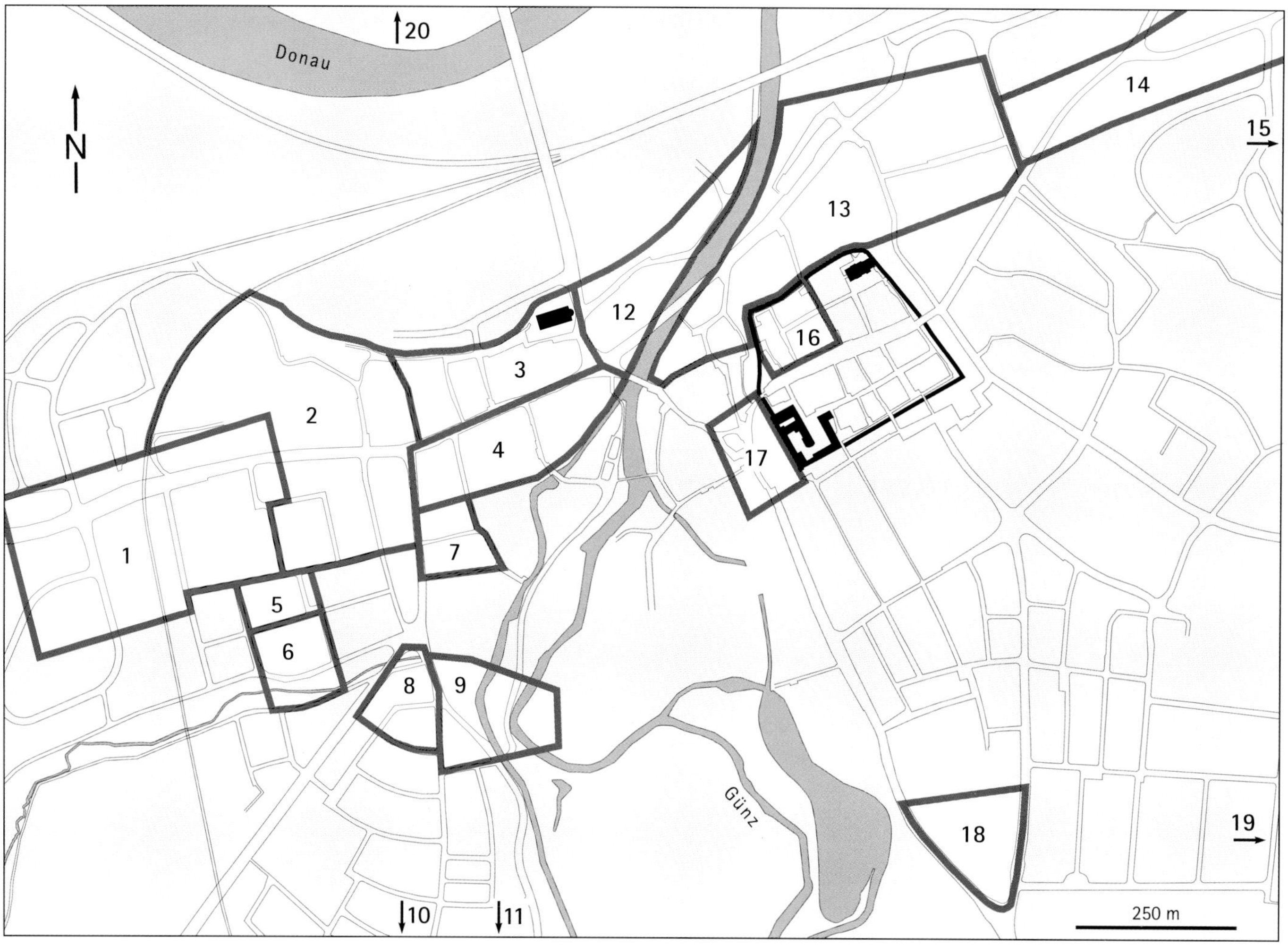

7 Denkmalliste des amtlichen Denkmalinventars für die Stadt Günzburg (Auszug); S = Siedlungsfund, G = Grabfund, F = Flußfund.

1. Römische Straße und Gräberfeld an der Ulmer Straße
7527/0146 G Gräberfeld Ulmer Straße
7527/0172 S Donau-Süd-Straße
7527/0178 S Ulmer Straße
7527/0194 S Ottostraße
2. Römische Straße, Kastell und Vicus im Bereich Städt. Friedhof
7527/0147 S, G Städt. Friedhof
7527/0148 S Römergasse
7527/0157 S Drillgasse
7527/0198 S Geiterquelle
7527/0204 S Mühlgasse
3. Römisches Kastell, Vicus, spätantikes Kastell nördlich der Ulmer Straße
7527/0149 S Donaugasse
7527/0150 S Äußere Brunnengasse
7527/0151 S Brunnengasse
7527/0152 S Donaubrunnenweg
7527/0154 S Pfarrhofplatz, St. Martin
7527/0156 S Zanker
7527/0158 S Ulmer Straße
4. Römische Siedlung südlich der Ulmer Straße
7527/0161 S Ulmer Straße, Weißenhorner Straße
7527/0199 S Hasengasse
7527/0206 S Mühlgasse
5.-11. Römische Siedlungsreste und Gräber im Außenbereich südlich der Ulmer Straße
5. 7527/0159 S Blumenstraße, Heinrichstraße, Rinnweg
6. 7527/0160 S Königswiesenweg
7. 7527/0207 S Pointgasse zwischen Ch.-Frank- und Kötzer Weg
8. 7527/0195 G Adalbert-Stifter-Straße
9. 7527/0135 F Auf der Bleiche
10. 7527/0162 S Kötzer Weg
7527/0186 S Am Kötzer Weg, Gerhard-Hauptmann-Straße
11. 7527/0181 S Wasserburger Weg, Königsberger Straße, Pappelweg
12. Römische Straße, Kastell, Vicus und spätantike Siedlung am Kappenzipfel
7527/0155 S Kappenzipfel
13. Römische Siedlung östlich der Günz
7527/0165 S Schützenstraße
7527/0166 S Schützenstraße
14. Römischer Friedhof am Dreirosenberg
7527/0173 G Dreirosenberg, Bahnhofstraße, Dillinger Straße
15. Römische Straße, Siedlungsreste im Bereich östlich der Umgehungsstraße
7527/0180 S Heil- und Pflegeanstalt
7527/0188 S Reisensburger Straße, Löwenbrunnen
16. Spätrömischer Friedhof auf dem Stadtberg
7527/0166 Institutsstraße, Postgasse, Theaterplatz
7527/0175 S Institutsstraße
7527/0168 Marktplatz
7527/0222 Postgasse
17. Römische Siedlungsreste und Gräber am Fuß des Stadtbergs
7527/0163 S Stadtberg
7527/0176 S Ichenhauser Straße
18. Römische Siedlungsreste
7527/0197 S Krankenhausstraße
19. Römische Ziegelei am Birketweiher
7527/0144 S Birketstraße, Stegerwaldstraße (Ziegelei)
20. Römische Siedlungsreste in der Donauniederung
7527/0187 F Donau (Gontia-Stein)
7527/0189 S, G Donaubrücke nach Sontheim (Grabstein)
7527/0190 S Riedwirtshaus
7527/0191 S Dillinger Straße (Kiesgrube)
7527/0210 S In der Hetz (Kieswerk Stark).

mittelbar unter dem Straßenpflaster. Sie reichen im Kerngebiet zwischen St. Martin und dem Städtischen Friedhof bis in Tiefen von 2 m. In den dicht bebauten Stadtparzellen öffnen sich nur von Zeit zu Zeit kleine Fenster, die einen Blick in die Tiefe gestatten und dem Archäologen im wahrsten Sinn des Wortes neue Einsichten ermöglichen. Ausgrabungen wären oft angezeigt, doch dazu fehlt es der staatlichen Denkmalpflege an finanziellen Möglichkeiten.

Wer sucht, der findet! Die Archäologie befaßt sich mit den materiellen Hinterlassenschaften der Geschichte. Sie ist die Kunst, den Kulturschutt vergangener Zeiten mit dem Spaten freizulegen und aus diesen Spuren wissenschaftliche Erkenntnisse zu gewinnen. Befunde und Funde werden meist unter unsäglichen Umständen und persönlichen Schwierigkeiten dem Boden abgerungen, bevor sie, konserviert und restauriert, als archäologische Erkenntnisquelle dem Wissenschaftler zur Verfügung stehen und ausgewertet werden können.

Allein die Erhaltungsbedingungen im sauren Boden haben schon vor tausenden von Jahren bestimmt, was verrottet oder was in diesem Milieu überdauern konnte: Stein, Keramik und meist auch Knochen, Metalle oder Glas. Doch diese Stoffe dokumentieren nur einen eng begrenzten Ausschnitt des Alltagslebens vor 2000 Jahren. Das meiste, nämlich der gesamte Bestand organischer Materialien (Holz, Textilien aus pflanzlichen oder tierischen Fasern, Leder, Wachs u.v.a.m.) ist verloren oder nur ausnahmsweise unter günstigsten Bedingungen (z. B. unter Luftabschluß im Brunnenschlamm) erhalten geblieben. Diese zufällig erhaltenen Objekte spiegeln also kein ausgewogenes Bild der einst lebendigen Kultur. Denn je nach dem ursprünglichen Zusammenhang (Siedlung, Grab oder Depot) und dem Wegwerfverhalten der Menschen sind diese Gegenstände selektiert in den Boden geraten, in jedem Fall dezimiert: ausgebrochenes Mauerwerk, ein eingestürztes Dach, zerbrochene Gefäße, ein abgebrochener Zierrat vom Pferdegeschirr, verrotteter Speiseabfall, ein verlorener Fingerring oder ein von Kindern versteckter Schlüsselbund.

Bei der Beurteilung archäologischer Funde kommt erschwerend hinzu, daß in der Regel nur Bruchstücke erhalten sind, die erst mit Hilfe von Fundvergleichen und Analogien oder durch Herstellungs-, Gebrauchs- und Abnutzungsspuren in einem mühsamen wissenschaftlichen Prozeß identifiziert, klassifiziert und bestimmt werden müssen. Diese Archäologie ist kein fröhliches Rätselraten; dazu bedarf es einer ausgereiften Methodik, die im wahrsten Sinn des Wortes mit Detektivarbeit vergleichbar ist. Außerdem: Die in der Regel zufällig entdeckten Hinterlassenschaften sind in den seltensten Fällen mit all ihren Begleitinformationen geborgen und entsprechend dokumentiert worden. Aber von solch lückenhaften Aussagen hängt unser Wissen über die schriftlosen oder überlieferungsarmen Perioden unserer Geschichte ab. Um ein Beispiel zu nennen: Das Funktionieren der römischen Verwaltung war von einem unglaublichen deskriptiven Aufwand, Bürokratie und Schriftverkehr geprägt. Von alledem ist nichts mehr erhalten, Wachstafeln, Papyri, Pergament, beschriebene Holztafeln, bepinselte Scherben oder Steine sind verloren. Dennoch hilft die historische Überlieferung über manche Lücke hinweg. Doch die Aussage von Inschriften ist wiederum begrenzt. Literarische Zeugnisse sind oft unzuverlässig und tendenziös, weil sie mit bestimmter Absicht und begrenztem Wissen niedergeschrieben wurden; sie vermitteln ein subjektives Bild. Demgegenüber hat der eigentümliche Charakter archäologischer Sachquellen (Realien) wesentliche Vorteile: Archäologische Quellen sind authentisch, unbestechlich und objektiv, weil sie nicht mit dem Zweck in den Boden gelegt wurden, Zeitgenossen oder uns zu täuschen. Doch solche Bodenurkunden sind „stumm", sprechen nicht aus sich selbst heraus; sie müssen durch kritische Interpretation „übersetzt" und zum Sprechen gebracht werden.

Die Archäologie hängt, das wurde aus diesen Bemerkungen deutlich, zu einem Großteil von zufälligen Entdeckungen und glücklichen Fundumständen ab. Doch sie hat nichts mit Schatzsucherei zu tun, der Jagd nach spektakulären, vermeintlich wertvollen Pretiosen. Das Bild von den antiken Lebensumständen und ihrer Entwicklung bestimmen nicht, wie der Laie gerne glaubt, Goldfunde und Paläste: Es sind die unscheinbaren Spuren, die Reste materiell völlig wertloser Gegenstände. Dem aufgeklärten Archäologen ist das einzelne Fundobjekt allein und für sich nicht so wichtig. Es besitzt zwar einen ideellen Eigenwert, auch die Aura seines erstaunlich hohen Alters. Doch nur aus dem Zusammenhang im Boden, in den der Gegenstand eingebettet war, gewinnt er seine Aussagekraft, daraus extrahiert der Fachmann seine Erkenntnisse. Der Archäologe interessiert sich heute für das, was unter der Oberfläche liegt: Bodenbildungen, Verfärbungen und Schichten - der sog. „Befund". Er destilliert aus Siedlungshorizonten, Brandschichten oder Planierungen Informationen über die Entstehung und den Zusammenhang historischer Entwicklungen und Ereignisse. Deshalb ist es auch so wichtig, bei Neufunden den Fachmann sofort hinzuzuziehen. Denn nur er hat es gelernt, solche Bodenbildungen zu beurteilen und in ihrer Bedeutung einzuschätzen. Nichts ist ernüchternder als der vom ahnungslosen Finder stolz präsentierte Fund, der, aus dem Netz seines Zusammenhangs herausgerissen, nicht einmal mehr das Material wert ist, aus dem er besteht.

Und noch ein Mißverständnis gilt es aufzuklären. Obwohl in den Archiven der meisten Museen, so auch im Magazinkeller und in der Schausammlung des Günzburger Museums, Tausende von Funden lagern, ist doch jedes Einzelobjekt als einmaliges, unverwechselbares Dokument sinnvoll und als Beweisstück notwendig. Jeder noch so wertlos und unbedeutend erscheinende Neufund, jede achtlos weggeworfene Scherbe, eine Fibel, ein Sigillatastempel kann wichtig und zu einer aufschlußreichen Erkenntnisquelle werden. Die Günzburger Archäologie ist geradezu ein typisches Beispiel dafür, wie Einzelbeobachtungen, die schon vor Jahrzehnten gemacht und damals unverstanden blieben, sich heute in das Mosaik einfügen oder umgekehrt, wie aktuelle Funde in alte Zusammenhänge eingeordnet werden können.

Bei dem Versuch, die Archäologie Günzburgs in den Rahmen der römischen Provinzgeschichte zu stellen, ging es mir auch darum, das archäologische Wissen in die Sprache des interessierten Bürgers zu übersetzen[23]. Der unheilvolle Zwang, durch allzu populäre, wissenschaftlich schwer beweisbare „Sensationen" die Existenzberechtigung der Archäologie und ihre soziale Relevanz zu begründen, weil sie in Zeiten gnadenloser Gewinnmaximierung nur materielle Verluste einzuspielen scheint, lag mir fern. Ich halte es vielmehr für eine selbstverständliche Aufgabe, die historisch verwickelten, archäologisch komplizierten Zusammenhänge übersichtlich darzustellen – Wissenschaft und Geschichte müssen nicht langweilig und unverständlich sein. Damit aber verbinde ich auch die Hoffnung, daß die sog. Kleinen Fächer, zu denen auch das „Orchideenfach" Archäologie mit all ihren Spezialisierungen gehört, in einer sich verflüchtigenden humanistischen Bildungslandschaft überlebt.

II Das Land zwischen Donau und Günz

Der Landschaft um Günzburg haben zwei geologische Faktoren ihre eigentümliche Gestalt gegeben: das vor 157–130 Mio. Jahren im Zeitalter des Malm gebildete Juragebirge der Schwäbischen Alb und das Tertiäre Hügelland südlich der Donau. Dieses Hügelland war aus dem vor 15 Mio. Jahren im Obermiozän, zu Zeiten der Alpenfaltung eingesunkenen Trog entstanden, der sich in Jahrmillionen mit Meeresablagerungen und fluviatilen Sedimenten (Molasse) aufgefüllt hatte[24]. Beide Landschaften trennt und verbindet die Donau. Später, während der Eiszeiten, zerfurchten die zur Urdonau abfließenden Alpenflüsse Biber, Günz und Mindel das Land und formten tiefe Talgräben. Die Günz zerschnitt die Denzinger Terrasse im Osten und die Leipheimer Schotterplatte im Westen. Die Günzburger Oberstadt liegt auf dem First der sog. Oberen Süßwassermolasse, einer stellenweise von älteren Schottern überlagerten, zuletzt vom fruchtbaren Löß der Eiszeiten bedeckten Hochterrasse (*Abb. 8*)[25].

Neue Beobachtungen zur Topographie Das Urstromtal der Donau mißt in der Höhe von Günzburg eine Breite von rund 10 km. Seit dem Holozän bis in die jüngste Vergangenheit hinein besaß sie ein weit ausuferndes, von zahllosen Mäanderschlingen durchzogenes Bett. Ihre Flußschleifen haben sich im Lauf von Jahrhunderten immer wieder verlagert und vor allem in der südlichen Talniederung Auen, Altwasserarme und kleine Seen entstehen lassen. Zwischen dem Fluß und der Niederterrasse erstreckt sich vor Riedhausen das Ried, eine ausgedehnte, 2,0–3,8 m mächtige Moorfläche (Unteres und Oberes Moos[26]), die längs des Stroms über fast 20 km eine „nasse Insel" und damit eine Barriere bildete, die jeder, der das Tal durchqueren wollte, überwinden mußte[27] (*Abb. 19*).

Drei Elemente bestimmen die historische Siedlungstopographie: 1. Das Donautal war durch seine Flußschlingen, Kiesbänke, Sumpflöcher, Altarme und den urwaldartig dichten Auenbewuchs nicht leicht zu überwinden. Der Flußübergang besaß deshalb zu allen Zeiten siedlungsbildende Kraft. 2. Als Wasserweg hatte der Strom eine besondere handelsgeographische Bedeutung für den Menschen. Diese Faktoren bildeten 3. einen verkehrsgeographischen Knoten, der durch die Existenz von Paßübergängen über die Schwäbische Alb verstärkt wurde. Denn gegenüber von Günzburg öffnen sich zwei Flußtäler, die den Albübergang erleichterten. Das Lonetal im Westen lenkte den Verkehr über Urspring, Geislingen und Eislingen ins Filstal nach Köngen und weiter in den Neckarraum. Das Brenztal führte über Sontheim und Heidenheim in den Einzugsbereich von Kocher, Jagst und Rems hinüber an den Neckar, und über den Stuttgarter Raum neckarabwärts weiter an den Rhein.

Die Geographie des Kleinraums Günzburg dagegen bestimmt die Mündungssituation der Günz, die nördlich von Kempten entspringt. Der Zusammenfluß bildete am linken Ufer einen Geländesporn, der den alten Namen „Kappenzipfel" trägt. Zwei Tatsachen begründen die häufigen, jahreszeitlich bedingten Überflutungen. Zum einen lag die „Unterstadt" mit 446 m über Meeresspiegel (NN) nur 1–2 m über dem Donaupegel; zum anderen war das Rückstaupotential der Günz besonders in den Epochen gefährlich, in denen sie gegen die Fließrichtung der Donau einmündete und sie dadurch nur langsam abfließen konnte. Dabei unterscheidet sich die Geländesituation der linken Günzterrasse deutlich von der „Oberstadt" auf der Hochterrasse (460 m über NN), die den Talboden der Donau um knapp 20 m überragt: Ihre Steilhänge fallen scharf nach Norden und Westen ab.

Das Siedlungsareal der Römerzeit liegt, auf den ersten Blick überraschend, nicht auf der hochwassersicheren, geostrategisch gut geschützten Hochterrasse, auf der die ummauerte Oberstadt in der frühen Neuzeit gegründet wurde. Der Römerort entstand am überschwemmungsgefährdeten Flußufer beiderseits der Günz im Bereich der mittelalterlichen Unterstadt zwischen der Dillinger Straße und der Schreberstraße. Sie umfaßte ein Areal von etwa 1200 x 200 m (24 ha) entlang der Donautal-Straße (Donau-Süd-Straße), die als Verkehrsachse die Siedlungszone in Längsrichtung durchschnitt. Jeweils

am Ortsausgang, an der heutigen Ulmer Straße im Westen und am Dreirosenberg im Osten, lagen die Friedhöfe der Römerzeit.
Donau und Günz waren in der Antike geläufige Begriffe, sie wurden von griechischen und lateinischsprechenden Autoren vielfach erwähnt. Beide Namen sind mit dem Charakter des fließenden Wassers verbunden: Die Donau trug in römischer Zeit die Bezeichnung *Hister (Ister, Istros)* oder häufiger *Danuvius*, selten in der Schreibweise *Danubius*[28] (*Abb. 9*). Die altphilologische Sprachforschung leitet Danuvius vom indogermanischen Wortstamm *dan-, danu-* „Wasser, Fluß, Strom" ab, wie er beispielsweise noch im russischen Don und sogar in der englischen Themse enthalten ist. Eine ähnliche Wortbedeutung schreibt man auch der Günz zu, die in der ältesten Quelle, dem Günzburger Faventianus-Altar aus der Zeit um 200 n. Chr., mit dem für Flüsse typischen Femininum *Gontia* genannt wird. Diesen Wortstock identifizieren die Sprachforscher mit dem indogermanischen Verbum für „ergießen, fließen", wie es zum Beispiel im altgriechischen *cheein* faßbar ist. Ob der Name tatsächlich germanischen Ursprungs ist, wie die Sprachwissenschaftler J. Schnetz und H. Krahe[29] vermuteten, läßt sich schwer überprüfen, zumal wir bis heute keine oder nur wenige eindeutige Spuren germanischer Besiedlung dieser Zeit kennen, weder im Alpenvorland noch im Raum Günzburg. Jedenfalls gehören beide Bezeichnungen der vorrömischen Namensschicht an.

8 Günzburg im Luftbild von Nordwesten (1979).

Land unter: Überschwemmungen

Am Ende des 1. Jahrhunderts n. Chr. gab es in Günzburg offensichtlich zwei Militärareale, am Kappenzipfel im Osten und, jenseits der Günz, an der Ulmer Straße im Bereich der Römergasse bzw. dem Städtischen Friedhof. Überall in der Günzburger Unterstadt stößt man auf archäologische Spuren der Flüsse: Überschwemmungen, abgelagerte Sand- oder Geröllschichten und feine Schlickbänder, aber auch Reste von hölzernen Uferbefestigungen und Brücken. Zahlreiche Grabungsbeobachtungen der letzten 100 Jahre lassen keinen Zweifel daran, daß zu allen Zeiten das Wasser die topographischen Gegebenheiten beeinflußt hat.

Es geht im Folgenden um die Frage der Verteilung von Land und Gewässer in römischer Zeit, denn bedingt durch das Geländerelief mündet die Günz heute etwa in Höhe des Bahnhofs in die Donau. Dieser Zustand ist seit dem Beginn des 19. Jahrhunderts, etwa durch das frühe Katasterblatt von 1824, dokumentiert. Die Donau beschreibt in diesem Raum eine weit nach Süden ausgreifende Linksbiegung, deren Prallhang Teile der Römerstadt und vielleicht auch des mittelalterlichen Günzburg abgerissen hat. Die Flußsituation muß zur Römerzeit also anders ausgesehen haben, das ist sicher. Tatsächlich kennen wir aus den Karten des 18. Jahrhunderts eine verwirrende Fülle von Donau-Altarmen; das unstabile Flußbett in der zwei Kilometer breiten Niederung zwischen dem Langenauer Moos und der südlichen Flußleite pendelte in weit ausschwingenden Mäanderschleifen hin und her. Wie also sah das Gelände in der Römerzeit aus?

Im Mündungswinkel beider Flüsse war das Land ständig in Bewegung; Erosion hier und Akkumulation dort haben das Relief im Lauf von Jahrhunderten beträchtlich umgestaltet. Während die Donau beim Überschreiten des 3 m-Pegels das Ried und die Auen überflutete[30], setzte die Günz weite Teile der Unterstadt unter Wasser. Hochfluten unserer Zeit reichten in Höhe der Reisensburger Brücke bis an die Eisenbahnschienen[31]. Auf der rechten Uferseite trat der Stadtbach im Bereich der Schützenhaus- und Schlachthausstraße über die Ufer. Im Januar 1822 überflutete ein Rückstau das Gebiet zwischen dem heutigen Pfarrhofplatz und der Geländenase an der Spitalgasse/Hockergasse. Aus der jüngeren Geschichte dokumentieren Fotographien ein Hochwasser am 4./5. Juni 1926, dessen Rückstauwirkung auf den Bubesheimer Bach, der in der tiefliegenden Ulmer Straße („Am Bach") abfloß, verheerend war[32]. Die Günz setzte das gesamte Stadtviertel von der Brücke bis in Höhe der Weißenhorner Straße 1,2 m hoch unter Wasser[33]. In der Mühlgasse stand das Wasser „meterhoch" in den Wohnungen.

Archäologisch faßbare Überschwemmungen am Kappenzipfel 21 haben den Beweis geliefert, daß die Geländezunge im Mündungswinkel zwischen Günz und Donauterrasse bereits in römischer Zeit unterspült und abgerissen worden war. Auf der nördlichen Straßenseite des Kappenzipfel 1 [1] wurden kiesvermengte, ungeschichtete, d. h. durch Wassereinwirkung verlagerte römische Kulturniederschläge beobachtet, so auch im Bereich der Hausnummer 9 [2].

Detaillierte Untersuchungen waren 1958 am Kappenzipfel 21 [3] möglich. Im Nord-Süd-Profil konnten deutlich die über die Römerstraße hinwegziehenden Kiesbänder und eine Abrißkante festgestellt werden. Der Ausgräber N. Walke schätzte, daß die Geländezunge des Kappenzipfels zu etwa 50 % abgerissen und dabei längere Abschnitte der Römerstraße zerstört worden waren. Der Donaueinbruch geschah offenbar in der Zeit zwischen der flavischen Militärsiedlung am Ende des 1. Jahrhunderts und den ersten Jahrzehnten des 2. Jahrhunderts. Die Zäsur, die diese Umweltkatastrophe verursacht hatte, wurde auch in einer neuen Ausrichtung der Gebäude in seiner Periode III sichtbar. Damals wurden Keller und Hausböden in den römischen Straßendamm hineingebaut, er war also nicht mehr in Verwendung. Deshalb, vermutete Walke zu Recht, müßte die Straße verlegt worden sein. Vielleicht geschah dies sogar in Zusammenhang mit einer Verlegung des Donauübergangs in traianischer, oder wenig später, in hadrianischer Zeit. Walke verwies

9 Denar des Kaisers Trajan (98–117), gefunden 1836 im Städt. Friedhof an der Ulmer Straße . Das Rad in der Hand des Flußgotts Danuvius könnte ein Hinweis auf den Ausbau der Donau-Süd-Straße sein (Zeichnung S. Stötter 1904; Akten Hist. Ver. Günzburg).

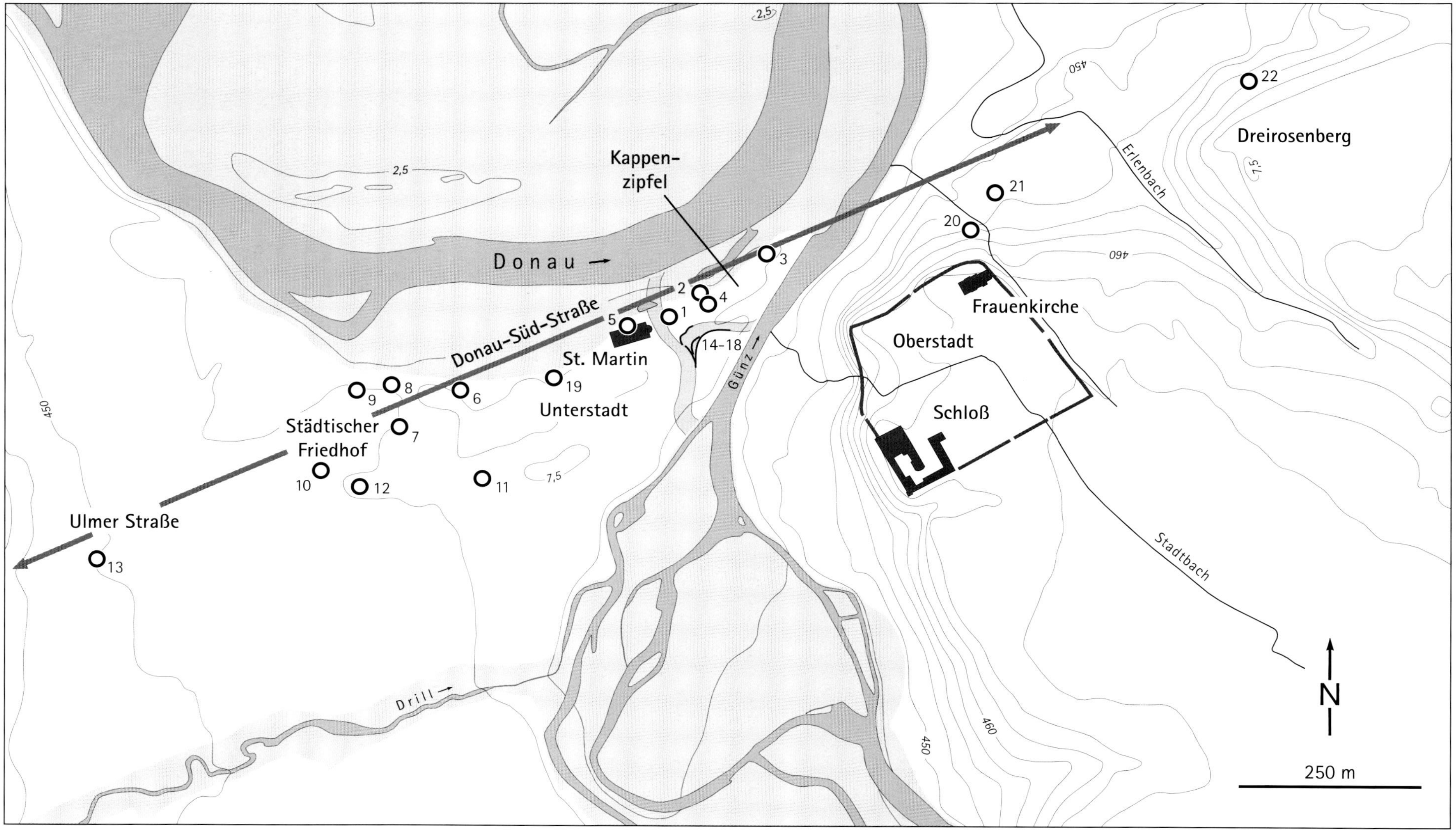

10 Topographie von Günzburg und seiner Umgebung mit historischen Flußläufen, Überschwemmungsarealen und Erosionsbefunden auf Grundlage der Flurkarte NW XVI 42 von 1823/1824. M. 1:8000.

1 Kappenzipfel 1; 2 Kappenzipfel 9 (Liste I.11); 3 Kappenzipfel 21 (Liste I.19); 4 Kappenzipfel 10 (Liste I.12); 5 Nordseite St. Martin (Liste II.60–61); 6 Donaugasse 6 (Liste II.24); 7 Römergasse 5 (Liste II.50); 8 Römergasse 12 (Liste II.56); 9 Geiterquelle, Städt. Friedhof (Liste II.50); 10 Ulmer 64 (Liste II.75); 11 Ulmer Straße 65 (Liste II.78); 12 Ulmer Straße 77 (Liste II.84); 13 Reindlstraße (Liste III. 26–27; *Abb. 195*); 14 Pfarrhofplatz 2 (Liste II.41; *Abb. 11*); 15-18 Alter Pfarrhof, Pfarrhofplatz 2/4 (Liste II.41–42) und Kappenzipfel 2 (Liste I.8; *Abb. 58–59*); 19 Quelle Donaubrunnengasse; 20 Schützenstraße 13½ (Liste I.25; *Abb. 23*); 21 Schützenstraße 15 (Liste I.26); 22 Quellhorizont am Löwenbrunnen/Wetzler-Garten (Liste I.2; *Abb. 70*).

außerdem auf Oberndorfers Grabungen vom Jahr 1903 im Westfriedhof, wo die Römerstraße über ältere römische Brandgräber hinwegzog; folglich muß sie dort ebenfalls einer jüngeren Bauphase zugerechnet werden. Wir werden auf dieses Problem zurückkommen.

Der neue Lauf der alten Günz

Aber auch am südöstlichen Rand des Kappenzipfels gab es Erosionsspuren, die dort nicht durch die Donau, sondern durch die Günz verursacht worden sein mußten. In der Grabung am Kappenzipfel 2 (1989) zeigte sich die Erosionskante des nordwestlichen Günzufers durch abgeschwemmtes Siedlungsmaterial und zahlreiche botanische Einschlüsse im Flußsediment (Abb. 58). Die Günz muß ihren Lauf in diesem Bereich in römischer oder nachrömischer Zeit um rund 50 m nach Süden zurückverlagert haben. Das bestätigen auch die beobachteten Bachsande am Kappenzipfel 10 [4].
Betrachten wir die Spuren alter Überschwemmungskatastrophen jenseits des Pfarrhofplatzes: Die Nordseite von St. Martin [5] steht auf unstabilem Schwemmaterial, weswegen die Böschung noch im letzten Jahrhundert bis in eine Tiefe von 6–7 m gestützt und unterfangen werden mußte[34]. Die Erosionskante zum „Zanker" ist im Gelände als Terrassensprung von gut 2 m erkennbar. In der Donaugasse 6 [6] wurden 1924 römische Planierschichten notiert, die nach Donaueinbrüchen aufgebracht worden waren, ebenso in der Römergasse 5 (1906) [7]. Ein Sandhorizont in der Römergasse 12 (1977) [8] und eine gelbe Sandschicht im Städtischen Friedhof (Grab Lutz, 1972) [9] weisen in die gleiche Richtung. Als Folgewirkung der durch den Rückstau der Günz verschärften Donauüberschwemmungen trat der Bubesheimer Bach, nachweisbar schon in römischer Zeit, über seine Ufer. In der Ulmer Straße 64 (1963) [10] wurde angeschwemmter Flußkies in der Straßenmitte und in der Ulmer Straße 65 (1962/3) [11] eine Uferkante des Drillbachs beschrieben. Ein Bachufer wurde 1998 in der Ulmer Straße 77 [12] beobachtet. Schließlich konnten auch im römischen Gräberfeldareal in der Ulmer Straße und in der Reindlstraße [13] jenseits der Bahnlinie wiederholt Bachläufe mit subfossilen Muschelresten nachgewiesen werden, die einmal das Gelände durchzogen hatten (Kap. X).
Ein Schlüssel zum Verständnis all dieser Beobachtungen und damit auch einen wichtiger Beitrag zur römischen Siedlungstopographie lieferten die Beobachtungen am Pfarrhofplatz. Das Gelände nördlich des alten Pfarrhofs unmittelbar hinter der Günzbrücke wurde 1977 umgestaltet und das neue Katholische Pfarrheim errichtet. Leider sind diese Baumaßnahmen nicht von Facharchäologen betreut worden. Wir müssen uns deshalb auf die Befunde stützen, die J. Weizenegger[35] mit einigen Skizzen, Profilen und Fotographien dokumentiert hat. Im Pfarrheim-Südprofil [14] zeigte sich bei Meter 4 ein 1,3 m tiefer Flutgraben, im Nordprofil am Hötzelhaus [15] ein 12 m breiter und 2 m tiefer, in historischer Zeit teilzugefüllter Graben, dessen flach durchhängende Schichtstruktur und Füllung mit sandigen Kiesbändern und schlickigem Schwemmaterial unzweifelhaft Merkmale eines quergeschnittenen Flußarms zeigte (*Abb. 11*). Schon 1971 hatten zwei ostwestliche Suchgräben am Nordrand des alten Pfarrhofs [16] und ein weiterer rechtwinklig dazu angelegter Graben 2 m tiefe dunkle, teils tonige, teils sandigkiesige Sedimente und Schwemmschichten er-

11 Querschnitt durch einen Altlauf der Günz in der nördlichen Baugrubenwand des Kath. Pfarrheims am ehemaligen Anwesen Pfarrhofplatz 2 (1977).

bracht. Aus diesen Beobachtungen ergab sich eine über den Pfarrhofplatz [17] hinführende Erosionskante (a–c) des Günzdurchbruchs, die an St. Martin vorbei nach Norden in die Donau floß. Die Erosionskante c der Günz [18] bestätigte sich im Jahr 1977.
Aus diesen Beobachtungen ergeben sich für die Günzburger Geschichte zwei sehr wichtige Schlußfolgerungen: Die Befunde am Pfarrhofplatz sprechen dafür, daß die Günz ihren Lauf in historischer Zeit verschoben hat. In der Antike dürfte sie in Höhe der heutigen Günzbrücke geradlinig über den Pfarrhofplatz, etwa im Zug der Heidenheimer Straße, in den Scheitel eines Donaumäanders gemündet sein. Diese Interpretation ist von besonderer Bedeutung, denn damit gehört die Landzunge des Kappenzipfels topographisch nicht zur westlich der Günz gelegenen Niederterrasse, sondern zum Hochterrassenfuß des Stadtbergs östlich des Flusses. Dieses Gebiet muß ursprünglich erheblich größer gewesen sein.
Wenn wir die Beobachtungen um den Pfarrhofplatz richtig deuten, dann stellt sich die Frage, wann die Günz ihren alten Lauf verlassen haben könnte, wann sie das Gelände am Fuß des Stadtbergs durchbrach, ob unter den Römern oder erst im Mittelalter? Das Flußsediment am Kappenzipfel 2 enthielt römische Einschlüsse in Form von Keramik und Ziegelbruch. Dort muß sie also in römischer oder nachrömischer Zeit eingebrochen sein. Aus den Sedimenten am Pfarrhofplatz hingegen konnten keine oder nur sehr wenige Funde geborgen werden. Dies müßte man als Hinweis darauf werten, daß die Günz dort tatsächlich schon bzw. noch in römischer Zeit floß. Neuerliche Sicherheit könnte man von Untersuchungen erwarten, die vielleicht am Pfarrhofplatz 6, 12 und 14 in absehbarer Zeit möglich werden (*Abb. 10*).

III 350 Meilen vom Po zur Donau

Durch die römische Eroberung des Alpenvorlandes im Jahr 15 v. Chr. geriet das Land zwischen Alpen und Donau in den Sog einer mediterranen Hochkultur. Die römische Ordnungsmacht übergab das militärisch besetzte Gebiet eine Generation später einer quasiselbständigen Verwaltung und überführte das Land in den Status einer Provinz, *provincia Raetia (et Vindelicia)*, die damit Teil des römischen Herrschaftsgebiets, des *Imperium Romanum* wurde[36].
Mit der römischen Okkupation und der Erschließung in den Jahren um die Zeitenwende verbindet sich die Frage, ob und welche Spuren sie in Günzburg hinterlassen haben könnte. Wie sah das Land an der Donau aus, als römische Truppen ihre ersten Zelte aufschlugen? Gab es in Günzburg eine Vorgängersiedlung? Hatten die keltischen Bewohner dem Land durch Siedlungsplätze und Wege nachwirkende geographische Strukturen gegeben? Solche Fragen sind in der Facharchäologie durchaus kontrovers diskutiert worden, weil die Spuren bodenständiger Bevölkerungen ebenso spärlich wie schwer zu bestimmen sind. Auf der anderen Seite aber waren zeitgenössische römische Autoren durchaus der Meinung, daß die einheimische Bevölkerung *numero frequentes*, zahlreich, gewesen sei.

Numero frequentes? Die einheimische Bevölkerung

Unser Wissen über die „first nations" in der Zeit um Christi Geburt stammt fast vollständig aus der historischen Überlieferung Roms; sie war von politischen Perspektiven und Absichten bestimmt und vermittelte den Eindruck, daß noch kurz vor der Zeitenwende die politischen Strukturen keltischer Stämme intakt waren: Raeter und Vindeliker seien in viele Stämme geteilt gewesen (*in multas civitates divisi*, Plin. nat. 3, 133). Cassius Dio (54, 22, 3–5) berichtete, daß – nach alterprobtem Verfahren – die wehrfähigen Männer der unterworfenen Völker zwangsrekrutiert und in anderen Provinzen eingesetzt worden wären. Man ließ nur so viele Einwohner zurück wie notwendig waren, das Land zwar zu bebauen, zahlenmäßig aber doch zu schwach, um Aufruhr gegen die römische Ordnungsmacht anzuzetteln. Tatsächlich erscheinen schon früh raetische und vindelikische Einheiten (*Raetorum et Vindelicorum cohortes*, Tac. ann. 2, 16) im Norden; später, aus dem fortgeschrittenen 1. Jahrhundert, kennen wir acht Raeter- und vier Vindelikerkohorten sowie „gemischte" *cohortes Raetorum et Vindelicorum*, zusammen wohl über 6000 Mann. Auch das Monument von La Turbie bei Monaco, das der Senat und das Volk von Rom als Zeichen des Siegs über die Alpenvölker dem Augustus im Jahr 7/6 v. Chr. gestiftet hatte, nennt unter den 13 besiegten Alpenstämmen, *gentes Alpinae devictae,* vier Vindelikerstämme *(Vindelicorum gentes quattuor)*, die *Cosuanates (Cosuanetes), Rucinates, Licates* und *Cattenates*. Ihre Siedlungsraume sind bis heute unbekannt, die Likatier sucht man mit gutem Grund am Lech *(Licca)*.

12 Scheibengedrehte Schüssel der Spätlatènezeit aus der Reichenbergstraße 2 (Inv. 1958/21).

Spätkeltische Funde im Stadtgebiet In den Alpentälern und am nördlichen Gebirgsfuß traf das römischen Expeditionsheer wohl auf eine dichtere einheimische Bevölkerung. Im westbayerischen Donauraum dagegen fanden sie ein dünner bewohntes Gebiet keltischer Kulturprägung vor, vielleicht durchsetzt mit mehr oder weniger isolierten germanischen Einzelsiedlungen[37]. Die Blütezeit der keltischen Zivilisation (nach dem Schweizer Fundort La Tène am Neuenburger See als Latènezeit bezeichnet), die einst zahlreiche städtische Zentren *(oppida)* zwischen Südfrankreich und Böhmen hervorgebracht hatte, war längst vorbei. Ähnlich befestigte Plätze fehlen im Umkreis von Günzburg,

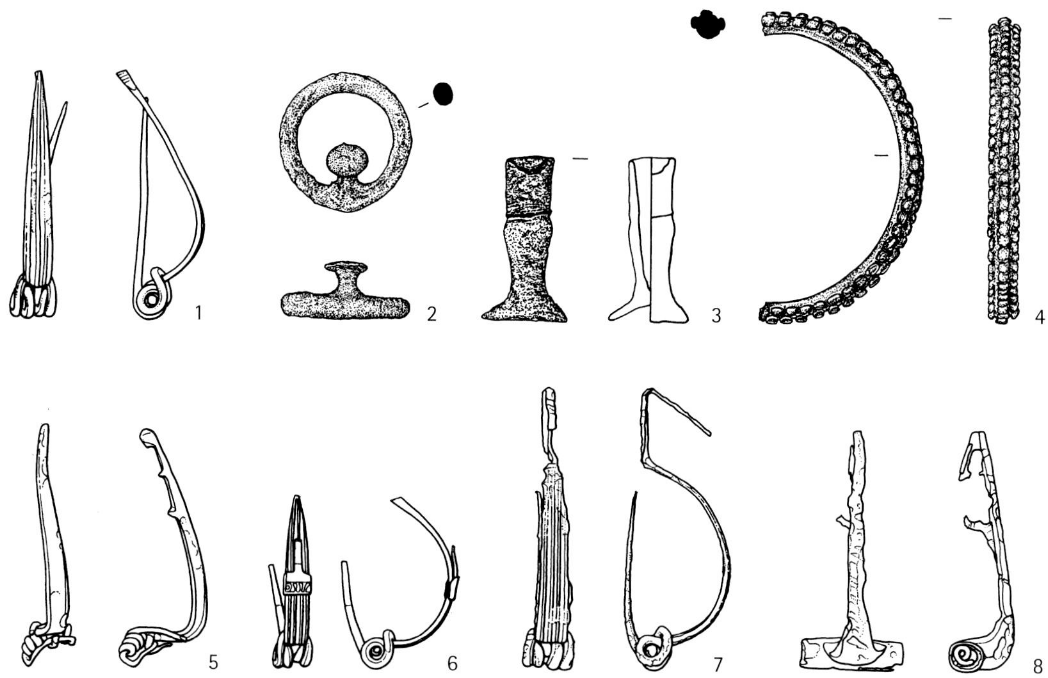

13 Frühkaiserzeitliche Fibeln (1,5–8), Gürtelzubehör (2), Trinkhornbeschlag (3) und Amulettring (4) aus Günzburg *(Tab. 1)*. 1–4, 6–8 Bronze, 5 Eisen. M. 1:2.

wie ein Blick auf die Karte der spätlatènezeitlichen Oppida lehrt[38]. Das große Oppidum von Manching war schon in der Mitte des letzten vorchristlichen Jahrhunderts aufgegeben worden, lange bevor römische Truppen das Land besetzt hatten.

Günzburg lag in einem eher siedlungsarmen, gleichwohl von Fernwegen durchzogenen Raum. Obwohl das Wegenetz der Latènezeit, was sichere Bauspuren im Gelände betrifft, in seiner Gesamtheit kaum rekonstruierbar ist, gibt es doch konkrete Anhaltspunkte: Die Verbreitung bestimmter Sachgüter und Fundgattungen läßt zumindest im Ansatz erkennen, daß ein Donauübergang in Höhe von Günzburg damals schon frequentiert war. Darauf deuten nämlich mehrere Fluß- und Moorfunde der beiden letzten Jahrhunderte vor Christi Geburt. 1908 wurde im Ried an der Straße nach Gundelfingen (heute der B 16) ein eiserner Doppelspitzbarren [1] gefunden[39]. Er gehört zur Gruppe der aus kultisch-rituellen Gründen im Moor deponierten Objekte. Noch einsichtiger wird das bei Fluß- oder Wasserfunden wie dem 44,1 cm langen Bruchstück eines Eisenschwerts mit glockenförmiger Parierstange [2], das vor 1908 im „Stahrengries“ 300 m nordwestlich der Günzbrücke, oberhalb des städtischen Badeplatzes gefunden worden war[40]. Aus der jüngeren Latènezeit stammt ein 50,3 cm langes Schwert mit knollenförmigem Knauf [3], dessen angegebene Fundumstände einer wissenschaftlichen Überprüfung leider nicht standhalten; angeblich stammt es aus der Donau bei Günzburg[41]. So schwierig Opfer- und Verwahrfunde fernab von Siedlungsplätzen im einzelnen zu interpretieren sind, ob es sich um zu Krisenzeiten deponiertes Wertgut, Barren als münzgleiche Metallwerte oder an heiligen Orten niedergelegte Beutestücke handelt, die Deponierung oder Versenkung in Mooren und Flüssen spricht für die Existenz von nahen Verkehrswegen und ihren Flußübergängen[42].

Trotz vieler, allerdings meist nur punktueller Bodenaufschlüsse und Grabungen sind in der Günzburger Unterstadt bis heute nur wenige Siedlungsspuren der Latènezeit bekannt geworden:

[1] Latènezeitliche Graphitkeramik wurde 1907 beim Haus 713 am Bach (Ulmer Straße 46, Fl. Nr. 713) aus römischem Siedlungsschutt geborgen[43].

[2] Graphitkeramik fand man 1911 im Garten des alten Krankenhauses (Friedhof, Fl. Nr. 778; Inv. 389), sowie

[3] Bruchstücke von latènezeitlicher Drehschei-

Tab.1 Frühkaiserzeitliche Fibeln aus den Kastellarealen rechts und links der Günz.

Nr.	Objekt	Fundstelle	Inv.
[1]	Bronzefibel vom Mittellatèneschema[52], L. 7,4 cm (*Abb. 13,7*)	Fl. Nr. 778, Krankenhausgarten	236
[2]	Bronzefibel vom Mittellatèneschema mit Stempel [OI V], L. erh. 4,7 cm (*Abb. 13,6*)	Reindlstraße, Planum (1992)	7924 A
[3]	Nauheimer Fibel aus Bronze erh. L. 6,6 cm *(Abb. 13,1)*	Kappenzipfel 2a, Schnitt C2, 1969	
[4]	Eisenfibel vom Spätlatèneschema mit oberer Sehne, Sehnenhaken und gegittertem Nadelhalter, L. 6,3 cm (*Abb. 13,5*)	Gräberfeld an der Ulmer Str. (1910)	1910, 251
[5]	Hülsenspiralfibel vom Typ Nertomarus, L. 6,4 cm (*Abb. 13,8*)	Remboldgarten (1919)	1551

benware 1948 im Städtischen Friedhof an der Ulmer Straße[44].

[4] Eine vollständig erhaltene, scheibengedrehte Schüssel stammt aus der Reichenberger Straße 2[45] (*Abb. 12*). Es dürfte sich in Anbetracht der Funderhaltung weniger um einen Siedlungs-, sondern um einen Grabfund handeln[46].

[5] Das gleiche gilt vermutlich auch für das 47,4 cm lange Eisenschwert mit glockenförmiger Parierstange, das 1915 in der südöstlichen Ecke der Bayerschen Ziegelei (heute Parkstraße im Bereich zwischen der Einmündung des Dreirosenbergs und der Josef-Haas-Straße) beim Lehmgraben gefunden worden war[47].

Die wenigen spätlatènezeitlichen Siedlungsfunde sind nicht leicht zu beurteilen. Sicher ist nur, daß sie mit der römischen Besetzung wenig zu tun haben; sie gehören in die Stufe Latène D1. Mit dem Oppidum von Manching und den vielen Viereckschanzen[48] brach die keltischen Zivilisation in der Zeit um 50 vor Christus zusammen. Jüngere Funde, die ein Nachleben keltischer Landsiedlungen im Bereich des römischen Kastells andeuten könnten, fehlen. Die verstreute Lage der Fundpunkte spricht gegen ein dorfartiges Siedlungskonglomerat. Sie weisen auf verstreute Einzelsiedlungen, kleine Hausgruppen oder Höfe. Da also Anzeichen selbst einer topographischen Kontinuität fehlen, müssen wir davon ausgehen, daß Rom im Günzmündungsgebiet jungfräulichen Boden betrat, als Vorausabteilungen den Donauübergang erkundeten und der erste Militärstützpunkt eingerichtet wurde. Das bestätigen im übrigen auch die stratigraphischen Beobachtungen eines ungestörten, humosen Oberbodens unter den ältesten römischen Horizonten in der Unterstadt. Dagegen spricht auch nicht der latinisierte, auf vorrömisch-einheimische Sprachformen zurückgehende Flußname *Gontia*, da die Römer ihren Stützpunkten gerne einheimische Namen gaben – ohne daß dort lokale Kontinuitätsbeziehungen konstruiert werden müßten.

Die Eroberung des in zahlreiche Stammesgebiete und Königreiche zersplitterten Mitteleuropas mit seinen keltischen und germanischen Völkerschaften fiel in eine Zeit, in der Rom dem andauernden Bürgerkrieg entronnen war und mit Augustus als Imperator und Caesar (23 v.–14 n. Chr.[49]) begonnen hatte, eine „neue" Herrschaftsform zu erproben und die Monarchie zu etablieren. Die Besetzung des Alpenvorlands war nach der politischen Logik Roms eine konsequente Folge der Eroberung Galliens und der germanischen Länder am Rhein durch Caesar und der raschen Ausweitung des Imperiums über den Balkan und in

14 Rekonstruktion eines germanischen Trinkhorns mit Metallbeschlägen und Kette (R. A. Maier).

das ungarische Tiefland (Illyricum, Pannonien). Das *regnum Noricum* im österreichischen Ostalpenraum stand wirtschaftlich schon seit dem Ende des 2. vorchristlichen Jahrhunderts unter römischem Einfluß und war seit augusteischer Zeit vertraglich mit Rom verbunden. Folglich blieb die territoriale Sicherung der Zentralalpen und ihres Vorlands militärisch unabdingbar, um die Truppenkonzentrationen, die seit den Feldzügen des Kaisers Augustus am Mittel- und Niederrhein sowie am Mittellauf der Donau entstanden waren, im Griff zu halten und rasch an den Brennpunkten einsetzen zu können. Der Schutz Oberitaliens spielte dabei nur eine untergeordnete Rolle. Auch Überlegungen, mit der Okkupation des Alpenvorlands eine Operationsbasis für weiterreichende Eroberungspläne in Germanien bis zur Elbe zu schaffen, werden heute von der Forschung verworfen. Das bayerische Alpenvorland war von der Natur wenig begünstigt, was Bodenschätze und andere gewinnversprechende Rohstoffe betrifft.

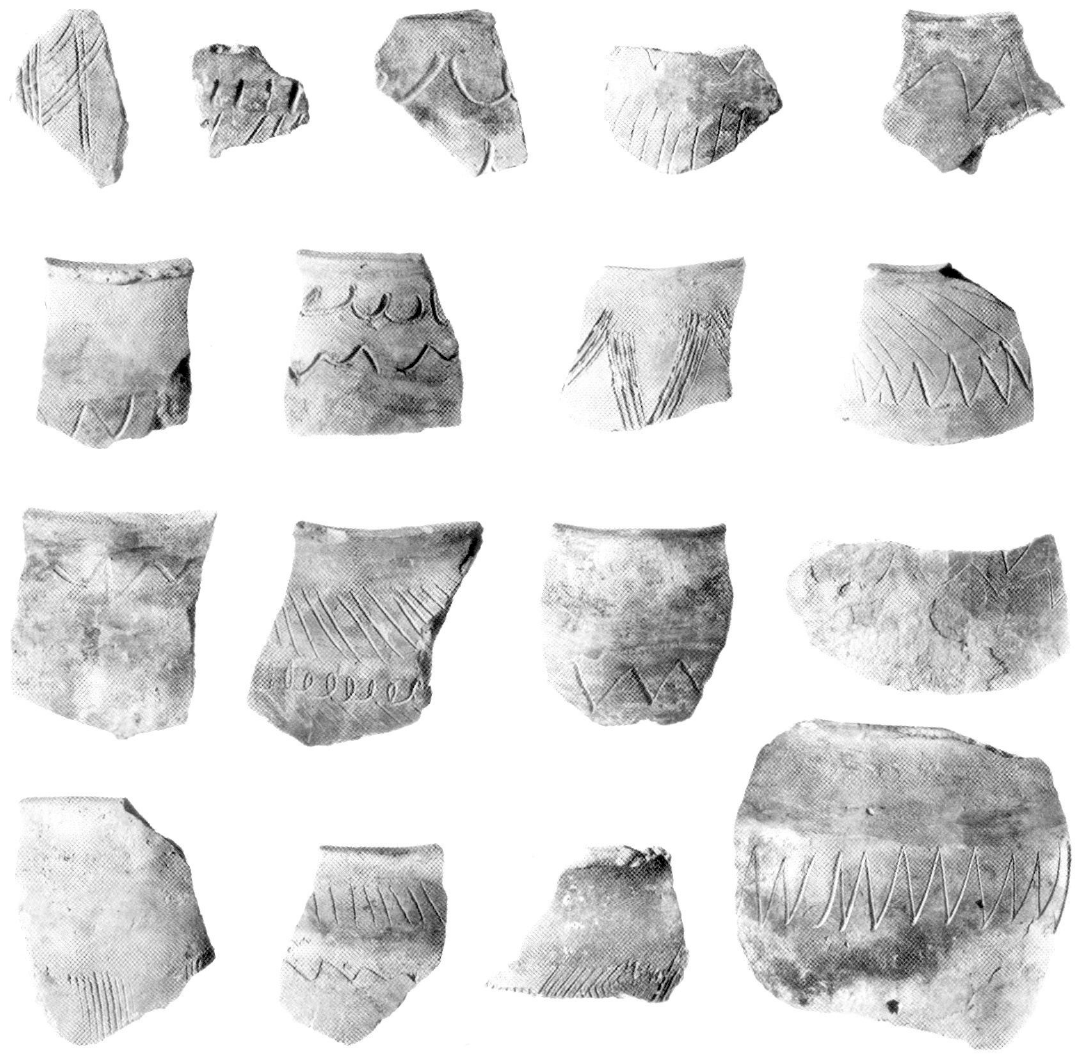

15 Rand- und Wandscherben der handaufgebauten Zick-Zack-Ware mit Ritzverzierung. Römergasse 12 (Inv. 1979.11).

Seine Vorzüge lagen in der verkehrsgeographischen Schlüsselstellung zwischen den Alpenübergängen im Hochrheintal, über den Reschenpaß und den Brenner und der europäischen Donau-Wasserstraße, die das Land zwischen Alpen und Donau zu allen Zeiten zu einer Drehscheibe kulturgeschichtlicher Strömungen und Einflüsse gemacht hatte.

Kelten oder Germanen? Die Frage nach den Spuren einheimischer Bewohner kann sich nur auf Fundmaterial stützen; Relikte der Sachkultur sind aber nur bedingt ethnisch interpretierbar, d. h. es ist durchaus problematisch, auch in Zeiten ausgeprägter „Kleiderordnung" ethnische Gruppierungen, Stämme oder Kulturen zu identifizieren. In der Archäologie werden oft eigentümliche Trachtbestandteile oder Keramik zur Bestimmung herangezogen. In das trachtgeschichtliche Milieu der frühen Kaiserzeit führen wenige Funde wie der bronzene Ringknopfgürtelhaken *(Abb. 13,2)* aus dem römischen Friedhof an der Ulmer Straße, der im keltisch-germanischen Raum als Bestandteil der Männerkleidung bis in die frühe Kaiserzeit weit verbreitet war[50]. Auch der altgebrochene Knotenring *(Abb. 13,4)*, deutet auf Beziehungen zur raetisch-alpinen, einheimischen Heimstetter Gruppe[51]. Die Fibeln Nr. 1–3 (*Tab. 1*) aus dem Bereich der späteren Kastelle repräsentieren im allgemeinen den vorflavischen Horizont in der ersten Hälfte des 1. Jahrhunderts; sie kommen vereinzelt jedoch auch noch in späteren Fundzusammenhängen vor. In diesen Zusammenhang ist auch der „germanische" Trinkhorn-Endbeschlag *Abb. 13,3* aus der Römergasse 12[53] zu stellen, der nach dem Fundkontext zwar eher in die zweite Hälfte des 1. Jahrhunderts gehört, der aber auch aus dem vorflavischen Horizont stammen könnte und damit zu den Sachgütern der vorrömisch-einheimischen Bevölkerung zu rechnen wäre. Sie statteten ihre Toten hin und wieder mit solchen Trinkhörnern aus[54].

Die Verwendung der Trinkhörner (*Abb. 14*) ist eindeutig, ihre Herkunft aber durchaus umstritten[55]. Ob sie nämlich von germanischen Bronzegießern hergestellt wurden oder als Prestige-

Nr.	Fundstelle	Inventar
	Links der Günz	
[1]	St. Martin	1963.14
[2]	Brunnengasse 10/ Ecke Donaubrunnenweg	2744=1954.94; 1961.7
[3]	Städt. Friedhof 1939	2478; 1958.1; 1960.3; 1972.1.3
[4]	Städt. Friedhof, Südteil	1961.9.277
[5]	Städt. Friedhof, Römergasse	1962.16
[6]	Krankenhausgarten, Fl. 778	237
[7]	Römergasse 8 1/2	1956.16
[8]	Römergasse 12 *(Abb. 15)*	1979.11; 1989.1.3–5.10.13.29
[9]	Mühlgasse 2	2740=1954.39
[10]	Unterstadt	1975.9
	Rechts der Günz	
[11]	Kappenzipfel 7	1966.15
[12]	Kappenzipfel 10-24	1965.21
[13]	Kappenzipfel 12	1966.11
[14]	Kappenzipfel 14	1965.14
[15]	Kappenzipfel 21	1960.7; 1965.24–25
[16]	Kappenzipfel, Osthälfte	1966.6–7
[17]	Bayersche Ziegelei, Fl. 1294 ½	830
	Gräberfeld an der Ulmer Straße	
[18]	Grab 12 (Lauberwiese)	1967.20
[19]	Grab VI	1967.38
[20]	Ulmer/Ecke Wetzlerstr.	1968.1.21
[21]	Grab 369[60]	81468
[22]	Grab 458[61]	63829
[23]	Grab 611	63386

Tab. 2 Handgemachte Keramik des 1. Jahrhunderts (Zick-Zack-Ware) aus den Kastellarealen rechts und links der Günz sowie aus dem Gräberfeld an der Ulmer Straße.

objekte, Geschenke, Beutegut und Souvenirs nach Südbayern gelangten oder von römischen Soldaten mitgebracht wurden, läßt sich noch schwer sagen. Der genaue Vergleich mit „echten" Trinkhörnern aus dem Barbaricum deutet an, daß es sich wohl nicht in jedem Fall um die Hinterlassenschaft anwesender Germanen handelt, nicht einmal zwingend um original germanische Hörner, sondern vielleicht auch um Erzeugnisse geschäftstüchtiger Bronzeschmiede, die diese urigen Hörner für die germanienerprobten Veteranen der römischen Armee herstellten, die Gefallen an germanischen Trinksitten gefunden hatten.

Barbarisch: Zick-Zack-Keramik Im Kontext möglicher einheimischer Bevölkerung möchte ich auf eine andere Fundgruppe aufmerksam machen, die überhaupt eine interessante Facette der Günzburger Siedlungs- und Sozialgeschichte offenbart. Es handelt sich um Keramik, die aufgrund ihrer Häufigkeit und ihres eigentümlichen Charakters ein markantes Element, fast ein „Leitfossil" der frühen Donaukastelle am mittleren Frontabschnitt im Westen Raetiens darstellt *(Abb. 20)*.

Die besagte Ware ist handaufgebaut und in Meilern gebrannt; in der archäologischen Terminologie gab es bislang keine griffige Bezeichnung, geschweige denn eine eingehende Untersuchung. Man möchte sie etwas salopp als „Zick-Zack-Keramik" bezeichnen, um ihre unverwechselbare, außerordentlich kreative, zugleich urtümlich-kraftvolle, um nicht zu sagen prähistorisch wirkende, ausdrucksstarke Verzierung zu charakterisieren. Der umfangreiche Dekorschatz umfaßt mit seinen eingeglätteten Mustern und Ritzdekoren Zick-Zack- und Wellen-Bänder, Schleifen, Schlingen und Bögen *(Abb. 15)*. Das Formenspektrum ist begrenzt und beschränkt sich auf Töpfe und konische Schüsseln *(Abb. 16)*. Inwieweit die eiförmigen Näpfe mit Bogen-Kammstrich dieser Gruppe anzuschließen sind oder ob ihre Nachfahren sogar in die jüngere Drehscheibenware mit horizontalem Kammstrich übergehen, vermag man einstweilen nicht zu sagen. In geschlossenen Funden sind sie m. W. nie miteinander vergesellschaftet. Typisch an der Gefäßform jedenfalls sind der hochliegende Schulterknick und die kantige, oben oft abgeplattete Lippe. Eine charakteristische Serie stammt aus dem Kastellbereich in der Römergasse 12.

Diese rätselhafte Keramik ist im professionellen römischen Keramikmilieu fremd. Im Hin-

16 Gefäßformen der Zick-Zack-Ware. Topf (Urne) von der Ulmer Straße/Lauberwiese Grab 12 (H. 21,3 cm; Inv. 1967.20), Schüssel (Ulmer Straße Grab 41).

18 Kupfermünze (As) des Kaisers Claudius (41–54), geprägt 42/54 in Rom. Offingen (Inv. 29).

Norden weisenden Hochterrassensporn von Augsburg. Seither, berichtet der antike Geograph Strabon (64/63 v. Chr.–23/26 n. Chr.), waren die besiegten Völker friedlich und zahlten regelmäßig ihre Steuern (*quiescentes tributum legitime persolvunt*, Strab. 4, 6). Zur Erinnerung an den Sieg über die Alpenvölker hatten der Senat und das Volk von Rom später, im Jahr 7/6 v. Chr., Augustus zu Ehren das schon erwähnte Denkmal in La Turbie hoch über Monaco gestiftet, das *Tropaeum Alpium*.

Als erste Maßnahmen zur Kontrolle des besetzten Gebiets entstanden Militärposten an den strategisch wichtigen Flußübergängen entlang der Fernstraße von der Legionsbasis *Vindonissa*-Windisch (seit 16/17 n. Chr. die zum obergermanischen Heereskommando gehörende Legionsfestung der *legio XIII [Gemina]*) nach *Iuvavum*-Salzburg in Noricum. Durch Ausgrabungen bekannt ist ein Stützpunkt auf dem Lorenzberg bei Epfach. Auf dem Inselberg in der Lechschleife war nach Meinung des Ausgräbers ein Detachement von etwa 80 Mann stationiert. Daß solche Kommandos auch innerhalb von Zivilsiedlungen in *Curia*-Chur, *Brigantium*-Bregenz, *Cambodunum*-Kempten, auf dem Auerberg oder in Gauting lagen, hat man aufgrund von Funden militärischer Ausrüstungsgegenstände immer wieder vermutet.

Schon unter Kaiser Tiberius (14–37), dem Ko-Feldherrn des Raetienfeldzugs im Jahr 15 v. Chr., und dann unter dem vierten Kaiser der julisch-claudischen Dynastie, dem Sohn seines Bruders Drusus, Claudius (41–54) (*Abb. 18*), wurden die Straßen im Gebirge und über die Pässe ausgebaut. Eine der Hauptachsen, die sein Vater im Alpenfeldzug erschlossen hatte, erhob er als *via Claudia Augusta* in den Rang einer Staatsstraße[64]. Von den Bauarbeiten im Jahre 47 n. Chr. berichten Meilensteine bei Feltre im Piavetal und Rabland westlich von Meran. Die *via Claudia* führte *a flumine Pado ad flumen Danuvium*, von der Po-Ebene durch das Etschtal, über den Reschenpaß nach Augsburg und weiter an die Donau. Endpunkt war *Summontorium*, das Kastell Burghöfe bei Mertingen im Landkreis Donau-Ries. Durch diese Straße und die zweite Route über den Brenner sowie die Alpenrheintalstrecke(n) über *Curia*-Chur war die junge Provinz Raetien an das Straßennetz des oberitalischen Mutterlandes angebunden.

Aus strategischer Sicht konnte sich die militärische Sicherung des Alpenvorlands – übrigens im Gegensatz zu der weitaus gefährlicheren Situation in anderen Nordprovinzen – auf ein System kleiner Militärposten beschränken; lineare Grenzbefestigungen waren den Römern damals noch fremd. Die frühen Truppenplätze unterstanden zunächst der Militärverwaltung, an deren Spitze Stammespraefekten unter einem *legatus pro praetore in Vindolicis* (CIL V 4910) und einem *praefectus Raetis, Vindolicis, vallis Poeninae et levis armaturae* standen[65].

Macht und Mode: Die ersten Römerstädte

Eine der wichtigsten Voraussetzungen für die rasche wirtschaftliche Entwicklung der eroberten Gebiete war die Erschließung des Landes durch funktionstüchtige, jederzeit befahrbare Straßen, stabile Brücken und andere Infrastrukturmaßnahmen. Der Wegebau war in früher Zeit Sache der im Land stationierten Militäreinheiten, vor allem der Hilfstruppen, denen von Projekt zu Projekt erfahrene Bauingenieure und Vermesser der Legionen zugeteilt waren.

In der Regierungszeit des Kaisers Tiberius, der als Feldherr an der Eroberung des raetisch-vindelikischen Alpenraums unmittelbar beteiligt war und dadurch eine besondere Beziehung zu diesem Land hatte, entstanden in Bregenz und Kempten die ersten stadtartigen Mittelpunkte im Alpenvorland. Sie besaßen den Charakter von Zentralorten und waren als Konzentrationspunkte auch Teil des politisch-militärischen Verwaltungskonzepts. Ihnen unterstanden die nach den einheimischen Stämmen (*civitates*) benannten Territorien: *Brigantium* war Stammesmittelpunkt der vindelikischen Brigantier, *Cambodunum* Vorort der *Estiones*, *Damasia* die Burg (*arx*) der Likatier (Strab. 4, 206/207)[66].

Mit besonderem Aufwand baute man damals auf dem Lindenberg über Kempten an einer Stadt nach mediterranem Muster: *Cambodu-*

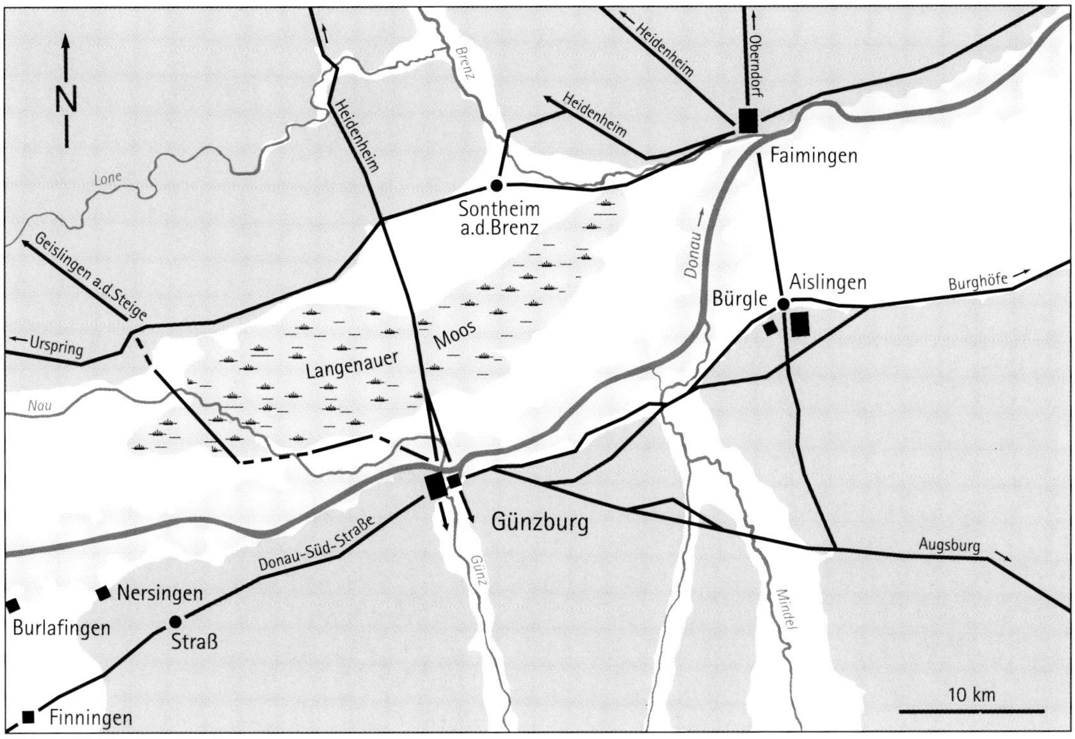

19 Das Umland Günzburgs mit Römerstaßen und wichtigen Fundstellen: Kastelle in Burlafingen, Nersingen, Günzburg, Bürgle, Aislingen und Faimingen; Zivilsiedlungen bei Straß und Sontheim; spätrömischer Burgus in Finningen.

num. Die geschlossene architektonische Erscheinung, der organisierte Grundplan mit dem sich nach der Lehre des griechischen Baumeisters und Städteplaners Hippodamos von Milet (5. Jahrhundert v. Chr.) rechtwinklig kreuzenden Straßensystem dokumentierte auch die Zentralgewalt der politischen Führung. Die zweckmäßige Anlage von Plätzen *(plateae)*, Straßen und Wohnquartieren *(insulae)* waren spezifische Merkmale der antiken Stadt. Als volkswirtschaftliches Kennzeichen gilt die berufliche Arbeitsteilung der Stadtbevölkerung, die sich in der Regel nicht selbst mit Lebensmitteln, Rohstoffen und Energie versorgen konnte, sondern auf ein funktionsfähiges Umland, das *territorium*, angewiesen war. Zu den öffentlichen Bauwerken gehörte das Forum als Sitz der Verwaltung und der Heilige Bezirk, an dessen Altar die Staatsreligion und die kultische Verehrung des Kaisers zelebriert wurden. Bäder *(balnea)* und öffentliche Thermen *(thermae)*, die kommunale Wasserversorgung durch Brunnen und Tränken für private Nutzer und Gewerbebetriebe oder öffentliche Bedürfnisanstalten unterlagen der gemeinschaftlichen Vorsorge des Stadtrats. An den Ortsrändern entstanden „Vorstädte" *(vici)* mit den schmutzigen Handwerksbetrieben (z. B. den Töpfereien) und *extra muros* die ausgedehnten Friedhöfe. Die gesamte bauliche Gestalt war Ausdruck „zivilisierter" Lebensart; sie muß einen tiefen Eindruck auf die einheimische Bevölkerung gemacht haben.

Neuere Forschungen gehen davon aus, daß *Cambodunum* ein Sitz der frühen Militäradministration war. Vermutlich unter Tiberius in der zweiten Dekade des 1. Jahrhunderts (Vell. 2, 38, 1 und 2, 39, 3)[67], vielleicht um 17/18 nach Chr., wurde die *Raetia (et) Vindelicia* eingerichtet und in einem formellen Staatsakt zur Provinz erhoben. Seither lag die Befehlsgewalt in den Händen des vom Kaiser persönlich ernannten Prokurators. Der Statthalter war der höchste Provinzbeamte, Oberbefehlshaber der im Land stehenden Truppen, Chef der Finanzen und oberster Richter. Er residierte mit seinem Mitarbeiterstab vermutlich bis in die 70er Jahre des 1. Jahrhunderts in Kempten und dem Militärplatz Augsburg.

Die historische Entwicklung Augsburgs ging andere Wege als das „zivile" Kempten. Augsburg war seit der Eroberung durch seine vorgeschobene strategische Position und seine Besatzung als militärischer Schwerpunkt charakterisiert. Zunächst lag am Fuß des Mündungssporns am Wertachübergang der *via Claudia Augusta* ein Stützpunkt in Oberhausen, möglicherweise ein Uferkastell mit Versorgungsfunktion. Es war um 8/5 v. Chr. angelegt worden und blieb vermutlich bis 16 n. Chr. besetzt.

Durch die Ausgrabungen der beiden vergangenen Jahrzehnte konnten Spuren einer Holz-Erde-Befestigung auf der Hochterrasse unter der Augsburger Altstadt nachgewiesen werden. Nach heutigen Erkenntnissen dürfte sie zeitlich im Anschluß an das Oberhausener Lager

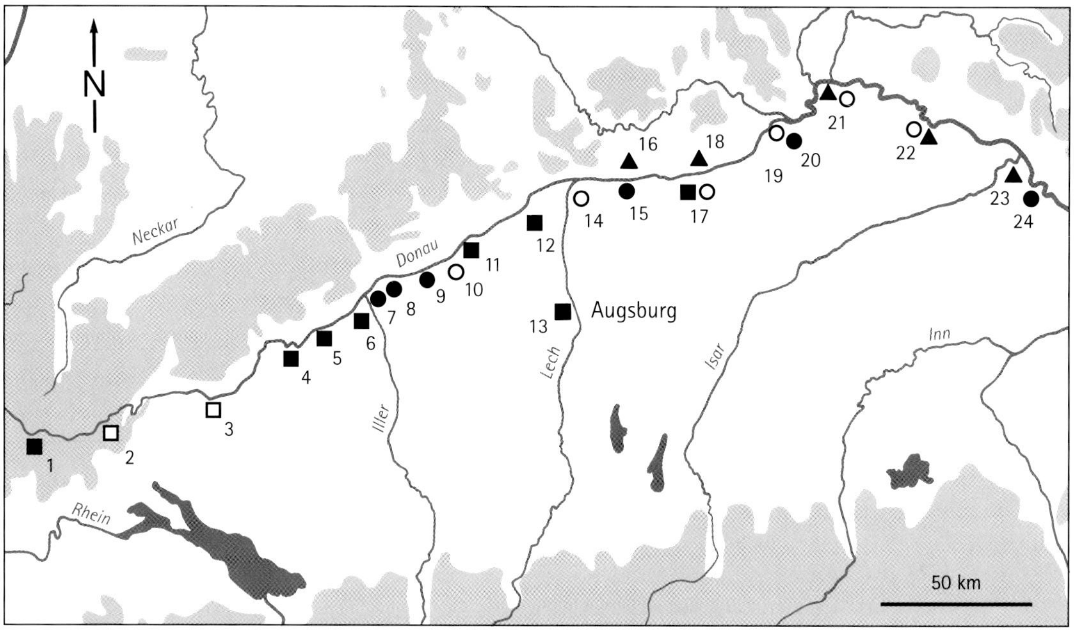

20 Der claudische Donaulimes mit Kastellen (■) und Kleinkastellen (●) und ersten flavischen Gründungen jenseits der Donau (▲). Offene Symbole: vermutet/erschlossen.
1 Hüfingen, 2 Tuttlingen, 3 Mengen-Ennetach, 4 Emerkingen, 5 Rißtissen, 6 Unterkirchberg, 7 Burlafingen, 8 Nersingen, 9 Günzburg, 10 Bürgle bei Gundremmingen, 11 Aislingen, 12 Mertingen-Burghöfe, 13 Augsburg, 14 Oberpeiching, 15 Neuburg, 16 Nassenfels, 17 Oberstimm, 18 Kösching, 19 Eining, 20 Weltenburg-Frauenberg, 21 Regensburg-Kumpfmühl, 22 Straubing, 23 Moos-Burgstall, 24 Haarsdorf-Mühlberg bei Osterhofen.

um 5/15 n. Chr. errichtet worden sein. Sie lag im Bereich des mittelalterlichen Stadtkerns nordöstlich vom Dom zwischen dem Mittleren Pfaffengäßchen im Süden und dem Pfärrle im Norden und erstreckte sich von der Frauentorstraße im Westen bis an den Terrassenabbruch zum Lechkanal. Mit 10 ha Innenfläche überstieg sie die Kastelle der Alenklasse um einiges: Man rechnet heute mit Legionsvexillationen und Auxiliarreiterei in einer Stärke von 2000–3000 Mann.

Augsburg war Ausgangspunkt der militärischen Operationen im Norden. Innerhalb weniger Jahrzehnte wurde Zug um Zug die Donaulinie *(ripa)* besetzt, doch ihre Sicherung und der Bau einzelner Kastellstützpunkte zog sich noch über mehr als eine Generation hin. Das älteste Kastell am Donauufer lag als weit vorgeschobener Posten isoliert auf dem Sebastiansberg bei Aislingen. Im Bereich des westlichen „inneren" Plateaus konnte ein Truppenstützpunkt auf der ringsum befestigten Fläche von rund 140 x 170 m (2,3 ha) lokalisiert werden; sein Aussehen und seine taktische Funktion sind allerdings bis heute unbekannt. Beiderseits der südlichen Ausfallstraße des Kastells lag die Versorgungssiedlung *(vicus)*. Rettungsgrabungen in den Jahren 1989 und 1990 legten mehrere Holzgebäude vom Typus langgestreckter Streifenhäuser frei. Der geborgene Fundstoff deutet auf die Existenz verschiedener Werkstätten, vor allem von Schmieden, die die Besatzung und das Lagerdorf mit Eisengerät versorgten. Der Standort wurde noch in der Regierungszeit Tiberius' oder unter Caligula besetzt. Brandspuren im Kastell weisen auf eine Zerstörung im Vierkaiserjahr 69/70; darauf kommen wir später zurück. Ob im Zug der Grenzneuorganisation unter Kaiser T. Flavius Vespasianus (69–79) – das ist für die historische Entwicklung Günzburgs von einiger Bedeutung – das Aislinger Kastell für wenige Jahre wiederaufgebaut und kurzfristig noch einmal besetzt wurde, ist zweifelhaft. Die Münzreihe reicht zwar in flavische Zeit, doch dafür dürften die Vicani verantwortlich sein, die noch eine Zeit lang am Berg blieben[68].

Der damals nächstgelegene Militärstützpunkt am Donau-Südufer im Westen war das Kastell Unterkirchberg auf dem linken Ufer der Illermündung (*Abb. 20,6*). Er lag in einer Entfernung von 44 km, einer Strecke, die von Aislingen effektiv kaum zu betreuen war. Erst 1982 wurde bei systematischen Befliegungen ein Kleinkastell bei Nersingen entdeckt[69]. Dieser Posten liegt auf der Nordwestkante eines Niederterrassenrückens 90 m südöstlich der Leibi, die heute rund 2 km nördlich in die Donau mündet (*Abb. 19*). 1983 wurde seine 22,2 x 25,2 m große Innenfläche (knapp 600 qm) untersucht. Im Schutz von zwei umlaufenden, bis zu 3,6 m breiten Spitzgräben und einer holzversteiften, 3,3 m breiten Rasensodenmauer lagen eine Mannschaftsbaracke mit Offiziersraum und sechs kleinen Stuben (Kontubernien), ein Wirtschaftsgebäude sowie ein Backofen, die Esse einer Schmiede und eine Latrine. Die Besatzung dieses Kleinkastells ist unbekannt; ihre Größe wird auf kaum mehr als zwölf Soldaten und die kommandierende Charge geschätzt. Die Lage 2,2 km abseits der Donautal-Straße schließt eine militärisch-aggressive Funktion des Kleinkastells aus. Aufgabe scheint eher die Kontrolle und administrative Abwicklung des Personen- und Warenverkehrs in der Nähe eines weniger bedeutenden Donauübergangs gewe-

sen zu sein. Die archäologischen Funde waren spärlich, aber ausreichend, um die Zeitstellung einzugrenzen. Kaum eine Handvoll Scherben, wenige Münzen, Fibeln und Eisenteile sind in der Nutzungszeit in den Boden gekommen. Danach wurde das Kleinkastell in den späten 30er Jahren des 1. Jahrhunderts angelegt. Zwei Münzen von 72/73 und 80 n. Chr. sprechen dafür, daß der Posten noch bis in die Mitte der 80er Jahre besetzt war, also in einer Zeit, in der das große Günzburger Kastell bereits bestand.
Ein zweites, sozusagen baugleiches Kleinkastell wurde wenig später bei Burlafingen ebenfalls aus der Luft entdeckt. Dieser neue Befund warf eine wichtige Frage auf: Wurde die gesamte Donaulinie oder zumindest bestimmte Abschnitte damals schon systematisch durch solche in unregelmäßigen Abständen errichteten Militärposten kontrolliert? Hinweise fanden sich auch östlich von Günzburg, bei Gundremmingen, in Unterthürheim und auf dem Neuburger Stadtberg[70].

Griff nach Norden: Stützpunkte an den Fernstraßen

Die Beschreibung der frühkaiserzeitlichen Verhältnisse Raetiens ist vor allen Dingen für das Verständnis der militärischen Vorgänge wichtig, die ein Jahrzehnt später zur vollständigen Besetzung der Donaulinie und zur Stationierung der ersten regulären Militärformationen am Donauufer und wahrscheinlich auch in Günzburg geführt haben (*Abb. 20; 26*).
Es ist wiederholt angeklungen, daß eine der wichtigsten Entwicklungsfaktoren in der militärisch geprägten Frühgeschichte der Provinz die Sicherung von Straßenverbindungen und Flußübergängen war. Römerstraßen hatten als Geländedenkmäler schon früh das Interesse vieler Lokalforscher gefunden, so daß wir verhältnismäßig gut über ihren Verlauf unterrichtet sind, zumal noch vor hundert Jahren weite Strecken im Gelände sichtbar waren, bevor die Dämme durch den intensiven Pflugbau eingeebnet wurden. Das gilt auch für den Raum Günzburg. Hier spielten zwei Verkehrsverbindungen die Hauptrolle:
[1] die rückwärtige Verbindung zur Militärbasis in *Augusta Vindelicum*-Augsburg, die als „Augsburger Straße" in die Fachliteratur eingegangen ist, und
[2] die Querverbindung der seit den späten Regierungsjahren des Tiberius kontrollierten Grenzlinie entlang der Donau, die sog. „Donau-Süd-Straße", *via iuxta amnem Danuvii*, wie sie später auf norischen Meilensteinen genannt wird.

Die Augsburger Straße Die Hauptverbindung von Augsburg zur Donau[71] (und später über den Neckarraum nach Mainz) führte über weite Strecken durch die Westlichen Wälder[72], wo sie abschnittsweise als Damm sichtbar erhalten geblieben ist. Sie quert hart südlich von Haldenwang das Mindeltal in gerader Richtung auf Harthausen[73]. In der aufgelassenen Ziegelgrube westlich von Nornheim soll nach den Akten des Bayerischen Landesamts für Denkmalpflege der Straßenkörper beobachtet worden sein. Von hier aus läuft der in den Feldern verebnete Straßenzug weiterhin geradlinig in das Reisensburger Krankenhausgelände, wo der Damm beim Aushub des Gebäudes 28 durch eine halbmeterstarke Schotterschicht nachgewiesen werden konnte. In der Bayerschen Ziegelei[74] fand sich ein weiterer Querschnitt. Zuletzt wurde sie anläßlich des Neubaus der östlichen Ortsumgehung der Bundesstraße 10 im März 1995 durch J. Weizenegger beobachtet und dokumentiert. Im Profil des östlichen Straßeneinschnitts war sie als 5,4 m breite, 0,2–0,4 m hohe Kiesschüttung erkennbar. Straßengräben fehlten. Schließlich wurde sie beim Abstieg vom Dreirosenberg hinunter zur Bahnhofstraße mehrfach geschnitten und aufgenommen, zum ersten Mal 1903 als 6 m breite Schotterpiste, 1964 auf 20 m im Bereich des Wetzlergartens (Dillinger Straße 24; *Abb. 21*) und zuletzt 1974 als 4 m breiter Kieskörper im Kreuzungsbereich der Bahnhofstraße bei ihrer Mündung in der Dillinger Straße. Im Bereich des Dreirosenbergs durchzog sie den römischen Brandgräberfriedhof, wo eine Reihe von Gräbern interessanterweise in den Straßenschotter eingeschlagen waren. Daraus – und das hat sich auch durch die

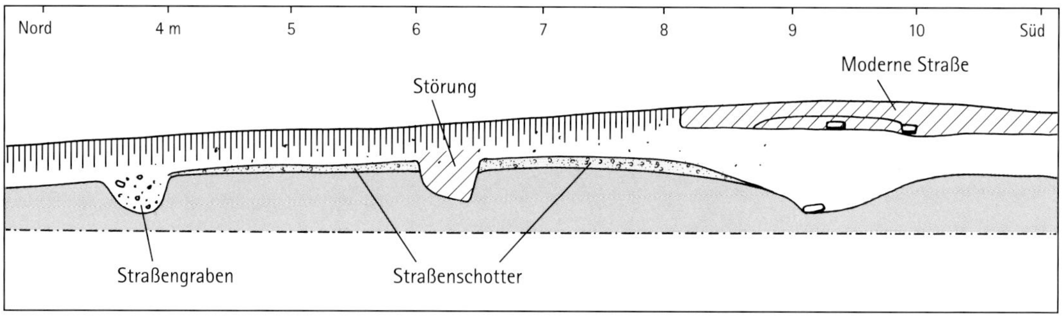

21 Profil durch die Augsburger Straße beim Dreirosenberg (Mozartring 8–12, 1964).

Untersuchungen 1964 bestätigt – muß man den Schluß ziehen, daß dieser Abstieg noch vor dem Ende des 2. nachchristlichen Jahrhunderts aufgegeben worden war; warum, ist eine andere Frage. Wo der andere Abstieg lag, war zu B. Eberls Zeiten noch völlig unklar. Neue Untersuchungen zwischen Kuhberg und Schützenstraße im Jahr 1992 deuten darauf hin, daß sie am Hang unterhalb der Frauenkirche langsam hinabstieg (*Abb. 23*). Wir werden im Zusammenhang mit der dort entdeckten römischen Wasserleitung noch einmal darauf zurückkommen. Wo die Augsburger Straße in ihrer ursprünglichen Streckenführung auf die Donau-Süd-Straße traf, ist heute nicht mehr genau auszumachen.

Die Donau-Süd-Straße Die südliche Donautal-Straße verlief über weite Strecken im Osten nicht auf der Donau-Hochterrasse, sondern unterhalb an ihrem Fuß. Ihre Trasse ist heute meist nicht mehr sichtbar, sie liegt unter der modernen Kreisstraße. Von Gundremmingen kommend überquerte sie in Offingen die Mindel und stieg hier, vermutlich wegen des steilen und engen Donauabbruchs, erstmals auf die Hochterrasse hinauf. Am Südrand des Reisensburger Herrenholzes wird sie faßbar, verliert sich dann aber wieder im Ort. Über die weiteren Straßenspuren im Siedlungsbereich des römischen Günzburg und über die Flußüberquerungen wird gleich zu reden sein.
Außerhalb Günzburgs, im Westen jenseits des Gräberfelds an der Ulmer Straße, wird sie zunächst wieder durch einen hohlwegartigen Einschnitt sichtbar und zieht von dort in gerader Linie am südlichen Ortsrand von Leipheim vorbei nach Westen[75].

Kappenzipfel: Ein Militärposten am rechten Günzufer?

Kehren wir zur Frage früher Militärstützpunkte zurück, die nach den Erkenntnissen von Nersingen und Burlafingen in den frühen 40er Jahren des 1. Jahrhunderts entlang der nassen Provinzgrenze *(ripa Danuvii)* am Südufer der Donau angelegt worden waren. Beide Straßen, die Augsburger und die Donautal-Straße, trafen in Günzburg zusammen. Dort galt es, eine Flußüberquerung zu sichern und einen frühen Donauübergang zu überwachen. Sollte man außerdem die für die Versorgung der Kleinkastelle in Burlafingen und Nersingen kritische Situation und den Verkehrsknoten an der 44 km langen Strecke zwischen Aislingen und Unterkirchberg übersehen haben? Bei dem strategischen Raumdenken der römischen Militärs wird man solche Gefahrenstellen kaum unbewacht gelassen haben.
Obwohl das Alpenvorland bis zur Donau seit der Eroberung 50 Jahre zuvor von Rom kontrolliert wurde – frühe Einzelfunde wie eine Aucissa-Fibel auf dem Goldberg im Ries deuten auf Erkundungsaktionen jenseits des Stroms – wurden erst in der Regierungszeit des Kaisers Claudius *praesidia et castella* angelegt (*Abb. 20*). Diese Stellungen wurden im Regelfall mit regulären, 500 Mann starken Hilfstruppeneinheiten *(auxilia)* besetzt. Im Osten waren dies die Kastelle in Oberstimm bei Ingolstadt, im Lechmündungsgebiet bei Mertingen (Burghöfe) und auf dem Sebastiansberg von Aislingen, im Westen jenseits der Iller bei Unterkirchberg und Rißtissen.
Früher ist immer wieder die Frage diskutiert worden, ob nicht auch Günzburg zu dieser ersten claudischen Kastellkette zu zählen sei. Denn schon R. Knorr[76] hatte 1913 auf Sigillatascherben hingewiesen, die – wir kommen später auf diese Problematik zurück – seiner Meinung nach um oder sogar schon vor die Mitte des 1. nachchristlichen Jahrhunderts, also in die Regierungszeit dieses Kaisers zu datieren wären[77]. In Anlehnung an Knorr hielt Ph. Filtzinger[78] eine claudische Zeitstellung Günzburgs für möglich. Auch I. Walke[79] nahm aufgrund der Ausgrabungsergebnisse ihres Mannes N. Walke positiv zu dieser Frage Stellung. H. Schönberger[80] äußerte sich dagegen eher zurückhaltend und unentschieden. Handfeste Beweise haben sich bis heute nicht eingestellt[81]. Vielmehr wird aus der umfangreichen Fundserie Günzburgs klar: ein claudisches Kastell der Kohortenklasse hat es in Günzburg nicht gegeben. Wohl aber mehren sich Anzeichen

dafür, daß man mit einem kleinen Militärstützpunkt an der Günz rechnen muß.

20 Mann an der Brücke? Das älteste Objekt Günzburgs aus einem stratifizierten Kontext stammt vom Kappenzipfel 14, der östlichen Spitze des Mündungssporns zwischen Günz und Donau, wo das jenseits St. Martin und der heutigen Donaubrücke leicht ansteigende Kappenzipfel-Gelände bereits wieder absinkt und hinter der Gärtnerei Schmidt um gut einen Meter nach Osten abbricht *(Abb. 17,6)*. Hinter den Häusern der Straßennordseite erkennt man heute noch deutlich die alte Erosionskante der Donau. Im Süden begrenzt die Günz dieses Gelände. Der vom Wasser unberührte Kappenzipfel bildet heute eine nur noch 50 m schmale Landzunge von 230 m Länge. Bei diesem 1966 geborgenen Fund handelt sich um eine prägefrische Kupfermünze (As) des Kaisers Augustus *(Abb. 22)*, die er für seinen Jugendfreund und Mitstreiter M. Vipsanius Agrippa im Jahr 8/2 v. Chr. in *Nemausus*-Nimes[82] hatte prägen lassen. Nun wird man einer einzelnen Fundmünze auf den ersten Blick wenig Bedeutung beimessen, vor allem wenn man die Fundumstände nicht genauer kennt. Der As aber fand sich, und das ist außer dem kaum umgelaufenen Zustand wichtig, in der untersten Schicht des römischen Laufhorizonts auf dem gewachsenen Kiesboden in rund 2,5 m Tiefe. Die Fundstelle liegt am Eingang des römischen Orts und genau am entgegengesetzten Ende des späteren Militärbereichs. Diese Situation ist geographisch bemerkenswert.

Die Tatsache, daß der prägefrische As auf dem gewachsenen Kiesuntergrund gefunden wurde, unterstreicht seine chronologische Bedeutung. H.-J. Kellner wies mit Recht auf die Stückzahlverhältnisse dieser frühen Prägungen der Nemausus-Serie 2 in augusteisch-tiberischen Anlagen hin, vor allem denen von Augsburg-Oberhausen (26 Stück) und Augsburg-Altstadt (7 Stück). In claudischer Zeit waren diese Prägungen bereits weitgehend aus dem Geldumlauf verschwunden; in Aislingen sind nur zwei Exemplare vorhanden, und im claudischen Kastell Burghöfe fehlen sie überhaupt. So sehr man Einzelmünzen mit Vorsicht betrachten muß, spricht doch einige Wahrscheinlichkeit dafür, daß sie spätestens in claudischer Zeit in den Günzburger Boden gekommen ist. Ob das lehmverfüllte Balkengräbchen unmittelbar neben dem Münzfund zu einer zeitgleichen Anlage (Baracke) gehört hat, läßt sich nur vermuten. Ebenso unklar bleibt, ob der 1962 im Kappenzipfel 10 beobachtete Doppelgraben *(Abb. 30,8)* zu dieser oder einer spätflavischen Kastellanlage gehört.

Wenige Meter westlich barg L. Sperber bei seiner Untersuchung des Grundstücks Kappenzipfel 4 (neu 2a) im Jahr 1969 neben frühen

22 Kupfermünze (As) des Kaisers Augustus (23 v. – 14 n. Chr.) 8/2 v. Chr. geprägt in Nemausus-Nimes. Auf der Vorderseite Augustus und Agrippa, auf der Rückseite Col(onia) Nem(ausus) und ein angekettetes Krokodil. Kappenzipfel 14 (1966).

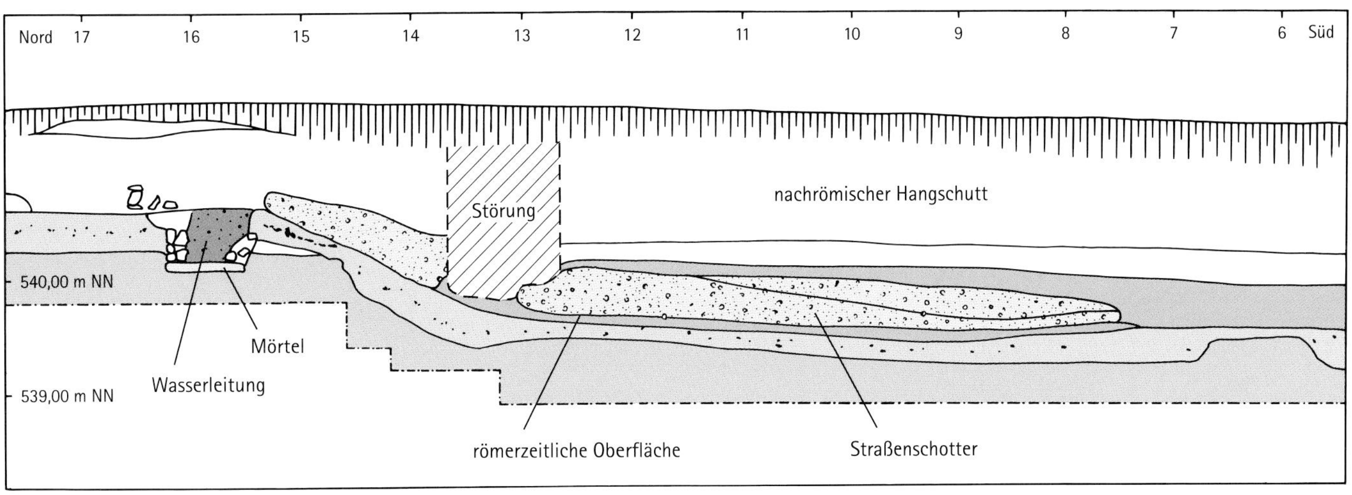

23 Abstieg der Augsburger Straße in der Schützenstraße 13 1/2 (1992) neben bzw. über dem kastellzeitlichen Wasserkanal.

24 Blick von Osten in den Kappenzipfel auf St. Martin.

Holzbauspuren *(Abb. 58)* eine Nauheimer Fibel (Schnitt C2, 1969). Die 6,6 cm lang erhaltene Bronzefibel *(Abb. 13,1)* scheint eine jener problematischen Nachfolgeformen klassisch-spätlatènezeitlicher Varianten zu sein, die in römischen Fundverbänden immer wieder einmal auftauchen. Aus dem Balkengräbchen 2 unserer Grabung 1989 auf Kappenzipfel 2, die zu dem gleichen Militärbaukomplex gehören, stammt ein As des Caligula für Agrippa aus den Jahren 37–41[83].

Solche Funde dürfen als Einzelstücke sicher nicht überbewertet werden; sie geben jedoch erste konkrete Hinweise auf einen vorflavischen Stützpunkt in Günzburg, dem auch noch andere, auffallende Frühformen des Trachtzubehörs anzuschließen sind: Die eiserne Spiralfibel mit durchbrochenem Nadelhalter *Abb. 13,5*, der Nertomarus-Typ Abb. *13,8* oder die oben beschriebene Nauheimer Fibel-Variante *Abb. 13,1* gehören in die erste Hälfte des 1. Jahrhundert. Auf der anderen Seite fehlen der umfangreichen Günzburger Fibelserie bestimmte Typen wie die sog. Augenfibel oder die gallische Aucissa-Fibel, die im militärischen Trachtmilieu der frühen Kaiserzeit, vor allem der claudischen Phase über das ganze Imperium verbreitet waren.

Noch zwei weitere Gesichtspunkte lassen sich für den frühen Militärposten ins Feld führen. Bei der routinierten geostrategischen Planung römischer Militärs wird weder der Generalstab in Augsburg noch das obergermanische Heereskommando in Mainz den Flußübergang über die Donau aus dem Auge gelassen haben. Auffälligerweise zielt die Militärpiste von Augsburg an die Donau in Richtung und Verlauf nicht etwa auf das frühe Kastell in Aislingen – dieser Stützpunkt war nur durch eine Stichstraße angebunden. Sie zielte durch die dichten Laubwälder des Rauhen Forsts genau auf Günzburg und seinen Donauübergang. Das kann kein Zufall sein. Denn zwei Jahrzehnte später sollte gerade dieser Flußübergang eine der wichtigen Querverbindungen zwischen Obergermanien und Raetien werden. Sie wurde damit nicht nur zu einem Ausgangspunkt der Okkupation der Schwäbischen Alb und des oberen Neckargebiets, sondern, ein halbes Jahrhundert später, auch zu einer der wichtigsten Versorgungswege der Dakerkriege an der mittleren Donau. Außerdem: Die wenigen verstreuten Hinweise wiegen in Anbetracht der Flächengrabungen in Nersingen und Burlafingen schwerer; denn wieviel Fundmaterial sollte man aus einem in Mittelalter und Neuzeit dicht bebauten Gelände erwarten? Wieviel Material sollte bei einer Brückenwache oder einem Straßenkontrollposten in den Boden gekommen sein?

Archäologie im Keller: Ein Militärlager links der Günz

Die Entwicklung Günzburgs im militärischen Konzept der frühen Kaiserzeit verlief anscheinend wesentlich komplizierter, als wir dies durch die archäologischen Belege heute rekonstruieren können. Tatsächlich findet sich am entgegengesetzten Ende des römischen Siedlungsareals in der Günzburger Unterstadt ein weiteres Fundgebiet, in dem vorflavische, d. h. aus der Zeit vor dem bekannten Günzburger Kastell der 70er Jahre stammende Funde geborgen wurden.

Um die militärischen Aktivitäten der Frühzeit einzugrenzen, darf man zunächst im Ausschlußverfahren festhalten, daß bestimmte Fundgattungen und Formen des Terra-Sigillata-Geschirrs fehlen, das in der Truppenversorgung eine zentrale Rolle spielte. Der Hauptlieferant war das 950 km entfernte Produktionszentrum *Condatomagus*-La Graufesenque bei Millau in der Nähe von Toulouse in Südfrankreich. Diese Fabriken belieferten seit tiberischer Zeit die nördlichen Militärmärkte und hatten den Günzburger Soldaten mit Tausenden von Gefäßen Leben und Geldbeutel erleichtert. Mit über 200 Stempeln auf glatter Ware und einer noch ungezählten Masse reliefverzierter Schüsseln der Typen Drag. 29 und 37 sowie des zylindrischen Bechers Drag. 30 und vereinzelter Sonderformen (Déchelette 67, Knorr 78) ist der Produktquerschnitt gut überschaubar (Abb. 32).

Terra Sigillata ist der neuzeitliche Begriff für jene rotglänzende Geschirrgattung, die damals in den großen Manufakturen Süd- und Mittelgalliens hergestellt wurde und „weltweit" Garnisonen wie Zivilsiedlungen mit dem durchaus attraktiven Feingeschirr versorgten. Diese weitgehend wasserfeste Geschirrgattung wurde in unverzierten, sog. glatten Gefäßformen und dekorierten Reliefgefäßen hergestellt. Die Verzierungen waren mit Hilfe von Formschüsseln ausgeformt und vervielfältigt; glatte Teller und Tassen wurden in der Bodenmitte häufig mit Stempelmarken signiert (daher der moderne Name Sigillata, „gesiegelt"). Die Gefäßtypen werden nach früheren Bearbeitern H. Dragendorff (Drag.), R. Knorr (Knorr), J. Déchelette (Déch.) oder J. Curle (Curle), aber auch nach ihren eponymen Fundorten wie Haltern oder Hofheim bezeichnet. In der feinchronologischen Diskussion spielte und spielt sie wegen ihrer Fundhäufigkeit stets eine außerordentlich wichtige Rolle, weil ihre Produktionsdaten im Einzelfall einen sog. *terminus post quem*, „ein Datum nach dem...", liefern oder, in umfangreicheren Serien, auch relativchronologische Vergleichs- und Datierungsmöglichkeiten ergeben.

Töpferstempel und werkstattbezogene Dekorpunzen wurden zu einem wichtigen Kriterium, da man zunächst mit Recht annahm, einzelne Produkte auf die Lebenszeit bzw. Arbeitsspanne eines Handwerkers zurückführen zu können.

TS-Töpfer	Anzahl	Pferdehirt Gruppe
Albinus[84]	1	I a [ab 15/20 bis vor 43]
Bassus/Coelus	4	II a [nach 37/41 bis nach 61/vor 72/73]
Murranus	1	II a
Nic(er)	1	II a
Pontus	3	II a

Tab. 3 Frühe südgallische Sigillata-Töpfer aus Günzburg (Altfunde).

Diese Prämisse ist heute ins Wanken gekommen. Interne Werkstattorganisation, lokale Produktionsbedingungen, Stempeltausch und Spätausformungen, um nur einige Einschränkungen aufzuzählen, haben gezeigt, daß es fast unmöglich ist, ein Produktionsdatum „absolutchronologisch" scharf, sozusagen „jahrgenau", zu fassen. Auch Handelswege, Vertriebsgebiete und Gebrauchszeiträume lassen sich nur in größeren Stückserien beurteilen und mit anderen Fundorten oder münzdatierten Plätzen „relativchronologisch" beurteilen. Im Grundsatz aber gilt die Datierungsqualität nach wie vor; Terra Sigillata ist wie die Fundmünze ein unverzichtbares Element archäologisch-provinzialrömischer Datierung. Man ist heute in der Lage, die überwiegende Mehrzahl der gallischen Töpfer, wenn nicht auf ein Jahrzehnt, so doch auf ein Jahrhundertviertel festzulegen.

Eine Faustregel besagt, daß Lage und Anfangsdatierung eines Militärstützpunkts durch die frühesten Fundobjekte markiert und bestimmt werden. Die ältesten Sigillata-Töpfer aus dem Altfundbestand Günzburgs sind oben aufgelistet *(Tab. 3)*. Die genannten Töpfer aus La Graufesenque haben in vorflavischer Zeit gearbeitet. Wenn man nicht von dem eher seltenen Fall ausgehen will, daß diese Gefäße über zwei Jahrzehnte gebraucht und weitergegeben wurden (man spricht in diesem Fall von Altstücken oder *survivals*), sondern in der Regel nach kurzer Zeit zu Bruch gingen, deuten sie auf eine militärische Präsenz dieser Zeit in Günzburg. Neufunde erhärten diesen Verdacht.

Kastellgraben in der Römergasse 12 Das Areal einer frühen Fundgruppe im Westen Günzburgs läßt sich innerhalb des römischen Siedlungsgebiets räumlich und zeitlich genauer fixieren.

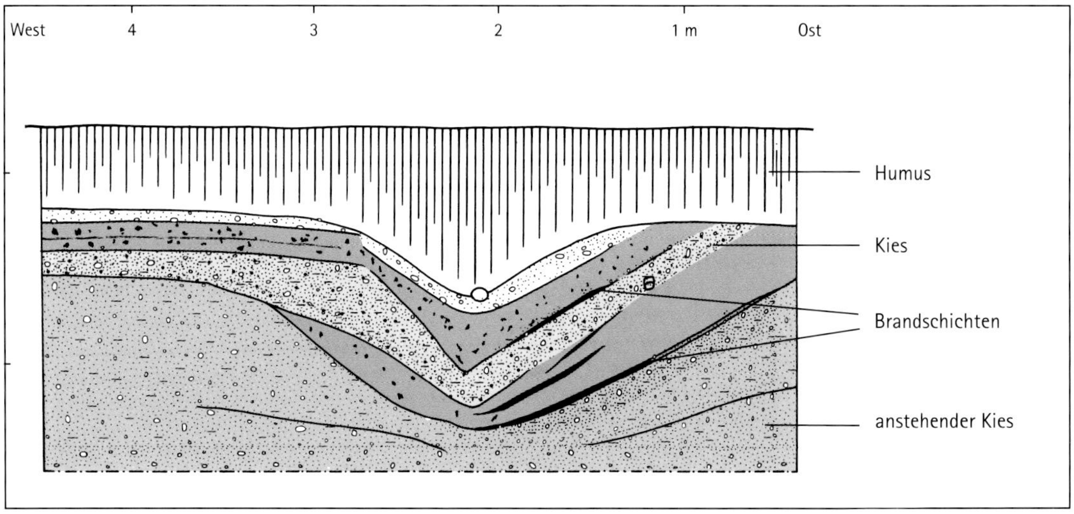

25 Kastellgrabenprofil in der Nordwand des Hausanbaus der Römergasse 12 (1978).

Der wichtigste Komplex stammt von der Römergasse 12; wir verdanken ihn dem Verständnis und der Aufmerksamkeit des Bauherrn G. Jantsch. Dort kamen bei einem sich über Jahre hinziehenden Kellerausbau zahlreiche Objekte zutage, die durch einen eisernen, 9,3 cm langen Geschoßbolzen, bronzene Ausrüstungsgegenstände sowie einen 1978 entdeckten Kastellgraben unmittelbar mit einer militärischen Anlage verknüpft werden können (*Abb. 25*). Die meisten Funde lagen wenige Meter innerhalb des Grabens in einem Bereich, den man als *vallum*, den Wall eines Erdkastells identifizieren kann; bedingt durch den Bauaushub war die Anlage eines Planums nicht möglich; infolgedessen fehlen Spuren einer Holz-Erde-Konstruktion[85].

An der Westwand der Baugrube zeichnete sich ein 3 m breiter Graben ab, dessen rundlich erodierte Sohle 1,6 m unter die heutige Oberfläche bis in den gewachsenen Kies reichte. Er zog in südwestlicher Richtung in das Friedhofsgelände, ließ sich aber dort bisher nicht mehr feststellen[86]. Er war in zwei Phasen zugefüllt worden, getrennt jeweils durch Kulturschichten, in denen deutliche Brandspuren eingelagert waren. Offensichtlich stammen sie von Planierungsaktionen nach Großfeuern.

Die Münzserie selbst bringt uns nicht weiter, weil der Beginn der Münzkurve untypisch ist[87]. Die Datierung dieses Fundkomplexes kann sich nur auf die Keramik stützen. Einzelheiten dazu werden im Rahmen der Anfangsdatierung des flavischen Kastells diskutiert. Aus Schicht 1 auf der Grabensohle stammt eine Sigillata-Schale der frühen Form Drag. 24/25. Auch die übrige Serie sowie die Stempel markieren den ältesten Kastellhorizont Günzburgs (*Tab. 4*).

Die frühen Töpfermarken des Aquitanus, des Felix auf Drag. 24/Hofheim 8 und des Sco(t)tius stammen aus einer Planierschicht, die über den Kastellgraben hinwegzog, folglich stratigraphisch jünger sein muß und spätestens in frühflavischer Zeit aufgebracht worden sein konnte. Sie gehört zu einem jüngeren Erdkastell, das diese ältere Umwehrung überlagerte. Dem jüngeren Kastell ist ein aus sechs Ziegelplatten gebauter Herd zuzuordnen, wie er für Kontubernien (Stubengemeinschaften) in Lagerbaracken typisch war und wie sie im flavischen Kastell im Bereich des Städtischen Friedhofs mehrfach beobachtet worden waren (*Abb. 33*).

B. Pferdehirt[88] hatte schon 1986 aufgrund der ersten Fundnotiz den Verdacht eines vorflavischen Gründungdatums geäußert, ähnlich wie dies für Emerkingen und Rißtissen erwogen worden war und dort zwischenzeitlich auch durch Ausgrabungen gesichert werden konnte. Die Töpfer Scottius, Aquitanus und Felix sowie Albinus, Bassus/Coelus, Murranus, Nic(er) und Pontus der Günzburger Altfundserie haben das benachbarte Kastell Aislingen noch vor dem Jahr 69 beliefert, in dem dieses Lager nach übereinstimmender Forschungsmeinung aufgegeben wurde. Ihre Produktion gehört damit in das sechste nachchristliche Jahrzehnt.

A. Faber[89] hat sich im Zusammenhang mit den Kastellplätzen Regensburg-Kumpfmühl und Eining mit der Problematik einzelner „Altsachen" und ihrer Datierungsmöglichkeiten auseinandergesetzt. Die schon erwähnte Faustregel der Archäologen besagt: Der älteste Fund datiert den ersten Militärplatz. Sie dagegen möchte das Vorkommen älterer, in diesem Fall claudisch-neronischer Einzelobjekte als „liebgewordene"

TS-Töpfer	Anzahl	Pferdehirt Gruppe
Scottius	1	I b [ab 15/20 bis nach 61/vor 72/73]
Aquitanus	2	I b
Felix	1	II a [nach 37/41 bis nach 61/vor 72/73]

Tab. 4 Frühe südgallische Sigillata-Töpfer aus dem Kastellhorizont in der Römergasse 12.

Altstücke, „Antiquitäten", *survivals* erklären und mißt ihnen keine Beweiskraft zu – jedenfalls nicht bezüglich der genannten Stationen. Das mag bei Funden aus umfangreichen Serien zutreffen, die aufgrund der Gesetzmäßigkeiten statistischer Normalverteilung immer ein Quantum unzeitgemäßer Altstücke, sog. Ausreißer, enthalten. Aber trifft diese Einschätzung auch für jene stratifizierten Stücke zu, die aus einem räumlich begrenzten Zusammenhang wie dem Kappenzipfel stammen oder einem so typischen, homogenen Fundkomplex wie der Römergasse 12?

Schon die Realmengen an Kleinfunden (Münzen sind hier auszuschließen, weil sie mit dem Geldumlauf späterer Jahre an den Fundort gekommen sein können) und Terra Sigillata, namentlich der Form Drag. 29, sind in Günzburg westlich und östlich der alten Günz sehr viel größer, so daß ich meine: Bis zum Beweis des Gegenteils halte ich die vorflavischen Stücke tatsächlich für Hinweise auf eine ältere militärische Besetzung des Standorts in vorflavischer Zeit.

Für die militärische Geschichte Günzburgs bedeutet das aber zusammengefaßt: Mit dem Befund in der Römergasse 12, der im übrigen auch zahlreiche grobkeramische Gefäße sowie interessanterweise zahlreiche Stücke der handgemachten Ware (Zick-Zack-Ware) enthielt, fassen wir den einstweilen ältesten Kastellhorizont von Günzburg. In welche Richtung sich die Anlage erstreckte, läßt sich nur vermuten; der Kastellinnenraum lag wohl im Osten bzw. Südosten, im Bereich des Städtischen Friedhofs. Das nur kurz besetzte Lager ist sicher nicht mehr in der letzten Regierungsdekade des Claudius, möglicherweise aber noch vor oder spätestens in den Wirren des Vierkaiserjahrs oder zu Beginn der Regierung des ersten Kaisers der zweiten Kaiserdynastie, T. Flavius Vespasianus (69–79) angelegt worden.

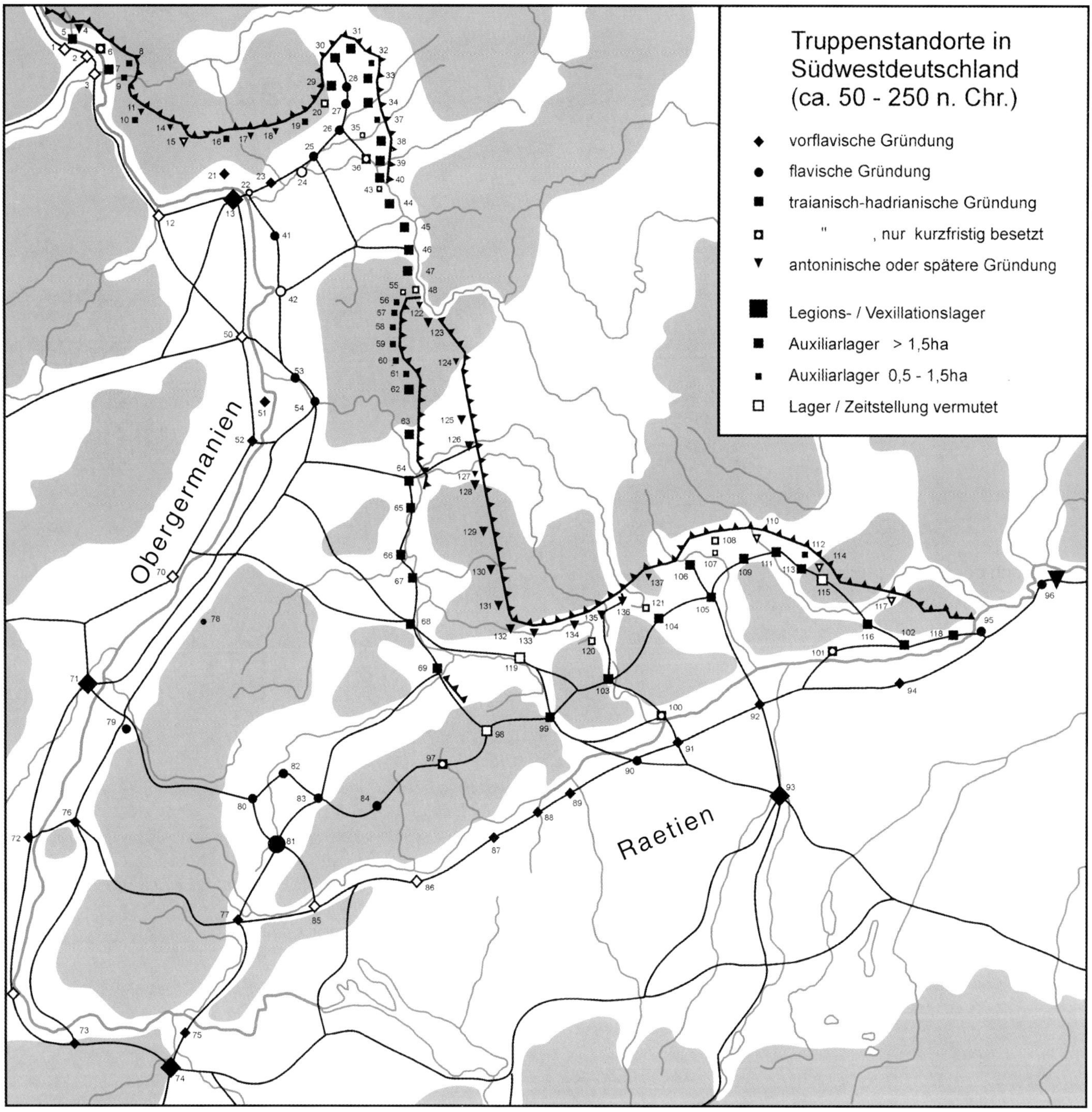

26 Truppenstandorte in Südwestdeutschland (nach K. Kortüm). Legende: Kastellplätze in Raetien.

84 Burladingen
85 Tuttlingen (?)
86 Mengen-Ennetach (?)
87 Emerkingen
88 Rißtissen
89 Unterkirchberg
90 Günzburg
91 Aislingen
92 Burghöfe
93 Augsburg
94 Oberstimm
95 Eining
96 Regensburg-Kumpfmühl/ Regensburg
97 Gomadingen
98 Donnstetten (?)
99 Urspring
100 Faimingen
101 Nassenfels
102 Kösching
103 Heidenheim
104 Oberdorf am Ipf
105 Munningen
106 Ruffenhofen
107 Unterschwaningen
108 Dambach
109 Gnotzheim
110 Gunzenhausen
111 Theilenhofen
112 Ellingen
113 Weißenburg
114 Oberhochstatt
115 Burgsalach
116 Pfünz
117 Böhming
118 Pförring
119 Eislingen-Salach
120 Essingen
121 Lauchheim
132 Lorch
133 Schwäbisch Gmünd-Schirenhof
134 Böbingen
135 Aalen
136 Buch
137 Halheim

IV Die neue Grenze an der Donau

Mit dem Selbstmord des fünften und letzten Kaisers der julisch-claudischen Familie, Nero (54–68), traf das Reich ein schwerer Rückschlag. Trotz seines jugendlichen Alters war er bereits mit 17 Jahren auf den Thron gekommen. Nach fünf „goldenen Jahren" seiner Herrschaft unter der Obhut seiner Erzieher und Berater (Seneca, Burrus) wurden zunehmend seine Haltlosigkeit, sein Größenwahn und die Neigung zu Gewalttätigkeit bemerkbar; die späten Regierungsjahre waren von Tyrannei und Grausamkeit überwuchert. Nach der blutig unterdrückten Verschwörung des Konsuls C. Calpurnius Piso (65) und dem Aufstand des Annius Vinicianus, der vielen Vornehmen, Senatsmitgliedern und Generälen das Leben gekostet hatte, wurde er schließlich vom Senat zum *hostis*, Staatsfeind, erklärt und abgesetzt. Da mehrere Provinzstatthalter, seine Leibwache und die letzte Stütze seiner Macht, die Prätorianergarde, abgefallen waren, beging er auf der Flucht am 9. Juni 68 Selbstmord auf einem Landgut bei Rom.

Damals geriet die gesamte Militärorganisation der Nordprovinzen in Aufruhr und stürzte das Land in einen Bürgerkrieg. Neros Tod und dem Machtvakuum folgten Auseinandersetzungen um die Thronfolge, die sich bis in die Mitte des Jahres 69 hinzogen. Beträchtliche Zerstörungen trafen vor allem die Nordprovinzen, auch die raetischen Städte, Grenzkastelle und Lagerdörfer. Was war passiert?

Da die Thronfolge des frühen Prinzipats letzten Endes ungeregelt war, riefen die „Kaisermacher", die Prätorianer in Rom, zunächst den altgedienten S. Sulpicius Galba (9. Juni 68–15. Januar 69) zum Nachfolger aus; er wurde aber bald von meuternden Offizieren ermordet. Prätorianer waren es wiederum, die jetzt den lusitanischen Statthalter M. Salvius Otho zum Thronfolger (15. Januar 69–16. April 69) bestimmten, was aber auf den Widerstand der Rheinarmeen stieß, die ihren Legaten Aulus Vitellius als Imperator durchzusetzen versuchten. Teile der Rheinlegionen brachen nach Rom auf, um ihren Kandidaten mit Gewalt durchzukämpfen. Unterwegs wurde das Heer durch den Helvetieraufstand aufgehalten, wobei die raetischen Hilfstruppen (*Raeticae alae cohortesque*, Tac. hist. 1,68,1), deren Kommandeur sich auf Vitellius' Seite geschlagen hatte, den Helvetiern im Westen in den Rücken fallen sollten, um den Aufstand niederzuschlagen. In diesem Moment fielen von Osten norische Verbände – das Donauheer stand auf Seiten Othos – in Raetien ein. Das Alpenvorland war zu einem Nebenkriegsschauplatz dieses fast zwei Jahre andauernden Bürgerkriegs geworden; die Auswirkungen der Kämpfe fanden sich bis tief ins Hinterland der Provinz. Die Kastelle Hüfingen, Rißtissen, Aislingen und Burghöfe wurden anscheinend zerstört; das jedenfalls lehren Brandschichten jener Zeit. Die Zerstörungen gehen vermutlich auf das Konto norischer Kampfverbände, die nach dem Abzug der raetischen Hilfstruppen die Gelegenheit nutzten, das gegnerische Territorium zu überfallen. Auch die Landstädte Bregenz und Kempten, selbst das befestigte Militärzentrum Augsburg blieben nicht verschont.

Otho wurde im April 69 bei *Bedriacum*, einem Ort zwischen Cremona und *Hostilia*-Ostiglia am Po, geschlagen und Vitellius (19. April–20. Dezember 69) am 19. April zum Kaiser ausgerufen. Nach gerade fünfmonatiger Regierung beging er am 20. Dezember Selbstmord, nachdem die Donaulegionen abgefallen und damit seine Machtbasis zusammengebrochen war. Außerdem hatte die Ostarmee im Orient bereits am 1./3. Juli einen neuen Kaiser in Alexandria ausgerufen: Ihr Prätendent war der altgediente, hochangesehene General T. Flavius Vespasianus. Nachdem sein Feldherr M. Antonius Primus mit den pannonischen und moesischen Legionen die Vitellianer am 24./25. Oktober in einer zweiten Schlacht bei Cremona besiegt hatte, wurde Vespasian am 22. Dezember 69 auch vom Senat in Rom offiziell als Kaiser anerkannt.

Die Donau fest im Griff

Der 60jährige T. Flavius Vespasianus (69–79) war als Sieger aus dem Kampf um den Kaiserthron hervorgegangen (*Abb. 27*). Seine ersten Bemühungen galten der Beruhigung der bürgerkriegsähnlichen Zustände und dann der Stabilisierung der bedrohten Grenzen. Seine kur-

27 Messingmünze (Dupondius) des Kaisers Vespasian (69–79), geprägt 72 in Lugdunum-Lyon. Ulmer Straße, Bahnübergang 1930 (Inv. 57).

28 Kastellareal im Bereich des Städt. Friedhofs; im Hintergrund die Aussegnungshalle.

ze, zehnjährige Regierungszeit wurde bestimmt von zahlreichen Maßnahmen zur Realisierung einer völlig neuen Grenzkonzeption, denen ein militärisches Bauprogramm in den Provinzen mit all seinen durchaus positiven Folgen auch für die zivile Besiedlung folgte.

In Raetien mußte die Donaulinie reorganisiert werden: Zunächst wurden unzuverlässige Einheiten ausgetauscht und versetzt, und die zerstörten Kastelle wiederaufgebaut. Sicher von großem Vorteil war die Tatsache, daß Vespasian das Land aus persönlicher Anschauung kannte, denn in den Jahren 42/43–47 war er *legatus legionis II Augustae*, Legionskommandant im obergermanischen *Argentorate*-Straßburg gewesen. Als eine der ersten Maßnahmen im Jahr 70 wurde die Veteranenlegion *VIII Augusta* von Moesien in ihr neues Standlager nach Straßburg verlegt. Um das Jahr 73(/74) überschritt der kaiserliche Legat und Kommandeur des obergermanischen Heeres, Cn. Pinarius Cornelius Clemens, den Rhein gegen die Germanen, *adversos Germanicos*. Der Schwerpunkt der militärischen Aktivitäten lag wohl im Stammesgebiet der Chatten, im Rhein-Main- und Wetterau-Gebiet. Er ließ aber auch im südlichen Abschnitt seines Militärdistrikts die badische Rheinebene besetzen und eine Querverbindung von Straßburg durch das Kinzigtal über den Schwarzwald nach *Arae Flaviae*-Rottweil bauen. Der Raum bis zur oberen Donau wurde durch Kastelle gesichert[90]. In seinem nördlichen Umfeld entstanden die Auxiliarlager in Waldmössingen, Sulz, Geislingen-Häsenbühl und Albstadt-Lautlingen. Jetzt gab es eine sichere Verbindung zwischen Raetien und Obergermanien: *iter de(rectum) in R(aetiam)* oder *in r(ipam Danuvii)*, wie es auf der Meilensäule aus dem badischen Offenburg (CIL XIII 9082= IBR 495) heißt (*Abb. 26*). Mit der Eroberung des Dekumatlands verkürzte sich die Wegstrecke zwischen den Provinzhauptstädten *Mogontiacum*-Mainz und *Augusta Vindelicum*-Augsburg, die damals ihre militärische Besatzung verlor und zum Verwaltungszentrum Raetiens avancierte. Mit einem feierlichen Staatsakt „vor den Altären der Flavier" wurde das Land für den Kaiser und seine Familie sozusagen auch kultisch-religiös in Besitz genommen[91]. Für den glücklichen Ausgang dieser Unternehmungen *[ob res] in Germa[nia prospere gestas]* erhielt Pinarius Clemens die *ornamenta triumphalia* (CIL XI 5271 = ILS 997). Um 85/90 wurde das Gebiet nach Osten erweitert und durch Stützpunkte auf der Alb in Burladingen-Hausen, Gomadingen, Donnstetten (?) und Urspring kontrolliert. Dieser durch eine Militärstraße markierte Abschnitt stieß bei Günzburg auf die Donau. Damit bekam Günzburg eine neue taktische Aufgabe. Denn jetzt lag das Kastell an der Günz nicht mehr an der linearen Flußgrenze *(ripa)*, sondern an der Nahtstelle zwischen dem Fluß und der über Land geführten Grenzstraße *(limes)*, zugleich auch am Scharnierpunkt der Rhein- und Donauarmee. Damals spätestens muß jene noch über Jahrhunderte so wichtige Querverbindung durch das Lonetal in den Neckarraum hinüber nach Obergermanien angelegt worden sein[92].

Das Günzburger Auxiliarkastell

Die von Claudius entlang dem südlichen Donauhochufer angelegte Kastellkette hatte sich bewährt und wurde zunächst beibehalten. Nur eine einzige Position ist damals aufgegeben worden, das Kastell auf dem Sebastiansberg bei Aislingen. Seine Funktion übernahm jetzt die neue Garnison in Günzburg. Spätestens seit dem Inschriftfund im Jahr 1910 wurde die Vermutung zur Gewißheit, daß Kaiser Vespasian diesen Stützpunkt hatte ausbauen lassen; darauf kommen wir gleich zurück. Noch bevor die ersten archäologischen Anzeichen bekannt und im Hinblick auf die militärische Besetzung und ihren Charakter gedeutet werden konnten, schien für P. Reinecke klar, daß das Kastell in der Unterstadt gelegen haben mußte. Das damals erkennbare Schwergewicht der Fundverbreitung lag im Bereich zwischen dem Donauabbruch im Norden und der Ulmer Straße im Süden, zwischen dem Städtischen Friedhof im Westen und der Donaugasse im Osten. Solange man die Gräber dort von Hand ausschachtete, war der Friedhof jahrzehntelang der Hauptfundlieferant. In seinem Umfeld und im Zug der Westerweiterung des Friedhofs sowie in den Gärten des westlich anschließenden alten Krankenhauses und der Familie Rembold fanden in der Zeit vor dem Ersten Weltkrieg regelmäßig Ausgrabungen statt, um Aufschluß über Umwehrungsgräben und Beweise für das gesuchte Kastell zu gewinnen. Denn wie alle zeitgenössischen Militärplätze waren auch die Auxiliarkastelle als Annäherungshindernis (und zur Trockenlegung des Geländes) mit einem oder mehreren Gräben umgeben, deren Aushub man als Wall im Innern aufgeschüttet hatte.

Wo lag das vespasianische Kastell? Die erste reguläre Garnison bezog ihr Quartier auf dem topographisch höher gelegenen, weitgehend hochwasserfreien Areal in der Nordostecke der Leipheimer Terrassenplatte. Das Gelände war eben und fiel leicht nach Süden zur Ulmer Straße hin ab. Der höchste Punkt (448 m über NN), den zugleich die römische Donau-Süd-Straße durchschnitt, liegt im Bereich der heutigen Friedhofskapelle (*Abb. 28*).
Die Lage des Kastells im Gelände der Unterstadt konnte trotz vieler, allerdings meist nur punktueller Aufschlüsse bis heute noch nicht exakt erfaßt werden. Die zeitgenössische flavische Keramik streute von der Römergasse über den Städtischen Friedhof bis hinüber zum Kappenzipfel, also über ein Areal von rund 1000 m Länge. Doch das war für ein Kastell viel zu groß. Deshalb ging ich vor 15 Jahren von der Vorstellung mehrerer, sich räumlich und zeitlich überlappender Kastelle aus. Heute ist man klüger; durch neue Befunde und Überlegungen löst sich das Bild auf, wobei einige Beobachtungen besser erklärbar wurden. Dabei spielte die Problematik der Flußverlagerungen, d. h. der neue Lauf der alten Günz die entscheidende Rolle.

Kastellgräben und Fundverbreitung Ein Indiz für die genaue Lokalisierung eines Kastells sind Umwehrungsgräben einschließlich der dahinter aufgeschütteten, mit Holzpfosten stabilisierten Wallkonstruktion („Holz-Erde-Mauer"). Mit gezielten Sondagen und Schnitten hatte der Historische Verein schon 1910 damit begonnen, in den eigens zu diesem Zweck erworbenen Krautgärten nördlich des alten Krankenhauses der Umwehrung systematisch nachzuforschen. Ein Suchschnitt am Nordrand des Grundstücks M. Burkhart (Fl. Nr. 789/1) nördlich des heutigen Friedhofs ergab zwar eine merkliche Abnahme der Funde nach Norden – ein Kastellgraben wurde jedoch nicht entdeckt.

[1] Außer der Römergasse 12 kam der erste Hinweis auf einen Kastellgraben von der
[2] Ulmer Straße 59, als 1909 ein 2 m tiefer Spitzgraben beobachtet wurde.
[3] Ein Schnitt von der Westgrenze des Rembold-Gartens (1918) im Verlauf des alten Feldwegs nach Westen entlang des „Letztheller"-Anwesens erbachte 13 m vom Garten entfernt einen 2,2 m tiefen Sohlgraben von 3,6 m Breite. Dies war der erste verläßliche Anhaltspunkt für den Verlauf des westlichen Kastellgrabens.
[4] „Trichterförmige Einschnitte" an der Nord-

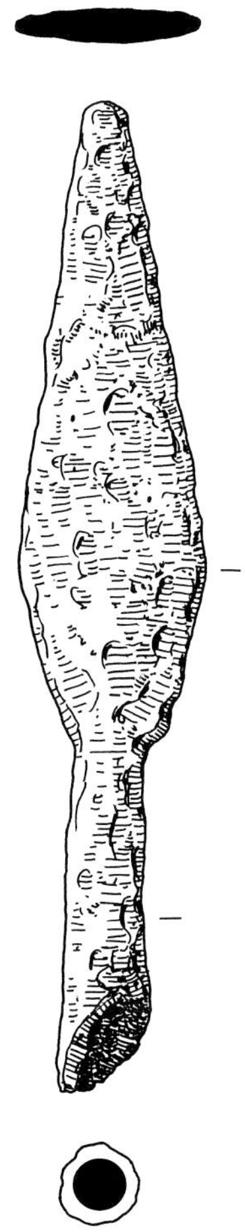

29 Eiserne Lanzenspitze aus dem Bereich des Gräberfelds an der Ulmer Straße (Südseite). M. 1:2.

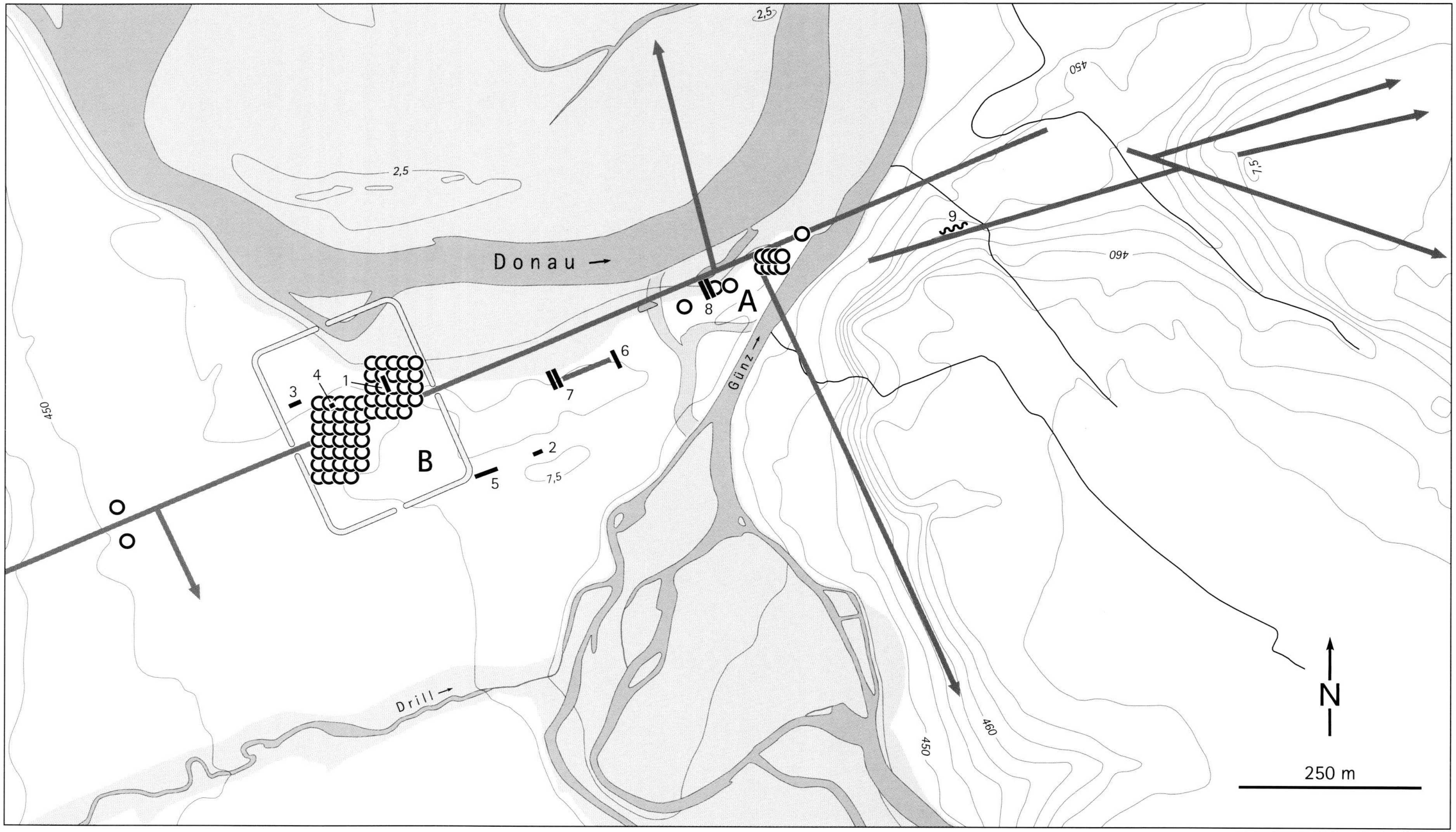

30 Kastellgräben (1–9) und die Verbreitung der südgallischen Terra Sigillata-Schüssel Drag. 29 *(Tab. 5)* in dem Militärareal rechts der Günz (A) und im Bereich des flavischen Auxiliarlagers links der Günz (B). Der hypothetische Lagergrundriß zeigt eine Möglichkeit der Orientierung. M. 1:8000.

1 Römergasse 12 (Liste II.56; *Abb. 25*); 2 Ulmer Str. 59 (Liste II.71); 3 Ulmer Str. 66, Rembold-Garten (Liste II.79); 4 Ulmer Str. 66, Friedhof (Liste II.79; *Abb. 31*); 5 Ulmer Str. 65 (Liste II.78); 6 Donaubrunnenweg 1 (Liste II.12); 7 Brunnengasse 10 (Liste II.10); 8 Kappenzipfel 10 (Liste I.12); 9 kastellzeitliche Wasserleitung (Liste I.25; *Abb. 23; 34*).

westecke des Städtischen Friedhofs (Ulmer Straße 66) 1921 deuteten auf einen Kastellgraben von 2,3 m Tiefe *(Abb. 31)*[93].
[5] Eine Grabenbeobachtung[94] gelang 1962 in der Ulmer Straße 65[95]. Dort zeigte sich, daß die Kulturschichten in einem Winkel von rund 45 Grad zur Straßenachse der Ulmer Straße hin abfielen. Sie reichten in eine Tiefe von 1,8 m unter der heutigen Oberfläche. Aus dieser Beobachtung ergäbe sich ein Südgraben im Zug der Ulmer Straße, parallel zur römischen Hauptstraßenachse, auf die wir gleich zu sprechen kommen.
[6] Donaubrunnenweg 1: 1983 wurde auf der Südseite ein 1,8 m tiefer Graben beobachtet.
[7] In der Brunnengasse 10 wurde 1961 ein Doppelgraben angeschnitten, wie ihn Walke auch 1962 in St. Martin dokumentiert hatte. Er könnte jedoch auch zum spätantiken Kastell gehören.

Die Kartierung der angeschnittenen Lagergräben[96] gab zusammen mit der Verbreitung bestimmter Fundgattungen Hinweise auf die Lage des Kastells[97] *(Abb. 30)*. In meinem ersten Versuch, die komplizierte Entwicklung Günzburgs kartographisch darzustellen, hatte ich die Grabenbefunde zu einem sich aus verschiedenen Lagerarealen überlappenden Kastellkomplex zwischen dem Städtischen Friedhof und dem Kappenzipfel zusammengezeichnet. Heute, nach 15 Jahren, sehe ich die Verhältnisse klarer. Denn vor allem der alte Günzlauf und eine hierdurch hervorgerufene Fundlücke gliedert das frühe Militärgelände in zwei durch den Fluß getrennte Areale, den Kappenzipfel einerseits und die Römergasse mit dem Schwergewicht im Bereich des Städtischen Friedhofs sowie im Garten des alten Krankenhauses andererseits.
Von diesen durch das fundleere Areal um den Pfarrhofplatz getrennten Gebieten stammen einige Hundert Reliefsigillaten der Formen Drag. 29 und 37, die im letzten Drittel des 1. nachchristlichen Jahrhunderts im südgallischen La Graufesenque hergestellt wurden und den Feingeschirrmarkt im letzten Viertel des 1. Jahrhundert bestimmten *(Abb. 32)*. Dabei löste die Reliefschüssel mit der halbkugeligen Form Drag. 37 chronologisch die mit der geknickten Wand (Drag. 29) ab. Mit den auch durch den regionalen Geschirrhandel bestimmten Ablösemechanismen gewinnt der Archäologe ein interessantes Datierungshilfsmittel. Mit diesem Phänomen der Ablösung beider Formen hat sich B. Pferdehirt ausführlich beschäftigt[98]. Sie kam zu dem Ergebnis, daß die Schüssel Drag. 29 in den 60er Jahren zunächst sehr langsam durch die Drag. 37 verdrängt, jedoch dann sicher nicht mehr über das Jahr 100 hinaus produziert wurde. Die Verbreitung der Drag. 29 in Günzburg spiegelt also das in den Jahren zwischen 70 und 100 besiedelte Areal wider *(Abb. 30; Tab. 5)*[99]. Die Kartierung als eine wichtige archäologisch-geographische Methode zeigt, daß die Fundstellen über die Römergasse hinaus bis zur Donaugasse streuen und damit einen Bereich von rund 220 x 150 m abdecken. Dieser Befund läßt keinen Zweifel daran, daß hier das vespasianische Kastell zu suchen ist[100].

Lagerstraßen und Innenbebauung Zum Bauschema römischer Kastellbefestigungen gehört die Sicherung der Wehrmauern durch vier Tore,

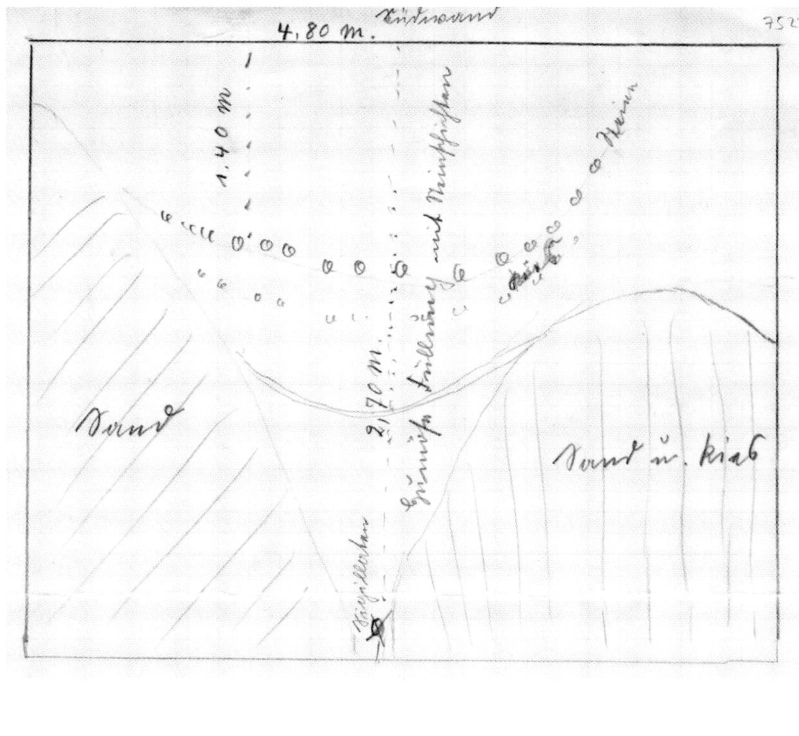

31 Kastellgraben im Bereich des Städt. Friedhofs 1921 (Zeichnung S. Stötter in OA BLfD Thierhaupten).

Nr.	Fundort	Inv.
	Rechts der Günz	
1	Kappenzipfel 7 (=Tgb. 359/363)	1966/15
2	Kappenzipfel 14, Klärgrube Hofraum	1965/14e
3	Kappenzipfel 21 (M. Schmid), 1912	2001. Sch. 62b
4	Kappenzipfel 21	1958/27
5	Kappenzipfel 21 (=Bayer. Vorgeschbl. 24 Abb. 3,11)	1958/29-15
6	Kappenzipfel 21 (=Bayer. Vorgeschbl. 24 Abb. 3,12)	1958/28-6
7	Kappenzipfel 21 (=Bayer. Vorgeschbl. 24 Abb. 3,6)	1958/28-12
8	Kappenzipfel 21 (=Bayer. Vorgeschbl. 24 Abb. 4,17)	1958/28-20
9	Kappenzipfel 21 (=Bayer. Vorgeschbl. 24 Abb. 3,3)	1958/28-37a
10–11	Kappenzipfel 21	1960/1
12	Kappenzipfel 21 (=Tgb. 441)	1983.5
13	Kappenzipfel 23, 1965 Kanalisation (=Tgb. 350)	1965/26
14	Kappenzipfel Nr. 4–26, Straßenbereich (=Tgb. 359/363)	1966/12
	Links der Günz	
1	Donaugasse 11 (Fl. 830, Müller), 1924	2001. Sch. 14
2	Donaugasse	1960/6/I–VII
3–5	Donaugasse, Wasserleitung (=1961, Tgb. 268)	1961/1-I
6	Römergasse (5), (Fl. 803)	1170
7	Römergasse 10, 1952	2697
8	Römergasse 12 (Fl. 793), 1928	2001. Sch. 7
9	Römergasse 12 (Fl. 793, Berstel), 1928	2001. Sch. 9
10	Römergasse 12 (=Tgb. 416.424)	1979.10
11–12	Römergasse 12 (=Tgb. 416.424)	1979.8
13–17	Römergasse 12 (=Tgb. 416.424; Zeitschr. Hist. Ver. Schwaben 73, 1979, Abb. 13, 8–12)	1979.8
18	Römergasse 12	1989.26
19–24	Römergasse 12	1989.23
25	Römergasse 12	1989.3
26–30	Römergasse 12	1989.1
31	Ulmer Str. 60/64 (Städt. Friedhof), 1906 (=Tgb. 381)	2001. Sch. 1
32–33	Ulmer Str. 60/64 (Städt. Friedhof), 1907	2001. Sch. 50
34	Ulmer Str. 60/64 (Städt. Friedhof), 1916: OFIVCVND	2001. Sch. 72
35–37	Ulmer Str. 60/64 (Städt. Friedhof), 1923	2001. Sch. 44
38	Ulmer Str. 60/64 (Städt. Friedhof), 1908. 1929	2001. Sch. 48
39	Ulmer Str. 60/64 (Städt. Friedhof), 1932: OFMOM	2001. Sch. 72
40	Ulmer Str. 60/64 (Städt. Friedhof), 1938	2001. Sch. 47
41–43	Ulmer Str. 60/64 (Städt. Friedhof), 1939 Grab Jochum	1964/18
44	Ulmer Str. 60/64 (Städt. Friedhof), 1950	2665
45	Ulmer Str. 60/64 (Städt. Friedhof), 1952	2696
46	Ulmer Str. 60/64 (Städt. Friedhof) Osteingang, 1953	2701
47	Ulmer Str. 60/64 (Städt. Friedhof), 1953	2708
48	Ulmer Str. 60/64 (Städt. Friedhof), 1955 (=1955/115)	2750
49	Ulmer Str. 60/64 (Städt. Friedhof), West, Grab Rein (=1956/134)	1956/9
50–51	Ulmer Str. 60/64 (Städt. Friedhof) (=1958/205)	1958/1
52	Ulmer Str. 60/64 (Städt. Friedhof)	1960/10
53	Ulmer Str. 60/64 (Städt. Friedhof)	1960/3
54	Ulmer Str. 60/64 (Städt. Friedhof), Grab Thekla Strobl	1964/17
55	Ulmer Str. 60/64 (Städt. Friedhof), Ost Grab Kretz	1964/23
56	Ulmer Str. 60/64 (Städt. Friedhof), Mitteleingang, Höhe Grab Vannoni	1967/1d
57	Ulmer Str. 60/64 (Städt. Friedhof), westl. Leichenhalle, Grab Mack	1967/2
58	Ulmer Str. 60/64 (Städt. Friedhof)	1967/3.7
59	Ulmer Str. 60/64 (Städt. Friedhof), 1970	1970.9
60	Ulmer Str. 60/64 (Städt. Friedhof)	1971.5
61	Ulmer Str. 60/64 (Städt. Friedhof), 1973/3	
62	Ulmer Str. 60/64 (Städt. Friedhof), südl. Leichenhaus, Grab Haug	1970.9
63	Ulmer Str. 66 (Rembold), 1919	2001. Sch. 3
64	Ulmer Str. 66 (Krankenhausgarten, Fl. 778), 1911	1222
65	Raiserstr. 9 (Lauberwiese Grab 3)	1967/11

Tab. 5 Südgallische Sigillataschüsseln der Form Drag. 29 aus den Kastellarealen recht und links der Günz.

Eck- und Zwischentürme. Sie sind bis heute nicht lokalisiert. Nach allem, was wir von den bisher beobachteten Befunden sagen können, handelt es sich aller Wahrscheinlichkeit nach um ein Holzkastell. Ob es später mit einer vorgeblendeten Steinmauer oder sogar steinernen Toren befestigt wurde, wie wir das von späteren Limeskastellen kennen, bleibt offen.

Schon 1910 hatte S. Stötter den Verdacht geäußert, daß die Donau-Süd- und spätere Vicus-Hauptstraße auf eine der Kastellachsen zurückgeht[101]. Das lag nahe, zumal der römische Straßendamm sogar heute noch im Friedhofsareal westlich der Aussegnungshalle deutlich als Damm zu erkennen ist (*Abb. 28*). Der Lagerinnenraum wurde rechtwinklig von zwei Straßen gekreuzt, der Durchgangsstraße (die *via principalis*) und quer dazu der *via decumana*, in der Regel die Längsachse des Kastells. Römische Straßenschotterungen sind im Lagerbereich mehrfach angeschnitten und beobachtet worden (von West nach Ost), im

[1] Donaubrunnenweg 11 (1910), erneut 1951/2 als 6 m breite Straße,
[2] Römergasse 5 (1906),
[3] Römergasse 10 (1910),
[4] Remboldgarten, Westgrenze (1918),
[5] Krankenhausgarten (1909),
[6] Ulmer Straße 74 (1923; Fl. 750, Hannspad) und in der
[7] Ulmer Straße 76 (1909).

Ein zweiter Straßenzug innerhalb dieses Areals verläuft in nord-südlicher Richtung unter dem östlichen Randbereich der Donaugasse; dort wurde sie beim Wasserleitungsbau 1961 vor den Häusern Donaugasse 1/5 (1961) [1] und Donaugasse 11 (1829/30, 1902) [2] der Länge nach durchschnitten. Sie lag dort auf einer älteren schwarzen Kulturschicht auf. In der Verlängerung nach Süden setzte sie sich in der „Weiten Gasse" fort, einer ungewöhnlich breit angelegten, mittelalterlichen Fahrstraße, die weiter zum Kötzer Weg führt. Ob sie die *via decumana* gewesen sein könnte, halte ich aufgrund der Größenverhältnisse des Lagers und seiner Orientierung eher für unwahrscheinlich. Zu denken wäre an eine „Umgehungsstraße", die vor dem westlichen Lagertor nach Norden, vielleicht zu einem frühen Donauübergang führte.

Die Bebauung des Lagerinnenraums war nach militärisch erprobtem Muster organisiert, so daß stets zuverlässige Rekonstruktionen möglich

32 Südgallische Terra Sigillata-Schüsseln der Formen Drag. 29 (1–2) und Drag. 37 (3–4). 1 Städt. Friedhof, Osteingang 1907 (Inv. 1170); 2 Städt. Friedhof, Osteingang 1907 (Inv. 1174); 3 Städt. Friedhof, Osteingang (Inv. 1171); 4 Krankenhausgarten 1911 (Inv. 1219).

sind. Am Schnittpunkt der Lagerstraßen stand im Zentrum die *principia*, das Kommandanturgebäude mit Schreibstuben, Waffenkammern *(armamentaria)* und dem Heiligtum *(sacellum)*, in dem die Truppenfahne(n) und die Kasse aufbewahrt wurden. Das Stabsgebäude lag gewöhnlich im höchsten Teil des Kastells, in Günzburg vermutlich an der Stelle, die heute von der Aussegnungshalle im Friedhof eingenommen wird. Neben der Principia befand sich das Wohnhaus des Kommandanten *(praetorium)*. Unverzichtbar war das *horreum* mit Vorräten aller Art, die zur Überwinterung oder im Belagerungsfall lebensnotwendig waren. Im Lazarett *(valetudinarium)* wurden Kranke und Verletzte durch Ärzte *(medici ordinarii)* und Sanitäter *(capsarii)* versorgt. Eng gedrängt standen die Baracken für die Unterbringung der Mannschaften sowie, je nach Truppengattung, die Stallungen für die Reit- und Packpferde.

Von der Lagerinnenbebauung ist mangels flächiger Grabung in Günzburg so gut wie nichts bekannt, allenthalben sind Fundamentgräbchen der Lagerbalken von Fachwerkgebäuden beobachtet worden. Zumindest im Zusammenhang mit der Kulturschichtfolge wurde festgestellt, daß der älteste Laufhorizont direkt auf einer rund 0,25 cm starken, „vorrömischen" Akkerhumus-Oberfläche ruht. Mehrere Male konnten in diesem Areal typische Einbauten der Mannschaftsbaracken dokumentiert werden: Aus Ziegelplatten zusammengesetzte, ebenerdige Herde zum Kochen und Heizen *(Abb. 33)* gab es in jeder Stube *(contubernium)*. Solche offene Feuerstellen sind am Osteingang des Friedhofs (1906) auf Fl. 803 (Schatz-Garten) [1] und in der Römergasse 12 auf dem Planierhorizont über dem verfüllten Wehrgraben Graben 1 [2] freigelegt und durch Fotographien dokumentiert worden[102].

Eigentümlich ist die Beobachtung von erodiertem oder verbranntem Fachwerklehm, wie er an zahlreichen Truppenstandorten als typische Hinterlassenschaft von Holzkastellen bzw. der damit verbundenen Fachwerk-Bautechnik zu beobachten ist. Auch in Günzburg wurden solche Gefachlehm-Schichten immer wieder notiert. Sie entstanden, wenn Gebäude zerstört oder planmäßig aufgelassen und demontiert wurden. Für Neubauten wurde dann das Material ausplaniert, wodurch der Fachwerkschutt das gesamte Gelände überzog. Seine Verbreitung gibt ebenfalls einen Eindruck von der Ausdehnung des Kastells.

33 Sich überlagernde Ziegelherde in Mannschaftsbaracken des Auxiliarlagers. Ausgrabungen des Hist. Vereins im Jahr 1906 oder 1908 (Städt. Friedhof, Osteingang; Fl. 803).

34 Kastellzeitliche Wasserleitung unter der jüngeren Kiesstraße (Abstieg der Augsburger Straße) in der Schützenstraße 13½ (1992).

Der Barackenlehm war teils glattgestrichen, teils mit geometrischen „Tapetenmustern" gestempelt[103]. Die *Abb. 68* zeigt Bruchstücke aus der Grabung im Krankenhausgarten 1918[104]. Mangels sachkundig untersuchter Grabungsaufschlüsse kann man heute noch nicht sagen, ob sich das bis zu einem halben Meter mächtige Brandschuttpaket in zwei oder mehr Bau- oder Zerstörungsphasen gliedert und ob es sich tatsächlich überall um kastellzeitliche Fachwerkplanierungen handelt. Ihre Datierung aber ist von größter Wichtigkeit, weil sie wesentliche Hinweise auf den Abbruch des Kastells, den Abzug der Truppe und die Aufgabe des Standorts gibt.

Die Planierschichten lassen drei Verdichtungszonen erkennen, im Bereich des flavischen Kastells, im Süden bzw. Südwesten von St. Martin und im Osten am Kappenzipfel. Während der Fachwerkschutt im Westen seltener zusammen mit echten Brandhorizonten erwähnt wird, ist es vor allem der Fachwerklehm im Osten, der regelmäßig mit mehr oder weniger starken Brandhorizonten in Verbindung gebracht wurde und auf ausgedehnte Feuerkatastrophen in diesem Areal hinweist. Die Kartierung ist freilich nicht unproblematisch, weil sie sich im Einzelfall nicht auf eine gesicherte Datierung stützen kann. Lediglich im Kappenzipfelbereich kennen wir frühe chronologische Zusammenhänge vom Ende des 1. Jahrhunderts.

Jedenfalls darf man festhalten, daß es innerhalb des Besatzungszeitraums großflächige Brände gegeben haben muß. Der einzige stratigraphisch datierte Befund einer Brandschutt-Planierschicht stellt die Wehrgrabenverfüllung in der Römergasse 12 dar, die in frühflavischer Zeit, also vermutlich in die Anfangsphase des Kastells, fällt. Ob es sich um ein Schadensfeuer oder das historische Ereignis von 69 im neronischen Lager handelt, muß heute noch offen bleiben. Mit Hilfe der im Feuer verbrannten Terra Sigillata kann man versuchen, andeutungsweise den räumlichen Zusammenhang sowie den chronologischen Hintergrund näher zu analysieren *(Tab. 6)*[105].

Das Ergebnis des Versuchs, durch die verbrannten Sigillaten einen Überblick über die Datierung möglicher Brände in den beiden Günzburger Lagerarealen zu gewinnen, hat nur wenige brauchbare Anhaltspunkte geliefert, wenn man davon absieht, daß Brände eher gegen Ende der Besetzungszeit zu vermuten sind – doch damit überfordert man die Interpretationsmöglichkeiten kleiner Fundserien.

35 Schuppe eines Schuppenpanzers *(lorica squamata)* aus dem Friedhof an der Ulmer Straße und schuppengepanzerter Soldat vom Galeriusbogen in Thessalonike. Links M. 2:3.

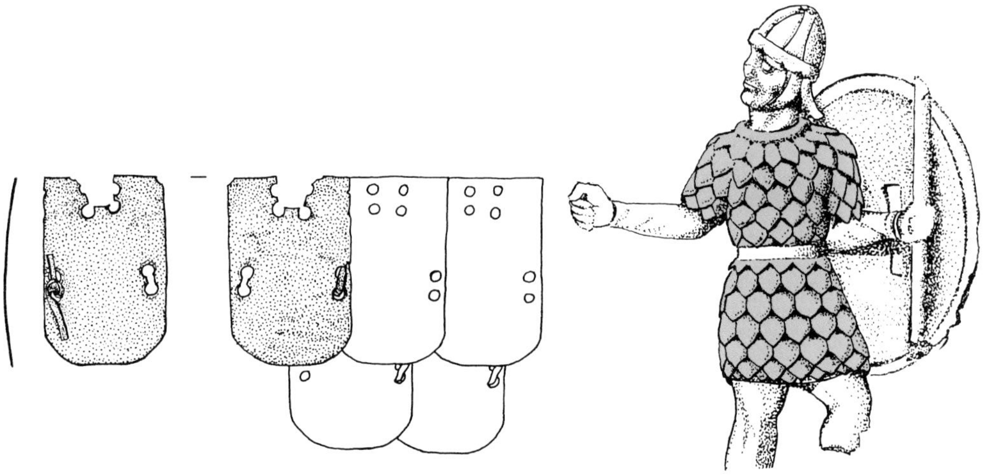

	Töpfer	Drag.	Pferdehirt	Fundstelle
	Links der Günz			
[1]	Calvus, La Graufesenque	27	IIb	Städt. Friedhof
[2]	Pass(i)enus, La Graufesenque	27	IIb	Römergasse 12, Planierschicht
[3]	Pass(i)enus, La Graufesenque		IIb	Donaugasse 9 (Mengelegarten)
[4]	Crestus/Crestio, La Graufesenque	27?	IIc	Römergasse 12, Planierschicht
[5]	Germanus, La Graufesenque	27	IIc	Städt. Friedhof
[6]	Vitalis, La Graufesenque	27?	IIc	Städt. Friedhof
[7]	L. Cosius Virilis, La Graufesenque	27?	IIIb	Städt. Friedhof
[8]	Frontinus, La Graufesenque	18	IIIb	Städt. Friedhof
[9]	Virilis, La Graufesenque		IIIb	Städt. Friedhof
[10]	Albanus, La Graufesenque	18/31		Alt. Krankenhaus
[11]	Atticus, La Graufesenque/Lezoux			Alt. Krankenhaus
[12]	Centus, südgallisch	18		Städt. Friedhof
[13]	Iullinus, südgallisch	18/31		Städt. Friedhof
[14]	Maianus, Banassac	27		Städt. Friedhof
[15]	Meddicus, Chémery-Faulquemont	27		Städt. Friedhof
[16]	Meddicus, Chémery- Faulquemont			Alt. Krankenhaus
[17]	OFF–, südgallisch	33		Bahnhofstr. 2 (Atzberger)
[18]	Polio, La Graufesenque	18		Friedhof
[19]	Sulpicius, La Graufesenque	18		Donaugasse 6 (Müller-Garten, Fl. 831)
[20]	VFN, südgallisch	27		Ulmer Str. 63 (Hs. 788)
[21]	-, südgallisch	27		Städt. Friedhof
[22]	-, südgallisch	27		Donaugasse 9 (Mengele-Garten)
	Rechts der Günz			
[23]	Germanus, La Graufesenque	18	IIc	Kappenzipfel 21
[24]	Germanus, La Graufesenque	18	IIc	Kappenzipfel
[25]	Pri[–], La Graufesenque	27		Kappenzipfel 10

Tab. 6 Verbrannte Sigillata des späten 1. Jahrhunderts aus den Kastellarealen links und rechts der Günz.

Orientierung des Kastells Unsere Vorstellung von der Ausrichtung des Kastells bleibt hypothetisch, solange es noch so wenige Anhaltspunkte gibt. Ein Hinweis ist die Durchfahrt auf der Hauptstraßenachse, der *via principalis*. Sie war auf der Donau-Süd-Straße möglich. Da die Fundverbreitung einen Schwerpunkt nördlich der Donaustraße ausweist, möchte man die größere Lagerhälfte *(retentura)* mit der Principia und dem rückwärtigen Tor, der *porta decumana*, nach Norden zur Donau hin orientiert sehen. Doch sicher ist das nicht. Denn auch eine Ausrichtung parallel zur Donau-Süd-Straße ist theoretisch ebenfalls denkbar. Dagegen spricht aber das Fundverbreitungsbild; in diesem Fall wäre eine Umfahrung der Principalseiten notwendig geworden.

Der Wasserkanal: Ein Hinweis auf das Kastellbad?
Jedes Kastell besaß als Gemeinschaftseinrichtung nicht nur ein Lazarett, Waffenkammern oder Magazine. Zum architektonischen Erscheinungsbild jedes Militärplatzes dieser Größenordnung gehörte seit flavischer Zeit auch ein eigenes Bad *(balneum)*. Denn die Abhängigkeit der Gesundheit von der Hygiene war den Römern bewußt. Gerade beim Militär wurden hohe Anforderungen an die Sauberkeit von Mann, Kleidung und Kaserne gestellt, notwendigerweise, wo so viele Menschen auf engstem Raum und oft unter Kampfbelastung kaserniert waren[106].

Das Badegebäude lag stets außerhalb der Umwehrung und bot den Soldaten all jene Annehmlichkeiten, die sie aus städtischen Thermen kannten. Die Architektur war geradezu genormt. Obligatorisch waren ein Umkleideraum *(apodyterium)*, das Kaltbad *(frigidarium)*, ein lauwarmer Baderaum *(tepidarium)*, das Warmbad *(cal[i]darium)*, jeweils ausgestattet mit Waschbecken und Wasserbassins.

Doch wo das Günzburger Badehaus lag, wissen wir noch nicht. Immerhin aber gibt es einen Hinweis durch die Reste einer aufwendigen Wasserleitung, die 1992 in der Schützenstraße 13 1/2 entdeckt und auf 12 m freigelegt werden konnte (*Abb. 22*). Sie lag 1–1,2 m u.h.O. und bestand aus einem 0,4 m breiten Kanal, der auf einer 10 cm starken Kalkmörtelsohle fundamentiert war. Darauf wurde mit Hilfe einer Holzverschalung die kastenförmige Rinne aus Tuffsteinen errichtet (*Abb. 34*). Das im Kanal geborgene Fundmaterial (Terra Sigillata aus den südgallischen Manufakturen) beweist, daß die ursprünglich mit Holzbohlen abgedeckte Leitung aus der Kastellzeit stammt; auch die Konstruktion entspricht militärischer Bautechnik. Nach den Funden ist der Kanal in der Zeit um 100/120 wieder aufgegeben und mit dem Kies eines Straßendamms überschüttet worden, der von der Augsburger Straße kommend schräg den Hang hinunterlief.

Das Gefälle der Frischwasserleitung führte vom Hang der Oberstadt in westliche Richtung auf das vespasianische Kastell am linken Günzufer zu. Woher kam das Wasser, wo floß es hin? Nachdem wir zunächst annahmen, daß es sich um den Abfluß des Quellhorizonts am Dreirosenberg im Bereich des Wetzlergartens gehandelt haben könnte, der mit dem Löwenbrunnen auch heute noch Wasser führt, sind wir aufgrund der Terrainverhältnisse zur Überzeugung gekommen, daß der römische Kanal vom Erlenbach gespeist wurde.

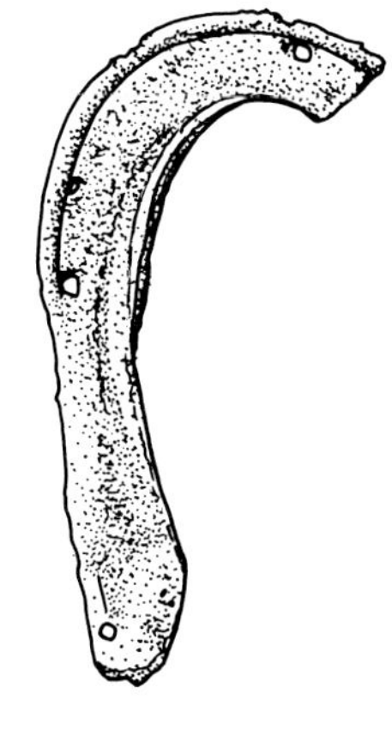

36 Bronzener Ohrrandbeschlag eines Helmes. M. 1:2.

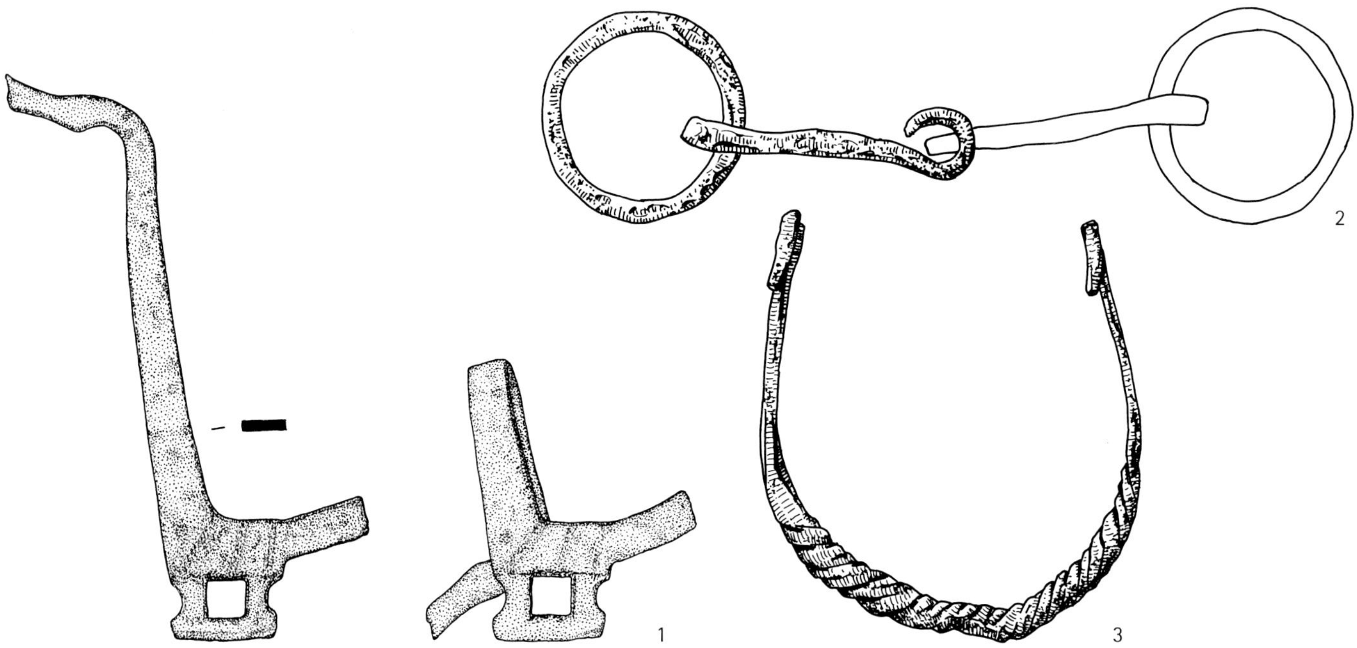

37 Pferdegeschirrteile *(Tab. 8)*. 1 Bronzene Hackamore, 2 Ringtrense und 3 Nasenbügel aus Eisen. M. 1:2.

Rüstung für Roß und Reiter Aus dem Lagerareal westlich der Günz stammen Teile militärischer Ausrüstungsgegenstände (Militaria), die in der Regel als Verlustfunde in den Boden gekommen sind und uns in Einzelfällen Aufschluß über die stationierte Truppengattung geben können. Da sind zunächst die typischen Bruchstükke vom Körperschutz (Helm *galea*, Brustpanzer *lorica* und Gürtel *cingulum: Tab. 7; Abb. 35-36*).

Außer diesen Beschlägen gibt es eine Reihe von Angriffswaffen, mindestens sechs eiserne Lanzenspitzen aus dem Lagerareal und vom Zanker *(Abb. 29)*[107]. Auffällig viele Bruchstücke stammen vom Pferdegeschirr[108], das bei genauerer Betrachtung eindeutig seine militärische Herkunft verrät und damit einen Fingerzeig auf die stationierte Truppe gibt *(Tab. 8)*. Zu den Funktionsteilen und Schmuckbeschlägen aus Metall *(Abb. 37-38.40-41)* kommen zwei Dutzend jener typischen Melonenperlen aus dunkelblau-transluzidem Glas oder einer grünlich opaken Glasrittmasse, wie sie vor allem am Brustgurt des Geschirrs und am Zügel als Amulettperlen befestigt waren *(Abb. 41,8)*. Im militärischen Milieu spielten Ritzinschriften (Graffiti) auf Geschirr eine gewisse Rolle; ein Gutteil kann durch den Genitiv als Eigentumsmarken identifiziert werden. Wie üblich findet sich der überwiegende Teil auf Sigillatatellern der Formen Drag. 18, 18/31 und Tassen des Typs Drag. 27. Außer geometrisch-anepigraphen Zeichen und Symbolen wie Kerben, Kreuzen, Sternen u. a.[111]. können einige Exemplare entziffert werden *(Tab. 9; Abb. 39)*.

Die Ritzinschriften bezeichnen Personennamen, meist im Genitiv *(-i)*, dem besitzanzeigenden Fall; folglich markieren sie das Eigentum der betreffenden Person. Bis auf die Nr. 7, 8, 16, 27 und den unbestimmbaren Fabrikaten stammt die Mehrzahl aus flavischer Zeit, aus der Kastellperiode.

Tab. 7 Militärische Ausrüstungsteile des späten 1. Jahrhunderts aus den Kastellarealen links und rechts der Günz.

Nr.	Objekt	Fundstelle	Lit.	Inv.
[1]	Bronzener Ohrrandbeschlag vom Helm *(Abb. 36)*	-	-	verloren
[2]	Cingulumschnalle, Bronze, L. erh. 3,2 cm *(Abb. 60,1)*	Römergasse 12		1981.1
[3]	Panzerschnürhaken, Bronze, L. 5,4 cm *(Abb. 60,5)*	Kappenzipfel 4		1969,1
[4]	Schuppe eines Schuppenpanzers aus Bronzeblech, L. 3,8 cm *(Abb. 35)*	Ulmer Straße, Gräberfeld, Lesefund		Fd.Nr. 117893
[5]	Bronzebeschlag mit randlichem Tremolierstich, L. 4,1 cm *(Abb. 40,7)*	Rembold 1919		1556

Besatzung mit 1200 PS ?

Schon mehrfach wurde darauf hingewiesen, daß spätestens seit dem Fund der Günzburger Bauinschrift im Jahr 1910 der militärische Charakter Günzburgs in der Frühzeit erwiesen war. Die Bauinschrift ist aber nicht nur ein wichtiges Zeugnis für das Kastell und seine Datierung, sondern auch ein wesentliches Indiz zur Bestimmung der Waffengattung bzw. ihrer taktischen Funktion im Rahmen des raetisch-obergermanischen Grenzkonzepts am Ende des 1. Jahrhunderts.

Bauinschrift aus dem Sumpf Die Bauinschrift *(Abb. 43)* wurde 1910 beim Kanalbau vom Vorarbeiter Anton Bischof am Pfarrhofplatz 17, an

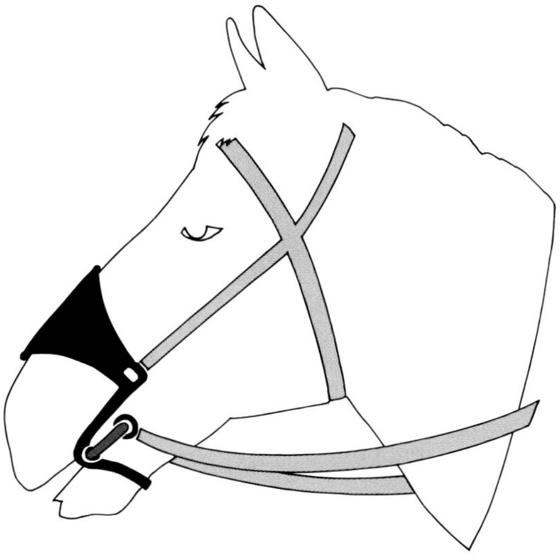

38 Tragweise der Hackamore Abb. 37,1.

der Nordseite unmittelbar vor dem Eingang des Martinstifts, in der beachtlichen Tiefe von 1,9 m gefunden. Sie steckte in „sumpfigem Kiesboden" in einem Bereich, der im Auslauf bzw. Mündungsbereich des Bubesheimer Bachs früher regelmäßig überschwemmt wurde[113]. Nach zeitgenössischer Begutachtung durch R. Oberndorfer muß sie bereits in zerschlagenem Zustand in den Sumpf gelangt sein. F. Ohlenschlager (1910) stellte fest: „Die jetzt darüber lagernden Schichten sind im Laufe der Jahrhunderte entstanden und enthalten ausser größeren und kleineren Steinstücken auch Trümmer von Gebäuden"[114]. Aus diesen Schichten stammen römische und mittelalterliche Gefäßbruchstücke.

Die Bauinschrift (IBR 196 = Wagner 52) besteht aus einer 34 x 24 (23,5) großen, 8,5 cm dicken Platte eines „glimmerarmen Granits", möglicherweise auch einer metamorphen Marmorart, wie sie jedenfalls nicht im bayerischen Alpenvorland vorkommt. Das Gestein muß im Alpenraum oder im Schwarzwald gebrochen worden sein (Inv. 2000.3).

Die Inschrift enthält noch fünf Zeilen mit 4 (3,8) cm hohen Buchstaben. Die erneute Reinigung 1981 erbrachte keine weiteren Erkenntnisse.

Tab. 8 Zaumzeug und Pferdegeschirrbeschläge aus dem Kastellareal links der Günz.

Nr.	Objekt	Fundstelle	Inv.
[1]	Gegossener Pferdegeschirranhänger: Scheibenförmig mit Lunulafortsatz, Innenbahn nachgedreht, Öse abgebrochen. L. erh. 7,3 cm *(Abb. 40,4)*		2221
[2]	Riemenendbeschlag, Bronze, L. 4,0 cm *(Abb. 40,2)*	Römergasse 12, 1978	Zeitschr. Hist. Ver. Schwaben 73, 1979, Abb. 13,14; Schmid, Studien M 35
[3]	Riemenendbeschlag, Bronzeblech, L. 3,1 cm *(Abb. 40,1)*	Römergasse 12, 2001	-
[4]	Viernietiger Beschlag, L. 3,0 cm	Römergasse 12	Zeitschr. Hist. Ver. Schwaben 74, 1980, Abb. 19,5; Schmid, Studien M 19
[5]	Lunulaanhänger mit Phallus, Bronze gegossen. H. 6,1 cm *(Abb. 40,3)*	Ulmer Str. 58	2590 = 1955/106
[6]	Lunulaanhänger, Bronze. H. 5,0 cm *(Abb. 40,5)*	Krankenhausgarten 1908	2278
[7]	Lunulaanhänger, Bronze, L. 5,0 cm	Krankenhausgarten	Vogeser, Funde 38 Taf. 2,9; verloren
[8]	Scheibenförmige Phalera, Bronze gegossen, nachgedreht, Unterseite ausgedreht. In den scheibenförmigen Zacken des Rands sitzen kurze Nietstummel, ebenfalls aus Bronze; 5 Nietlöcher; Dm. 10,0 cm[109] *(Abb. 40,6)*	Römergasse 5 (Hs. Nr. 726, Fl. 803; um 1910/1911)	2153
[9]	Großer herzförmiger Bronzeanhänger, L. 11,3 cm *(Abb. 40,8)*	-	2001.42
[10]	Bronzeanhänger in Pelta-Form, L. 5,7 cm *(Abb. 41,5)*		1061; verloren
[11]	Scheibenförmiger Bronzeanhänger mit Palmette und Emailspuren (?), L. 5,5 cm *(Abb. 41,3)*	Krankenhausgarten	Vogeser, Funde 36 Taf. 2,2; verloren
[12]	Durchbrochener Bronzeanhänger, L. 4,0 cm *(Abb. 41,4)*	Krankenhausgarten	Vogeser, Funde 35 Taf. 2,1; verloren
[13]	Rautenförmiger Zieranhänger mit Buckel, L. 5,5 cm *(Abb. 41,6)*	-	o. Nr.; verloren
[14]	Runder Zierniert mit gezacktem Rand und Nietstummel, Dm. 4,1 cm *(Abb. 41,2)*		(1915) 2306
[15]	Pferdegeschirrbeschlag, Bronze. Trapezförmig mit zentralem Buckel, L. 3,9 cm *(Abb. 41,7)*	-	2270 (falsche Inv.); verloren
[16]	Durchbrochener Beschlag mit Peltenmuster; Nietstummel. Dm. 5,3 cm *(Abb. 41,1)*	Rembold-Garten 1918	2267; Ber. 8, Abb. 3
[17]	Hackamore[110], Bronze, zusammengebogen; L. erh.14,9 cm *(Abb. 37,1)*	Mengele	1510
[18]	Eiserne Ringtrense, L. erh. 11,7 cm *(Abb. 37,2)*	Wetzler-Garten	2147
[19]	Eiserner tordierter Unterlegbügel, L. 11,0 cm *(Abb. 37,3)*	Städt. Friedhof	1963,11

Nr.	Graffito	Form/Fabrikat	Fundstelle/ Literatur	Inv.
[1]	AAILLA	Drag. 27	Städt. Friedhof 1949	2671
[2]	AN	Drag. 18, SG	Städt. Friedhof 1907; Scholz[112] G 3	2001. Sch. 2
[3]	BORICVS		Ber. 9, 1919, 3	
[4]	TVR.[ma] CAMPIISTRI		Ber. 9, 1919, 3	verloren
[5]	CATTA[–]	TS-Teller des Frontinus, La Graufesenque	Städt. Friedhof 1920; Scholz G 4	2001. Sch. 2
[6]	COILI	Drag. 27 des Vitalis, La Graufesenque	Schmid, Studien Nr. 357	
[7]	IANVARIA	Drag. 18/31, Rheinzabern	1924; Scholz G 6	2001. Sch. 4
[8]	IVL MARI (?)	Teller des Marcellinus, OG	Scholz G 7	
[9]	–ISIATT–	RW	Lauberwiese	1967.23
[10]	FLAV[–]	Drag. 27, OFARNI	Städt. Friedhof	1961.11
[11]	FL CRESCENTIS (*Abb. 39*)	TS-Teller, SG	Städt. Friedhof 1908	
[12]	GIINTILA		Ber. 14, 1928, 159	
[13]	MANCI T(urma) LVPI (?)	Drag. 18 des Germanus, La Graufesenque	Scholz G 1	
[14]	MAR[–]	Drag. 27 des Rufus, La Graufesenque	Scholz G 11	
[15]	MATERIVV–	Barbotineteller	Ulmer Str. 46 (Fl. 844, Heimgarten)	2038a
[16]	PAVLINVS	Drag. 18/31/ Verecundus, Heiligenberg	Scholz G 14	1187
[17]	PRIVATI	Drag. 29	Ber. 8, 1916–18,10	
[18]	SILVII[stri]	Drag. 33	Ulmer Str. 30, 1954	2721
[19]	T(?) QVI	Drag. 33, Maianus/Man, Banassac	1911; Scholz G 2	2001. Sch. 2
[20]	VIBIAN(i)		Ber. 1, 1907, 169	
[21]	VIRILI	Tellerboden, IV–, La Graufesenque oder Banassac	Scholz G 15	1962.6
[22]	VLP. SILVANI, CALVI, PALIANVS	Amphorenbauch	Ber. 11, 1923, 6	
[23]	VPR, TSTVIIA		Ber. 8, 1916–18, 13	
[24]	VIIKIIA		Städt. Friedhof	1962.2a
[25]	–RNI		Krankenhaus-Keller 1921	2001. Sch. 89
[26]	[–]RVI	Drag. 33 des Maianus, Banassac	1907; Schmid 180	2001. Sch. 2
[27]	–VNIX–	Drag. 33		2001. Sch. 41
[28]	Dreizack	Drag. 18, Rufinus, SG	Scholz G 28	2740
[29]	X	Drag. 27	Donaugasse	1960/6/VIII

Tab. 9 Ritzinschriften (Graffiti) auf Keramik des 1. und 2. Jahrhunderts aus Günzburg.

E. Fabricius (Freiburg), E. Ritterling (Wiesbaden), F. Ohlenschlager und F. Vollmer haben den Text folgendermaßen gelesen:

et I]mp. Aug.f.T [Caesare pontif. trib. potes]tate VII, im[p. XII cos. VI p. p. et Domitiano C]aesare Au[g. f. cos. V collegiorum omnium sacerdote] proc. C. Sa[turio..] praef. [e]q. a[la......castellum munivit].

Obwohl nur ein Bruchstück aus der ursprünglich rund 1,5 m breiten Tafel erhalten ist, ergibt sich aus der Kaisernennung und den Titulaturen bzw. Regentschaftsdaten ein klares Bild vom Aussageinhalt, auch wenn einige Passagen umstritten und die Diskussion noch offen ist. Das Bruchstück befindet sich im linken Viertel (Zeilenbeginn) der langrechteckigen Schriftplatte. Die Inschrift bezieht sich auf ein Bauwerk, das von Kaiser Vespasian, seinem seit 71 als Imperator und Mitregent eingesetzten Sohn Titus Flavius Vespasianus (79–81) und dessen Bruder T. Flavius Domitianus (81–96) (*Abb. 42*) errichtet wurde. Ob das Gebäude ursprünglich selbst genannt war, bleibt unklar, weil die letzte Zeile abgebrochen ist. Eine Nennung war nicht unbedingt erforderlich, weil solche Tafeln üblicherweise außen sichtbar angebracht waren.

Die Bauverantwortung trug der Statthalter[115] C. Saturius [---], der nach den Bauinschriften von Kösching (IBR 257 b) aus dem Jahr 80 und Eining (IBR 331/332) von 79/81 mit ähnlichen Militärbauten in Raetien befaßt war. Saturius war der vom Kaiser persönlich eingesetzte Statthalter *(procurator)* der Provinz Raetien; seine (üblicherweise bis zu dreijährige) Amtszeit fiel in die Jahre 77–80[116]. Der bauausführende Kommandant stand im Rang eines Praefekten *(praefectus)*, wie die letzte erhaltene Zeile ausweist. Die Datierung der Inschrift und damit die Fertigstellung des Bauwerks ergibt sich aus der Nennung der tribunizischen Gewalt, der Vollmacht des Volkstribunen, die jährlich verliehen wurde. Sie zählte vom Tag des Regierungsan-

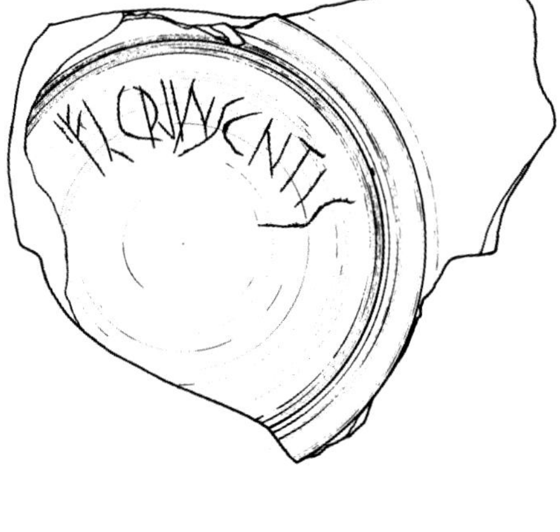

39 Besitzerritzinschrift des Fl. Crescens auf der Unterseite eines südgallischen Sigillatatellers *(Tab. 9,11)*. M. 1:2.

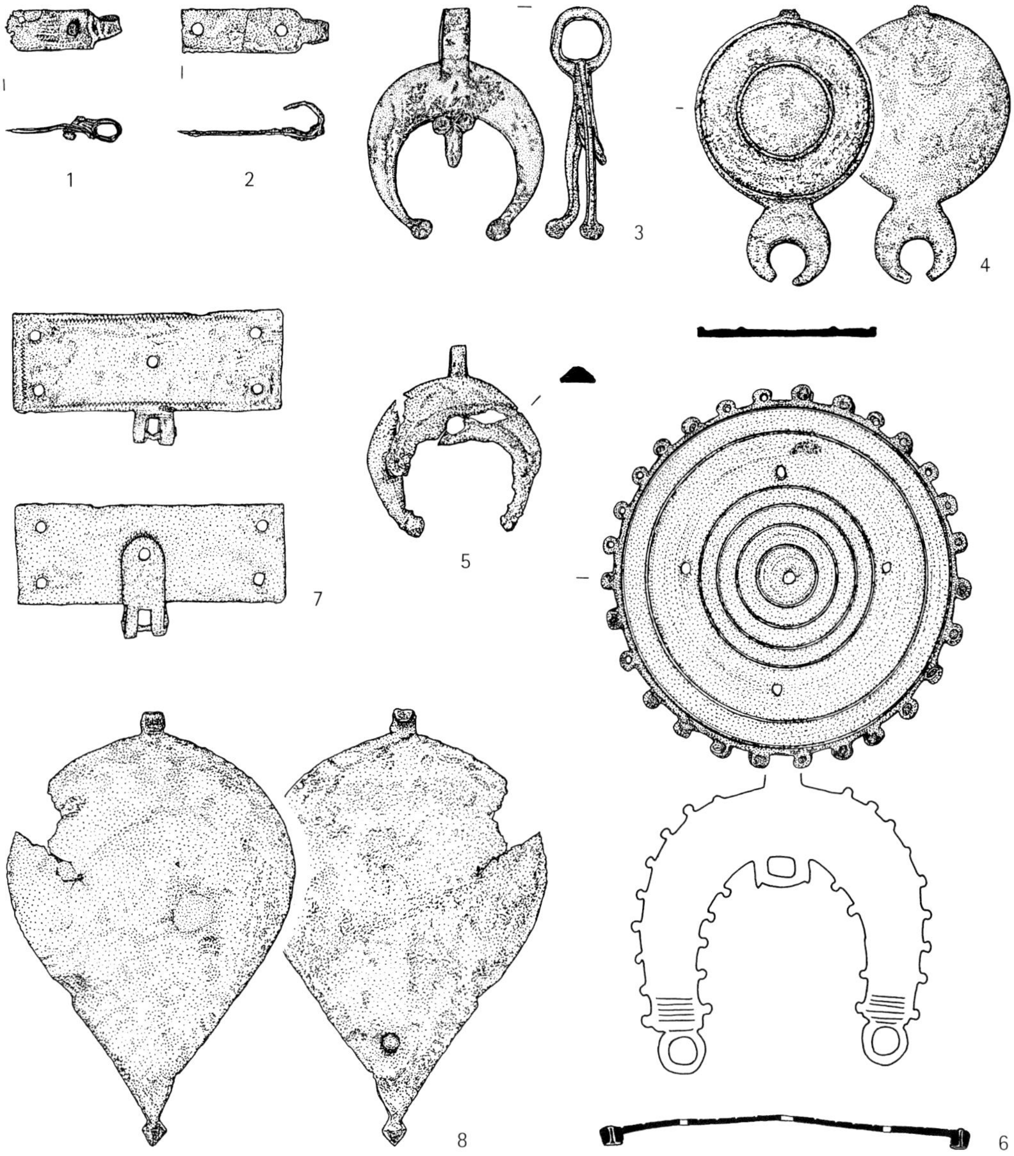

40 Bronzeteile vom Pferdegeschirr *(Tab. 8)*. 1–2 Riemenenden, 6–7 Beschläge und 3–5.8 Anhänger. M. 1:2. 1-2 Römergasse 12, 3 Ulmer Straße 58, 4-5 Krankenhausgarten, 6 Römergasse 5, 7–8 ohne Fundort. M. 1:2.

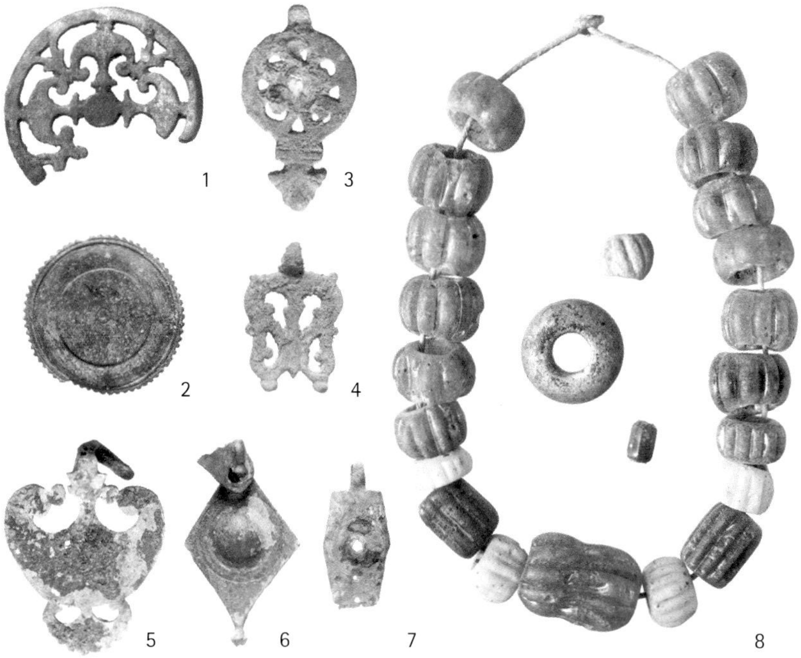

41 Bronzebeschläge und Anhänger vom Pferdegeschirr (Unterstadt links der Günz; *Tab. 8*) und melonenförmige Amulettperlen aus weißem und blauem Glas (Städt. Friedhof 1910; Inv. 1057/2250). M. 1:2.

tritts, dem *dies imperii*, an die Regierungsjahre des Kaisers. Die Tribunenvollmacht des Titus, den Vespasian zum Mitregenten gemacht hatte, zählte seit der erstmaligen Ernennung am 1. Juli 71 *(tribunicia potes)tate VII* in Zeile 6, er hatte sie also vom 1. Juli des Jahres 77 an bis zum 30. Juni 78 inne. Folglich gehört die Inschrift in das Jahr 77, genauer in die zweite Jahreshälfte nach dem 1. Juli bzw. die erste Hälfte des Jahres 78.

Eine neue Lesung Die für uns wichtige Information über den ausführenden Truppenkörper, der in der letzten Zeile genannt war, ist leider verloren. Hier setzt das Dilemma der schwierigen Deutung der verstümmelten, aber doch zweifelsfrei lesbaren Buchstabenverbindung *PRAEFQA*— ein, die wegen der ungewöhnlichen Ligatur schwerlich als *[p]raef [e]q[uitum] a[lae]* aufzulösen ist. Vollmar ergänzte *praef. [e]q. a[la] [...castellum munivit]*, wobei er den auffälligen ungleichen Abstand zwischen den Buchstaben *R* und *A* bzw. *A* und *E* unerklärt ließ[117]. Der hier erstmals vorgelegte Ergänzungsvorschlag von K. Dietz (Würzburg) bringt eine neue Interpretation dieser Passage:

1 [Imp(eratore) Caesare Vespasiano Aug(usto) pont(ifice) max(imo)]
2 [tribun(icia) potestate VIIII, Imp(eratore) XVIII(I),]
3 [co(n)s(ule) VIII designato VIIII, p(atre) p(atriae), censore,]
4 vacat
5 [I]MP(eratore) AVG(usti) F(ilio) T(ito) [Caesare tribunicia pote-]
6 [S]TATE VII IMP(eratore) [XII(I), co(n)s(ule) VI, desig(nato) VII, cens(ore)]
7 [C]AESARE A[ug(usti) f(ilio) Domitiano co(n)s(ule) V designato VI,]
8 [P]ROC(uratore) C(aio) SA[turio] (Kognomen)....]
9 [P]RAEF(ecto), Q(uinto) A[....(Nomen und Kognomen),....]

Diese in vielem, speziell in den Details der Kaisertitulatur unsichere Ergänzung geht davon aus, daß 1. eine Verbindung der Herrschernamen mit *et* nicht notwendig ist, und 2. daß gemäß Zeile 5 auch der Name Domitians in Z. 7 der Filiation nachgestellt gewesen sein wird. Dann aber haben wir fast den linken Rand der Inschrift vor uns und Z. 5 und Z. 7 begannen jeweils mit dem Namens eines Regenten im Ablativ. Da nun C. Saturius auch auf den Köschinger Inschriften die Dienstbezeichnung *proc.* vor seinen Namen gesetzt hat, dürfte in Analogie dazu *praef.* zu Beginn von Zeile 9 den Rang eines darauffolgenden Mannes genannt haben, dessen Name mit Q. A begonnen haben müßte. Dabei handelte es sich am ehesten um den Präfekten einer Auxiliartruppe, einer Ala oder Kohorte. Am Ende von Z. 9 oder auch erst in einer Folgezeile müßte nach all den Ablativen der eigentliche Dedikant im Nominativ gestanden haben.
Spätestens am 7. Februar 78 besaßen Vespasian und Titus die 19. bzw. die 13. imperatorische Akklamation, und ab Mitte März waren sie zum 9. bzw. 7. Mal Konsuln. Aus Platzgründen scheinen die Designationsangaben nicht unwahrscheinlich zu sein; sicher sind sie natürlich nicht.

IMP CAESARE VESPASIANO AVG PONT MAX
TRIBVNICIA POTESTATE VIIII IMP XVIIII
COS VIII DESIGNATO VIIII P P CENSORE

IMP AVG F T CAESARE TRIBVNICIA POTE
STATE VII IMP XIII COS VI DES VII CENSOR
CAESARE AVG F DOMITIANO COS V DES VI
PROC C SATVRIO
PRAEF Q A

In Übersetzung lautete danach die Inschrift etwa:

1 Durch den Imperator Caesar Vespasianus Augustus, höchsten Priester
2 Inhaber der tribunizischen Gewalt zum 9. Mal, Imperator zum 18./19. Mal,
3 Konsul zum 8./9. Mal, Vater des Vaterlands, Zensor,
4 Leerzeile
5 durch den Imperator, Sohn des Augustus, Titus Caesar, Inhaber der tribunizischen
6 Gewalt zum 7. Mal, Imperator zum 12./13. Mal, Konsul zum 6./7. Mal,
7 durch den Caesar, Sohn des Augustus, Domitianus, Konsul zum 5./6. Mal,
8 durch Prokurator Gaius Saturius (Kognomen)
9 durch den Präfekten Quintus A (Nomen und Kognomen) (der Dedikant).

Diese Lösung hat den unbestreitbaren Vorteil, daß sie, wie die problemlos ergänzbaren Zeilen 7–9, mit jeweils 30 bzw. 29 Buchstaben gleichlange Zeilen und damit ein ausgewogenes Schriftbild in dem vorgegebenen Rahmen des Schriftfelds ergibt.

Zu welchem Bauwerk gehörte die Inschrift? Der Inhalt der Inschrift sagt klar: Es handelt sich nicht um eine private Huldigungsadresse oder religiöse Weihung, sondern eine offizielle Kaiserinschrift, die vom Herrscher, seinen Söhnen und Mitregenten, über den Statthalter bis hinunter zum Kommandanten alle Personen nennt, die an der Bauaktion in verantwortlicher Funktion beteiligt waren. Seit den ersten Veröffentlichungen wird sie folgerichtig einem Kastell aus dem Jahr 77/78 zugeordnet (*„castellum munivit"*). Dabei sei am Rand vermerkt, daß es sich überhaupt um einen der ältesten epigraphischen Belege von Auxiliarbauwerken handelt.

Die Kastellbauinschrift war üblicherweise über dem (steinernen) Lagertor angebracht. Ob sie deshalb allein als Hinweis auf einen frühen Steinausbau zu werten ist, obwohl bisher, nach allem was man gegenwärtig weiß, vom Kastell nur Holzbauspuren bekannt sind, muß bezweifelt werden. Aber auch dann, haben einige Forscher argumentiert, wäre eine steinerne Bauinschrift in einer Holz-Erde-Mauer zwar nicht ausgeschlossen, wohl aber doch ungewöhnlich[118]. Außer der primären Erkenntnis einer Baumaßnahme unter dem Statthalter Saturius im Jahr 77/78 ergeben sich aus dem Gesamtzusammenhang Gesichtspunkte, die die militärische Situation in den Jahren um 80 in neuem Licht erscheinen lassen: Es handelt sich nämlich nicht um eine lokal begrenzte Einzelbaumaßnahme in Günzburg, sondern um den systematischen Ausbau, dem ein bestimmtes strategisches Konzept zugrunde lag. Es wurde schon erwähnt, daß zwei weitere Bauinschriften Saturius' Na-

42 Messingmünze (Sesterz) des Kaisers Domitian (81–96), geprägt 88/89 in Rom. Gefunden 1921 bei der Westerweiterung des Städt. Friedhofs (Inv. 89).

43 Bauinschrift des Kastells aus dem Jahr 78 von der Ulmer Straße 17 (Nordseite des ehem. Martinsstifts).

exercitu Raetico ex ala Flavia pia fidelis milliaria aus dem 2. Jahrhundert fehlt die kennzeichnende Zahl (CIL VI 3255 = XIV 2287). Ihr vollständiger Name war: *ala II Flavia milliaria pia fidelis.* Wie andere Formationen trug sie den „für römische Ohren so wohlklingenden Beinamen" (K. Dietz) *pia fidelis*, „ergeben und treu"[130]. Er erscheint in der ersten direkten Erwähnung in Raetien auf dem Weißenburger Diplom für den Boier Mogetissa vom 30. Juni 107 (CIL XVI 55 = IBR 510). Man vermutete, daß sie ihren Ehrentitel „verdient" hatte, als sie im Jahr 89 unter dem raetischen Procurator Norbanus[131] mit dazu beigetragen hatte, den Putsch des Mainzer Legaten L. Antonius Saturninus gegen Domitian niederzuschlagen. Sie könnte auf der neu gebauten Straße zwischen Augsburg und Mainz nach Obergermanien geeilt und den aufständischen Truppen in den Rücken gefallen sein. Denn Martial 9, 84 spricht in diesem Zusammenhang von einer offenen Feldschlacht *(acie)*, bei der der raetische Statthalter Norbanus und der obergermanische Legat A. Buccius Lappius Maximus mit ihren Truppen wohl eine entscheidende Rolle gespielt hatten.

Hoch zu Roß Die Kavallerie zählte zu dieser Zeit zur mobilen Elite des römischen Heeres[132]. Als Teil der Armee gab es insgesamt acht bis neun *alae milliariae* und 75 *alae quingenariae*, also rund 65 000 Reiter – gegenüber 320 000 Infanteriesoldaten. Als Hilfstruppen bestanden sie nicht aus römischen Bürgern. Sie wurden aus „Fremden" *(peregrini)* rekrutiert, also Provinzialen ohne Bürgerrecht, das sie erst nach 25jähriger Dienstzeit und ehrenhafter Entlassung *(missio honesta)* erwarben. Innerhalb des Heeres waren die Reiter hoch angesehen und besser bezahlt als die Fußtruppen.
Das Kavallerieregiment, die *ala quingenaria*, bestand nominell aus 512 Mann oder, im Fall einer *milliaria*, wie der Name sagt, aus 1000 Reitern (*Abb. 46*). Die *ala milliaria* gliederte sich in 24 *turmae* (die Turma entspricht einer Eskadron, einem Reiterzug unter dem Kommando eines *decurio*) à 30/42 Reitern. Sie besaß also eine Gesamtstärke von 768/1008 Mann. Das Kommando führte ein römischer Ritter, der vor seiner Karriere (Laufbahn *militiae tres: praefectus cohortis, tribunus militum, praefectus alae)* eine Kohortenpraefektur absolviert und als *tribunus militum* in einer Legion gedient haben mußte, bevor man ihm das Kommando über eine Ala übertrug.
Als Einheit operierte die Ala taktisch selbständig. Wegen ihrer besonderen Beweglichkeit wurde sie zu Kommandounternehmungen, Überraschungsangriffen und Attacken oder als Eingreiftruppe eingesetzt. Infolge ihrer Schnelligkeit und ihres größeren Operationsradius von etwa 40 km war sie besonders für die Aufklärung, für Sicherungsaufgaben und Vorposten geeignet. In der Feldschlacht besetzte sie die Flügel *(alae)*, um den Gegner plötzlich zu hintergehen und ihm in den Rücken zu fallen oder flüchtende Feinde zu verfolgen. Eine ihrer wichtigen Aufgaben war auch der Begleitschutz größerer Transporte und die Sicherung des Nachschubs.
Das Standlager einer *ala milliaria* war dreimal so groß wie das der üblichen, 500 Mann starken Kohorten, da zusätzlich über 1200 Pferde im Lager untergebracht werden mußten. Die römischen Kavalleriepferde ähnelten übrigens auch in ihrer Größe (durchschnittliches Stockmaß um 1,45 m) modernen Rassen[133].

Olivenöl aus Spanien

Mit dem Blick auf die Günzlände und die Schifffahrtsmöglichkeiten eines großen Kastellplatzes (ab der Illermündung war die Donau für flachbodige Kähne schiffbar) berühren wir ein Problemfeld, das überhaupt für das gesamte römische Heer von kaum zu überschätzender Bedeutung war: die Truppenversorgung. Sie gehört zu den herausragenden logistischen Leistungen der Römerzeit. Denn der militärische Nachschub, Verpflegung und Vorrat, Waffen und Munition, Fahrzeuge und Hilfsmittel mußten ebenso herangeschafft werden wie das Offiziergepäck und die persönliche Ausrüstung jedes einzelnen Soldaten, von der Wollsocke bis zum Kochgeschirr. Alles mußte irgendwie organisiert, besorgt und der mobilen Truppe an den Standort nachgeliefert werden. Diese Aufgaben wur-

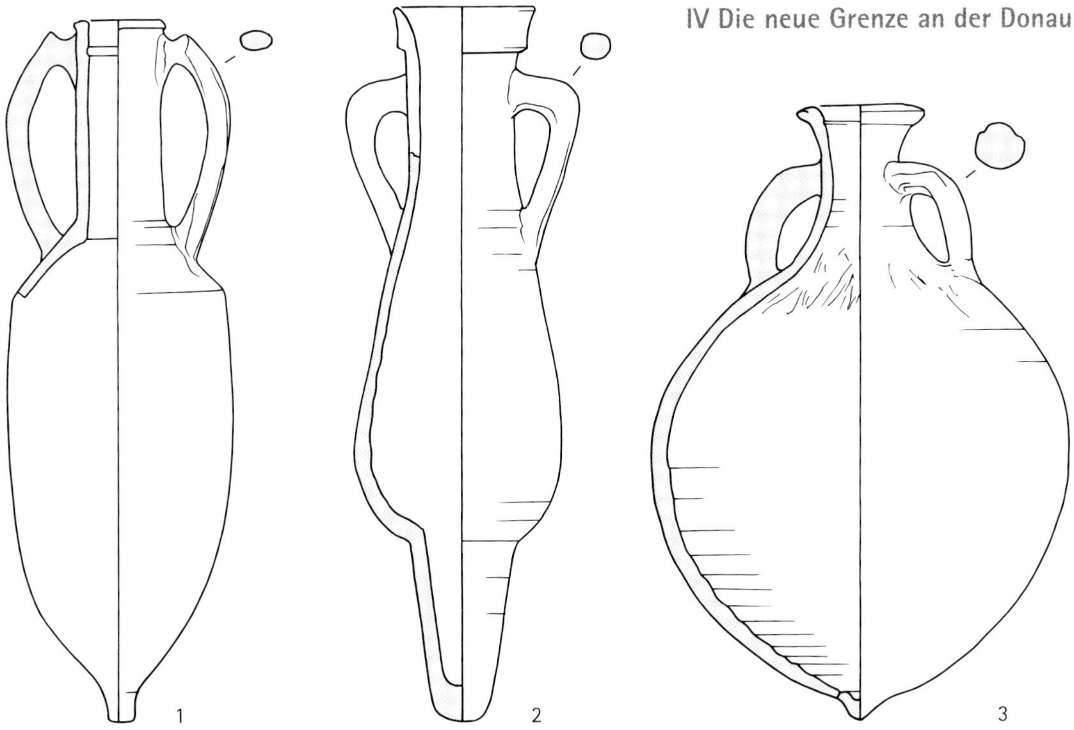

47 Italische, südgallische (1–2) und spanische (3) Amphoren aus Günzburg. 1 Ulmer Straße Grab 67 (H. etwa 0,93 m), 2 Kappenzipfel (H. erh. 0,86 m; Inv. 1965.18), 3 Kappenzipfel 4 (H. 0,81 m; Inv. 1981.13). M. 1:10.

den teils von einem truppeneigenen Fuhrpark, teils von Versorgungseinheiten erledigt, aber auch von privaten Dienstleistern, die sich der Soldat nehmen konnte.

Beobachtungen zur Truppenversorgung Die Heeresverpflegung besaß aus naheliegenden Gründen höchste Priorität. Viele Kaiser haben sich intensiv um die rasche und qualitätvolle Versorgung ihrer Truppen bemüht: *miles non temendus si vestitus, armatus, calciatus et satur et habens aliquid in zonula, id circo quod mendicitas militaris ad omnem desperationem vocaret armatum,* „von anständig gekleideten, bewaffneten, beschuhten und satten Soldaten ist ebensowenig zu fürchten, wenn er etwas im Geldbeutel hat, weil nur die Not im Militär verzweifelte Aktionen provoziert“ (H. A. Sev. Alex. 52,3).

Dabei war die Proviantbeschaffung nur ein Teil der logistischen Problematik[134]. Genauso wichtig war die Versorgung der Nutztiere, vor allem der Pferde und Mulis. Zunächst mußte sich jede Truppe im Feld aus der Umgebung des Lagers[135], der Region und der Provinz versorgen. Viele Güter konnten nur in anderen Wirtschaftsgebieten (Nachbarprovinzen) beschafft werden, wozu ausgewählte Soldaten ringsum ausgeschickt wurden. Zahlreiche Dienstleistungen für die Armee waren aber auch an zivile Arbeitskräfte delegiert, um die Mannschaften zu entlasten. Im Vordergrund stand dabei der Handel mit Gütern des täglichen Bedarfs in einem Soldatenhaushalt. Durch die regelmäßigen Soldzahlungen waren in den Lagerdörfern stets beträchtliche Geldmengen in Umlauf – dieses Geld wollte verdient werden. Selbst die kritische Proviantbeschaffung überließ man, bis auf die Magazinierung von Not- und Winterrationen, Zivilisten und Kaufleuten, ihrerseits häufig altgediente Veteranen, die mit dem Militär und seiner Verwaltungsstruktur sowie mit den Lebensgewohnheiten der Soldaten vertraut waren. Zivile Hilfskräfte wurden auch bei der Versorgung von Packtieren und Pferden und vor allem zur Beschaffung des Futters eingesetzt, das den Reitern dann vom Sold abgezogen wurde. Man bedenke die beträchtlichen Versorgungsaufwendungen einer 800-PS-starken Alen-Kavallerie von etwa 2500 Zentner Gerste, 25 000 Zentner Heu und 7500 Zentner Stroh pro Jahr (20/25 Wochen[136]). Allein 20 000 Liter Wasser pro Tag waren nötig, um die Pferde in einer kampftauglichen Verfassung zu halten[137].

Daneben gab es im Umfeld der Kastelle stets jene Haufen zwielichtiger Abenteurer, die dem Militär bis an die Grenzen der Zivilisation folgten, um mit den Soldaten Geschäfte zu machen, Beute und Sklaven anzukaufen oder Geld zu leihen. Natürlich waren es auch die „Familien“ der Soldaten (samt ihrer Verwandtschaft), die – wenn immer möglich – der Einheit folgten und in der Umgebung des Lagers ihre neue „Heimat auf Zeit“ fanden. Sie alle ließen sich vor den Toren der Kastelle nieder und gründeten Ortschaften, Versorgungssiedlungen, die mit dem lateinischen Fachterminus *vicus* bezeichnet werden. Diese Vici entstanden im militäri-

Nr.	Töpfer	Anzahl	Pferdehirt 1986	Mees 1995
[1]	Calus	mind. 12	**II b, nach 37/41, vor 100/101**	60–80/85
[2]	Iucundus	mind. 6	II b	
[3]	Meddillus	1	II b	60–80
[4]	Mom(mo)	mind. 5	II b	
[5]	Pass(i)enus	mind. 3	II b	
[6]	M. Crestio	mind. 9	**II c, nach 41/45 bis 115/120**	80–110
[7]	Sabi(nus)	1	II c	
[8]	Vitalis	mind. 23	II c	
[9]	Crucuro	1	**III a, nach 79/82, vor 100/101**	90–120
[10]	Iustus	1	III a	80–90
[11]	Paullus	1	III a	80–110
[12]	Cornutus/Masculus	1	III a/b	80–120
[13]	Frontinus	mind. 8	**III b, nach 79/82 bis 115/120**	80–100
[14]	Germani Ser.	mind. 15	III b	90–120
[15]	Mercato	mind. 4	III b	90–100
[16]	Virilis	mind. 5	III b	
[17]	Iul. Prim(i)	mind. 5		
[18]	Masclin(us)	1		
[19]	Sex. Cn.	mind. 3		

Tab. 11 Südgallische Sigillatastempel aus Günzburg.

schen Milieu des Grenzlands überall nach dem gleichen Entwicklungsschema: Das Gelände beiderseits der Ausfallstraße(n) wurde in schmale Streifen *(strigae et scamna)* parzelliert und gegen Zins an bauwillige Handwerker und Händler – heute würde man sagen: Investoren – verpachtet[138]. Dieser für die Genese auch der meisten raetischen Ortschaften charakteristische Prozeß lief überall dort ab, wo Militäreinheiten mit einem andauernden Versorgungsbedarf stationiert waren. Wir kommen gleich darauf zurück.

Amphoren verraten ihre Herkunft Ein wirtschaftsgeschichtlich herausragendes Zeugnis früher Versorgungsleistung sind die Amphoren; die, wie das Sigillata-Geschirr, häufig mit Töpferstempeln gemarkt waren. Aus ihnen können wir, abgesehen von der Datierung, zahlreiche Informationen über Inhalt, Transportwege, Liefergebiete und Handelsrichtungen ablesen. Mit den Amphoren erfassen wir den sensibelsten Sektor der Lebensmittelversorgung, nämlich die Belieferung mit Wein und Olivenöl, die wichtigen Bestandteile der Küche eines zivilisierten Römers. Öl war neben dem Salz außerdem das wichtigste Koch-, Brat- und Konservierungsmittel der Antike.

Die im gesamten Mittelmeerraum beheimatete Olive lieferte das Öl, das nicht in Holzfässern, Glasflaschen oder anderen Behältnissen transportiert wurde, sondern üblicherweise in den zwar zentnerschweren, dafür aber stoßsicheren Keramikamphoren (*Abb. 47*). Die nordalpinen Öllieferungen stammten nicht aus den zahllosen, näher gelegenen Plantagen Italiens, Griechenlands, Kleinasiens oder Afrikas, sondern zum überwiegenden Teil aus den Olivenhainen der südspanischen Provinz Baetica am *Baetis*-Guadalquivir zwischen Sevilla und Cordoba[139]. Das geht aus den vor dem Brand eingedrückten Stempeln am wulstigen Henkel der dort üblichen, kugelbauchigen Amphorenform *(dolium)* hervor (*Abb. 47,3*). Die Marken bezeichnen nicht immer den Ölerzeuger, sondern meist den Hersteller der Verpackung, des „Transportcontainers" Amphore (*Abb. 48*). Entsprechend häufig genannt wird die *figlina*, die Töpferei [8]. Erzeuger, Händler und Spediteure haben in der Regel durch *tituli picti*, aufgemalte Inschriften, ihre Frachtinformationen mit Hilfe von Pinsel und Tusche oder Tinte auf die Gefäßschulter geschrieben. Solche Inschriften sind bei unseren Bodenbedingungen freilich nur sehr selten erhalten (oder beim Reinigen der Scherben abgewaschen worden). Die Henkelstempel enthalten den stets abgekürzten, oft kaum mehr entschlüsselbaren Töpfernamen oder Namenskombinationen, die damals den am Produktionsprozess beteiligten Personen bekannt und geläufig waren *(Tab. 10)*. Auffällig sind die *tria*

48 Henkelstempel von spanischen Amphoren *(Tab. 10)*. M. 1:2.

Nr.	Fabrikat	Töpfereinachweis/Datierung	Fundort/Inventar/Literatur
	Links der Günz		
[1]	Q. SERV. BROC.: *Quintus Servius Brocatus* oder *Brocchus*. L. 6,2 cm *(Abb. 48,1)*	Baetica, 1. Jh. (Remesal 307)	östliche Friedhofsmauer, Fl. 803 (Inv. 2001. Sch. 19); Ber. 1, 160; Bencker, Funde 9,2
[2]	Q.C.C: *Quinti Caesii Caesiani* (?) (Callender 1428=Remesal 65) *(Abb. 48,2)*	Cortijo de las Sesenta; flav.-trajanisch	Rembold 1918, Ber. 8, 7 (Inv. Sch. 19)=Weizenegger, Katalog I, 50
[3]	ML FCE: vielleicht *M. L(–) F(idi) CL(–)*	140–180? (Callender 1130, Abb. 11, 26)	St. Martin (Arch. Staatsslg.); Walke, Kastellgrabung Abb. 7, p
[4]	GA(–) *(Abb. 48,4)*		Mengele Garten 1905 (Inv. 2001. Sch. 10)
[5]	PL ORF SAEN *(Abb. 48,5)*	möglicherweise Huerta de Nicasio	Östliche Friedhofsmauer 1906, Fl. 803; Ber. 1, 160 (Inv. 2001. Sch. 16). Bencker, Funde 9 Nr. 3 =Weizenegger, Katalog I, 46
[6]	SAENIANS *Saenianis*. L. 6,7 cm *(Abb. 48,6)*	Huerta de Nicasio; ca. 80/90–130/140 ? (ähnl. Remesal 310)	Städt. Friedhof, östl. Leichenhalle 1971 (Inv. 1971.6)
[7]	L. C. SOL *(Abb. 48,7)*	La Catria Alta; spätes 1. Jh. (Callender Abb. 8, 39; Remesal 79)	(Inv. 1989.18)
[8]	(–)LFIC *(Abb. 48,8)*	107	M. Schmid 1921 (Inv. 2001. Sch. 64), Weizenegger, Katalog I,
	Rechts der Günz		
[9]	CLODICELI: *P. Clodius Icelus* *(Abb. 48,9)*	Arva, Mitte 2. Jh. (Callender 1302, Taf. 12, 43; Remesal 85.	Kappenzipfel 4, Grabung 1969 (Inv. 1969.13)
[10]	SANIA[–]: *Saenianis* *(Abb. 48,10)*	Huerta de Nicasio; ca. 80/90–130/140 (Callender 1559, ähnl. Abb. 15, 50; Remesal 310)	Kappenzipfel 10–24 (Inv. 1965.23)
[11]	MI(-): *M. Iul. C(–)* *(Abb. 48,11)*	z. B. Callender 1110	Kappenzipfel (Inv. 1965.23)

Tab. 10 Stempel auf spanischen Amphoren der Form Dressel 20 aus Günzburg[140].

nomina-Kürzel des Besitzers eines *fundus* bzw. der Töpferei.
Da verloren oder nicht auffindbar, sind folgende Stempel nicht zu beurteilen:

[12] CRVCVRO Rembold-Garten (Ber. 8, 11)
[13] D.G.C. Rembold-Garten (Ber. 8, 11)
[14] D.TS.D oder D.T.E.D (Kappenzipfel 21 [1909], Fl. 802; Ber. 4, 1910, 8)
[15] QSR/BCO (Fundort wie [1]?)
[16] „Doppelwinkel", LL (?) (Bencker, Funde 9 Nr. 6).

Die Amphorenstempel stammen in der Mehrzahl vom Ende des 1. und dem Beginn des 2. Jahrhunderts, gehören also in die Militärphase Günzburgs. Das ist ebenso auffällig wie bemerkenswert, weil damit Versorgungsstrukturen der Armee unmittelbar sichtbar werden; mit der Aufgabe des Standorts und dem Beginn des 2. Jahrhunderts hat der Ölnachschub aus Spanien drastisch nachgelassen. Woran das lag, ist eine andere Frage.
Zunächst läßt sich anhand der Verbreitung vieler Stempel der lange, aber kostengünstigere Schiffsweg auf den Amphorenfrachtern nachvollziehen. Obwohl nicht auszuschließen ist, daß auch der Weg über den Atlantik und rheinaufwärts befahren werden konnte, bot die 2300 Kilometer lange Reise durch die Enge von Gibraltar entlang der südspanischen Küste eine günstigere Route. In *Massalia*-Marseille treidelte man die Rhone aufwärts nach Norden bis *Lugdunum*-Lyon. Wo immer es möglich war, wurde das Schwergut auf Flüssen oder Seen weiter transportiert, über die Schweizer Seen und zuletzt auf der Donau.
Wenn wir spätantike Überlieferungen als Standard annehmen, standen dem Soldaten etwa vier römische Pfund Öl pro Monat zu. Das wären etwa 24 000 Pfund/Jahr für eine 500 Mann starke Einheit oder umgerechnet 114 Amphoren, deren Fassungsvermögen bei etwa 210 Pfund lag. Gerade solche Transportmengen haben beträchtliche Kosten in Hinblick auf die Transportwege und -dauer verursacht. Sie waren für den zivilen Händler eigentlich unattraktiv.
Wegen der in verschiedener Hinsicht lebenswichtigen Heeresversorgung einerseits und dem erheblichen Transportaufwand andererseits hat man vermutet, daß gerade die Ölbeschaffung nicht durch kommerziell orientierte zivile Kaufleute (*mercatores olei Hispani ex provincia Baetica* [ILS 7489] oder *negotiatores ol[eari] ex Baetica* [ILS 1340]), sondern von fiskalischen Beschaffungsstellen, namentlich kaiserlichen Freigelassenen und Procuratoren und deren Dienststellen organisiert wurde. Die administrativen Wege sind kompliziert und mit den wenigen erhaltenen Schriftquellen nur teilweise aufzuhellen; allein die 400jährige Geschichte der Heeresversorgung selbst hat unterschiedliche Versorgungsstrukturen und Ämter entwickelt.

Zeitrechung: Zahlen, Daten, Perioden

Die frühflavische Zeitstellung des Günzburger Kastells hat F. Drexel im Zusammenhang mit seiner Bearbeitung Faimingens hervorgeho-

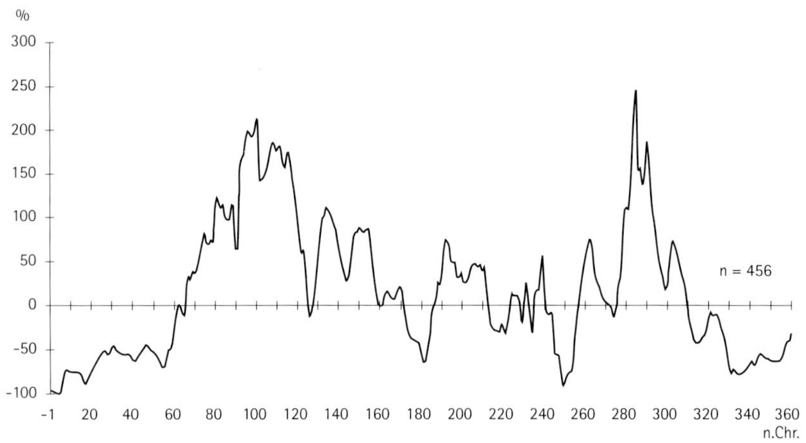

49 Diagramm der römischen Fundmünzen von Günzburg. Nach K. Kortüm (1998).

ben[141]. Er stützte sich auf die Gesamtbeurteilung der Fundserie, namentlich der Terra Sigillata. Diesen Zeitansatz gilt es auf Grundlage der archäologischen Objekte und deren chronologisch genauer Ansprache zu überprüfen. Obwohl immer wieder eigentümliche Schichtenfolgen im Lagerbereich beobachtet wurden, fehlt es noch an modernen stratigraphischen Untersuchungen, die mit Hilfe eingeschlossener Fundgegenstände zuverlässig datiert werden können. Heute sind wir immer noch darauf angewiesen, den chronologischen Rahmen mit Hilfe bestimmter Fundgruppen und durch Serienvergleiche abzustecken.

Münzen und Terra Sigillata Wie eingangs in diesem Kapitel schon besprochen, spielt die Terra Sigillata trotz mancher methodischer und sachlicher Einschränkungen immer noch eine Schlüsselrolle bei der Datierung römischer Fundplätze. R. Knorr[142] hatte 1913 neben den glatten Formen Drag. 22, 23 und 24/25 auf einige im Kastellareal gefundene Reliefbecher des Typs Drag. 30 aus dem Werkstattkreis des Ardacus, des Crucuro, Masclus und Meddillus hingewiesen. In diese Gruppe gehören wohl auch die von ihm abgebildeten Bruchstücke Drag. 29 und 37 des M. Crestio, Crucuro, Mercato, Paullus und Verecundus[143]. Später hatte er noch Stücke der Töpfer Frontinus, Iucundus, Paullus und „Art des Calus" nachgetragen[144]. Die frühen Töpfer, die Günzburg am Ende des 1. Jahrhunderts beliefert haben, sind nach den heute gültigen Datierungsvorschlägen[145] in *Tabelle 11* zusammengestellt. In ihnen wird der flavische Importstrom Südgalliens faßbar und der Kastellbeginn in den 70er Jahren des 1. Jahrhunderts bestätigt[146].

Daß die Münzen eines der wichtigsten Datierungsmittel in der Archäologie sind, bedarf keiner Erklärung. Der Anstieg des Günzburger Münzspiegels, der im Verhältnis zu den Münzserien der Kastelle Aislingen oder Oberstimm deutlich weniger Prägungen des Tiberius und Claudius aufweist, entspricht dem relativchronologischen *terminus post* der *dated site* Aislingen, nach „69/70". K. Kortüm hat die Münzspektren der Limeskastelle untersucht, verglichen und neu bewertet; der methodisch überzeugende Ansatzpunkt liegt in der Gegenüberstellung mit dem Münzumlauf anderer Kastelle in der Region, die den gleichen Gesetzmäßigkeiten des Geldstroms und des Münzumlaufs unterlagen und in einem vergleichbaren militärisch-strategischen Konzept entstanden waren[147]. Die Fundmünzen von Günzburg bieten eine ausreichende statistische Grundlage: 456 Stück *(Abb. 49)* sind bearbeitet (FMRD I 7132), ihre Zahl ist mittlerweile um etwa 60 gestiegen, doch das tut den numismatisch-statistischen Phänomenen ebensowenig Abbruch wie den mathematischen Analysemethoden[148].
Die „relative Münzhäufigkeit", gewonnen durch die einzelnen Prägungen pro Jahr, ergibt eine Kurve, die ihren ersten Höhepunkt nicht wie erwartet um 70, sondern erst bei 81, im ersten Jahr der Regentschaft Domitians (81–96), besitzt[149]. Das ist bemerkenswert, denn dieses Ergebnis widerspricht dem Datum der Bauinschrift. Es widerspricht vor allen Dingen auch der Masse älterflavischer Keramik, die eine Spätdatierung kaum zuläßt. Wie immer man den Widerspruch zwischen Keramikimport und Münzfluß eines Tages auflöst, der chronologische Rahmen ist damit abgesteckt – das Enddatum wird später noch zu diskutieren sein. Sicher aber ist die Erkenntnis aus dem Vergleich der Münzkurve mit dem älteren Nachbarkastell Aislingen, das noch in tiberischer Zeit beginnt, allerdings über das Jahr 69 hinausgeht, was wahrscheinlich aber mit dem Nachleben des Vicus vor dem Südtor des Kastells bis in die 70er Jahre zusammenhängt[150].

V Aufbruch zu neuen Ufern

Die Kastellplätze der raetischen Donaugrenze waren nun schon seit fast einer Generation durch eine Straße am südlichen Flußufer verbunden[151], *via iuxta amnem Danuvii* (*via iuxta Danuvii*, CIL III 5755), wie diese Strecke auf späteren Meilensteinen in Noricum bezeichnet wird. Mit der Besetzung der *agri decumates*[152] in Obergermanien folgte unter Vespasians jüngerem Sohn Domitianus, dem letzten Kaiser der flavischen Familie, eine Reihe von Veränderungen, die auf die spätere zivile Besiedlung des Landes, ihre Struktur und ihre Zentren erheblichen Einfluß ausübten. Möglicherweise zum Teil noch in den 80er Jahren des 1. Jahrhunderts, spätestens in den Jahren um 100 wurde die Donau im Mittel- und Ostabschnitt Raetiens überschritten, zunächst nur punktuell an der Ostflanke, dann, zwischen Günzburg und Eining, Zug um Zug, und die Kastellkette auf der Alb bis zur Donau verlängert. An strategisch wichtigen Punkten, Straßenknoten und Flußübergängen, wurden Auxiliareinheiten stationiert. In diesen Jahren entstanden Kastelle in Heidenheim, Oberdorf am Ipf, Nördlingen, Munningen, Gnotzheim, Unterschwaningen, Weißenburg und Pfünz, wo die schnelle *ala I Augusta Thracum* den ersten Schritt über die Donau gewagt und auf dem Hochufer in Kösching ihr Lager errichtet hatte. Spätestens unter M. Ulpius Traianus (98–117; *Abb. 50*) um 110 war die durchgehende Grenzstraße auf den Höhen der Schwäbischen und Fränkischen Alb fertiggestellt (*Abb. 51*). Der „Alblimes"[153] markierte jetzt als Demarkationslinie die von Rom beanspruchte Zone. Eine regelrechte Abschottung der Provinz war jedoch weder beabsichtigt noch notwendig, weil aus den undurchdringlichen Wäldern des germanischen Nordens keine Gefahr drohte, im Gegenteil: Die germanischen Hermunduren durften um 100, als Tacitus die *Germania* (41, 1) schrieb, als freundliche Nachbarn *passim et sine custode*, jederzeit und ohne Aufsicht, sogar mit ihren Waffen die Grenze passieren und in den Städten im Landesinnern Handel treiben.

Mit der Besetzung des Neckarlimes und der Alb, die sich über ein Vierteljahrhundert hingezogen hatte, eröffneten sich neue Fernwege, die die Verbindung nach Mainz abermals erheblich verkürzten. Sie schnitten den Rhein-Donau-Winkel an der topographisch günstigsten Stelle nördlich des Schwarzwalds ab, was die Entfernung erneut um mehr als zehn Tagesmärsche verkürzte – ein beträchtlicher strategischer Gewinn, wenn man die Marschgeschwindigkeit der schweren Legions-Infanterie bedenkt (*Abb. 26*)[154]. Die wichtigste Route überschritt bei Günzburg die Donau. In Urspring gabelte sie sich. Eine ältere Variante über die Geislinger Steige führte über *Grinario*-Köngen nach Stuttgart-Bad Cannstatt, Sindelfingen und Pforzheim[155] zur rechtsseitigen Rheintalstraße bzw. einem Flußübergang nördlich von *Saletio*-Selz. Eine zweite, die später die Hauptrolle gespielt haben dürfte, führte durch die Brenztalgasse und die Cannstatter Pforte nach *Lopodunum*-Ladenburg und Heidelberg-Neuenheim an den Rhein.

Mit der flächigen Besetzung der Wetterau und des Neckargebiets und der sich anschließenden schrittweisen Erweiterung des Herrschaftsgebiets nach Osten begann sich in den folgenden Jahrzehnten die militärgeographische Situation Raetiens nachhaltig zu verändern. Günzburg profitierte von seiner Durchgangslage an wichtigen Fernverkehrsstraßen und der Situation am Fluß. Denn der Donauübergang bildete nun durch die von der Landesnatur vorgegebenen Aufstiegsmöglichkeiten entlang von Brenz und Lone ins Filstal den besten Ausgangspunkt für die Überquerung der Schwäbischen Alb. Sie lenkten den bisher südlich und westlich ausgerichteten Verkehr Raetiens jetzt nach Norden und Osten um, was den Handel mit den Donauprovinzen außerordentlich belebte. Dichter Verkehr floß nun auch ins Limeshinterland: Die Versorgung des *exercitus Raeticus*, des Grenzheers, spielte eine herausragende Rolle im Wirtschaftsaufkommen der Provinz.

Zusammen mit der Querverbindung zwischen den großen Wasserstraßen Rhein und Donau kann auch die Donau-Flußschiffahrt als Wirtschaftsfaktor kaum hoch genug bewertet werden[156], zumal Trajan jetzt parallel zum Fluß eine leicht befahrbare Querverbindung *iter conditum ... ab usque Pontico mari in Galliam*

50 Messingmünze (Sesterz) des Kaisers Trajan (98–117), geprägt 104/111 in Rom. Gefunden 1918 in der Hasengasse (Inv. 149).

Messingmünze (Dupondius) des Kaisers Hadrian (117–138), geprägt 119–120/121 in Rom (Inv. 185).

51 Ausbaustadien des Alblimes in der Zeit um 100 in Obergermanien und Raetien. Weiterhin besetzte Kastelle der Donaulinie (■), erschlossen (□); domitianisch/trajanische Gründungen (▲), erschlossen (△); mögliche Militäranlagen (○). Obergermanien: 82 Heilbronn-Böckingen, 83 Walheim, 84 Benningen, 85 Stuttgart-Bad Cannstatt, 86 Köngen, 87 Eislingen, 87a Deggingen, 88 Dettingen u. T. Raetien: 94 Burladingen-Hausen, 97 Gomadingen, 98 Donnstetten, 99 Urspring, 100 Heidenheim, 101 Nördlingen, 102 Oberdorf am Ipf, 102a Lauchheim, 102b Essingen, 103 Munningen, 103a Ruffenhofen, 103b Dambach, 104 Unterschwanningen, 105 Gnotzheim, 106 Theilenhofen, 107 Weißenburg, 108 Pfünz, 109 Pförring, 110 Unterkirchberg, 111 Günzburg, 112 Faimingen, 113 Mertingen-Burghöfe, 114 Nassenfeld, 115 Kösching, 116 Oberstimm, 117 Eining, 118 Alkofen, 119 Regensburg-Kumpfmühl, 120 Straubing, 121 Steinkirchen, 122 Moos-Burgstall, 123 Künzing, 124 Passau-Innstadt.

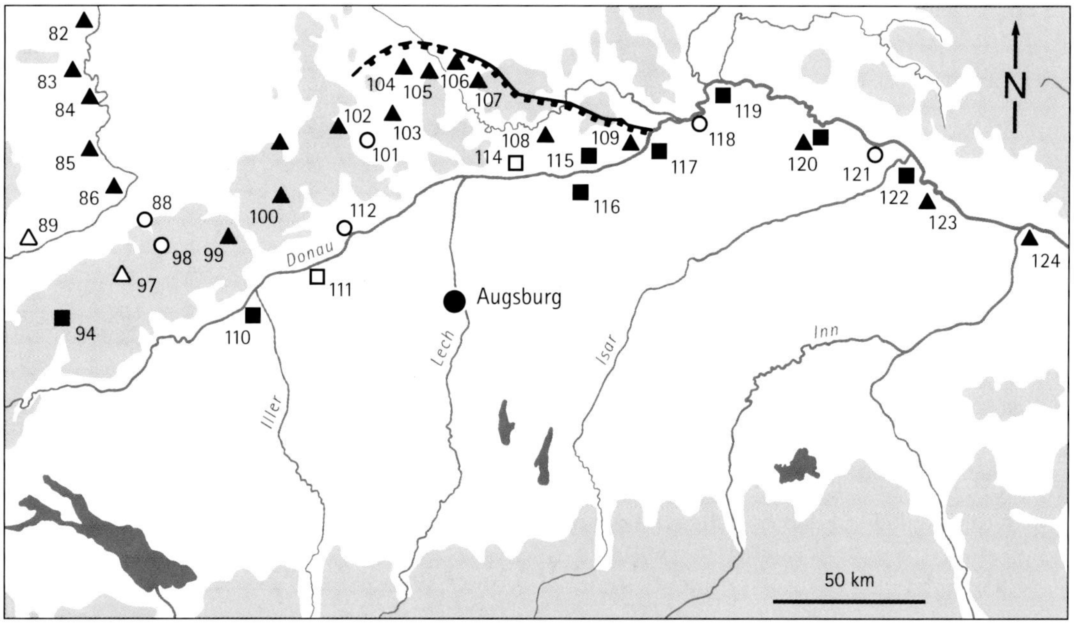

(Aur.Vict.13) zwischen dem Schwarzen Meer und Gallien geschaffen hatte[157] *(Abb. 9)*. In Zusammenhang mit dem Ölimport aus Spanien wurde schon angedeutet, daß die Schiffahrt[158] wegen ihrer geringeren Transportkosten im Güterverkehr eine herausragende Rolle spielte. Die Donau war seit jeher *die* Hauptverkehrsader im Alpenvorland[159]. Talwärts über 2800 km bis zur Mündung ins Schwarze Meer schiffbar, gab es vor den größeren römischen Ufersiedlungen Flußhäfen oder hölzerne Kaianlagen[160]. Im Alpenvorland waren Iller, Lech und die Isar mit ihren Nebenflüssen Amper und Würm wohl vom Austritt aus den Alpen zumindest jahreszeitlich mit Flößen schiffbar, während der Inn vom Fuß des Brenner an mit flachbodigen Kähnen befahren werden konnte. Selbst auf den Bächen des Hinterlandes rechnet man mit einem regen Treidelverkehr[161].

Sicher und bequem: Die Flußübergänge

Wie der Günzburger Donauübergang zu dieser Zeit aussah, ob eine Fähre, eine Schiffsbrücke oder sogar eine Holzbrücke über den Fluß hinüberführte, wissen wir nicht *(Abb. 19)*.

[1] Wie und wo die Römerstraße das 9 km breite Tal und die 2 km breite Langenauer Moorinsel überquerte, erweisen Bodenfunde. Die Straßentrasse wird durch den fast 10 Kilometer langen Zug der Heidenheimer Straße erschließbar, die zwischen Günzburg und Riedhausen das Donautal schnurgerade querte. Rund 800 m südlich von Riedhausen konnte 1956 das römische Straßenprofil bei der Anlage von Entwässerungsgräben aufgenommen werden *(Abb. 52–54)*[162]. Der bei km 41,48 noch sichtbare Damm besteht aus einer 0,3–0,35 m starken Kies- und Steinstickung. 1973 ist sie auch 500 m südlich der Ortseinfahrt dokumentiert worden[163].

[2] Aufgrund der günstigen Geländebedingungen gab es offensichtlich jedoch noch eine zweite Traverse durchs Donautal, die in der bisherigen Literatur kaum beachtet worden ist. Sie zog direkt in nordwestlicher Richtung durch die Donauniederung nach Langenau und weiter ins Lonetal nach Urspring[164]. Ein seltener Fund lenkt unsere Aufmerksamkeit auf diese Trasse. Am Starengries (1768: „Starren Griess") in der Flur „Mordschlacht" wurden im Mai 1951 rund 2 m unter dem Niveau der Talsohle mehr als 20 übermannslange Pfeiler ausgebaggert[165]. Schon vorher waren nördlich dieses Pfahlfelds 8–10 Pfeiler entdeckt worden; insgesamt sind etwa 50 Pfeiler belegt *(Abb. 55)*. H. Geidel schreibt als Augenzeuge, daß „in der städtischen Kiesgrube im Abteil Starengries ein ganzes Pfahl-

52 Römerstraße nach Heidenheim zwischen Günzburg und Niederstotzingen, angeschnitten in einem Entwässerungsgraben südlich Riedhausen 1956.

werk von etwa 40 Eichenpfählen von 20–30 cm Stärke zu Tage gefördert [wurde]. Einige zur Untersuchung dem Kiesgrunde entnommene Stücke hatten einen schmiedeeisernen Schuh. Dieser Umstand sowie die Anordnung der Pfähle läßt den Schluß zu, daß es sich hier nicht um eine Uferbefestigung, sondern um die Überreste einer Brücke handelt, die durch Hochwasser mehrfach zerstört u. dann stellenweise verlegt worden war" *(Abb. 56)*. Leider sind keine Hölzer erhalten geblieben, so daß man ihr Alter nachträglich nicht mehr dendrochronologisch verifizieren kann[166]. Obwohl ein System der Anordnung einzelner Pfeiler schwer zu erkennen war, hatte der damalige Beobachter den Eindruck, daß sich ein schiffsförmiger Pfeilergrundriß abzeichnete. Zwei im Abstand von 3,5 m liegende parallele Pfahlreihen des südwestlichen Pfahlfelds deuteten auf ein 11 m langes, ost-westlich orientiertes Pfeilerfundament. Diese Brücke zielt in Richtung auf Langenau und das obere Lonetal. Ihr Verlauf ist auf dem 1782 angefertigten Übersichtsplan von Offizier Adrian Edler von Tasch am Löwenhorn (HstA. München) noch zu erkennen. Die Fundstelle Leipheim-Riesheim liegt unmittelbar „Am Heuweg" (Heerweg?)[167].

Zum merkwürdigen Flurnamen „Mordschlacht", das sei am Rand bemerkt, „will der Volksglaube von einer blutigen Schlacht wissen, die an dieser Stelle zwischen Römern und Germanen ausgetragen worden sein soll und nach der ein Flurteil noch den Namen „Mordschlacht" führt. Die Flurnamenforschung hat diese Legende freilich zerstören müssen; denn der Hauptbegriff „Schlacht" bedeutet Beschlächt d. h. Uferschutz aus Holzpfählen oder Weidegeflecht u. der erste Teil des Wortes ist eine Abkürzung aus „Am Ort", wobei Ort = Spitze, Rand, Grenze bedeutet..."[168].

[3] Zumindest erwähnt werden muß auch der Verdacht, daß es vom Günzburger Übergang auch eine Direktverbindung nach Osten durchs Donautal nach dem damals neu gegründeten

53 Römerstraße nach Heidenheim mit Begleitgräben neben der Riedhauser Straße (1986).

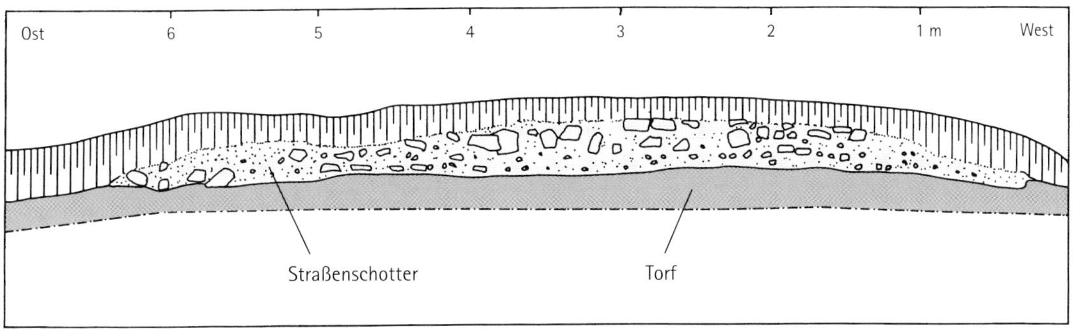

54 Südprofil durch die Römerstraße nach Heidenheim bei Riedhausen (1956).

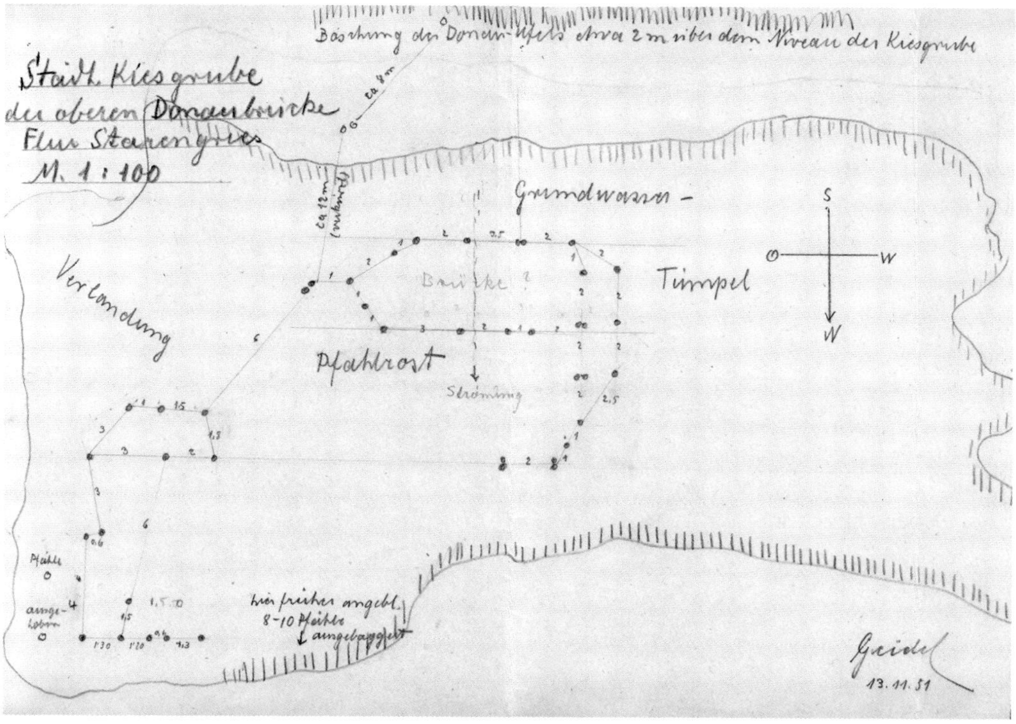

55 Pfeilerstellungen in der „Mordschlacht" von H. Geidel 13.11.1951 (Bleistiftzeichnung, Maße 30,7 x 41,3 cm; Akten Hist. Ver. Günzburg).

Faimingen gab, wo sich die Römer zunächst am Nordufer festsetzten, um einen Brückenkopf zu bilden. Hier könnte die Straßenforschung neue Erkenntnisse liefern.

Günzburg im strategischen Konzept der Zeit um 100

Gab es wichtige Argumente für die Annahme einer Alenstationierung in Günzburg, so kommt noch ein letztes Indiz hinzu, die Entscheidung nämlich, eine Kavallerie-Einheit am Alblimes in Heidenheim zu stationieren. Dort lag die *ala II Flavia* für etwa eine Generation in Garnison, bevor sie in der Mitte des 2. Jahrhunderts nach Aalen an den Limes verlegt wurde und dort bis zu ihrer Auflösung im 3. Jahrhundert blieb. Abschließend bleiben zwei Fragen zu diskutieren, wenn wir davon ausgehen, daß tatsächlich die *ala II Flavia* von Beginn an in Günzburg stationiert war, ob sie nämlich unmittelbar nach ihrem Aufbau in den Jahren nach 70/71 hier als Erstgarnison lag und wann sie Günzburg in Richtung Heidenheim wieder verließ.

Die Quellenlage erlaubt heute noch keine Entscheidung. Es ist einstweilen unklar, ob sie schon unmittelbar nach ihrer Konstitution hier stationiert wurde oder erst Jahre später, etwa mit dem Datum der Bauinschrift im Jahr 77/78. Wenn sie bereits mit der Neuorganisation der Donaulinie nach Günzburg gekommen war, dann könnte sie am Feldzug des Pinarius Clemens im Jahr 72/74 von hier aus teilgenommen haben – ein strategisch kluger Schachzug, der schwerfälligen Straßburger Legionsinfanterie und ihren Hilfstruppen eine mobile, schlagkräftige Reitereinheit entgegenzuschicken.

Das vespasianische Kastell an der Günz stand im strategischen Konzept der Flußgrenze zugleich auch als Endpunkt und Eckpfeiler an der südlichen Grenze Obergermaniens jenseits des Rheins. Denn Günzburg lag am Endpunkt jener Fernstraße, die nördlich am Schwarzwald vorbei durch das Neckargebiet nach Mainz führte und die als Aufmarschlinie beim Vorschieben der Kastelle auch auf die Schwäbische Alb eine wichtige Rolle spielte. Günzburgs Position am kritischen Knoten von Flußübergängen, Straßenkreuzen und Pässen unterstreicht die in jeder Hinsicht günstige Standortwahl für eine Reiterei.

Als Spätfolge des Chattenkriegs 83/85 am Mittelrhein und Domitians Feldzügen gegen den 87 an die Macht gekommenen Dakerkönig Decebalus an der unteren Donau änderte man in den Jahren um 90 das bis dahin praktizierte Grenzkonzept: Die kritischen Legionskonzentrationen am Mittel- und Niederrhein wurden aufgelöst und ins Kriegsgebiet verlegt, eine logistische Aufgabe, die auf gut ausgebaute Verkehrswege angewiesen war. Spätestens damals muß der Ausbau der Neckar-Lonetal-Strecke in Angriff genommen worden sein, denn die

Tab. 12 Alen am Ende des 1. Jahrhunderts in Raetien.

ala II Flavia milliaria	ab 70/77 Günzburg? (ab 110 Heidenheim)
ala I Flavia Gemelliana	ab 70 Eining? (ab 122/24 Kösching)
ala I singularium civium Romanorum	ab 70 Regensburg-Kumpfmühl, nach 90 Pförring (Weißenburger Diplom von 107)
ala I Thracum	Kösching ab 80 (?) (IBR 275)
ala I Hispanorum Auriana	nach 82/um 90 Weißenburg

56 Holzpfeiler in einer Kiesgrube in der Flur „Mordschlacht" 1951 (Foto S. Stötter; Akten Hist. Ver. Günzburg).

schwierige Landverbindung hatte sich schon nach Neros Tod und im Bataveraufstand (70) als gefährlich und nachteilig erwiesen.

Daß am Endpunkt dieser so wichtigen Fernverbindung eine mobile Reitereinheit stationiert war, entspricht ganz dem taktischen Verständnis der römischen Militärs. Daß die *ala II Flavia pia fidelis* seinerzeit die erste und vornehmste Truppe in Raetien war, fügt der Argumentationskette ein letztes Glied hinzu. Denn ihr Kommandant war zugleich der ranghöchste Offizier des *exercitus Raeticus* und damit einer der Stellvertreter des Statthalters in Augsburg. Mit der Präsenz seiner *ala milliaria* lag das Hauptquartier des Bereichskommandos und das militärische Schwergewicht im Westen der raetischen Grenze. Damals standen fünf Kavallerieabteilungen im Land *(Tab. 12)*.

Kappenzipfel: Ein Stützpunkt der Donauflotte?

Es ist schon mehrfach angeklungen, daß jedoch auch auf der gegenüberliegenden Günz-Seite, auf dem östlichen Ufer unterhalb des Stadtbergs im Bereich des Kappenzipfel Militaria, frühe Keramik und Bauspuren zum Vorschein gekommen sind. Vor dem Hintergrund des vespasianischen Kastells gewinnen diese Beobachtungen besonderes Gewicht. Die räumliche Situation des Kappenzipfel wurde bereits durch die Kartierung früher Terra Sigillata, vor allem der Reliefschüssel Drag. 29, sichtbar *(Abb. 30)*.

N. Walke[169] wies bei der Bearbeitung seiner Ausgrabungen am Kappenzipfel 21 als erster darauf hin, daß nicht nur in der westlichen Unterstadt, sondern auch auf dem Kappenzipfel Spuren militärischer Bebauung zu vermuten seien. Denn er hatte dort Fundamentgräbchen beobachtet, die „eine gewisse Ähnlichkeit mit militärischen Barackenbauten" besaßen.

Die Verbreitung – und hier beweist sich die geographische Methode erneut als nützliches Instrument der Archäologie – bestimmter Objektgattungen, z. B. des Barackenlehms, flavischer Terra Sigillata sowie anderer Keramik *(Abb. 17; 30)*, zeigte ein völlig überraschendes Bild und bestätigte Walkes Anfangsverdacht: Auch im Osten der Unterstadt, jenseits der alten Günz, sind militärische Anlagen am Ende des 1. Jahrhunderts errichtet worden. Wenn man der hier vorgetragenen Hypothese zum römerzeitlichen Lauf der Günz folgt, liegen sie rechts des Flusses auf einem stark erodierten, heute

	I. Walke, St. Martin 1962	N. Walke, Kappenzipfel 1958	L. Sperber, Kappenzipfel 1969
	Links der Günz	**Rechts der Günz**	**Rechts der Günz**
frühflavisch	**Periode I a:** Viel Fachwerklehm und Brandspuren. TS Mercato, domitianisch.	**Periode I:** Donau-Süd-Straße auf gewachsenem Grund: Siedlungsschicht auf gewachsenem Boden. Mehrere übereinanderliegende Holzbauten mit Herdstellen parallel zur RStraße. Ähnlichkeit mit militär. Baracken. Z-Z-Keramik. Neron.-frühflavische TS. **Periode I a:** Brandschicht mit vespasianisch/domitianischer Keramik.	**Periode I a:** Drag. 30 um Modestus/Murranus; Drag. 37; glatte TS Drag. 18, 27. Militaria: Helmbuschhalter *Tab. 14,2* Panzerschnürhaken, Pferdegeschirrphalera *Tab. 14,4*; Z-Z-Keramik, Kammstrichware. **Periode I b:** ReliefTS aus La Graufesenque Drag. 29, Drag. 37; glatte TS Drag. 27; 31, 36.
spätflavisch	**Periode II:** Dickes Brandlehmpaket/verbrannter Barackenlehm mit HK-Schicht. Z-Z-Keramik, Keramiktypen wie Aislingen und Burghöfe über der Ostgrenze eines Kastells; Graben „mit Vorsicht claudisch". Zweiter Lagergraben.		
Domitian/Trajan		**Periode II:** Neue Straßenschicht. Große Sand-Planierschicht. Spätdomitianisch.	**Periode II:** Drag. 18/31. Horizontalrandtopf.
spättrajanisch		**Periode III a:** Noch trajanisch. Siedlung mit Holzgebäuden erste Hälfte 2. Jahrhundert.	
Hadrian/antoninisch	**Periode III:** Siedlungsspuren, darüber starke Planierschicht, darüber Siedlungsspuren. 3-5 Siedlungshorizonte. Erste Steinbauten.	**Periode III b:** Straßenverlegung, da Häuser in Straßenschotter eingebaut. (Drag. 33, Reginus, Rheinzabern)	**Periode III:** As Trajan (RIC 395 Typ) 98/102

Tab. 13 Versuch einer synchronoptischen Parallelisierung der frühen Kastell- und Siedlungsperioden in Günzburg.

nur noch schmalen Geländerücken am Fuß des Stadtberges. Dies läßt sich mit weiteren Indizien untermauern und präzisieren.
Bald nach Walkes Untersuchungen in der Gärtnerei Schmid konnte J. Weizenegger bei der Anlage von Telefonleitungen im Jahr 1962 zwischen den Hausnummern 9/11 und 10/12 einen doppelten Wehrgraben beobachten, der etwa rechtwinklig zur Donau-Süd-Straße verlief *(Abb. 30; 59)*. Bei der Grabung L. Sperbers am Kappenzipfel 4 im Jahr 1969 und der Untersuchung des angrenzenden Grundstücks Kappenzipfel 2 durch W. Czysz im Sommer 1989 wurden übereinstimmend Befunde einer flächigen Bebauung in der typischen Militärbautechnik der Schwellbalkenfundamentierung nachgewiesen *(Abb. 57-58)*. Beide Grabungen lassen sich mit Hilfe der Baufluchten ohne weiteres zusammenschließen. Allerdings war es aufgrund der bruchstückhaften Ausschnitte unmöglich, Form und Funktion dieser Gebäude zu rekonstruieren. Die parallel ausgerichteten Fundamentzüge erinnern einerseits an Kasernenbauten, während im westlichen Bereich zweiperiodige Pfostenbauten standen. Bemerkenswert ist aber, daß sie parallel zur Donau-Süd-Straße verlaufen; das Lager orientierte sich also an dieser Achse. Allerdings können wir noch keine Aussage zu seiner Größe machen; die Fundverteilung läßt ein Areal von etwa 150 m Breite in ostwestlicher Richtung erkennen. Nach Norden ist das Gelände durch die Donau abgerissen, nach Süden von der Günz erodiert.
Die Periodisierung der Grabungen N. Walkes links (St. Martin) und rechts der Günz (Kappenzipfel 21) und die Gegenüberstellung der Untersuchung L. Sperbers zeigt ein ähnliches Bild *(Tab. 13)*[170].

Militaria vom Kappenzipfel Auch die Metallkleinfunde sind in Hinblick auf die militärische Ausrüstung zwar eindeutig, im Hinblick auf eine genauere Datierung allerdings weniger aussagekräftig *(Abb. 60-61; Tab. 14)*.
Typisch flavische Sigillata-Produkte der Grabung 1969 kommen aus den Werkstätten des Crucuro, Mercato, Calus, M. Crestio, Germani Ser., Melus und Cornutus/Mascuus von La Graufesenque *(Tab. 15)*. Auch einige Graffiti stammen von diesem Areal *(Tab. 16)*.
Generell ist zur Verteilung der flavischen Sigillata zu bemerken, daß die Serie rechts des Flusses in ihrer Masse später einsetzt, tendenziell jünger ist und eher in domitianische Zeit gehört. Hinsichtlich der Belieferungsdauer und des Endes dieses Standorts fehlen einstweilen Produkte der Zeitstufe Pferdehirt IV (=nach 90/91 bis 115/120). Auf der anderen Seite sind im älteren, auf der rechten Günzseite (Kappenzipfel 21) ausplanierten Barackenschutt mehrere Brandgräber

57 Grabungsfläche 2 am Kappenzipfel 2 mit römischen Holzbauspuren (1989).

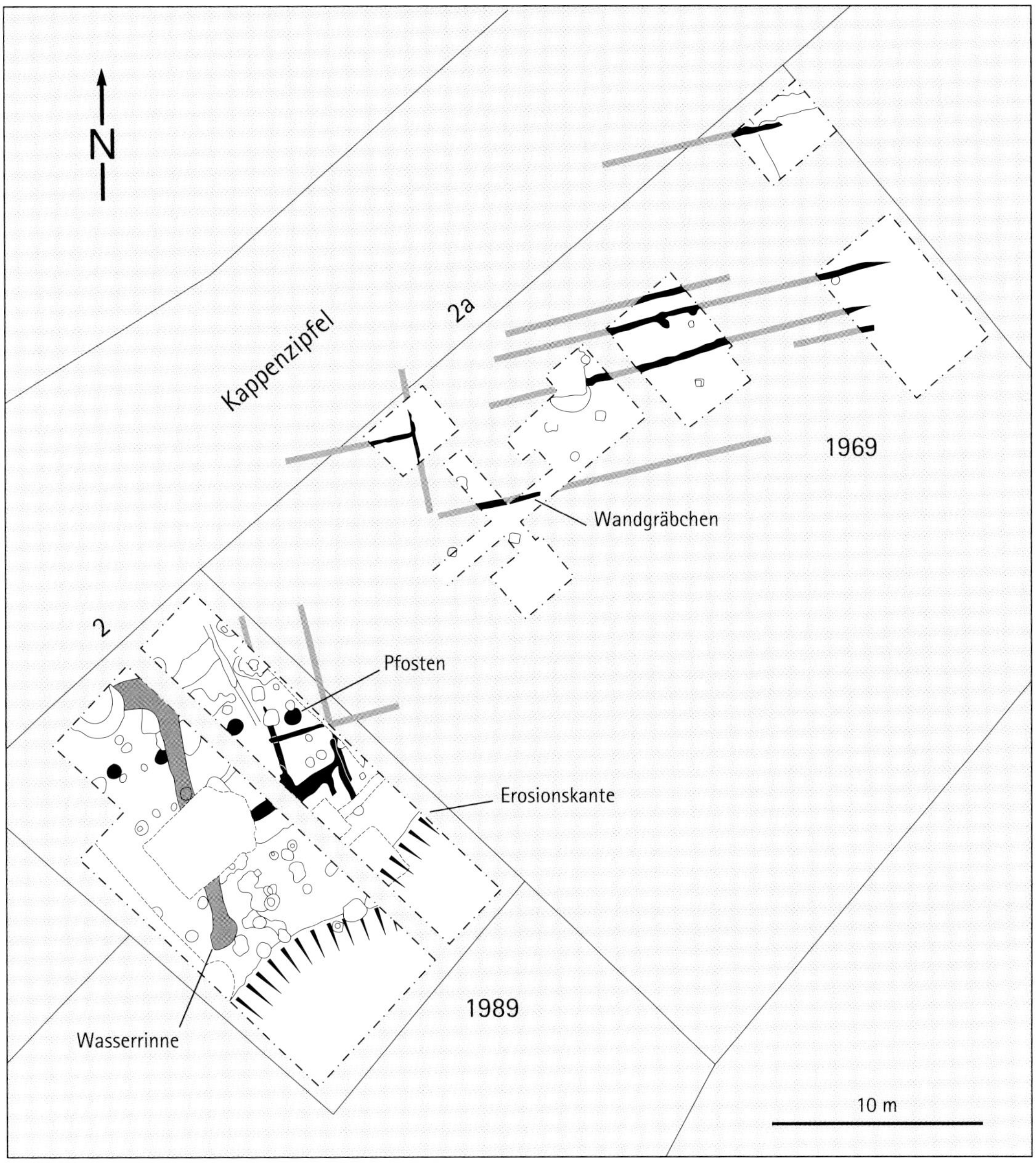

58 Kastellareal A am Kappenzipfel mit den Ausgrabungen am Kappenzipfel 2 (1989) und 2a (1969). Vgl. *Abb. 59.* M. 1:300.

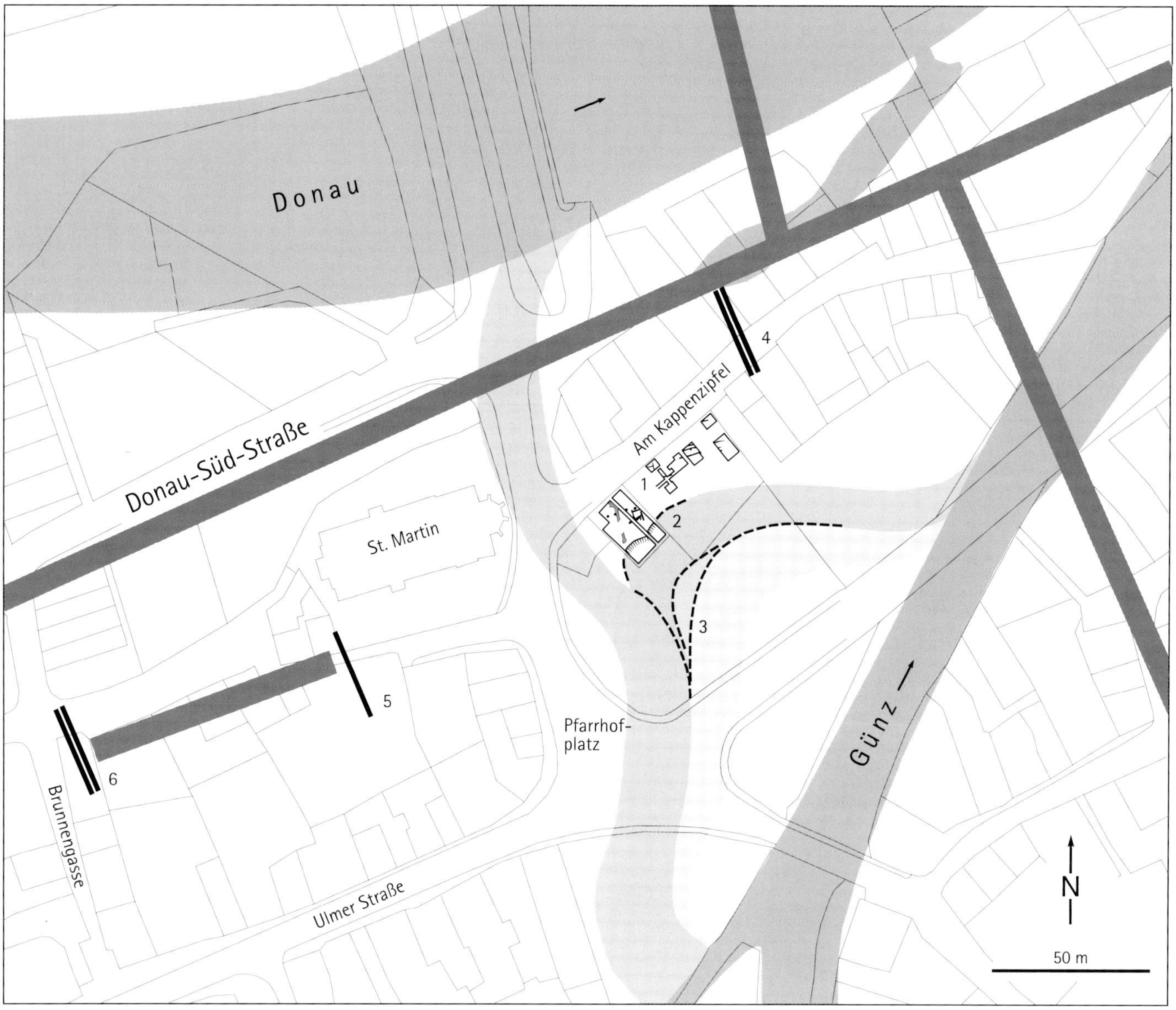

59 Kastellareal A am Kappenzipfel im Mündungswinkel zwischen Günz und Donau (vgl. *Abb. 30*). 1 Ausgrabungen am Kappenzipfel 4 (1969; Liste I.10) und 2 am Kappenzipfel 2 (1989; Liste I.8); 3 Uferböschungen von Altläufen der Günz im Bereich des Pfarrhofplatzes 2 (Liste II.41 -42); vermutliche Kastellgräben 4 am Kappenzipfel 10 (Liste I.12), 5 am Donaubrunnenweg 1 (Liste II.12) und 6 in der Brunnengasse 10 (Liste II.10). M. 1:2000.

der Zeit „um 100" oder danach eingebracht worden; wir kommen darauf zurück. Frühe, d. h. in diesem Gebiet spätflavische Brandhorizonte im Kappenzipfel 4, 14 und 21 wurden außerdem überlagert („übersiedelt") z. T. durch die Straße (wie in der Schlachthausstraße 46, 1966; Fdst. 19), so daß in jedem Fall dort mit einem Ende der Besetzung in der Zeit um 110 zu rechnen ist. Das Areal wurde später durch den zivilen Vicus überbaut.

Obwohl wir vom Befund her den militärischen Charakter des Kappenzipfelareals zwar erfassen, aber noch nicht mit einem Lagergrundriß näher belegen können, seien einige Hypothesen vorgetragen, die durchaus neue Hinweise auf die Militärgeschichte Günzburgs ergeben:

1. Nach den Barackenspuren, ihrer Bautechnik und Zeitstellung handelt es sich wie gesagt um eine militärische Anlage.

2. Im Hinblick auf die Funktion der Anlage kann es sich aus chronologischen Gründen nicht um ein Baulager aus der Frühphase des Alenkastells handeln.

3. Die Größe des Lagerplatzes rechts der Günz und damit des hier stationierten Truppenkontingents ergibt sich aus der Verbreitung spätflavischer Sigillaten und der Kartierung des Barackenschutts sowie der Brandschichten. Weite Teile jenseits der Donautalstraße sind der Donauerosion zum Opfer gefallen. N. Walke hatte 1958 in der Periode I a eine Brandschicht beobachtet, die westlich der Günz unter St. Martin 1962 der dortigen, durch Sigillata des Mercato datierten Periode I a entsprach; auch sie enthielt verbrannte Barackenlehmschichten der spätflavischen Periode II.

4. Es handelt sich nach der Untersuchung von 1989 offensichtlich um eine zwei- oder mehrphasige Anlage, die tendenziell jünger ist als das Westkastell links der Günz. Die spätflavisch-domitianische Zeitstellung überschneidet sich mit der Datierung des Alenkastells um ein bis

zwei Jahrzehnte; d. h. in der Zeit zwischen 80 und 100/110 dürften zwei Einheiten nebeneinander, an beiden Ufern der Günz, stationiert gewesen sein.
Verschiedene Deutungsmöglichkeiten kommen in Frage, was die Aufgabe dieses Stützpunkts betrifft:

[1] Ein temporäres Lager als Standortsicherung des Alenkastells während der Abwesenheit der Stammeinheit – die mehrperiodige Bebauung im Kastellareal links der Günz bietet dafür Argumente. Denkbar ist auch, daß etwa in Folge von Umgruppierungen in den 80er Jahren während bzw. nach dem Chattenkrieg Domitians 83/84 oder nach der Saturninusrevolte 88/89 Teile der Ala zeitweilig an anderen Kriegsschauplätzen im Rheinland oder in der Wetterau abkommandiert waren.
[2] Im Zusammenhang mit der Anlage des Kastells Urspring und dem Bau der Lonetalstraße und später dem Vorschieben des Alblimes zwischen 85 und 96 könnte man in Günzburg ein Basislager mit Magazinen ähnlich Walheim unterhalten haben[172].
[3] Schwer wiegt das Argument der topographischen Lage des Platzes am Strom und an der alten Günzmündung. Die Möglichkeit, dort Schiffe in die Mündung zurückziehen zu können, schuf einen geeigneten Flottenstützpunkt. Selbstverständlich unterhielten, außer den einschlägigen Flotteneinheiten *(classes)*, namentlich die Legionen eigene Frachtschiffe für den Transport von Truppen, Ausrüstung und Gepäck.

Römische Wasserfahrzeuge und Kaianlagen an der Donau sind nur selten erhalten geblieben[173]. Die Dimension der militärischen Flußschiffahrt wurde eindrucksvoll durch Entdeckungen des Jahres 1986 sichtbar. Damals fand man rund 45 m vor der Westseite des Kastells Oberstimm am östlichen Ufer der Brautlach außer hölzernen Uferbefestigungen aus den Jahren 61 +/– 10, vom Winter 91/92 und 151 n. Chr. zwei Boote, die 2,45 m tief unter der heutigen Oberfläche in den Schlamm des Flusses gesunken waren. Sie konnten 1994 freigelegt und gehoben werden[174]. Nach den dendrochronologischen Erkenntnissen sind sie in den Jahren um 90 und 102 n. Chr. gebaut und unter Trajan, spätestens Hadrian ausgemustert und am Ufer abgewrackt worden. Es handelt sich um 2,8 und 3 m breite, 15 m lange Ruderschiffe, die nach mediterraner Bauart mit breit-flachem Rumpf aus vorfabrizierten Nadelholzplanken (sog. Kraweelbauweise) nur mit Holznägeln, ohne Eisen, gezimmert waren. Form und Ruderanlage deuten auf Personenboote, die für Truppenverschiebungen oder Patrouilleneinsätze mit 12–15 Mann besetzt und von zehn Ruderern gefahren wurden.
Im Günzmündungsbereich sind vor dem Ersten Weltkrieg tatsächlich Holzpfähle beobachtet, allerdings nicht genau dokumentiert worden. Im Jahr 1911 kamen beim Ausschachten vor der Ladentüre des Drechslers Keller am südlichen Kopf der heutigen Günzbrücke (Fdst. 31) unter dem Wasserspiegel zwei ca. 4 m voneinander entfernt stehende Pfahlreihen zum Vorschein. S. Stötter[175] vermutete, sie stammten vom Joch einer „weit ins Land hineinreichenden Holzbrücke". Beim Ausheben des nördlichen Brückenkopfs stieß man auf ähnliche Pfahlreihen. Übrigens hieß das Gelände oberhalb der Eisenbahnbrücke „Ländegünz": In diesem Bereich lag der frühneuzeitliche Schiffsanlegeplatz[176].

Schlüsselstellung in der Etappe Am Ende der Fernverbindung von Mainz nach Augsburg lag Günzburg in einer Schlüsselposition, was den Mannschaftstransport und den Warenumschlag von der Landstraße auf das Wasser betraf. Für die Weiterfahrt auf dem Strom boten die Günzmündung und der Kappenzipfel einen Stützpunkt am Südufer, der geeigneter war als die Niederterrasse am gegenüberliegenden Nordufer oder am Talrand des Albfußes. Tatsächlich dürfte Günzburg im letzten Viertel des 1. und am beginnenden 2. Jahrhundert von erheblicher Bedeutung für die Logistik der römischen Armee gewesen sein. Denn damals verlagerte sich das Schwergewicht der Militäraktionen in den Nordprovinzen von Obergermanien an die mittlere und untere Donau[177].
Nach dem umstrittenen Sieg Domitians[178] über die Chatten in den Kriegsjahren 83/85 *(expeditio*

Nr.	Objekt	Fundstelle/Literatur	Inventar
[1]	Helmbuschhalter, Bronze; B. 3,3 cm (*Abb. 60,3*)	Kappenzipfel 21, Schnitt 1, Tiefe 2; Walke, Günzburg Abb. 4,33; Schmidt, Studien M16	1958/28-29
[2]	Helmbuschhalter, Bronze; L. 7,9 cm (*Abb. 60,4*)	Kappenzipfel 4, Grabung L. Sperber	1969.1
[3]	Panzerschnürhaken, Bronze; L. 5,2 cm (*Abb. 60,5*)	Kappenzipfel 4, Grabung L. Sperber	1969.1
[4]	Niellierter, verzinnter Bronzebeschlag mit Scharnierbacken, Dm. 4,0 cm (*Abb. 61,3*)	Kappenzipfel 4, Grabung L. Sperber	1981.52
[5]	Riemenendbeschlag, Bronze gegossen. L. 7,7 cm (*Abb. 61,1*)	Kappenzipfel 21	2152
[6]	Riemenendbeschlag, Bronze gegossen. L. 6,3 cm (*Abb. 61,2*)	Kappenzipfel, Straßenbau Hs. Nr. 1–20	1966.9
[7]	Riemenverteiler aus Bronzeblech, Schauseite gepunzt mit Efeublattwerk (Blätter eingelegt) und verzinnt. Ein Zentralniet fixiert den rückseitigen Riemenverteiler, an dem drei Riemenendbeschläge hängen; Dm. 8,3 cm (*Abb. 61,4*)	Kappenzipfel 21, 1913; Ber. 6, 8; Schmidt, Studien M18	2636
[8]	Lederriemen-Beschlagniet mit Kaiserbüste[171] vom Cingulum; Dm. 1,6 cm (*Abb. 60,2*)	Dreirosenberg (1964), Fl. C, im Kies der Römerstraße	2703

Tab. 14 Militaria aus dem Kastellareal am Kappenzipfel rechts der Günz und vom Dreirosenberg.

in Chattos) war Diurpaneus, ein Kleinkönig der germanischen Daker, im Winter 85/86 in die Provinz Moesien eingefallen und bedrohte Roms Interessen an der unteren Donau und auf dem Nordbalkan. Die erste *expeditio Dacica* 85 n. Chr. endete unglücklich mit einer Niederlage und dem Tod des Legaten C. Oppius Sabinus. Die in Mainz stationierte *legio I Adiutrix* wurde abgezogen und samt ihrer begleitenden Auxilien an die Donau geschickt. Auch die zweite Dakienexpedition im Jahr 86, zu der die *legio II Adiutrix* aus dem britannischen *Deva*-Chester mit Vexillationen anderer britischer Legionen abkommandiert wurde, endete in einem Desaster, so daß der Kaiser als Oberbefehlshaber das Krisenmanagement selbst in die Hand nahm. Eine Kriegspause (87) verschaffte ihm und der Generalität Zeit für die Umgruppierung von Kampfverbänden und das Revirement. Der Feldzug im Sommer 88 und der Sieg bei *Tapae* am Eisernen Tor führten zu einem Friedensschluß mit dem Dakerkönig Decebalus.

Doch am 1. Januar 89 brach in Mainz der Aufstand des obergermanischen Statthalters L. Antoninus Saturninus los. Domitian eilte erneut in den Norden. Der Versuch, den Kaiser zu stürzen, scheiterte indessen bald. Nachdem der Putsch zusammengebrochen, an den Legionsstandorten Ruhe eingekehrt und die Rheingrenze militärisch wieder stabilisiert war, zog er zusammen mit seinen Prätorianern, mit der *legio I Minervia*, Vexillationen der *legio XIV Gemina* aus Mainz und der *legio VIII Augusta* aus Straßburg sowie Teilen der *legio XI Claudia* aus *Vindonissa* im April/Mai 89 an die Donau und auf dem Schiff flußabwärts weiter nach Carnuntum, ein endloser Zug von kaum weniger als 20 000 Mann, der das Ausmaß der Kriegsvorbereitungen und die logistische Kompetenz der römischen Stabsstellen nur ahnen läßt: Wo anders als in Günzburg könnten sie die Schiffe bestiegen haben?

Schließlich wurde noch die *legio XXI Rapax* von Mainz (89) nach Moesien beordert. Trotz eines Friedensschlusses kam es erneut zu zwei Kriegen mit den westlichen Nachbarvölkern der Daker, 89 und 92 n. Chr. Am 18. September 96 wurde Domitian ermordet – damit war zugleich die Dynastie der Flavier nach 27 Jahren Herrschaft beendet. Dem neuen Kaiser M. Cocceius Nerva (96–98) gelang es, den dritten pannonischen Feldzug mit einem römischen Sieg im Jahr 97 zu beenden. Doch der Frieden war brüchig und das Kernproblem der dakischen Machtkonzentration vor der römischen Donaugrenze ungelöst[179].

Decebalus' weiterhin feindliche Politik bedrohte heftig die römischen Interessen. Auch die Schmach der Niederlagen war nicht getilgt, so daß der neue Kaiser Trajan sofort damit begann, den endgültigen Schlag gegen Decebalus zu organisieren. Im Frühjahr 97 wurde die *legio XIV Martia Victrix* von Mainz als Ersatz für die 92 im Kampf gegen Sarmaten und Jazygen untergegangene *legio XXI Rapax* an die Donau verlegt. Trajans Inspektionsreise[180] im Frühjahr 98 bis zum Herbst 99 durch die Provinzen Germanien, Pannonien und Moesien und die dreijährige Vorbereitung zielte auf einen groß angelegten, endgültigen Schlag: Straßenbauten,

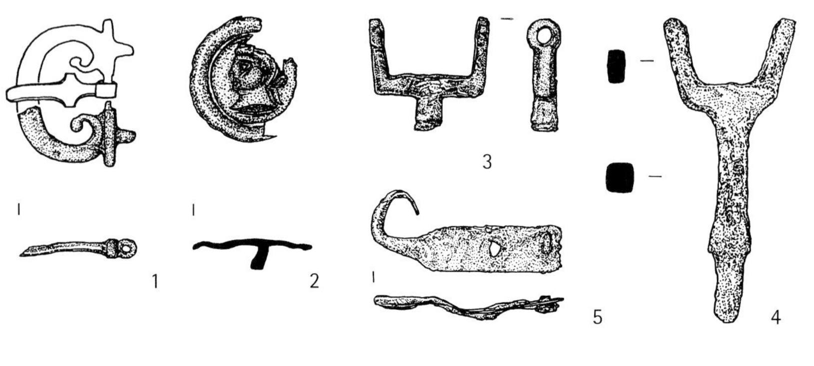

60 Bronzekleinfunde *(Tab. 14)* aus der Unterstadt (1), dem Dreirosenberg (2) und dem Kappenzipfel (3–5). M. 1:2.

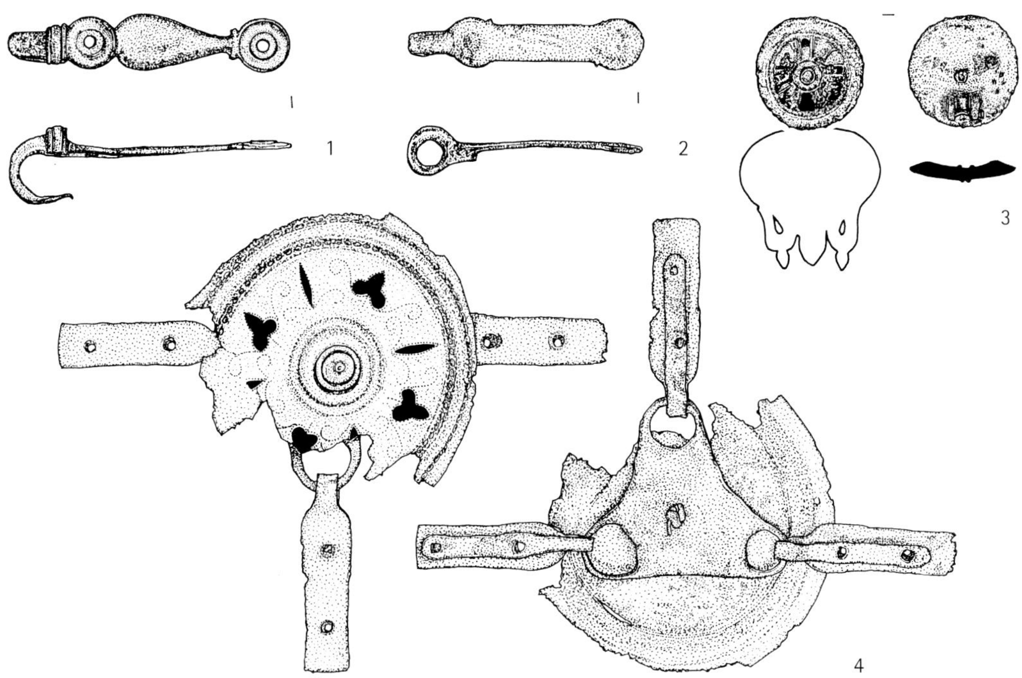

61 Bronzezierrat vom Pferdegeschirr *(Tab. 14)*: 1–2 Riemenenden, 3 nielloverzierter Anhängerbeschlag und 4 verzinnte Phalera. M. 1:2.

der Felsdurchbruch im Djerdap, ein Schiffskanal bei Sip am Eisernen Tor oder die 1000 m lange Donaubrücke des Apollodorus von Damaskus vor *Drobeta*-Turnu-Severin waren spektakuläre Maßnahmen, die nicht nur die Möglichkeiten der römischen Ingenieurskunst dokumentieren, sondern auch den Feind einschüchtern mußten. Zur Unterstützung wurde die inzwischen heimgekehrte *legio XI Claudia* aus *Vindonissa*-Windisch erneut nach Moesien geschickt. Jetzt standen nicht weniger als zwölf der 28 Legionen samt ihren Auxilien im Kriegsgebiet an der mittleren und unteren Donau, nach Ritterlings Schätzung zusammen an die 200 000 Mann, eines der größten Truppenaufgebote in der römischen Geschichte.

Der erste Dakerkrieg im Frühling 101 und die Kampagne im Jahr 102 brachten nicht den erwarteten Erfolg; zur Verstärkung wurde 102 die *legio X Gemina* von Nimwegen herangeführt. Nach zwanzig Jahren brach der Widerstand zusammen. 106 n. Chr. nahm sich Decebalus auf der Flucht das Leben, nachdem seine Königsstadt *Sarmizegetusa* (beim siebenbürgischen Varhély/Hunedoara am Nordfuß der Südkarpaten, Rumänien) gefallen war. Dakien wurde römische Provinz. Das Volk in der Hauptstadt konnte die Kämpfe und Erfolge auf dem 200 m langen Fries des Siegesdenkmals bestaunen, der fast 30 m hohen Trajanssäule auf dem Forum. Mit diesem kurzen Blick auf die bedrohlichen Entwicklungen und Ereignisse am Ende des 1. und Beginn des 2. Jahrhunderts sollten weniger die Fähigkeiten der römischen Militärorganisation hervorgehoben und herausgestellt werden. Vielmehr hatten die permanenten Truppenverschiebungen erhebliche Konsequenzen auch für den Standort an der Günz, denn all diese Wege führten über Günzburg (und Faimingen), zu Land und zu Wasser. Der effektive Nachschub aus Gallien und Germanien und die Versorgung der Truppen auf dem Weg ins Kriegsgebiet war ebenso wichtig wie der schonende Transport der Mannschaften und ihres Gepäcks. Das aber war nur auf dem Wasserweg möglich und erforderte geeignete Umschlag- und Rastplätze an der Donau. Doch wo wenn nicht in Günzburg wurde der Nachschub an Ausrüstung und Geschützen, Waffen und Gerät deponiert? Wo sollten die Lastschiffe gelandet, Mannschaftstransporter gebaut oder repariert worden sein?

Nr.		Gefäßform	Fundort	Inventar
[1]	IIVVIIIAI-		Kappenzipfel	1962-9
[2]	-ILVA		Kappenzipfel 21, 1921	2001. Sch. 63
[3]	–LVA–		Kappenzipfel 21, 1921	2001. Sch. 61
[4]	–LVI–		Kappenzipfel 21, 1921	2001. Sch. 61
[5]	VAISIII	Drag. 30	Kappenzipfel 21	2001. Sch. 61
[6]	VLP	Wandscherbe Irden-ware	Kappenzipfel 1910-1921	2001. Sch. 66
[7]	+	Drag. 27	Kappenzipfel	1966.10
[8]	+ in Quadrat	halbkugelige TS-Form	Kappenzipfel 14	1965.14 d

Tab. 16 Ritzinschriften (Graffiti) aus dem Kastellareal am Kappenzipfel rechts der Günz.

Tab. 15 Sigillatastempel aus dem Kastellareal am Kappenzipfel rechts der Günz.

Die Truppe zieht ab: Aufgabe des Standorts

Durch die Entdeckung des schon von F. Drexel postulierten Kastells in *Phoebiana*-Faimingen[181] gegenüber dem Lager auf dem Aislinger Sebastiansberg und die komplizierte Entwicklung Günzburgs ist unsere Vorstellung vom strategischen Ablauf der Grenzverschiebungen in manchen Punkten klarer geworden, in anderen fehlt noch der archäologische Beweis.

In der Forschung war die strategische Achse Günzburg-Heidenheim-Aalen unbestritten. Die Vorverlegung entlang der Brenz nach Norden in das 26 km entfernte Heidenheim diente einerseits der Besetzung der Alb, vor allem aber der Kontrolle des Albübergangs und der Paßstrecke ins Kocher- und Remstal[182]. In Heidenheim stand anschließend die *ala II Flavia*, was durch mehrere Inschriften belegt ist. Das Heidenheimer Kastell besitzt eine Innenfläche von 4,9/5,3 ha (271 x 195 m)[183], umschlossen von einem 30 m breiten Doppelgrabensystem hinter der Umwehrung, was eine plausible Analogie für die mutmaßliche Größe des Günzburger Lagers liefert. Barackenspuren deuten auf 24 Turmenkasernen[184].

Immer wieder diskutiert wurde der Abzugstermin von Günzburg nach Heidenheim. Während die meisten Autoren, P. Reinecke[185], W. Barthel[186], N. Walke[187], G. Ulbert[188], Ph. Filtzinger[189] und B. Cichy[190] aufgrund historisch-strategischer Erwägungen einen Zeitpunkt um 90, also noch unter Domitian, vertraten, schien H. Schönberger diese „Frühdatierung ... nicht zwingend, aber wahrscheinlich“[191].

F. Drexel dagegen sah einen historischen Zusammenhang mit Trajans Aufenthalt in Obergermanien im Jahr 97/98[192] und dem Vorrükken der Reichsgrenze im Norden auf die Neckarlinie. B. Pferdehirt rechnete aufgrund des Zahlenverhältnisses der sehr kleinen Serie älterer Drag. 29 zu der jüngeren Drag. 37 am Kappenzipfel mit einem Ende „104/105“[193]. J. Heiligmann tendierte ebenfalls zu dem späteren Ansatz unter Trajan[194]. Auf der Grundlage der im Fundmünzencorpus FMRD veröffentlichten Münzserie hat K. Kortüm[195], wie erwähnt, zum ersten Mal den Münzbestand systematisch analysiert und Serienvergleiche angestellt. Dabei zeigte sich, daß die Günzburger Kurve in dieser Zeit keinen nennenswerten Einschnitt erkennen läßt, vermutlich weil der nachfolgende Vicus die Siedlungsaktivitäten ungebrochen fortsetzte (*Abb. 49*). Der erste Umlaufhöhepunkt von Heidenheim dagegen dokumentierte ein deutliches Anfangsmaximum in der Zeit um 105/110[196], also dem späteren der diskutierten Ansätze. Dieser Münzbefund ist einstweilen ein schwerwiegendes Argument für die „Spätdatierung“, die auch durch die Sigillatachronologie gestützt wird, die ihrerseits im letzten Jahrzehnt eine deutliche Verschiebung nach oben mitgemacht hat, was die spätsüdgallischen Erzeugnisse betrifft. Der späte Ansatz, der auch wichtige, in seinem gesamten Umfang noch nicht absehbare historische Folgerungen für den obergermanischen und raetischen Limes mit sich bringt, wurde durch die Stationierung der *legio XXII Primigenia Pia Fidelis* in Mainz und die Spätdatierung ihrer Ziegelstempel (nach 97/98) ausgelöst[197]. Wenn sich diese kaum mehr von der Hand zu weisenden Verdachtsmomente bestätigen, verschiebt sich das Chronologiesystem um mehr als ein Jahrzehnt – die Diskussionen sind noch nicht abgeschlossen.

Nr.	Töpfer	Pferdehirt Gruppe	Mees
[1]	Calus	nach 37/41, vor 100/101, II b	60–80/85
[2]	M. Crestio	nach 41/45, bis 115/120, II c	80–110
[3]	Cornutus/ Masculus	III a/b	80–120
[4]	Crucuro	nach 79/82, vor 100/101, III a	90–120
[5]	Mercato	nach 79/82, bis 115/120, III b	90–100
[6]	Germani Ser.	III b	90–120

Man wird sich also auf die Münzkurve und die Sigillatazufuhr aus Südgallien als die beiden derzeit wichtigsten Argumente stützen müssen, um das Enddatum einzugrenzen. Das Datum um 110 scheint derzeit wohl begründet, zumal man mit Überschneidungen zwischen dem Basislager an der Günz, dem Lagerplatz am gegenüberliegenden Ufer und dem Lager in Heidenheim ohnehin rechnen muß. Im Hinblick auf den historisch-strategischen Kontext macht dieses Datum Sinn. Denn nachdem die von Domitian 86/89 unternommenen Dakerkriege immer wieder aufgeflackert waren, sah sich Trajan in den Jahren 101–102 und abermals 105–106 zu breit angelegten Feldzügen gezwungen. Als Umschlagplatz für die rasche Versorgung auf der Donau blieb der Stützpunkt in Günzburg unverzichtbar. Nach dem letzten Dakerkrieg kehrten die meisten der beteiligten Truppen an ihre alten Standorte zurück. Jetzt erst war der Weg frei für eine Neuverteilung der Einheiten an der Grenze und die neue administrative Organisation des Hinterlands. Nachdem einige Garnisonen auf dem Donausüdufer vielleicht sogar noch bis in die Regierungszeit Hadrians (117–138; *Abb. 50*) besetzt waren, wurde der Limesausbau in Angriff genommen und damit ein neuer Abschnitt in der Geschichte der Nordprovinzen eingeleitet. Günzburg in der Etappe dürfte noch eine Weile für den Aufbau von Heidenheim und die Sicherung des Winkels zwischen der obergermanischen und raetischen Limesstrecke besetzt gewesen sein, bevor der Standort seine Aufgabe erfüllt hatte und nach 35–40 Jahren aufgelöst wurde[198].

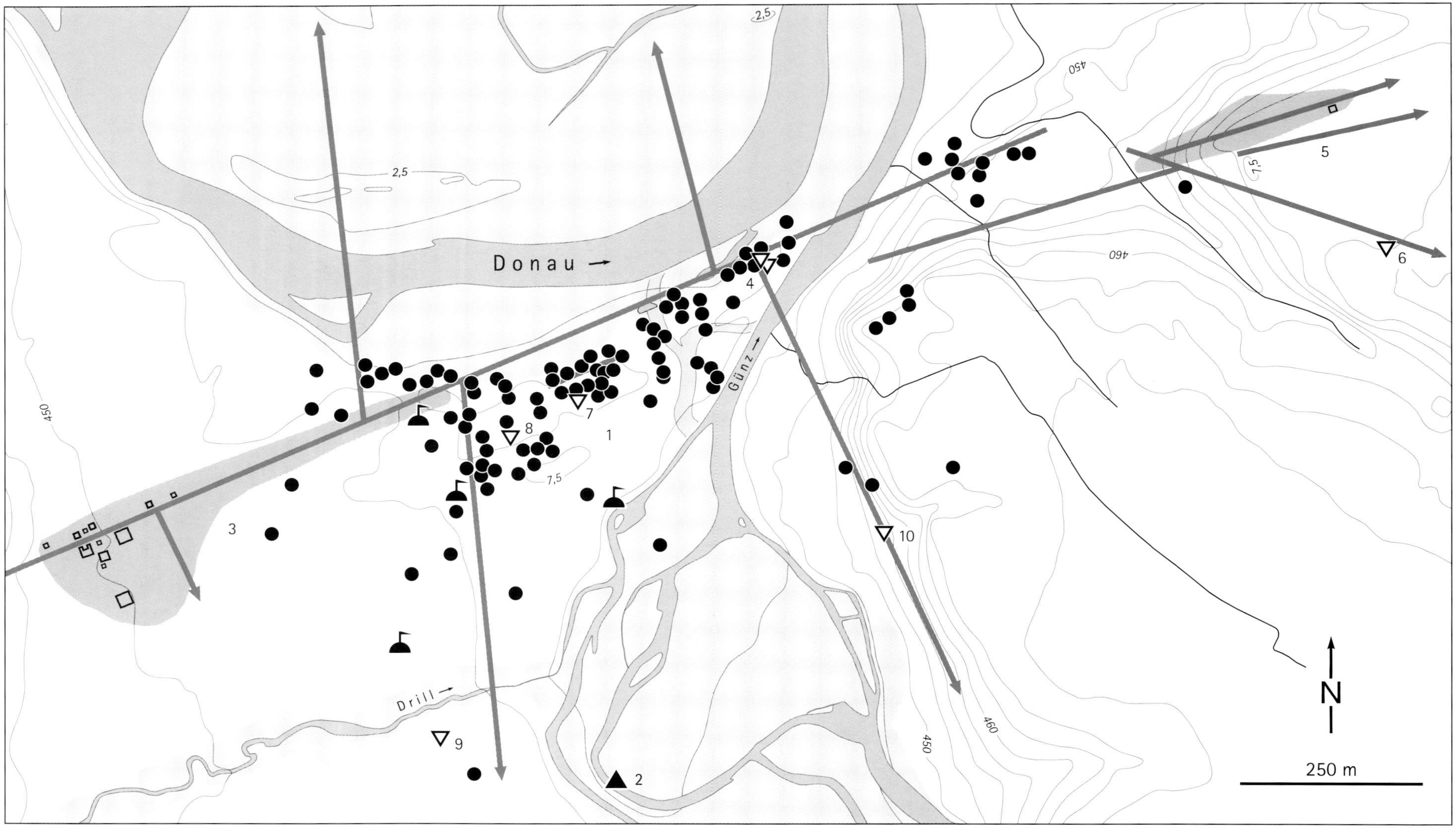

62 Straßen, Siedlungsspuren, Töpferöfen, Einzelbestattungen (Dreieck) und Gräberfelder der frühen und mittleren Kaiserzeit. M. 1:8000.

1 Vicusfundstellen (Listen I.II); 2 Weihealtar der Wassermüller *(Abb. 94)*; 3 Gräberfeld an der Ulmer Straße (Liste III); 4 Gräber Kappenzipfel 21 (Liste IV.1); 5 Gräberfeld am Dreirosenberg (Liste IV); 6 Sakophag (Liste IV.4; *Abb. 127*); 7 Gräber Ulmer Straße 32 (Liste II.66); 8 Gräber Ulmer Straße 46 (Liste II.68); 9 Gräber an der Adalbert-Stifter-Straße 1; 10 Gräber an der Ichenhauser Straße.

VI Kleinstadt ohne Stadtrecht

In den beiden vorangegangenen Kapiteln wurde versucht, die frühe Phase der militärischen Besetzung bis zur Stationierung der Reitereinheit, wahrscheinlich der *ala II Flavia*, zu verfolgen. Ihre Dislokation am westraetischen Grenzabschnitt der Donaulinie hing unmittelbar mit der Okkupation des rechtsrheinischen Dekumatlands *(agri decumates)* zusammen. Damals war Günzburg ein wichtiger Stützpunkt an der Nahtstelle zwischen den Provinzen Obergermanien und Raetien und wurde dadurch auch zu einem strategischen Ausgangspunkt für die Besetzung des mittleren Albabschnitts. Mit dem Vorschieben der Reichsgrenze aber hatte der Standort seine Funktion erfüllt. Er wurde aufgegeben und die Truppe in gerader Linie um einen Tagesmarsch nach Heidenheim vorgeschoben.

Unter Trajan, dem ersten Spanier auf dem römischen Thron (er stammte aus *Italica*-Santiponce in Andalusien), hatte das Weltreich seine größte Ausdehnung erreicht. Von Spanien und Lusitanien bis nach Armenien, Assyrien und Mesopotamien, von Britannien bis nach Ägypten beherrschte Rom einen Vielvölkerstaat, der durch die Amtssprache Latein (Griechisch im Osten) verbunden war und durch römisches Staatsrecht und ein festgefügtes Sozialsystem zusammengehalten wurde. Ein einheitliches Münzwesen mit der vom Kaiser garantierten Goldwährung ermöglichte den ungehinderten Warenverkehr in dem „gigantischen" Wirtschaftsraum des *Imperium Romanum*. Die Handelsaktivitäten reichten bis an die Quellen des Nil, sogar bis nach Indien und China. Das Reich, schätzt man, war nun auf rund 50 Mio. Bewohner angewachsen. 80 000 Straßenkilometer verbanden die Provinzen zwischen Themse, Rhein, Donau und Euphrat.

Konkurrenz aus Faimingen Nicht weniger als 15 Vici am raetischen Donau-Ufer[199] konnten sich trotz des Truppenabzugs in diesen Jahren halten und „verselbständigen". Ihre Größe signalisiert mitunter beträchtliche Bevölkerungszuwächse durch die Konzentration von einheimischen Siedlungen um die römischen Kastelle und durch den Zuzug von Siedlern aus dem Mutterland oder anderen Provinzen. Die „Romanisierung" des Landes machte jetzt raschere Fortschritte.

Augsburg festigte seine Vorrangstellung als Drehscheibe des nordalpinen Handels nicht zuletzt durch die offizielle Stadtrechtsverleihung und seinen Munizipalstatus, der ihr von Hadrian im Jahr 122 übertragen wurde; die größte Stadt Raetiens hieß fortan *municipium Aelium Augusta Vindelicum*. Kempten geriet dadurch in den Schatten, stagnierte und verkümmerte zu einer idyllischen Landstadt. Der interprovinziale Verkehr wurde durch die zügige Abnabelung vom Mutterland gestärkt: Raetien war Durchgangsprovinz geworden, was es seiner geographischen Lage nach stets war, wenn auch die Zugrichtungen von Zeit zu Zeit wechselten.

Dank seiner Standortqualität im Netz verschiedener Verkehrswege konnte sich Günzburg trotz starker Konkurrenz im Osten halten: Denn kaum mehr als 15 Kilometer flußabwärts war im Zusammenhang mit dem Bau des östlichen Alblimes-Abschnitts ein zweiter Flußübergang in *Phoebiana*-Faimingen entstanden. Das damals auf dem nördlichen Hochufer in offensiver Position angelegte Kastell und seine Datierung kennen wir noch nicht genau[200]. F. Drexel, der dieses Lager aufgrund früher Funde schon vermutet hatte, schrieb 1911 überzeugend: „Warum die Straße bei Faimingen und nicht bei dem nur etwa 15 km oberhalb gelegenen Günzburg, das bisher auf dieser ganzen Uferstrecke der Mittelpunkt des Grenzverkehrs gewesen war, den Strom überschritt, ergibt die Betrachtung der Karte mit aller Deutlichkeit. Solange die Donau die Grenze bildete, mußten als Übergangsstellen Punkte gewählt werden, die wie Günzburg von Süden her den Strom beherrschten. Sobald das jenseitige Gebiet dem Reiche einverleibt worden war, kam es im Gegenteil darauf an, den Übergang, in diesem Falle die Brücke, von Norden her in der Hand zu haben. Auf der in Betracht kommenden Strecke erfüllt allein das Faiminger Uferstück diese Bedingung. So überschritt die neue Straße an der Stelle den Fluss, an der dieser zuerst an das beherrschende Hochufer, auf dem sie schon eine Weile von Westen hergezogen war, unmittelbar herantrat.

Eine Durchsicht der Günzburger Funde lehrt deutlich genug, wie schwer dieser Ort durch die Verschiebung des Verkehrs geschädigt worden ist."[201]

Allerdings kam wohl ein zweiter Umstand hinzu, der Faimingen eine günstigere Position im Limeshinterland verschaffte. Es war die politische Entscheidung, diesen Ort auch gegenüber den beiden anderen, damals langsam entstehenden Zentren, Heidenheim[202] und Nassenfels[203], besonders zu fördern[204]. Der Gliederung des Raums in vielleicht auf alten Stammesstrukturen basierenden, quasiselbständigen Organisationseinheiten *(civitates)* führte zur Siedlungskonzentration und Herausbildung von Zentralorten, die in jeder Hinsicht außerordentlich attraktiv für Einheimische und Neusiedler waren[205]. Im Vorort *(caput civitatis)* saß ein Bürgerrat *(ordo decurionum)*, der die Geschicke seines Territoriums, selbstverständlich unter Aufsicht des kaiserlichen Statthalters, selbst in die Hand nehmen und lenken konnte. Die *civitas Taunensium Nida*-Heddernheim oder die *civitas Ulpia Sueborum Nicretum Lopodunum*-Ladenburg, um nur zwei Beispiele aus der Provinz Obergermanien zu nennen, wurden zu politischen und administrativen Zentren ihres Verwaltungsdistrikts, was ihre Siedlungsqualität beträchtlich aufwertete und zahlreiche Siedler und Investoren magnetisch anzog. In Faimingen könnte außer der zentralen Lage und den Verkehrsverbindungen auch der religiöse Hintergrund eine Rolle gespielt haben: Das aufblühende Apollo-Grannus-Heiligtum wurde bald überhaupt zu *dem* religiösen Zentrum des Heil- und Reinigungskults in Raetien, was sich wohl auch im Ortsnamen *Phoebiana* (Apollo Phoebus) niedergeschlagen hat[206].

Günzburg zivil: Wie? Wann? Wo?

Die Ausdehnung der frühen Niederlassung, die sich vor den Kastelltoren am Ende des 1. Jahrhunderts beiderseits der Günz gebildet hatte, um die Soldaten mit den notwendigen Dingen des Alltags zu versorgen, ist – wie schon angedeutet – nur punktuell und nicht bzw. nicht mehr in ihrem ganzen Umfang auszumachen. Es scheint, wenn wir die Spuren der Topographie richtig interpretieren, zwei Kristallisationskerne gegeben zu haben, die auf der frühen militärischen Besetzung des Platzes gründeten: Ein Bereich, der vermutlich älteste, lag östlich der Günz am Kappenzipfel, der andere, der in die Zeit des vespasianischen Kastells zurückreichte, westlich des Flusses im Gebiet um den Städtischen Friedhof an der Ulmer Straße. Nördlich des Alenkastells sind mögliche Spuren früher Kastellvici der Flußerosion zum Opfer gefallen. Das gilt auch für den gesamten Bereich

63 Frühflavisches Grab 1264 von der Ulmer Straße. 1–4 Terra Sigillata-Gefäße Drag. 22/23, 5–7 Terra Nigra-Tassen und 8–9 Terra Nigra-Teller. M. 1:3.

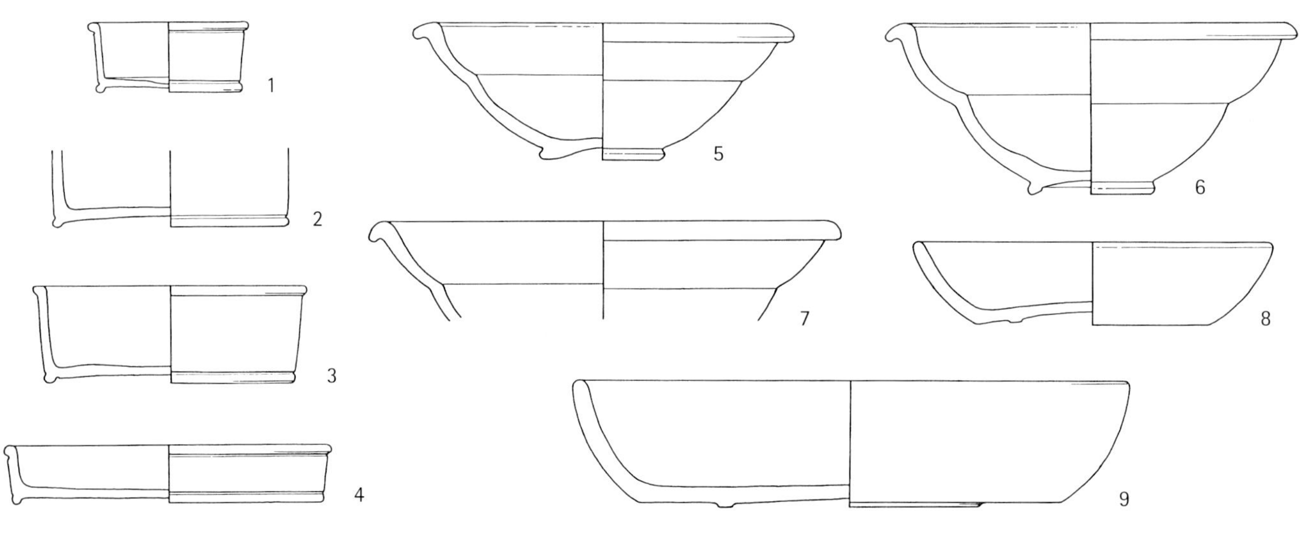

zwischen Donaugasse und Kappenzipfel, der durch den Prallhang um mindestens 450 m abgerissen wurde.
Einen Anhaltspunkt für die Ausdehnung entlang der Römerstraße geben die Friedhöfe, die nach römischer Tradition *extra muros*, außerhalb des bewohnten Bereichs, angelegt werden mußten. Wegen der Gräber im Westen nahm P. Reinecke an, daß sich der Kastellvicus nach dem Osten erstreckte[207]. Diese Ansicht läßt sich heute nur bedingt aufrecht erhalten, denn nach der Fundkartierung *(Abb. 62)* und den Grabungsbefunden in der Schreberstraße 1985 und Am Wasen 1992 reichen zivile Siedlungsspuren bis in den Friedhofsbereich hinein. Ein früher, kastellzeitlicher Bestattungsplatz lag im Westen entlang der Donau-Süd-Straße, an der heutigen Ulmer Straße. Vereinzelte Gräber reichen zurück bis in (neronisch-)frühflavische Zeit; ein Brandgrab hatte L. Ohlenroth 1923 vorgelegt. Eine weitere Bestattung, Grab 1264, kam 1992 hinzu *(Abb. 63–64)*. Der Gräbergürtel, der etwa bis in Höhe der Bahnlinie/Am Wasen gereicht haben dürfte, begrenzte den frühen Vicus im Westen. Dieses Gebiet ist wegen der Schrebergärten noch kaum durch Grabungen oder Funde erschlossen und deshalb besonders wichtig für zukünftige Forschungen in Günzburg.
Die Entwicklung der meisten Städte und Dörfer nördlich der Alpen lief nach dem gleichen Muster ab: Nach dem Abzug der Garnison entstand aus der Versorgungssiedlung vor den Lagertoren eine zivile Ortschaft. Nur wenige wie das abseits des Verkehrsstroms gelegene Aislingen wurden aufgegeben. In Günzburg jedoch hatte sich der Siedlungskern konsolidiert. Ein Teil der Bewohnerschaft, in erster Linie die Soldatenfamilien, folgten der Truppe zum neuen Standort nach Heidenheim. Die günstige Verkehrssituation an Fluß oder Brücke signalisierte den Übrigen jedoch erfolgreiche Entwicklungsmöglichkeiten – sie blieben.
Ein weiterer Grund, warum sich eine Niederlassung wie Günzburg behaupten konnte: Damals (um 110) setzte innerhalb kürzester Zeit auch die Expansion der ländlich-bäuerlichen Besiedlung ein. Infolge gezielter Ansiedlungsaktionen, aber auch durch die Entlassung der aus den Dakerkriegen zurückkehrenden Soldaten entstanden zahlreiche Gutshöfe *(villae rusticae)* im Limeshinterland. Sie schufen das wirtschaftliche Rückgrat der Truppenversorgung des *exercitus Raeticus*, des raetisches Grenzheeres, das zwischenzeitlich auf über 10 000 Mann angewachsen war.

64 Grab 1264 von der Ulmer Straße mit frühflavischen Terra Sigillata- und Terra Nigra-Gefäßen.

GONTIA: Name und Recht

Günzburg zählt zu den wenigen Orten Raetiens, deren Name durch mehrere historische Quellen überliefert und durch die mittelalterliche Namenstraditionen bestätigt ist. Sogar eine hier gefundene Inschrift belegt den Ortsnamen epigraphisch: *Gontia*[208]. Wie eingangs schon erklärt, bezieht sich das Femininum *Gontia* auf den antiken Flußnamen der Günz[209], der mit dem indogermanischen Begriff für 'fließen, Fluß' in der vorrömischen Namensschicht wurzelt. Nach den Quellen des 3. und 4. Jahrhunderts war der Name vom Fluß auf den Ort übergegangen.
Die von J. N. Raiser zitierte, 1653 in Chester gefundene Inschrift aus dem Jahr 154 n. Chr., der Grabstele des Lucius Elupius[210], eines Soldaten der 20. Legion (CIL VII 168 = ILS 4622 = RIB 452), scheidet als Schriftzeugnis für Günzburg aus. Sie enthält eine vermeintlich als GVNTIA[211] zu lesende Buchstabenkombination. Schon P. Reinecke[212] verwies auf den Irrtum: Die Herkunftsbezeichnung des Legionars *[---] unia* ist nicht zu *[G]untia*, sondern wahrscheinlich zu *[Cl]unia*, einem Ort in der spanischen Provinz *Hispania Tarraconensis* zu ergänzen. Testimonien für den Ortsnamen sind:

[1] Weihealtar des C. Iulius Faventianus (*Abb. 65*). Der Altar wurde im April 1929 von dem

zwischenzeitlich nach Amerika ausgewanderten Günzburger Gymnasiasten Paul Bischof (†) gefunden, der beim Schwimmen in der Donau mit dem Knie an einen Stein, den Altar, gestoßen war[213]. Die Fundstelle am nördlichen Donauufer östlich der Römerstraße in der Flur „Insele" ist gut dokumentiert: Der Stein befand sich 2 m entfernt vom nördlichen Donauufer bei Fluß-km 25,8[214] in geringer Tiefe.
Maße: H. 64 cm, Br. 30 cm. Ein Absatz am Sockel diente zum Einsetzen in einen Basisstein, der ihn gegen Umstürzen sicherte.
Die Inschrift lautet:

GONTIAE/
SACR(um)/
C(aius) IVLIVS/
FAVENTIANVS/
>(enturio) LEG(ionis) I ITAL(icae)/

Übersetzung: Der Gontia/ [hat] ein Opfer [dargebracht]/ Caius Iulius/ Faventianus/ Centurio der 1. Legion mit dem Beinamen Italica.

Das datierende Element der Inschrift ist die Nennung der *legio I Italica*, die seit vespasianischer Zeit in ihrem Standlager *Novae* an der Donau in der Provinz Moesien[215] lag (heute in der Nähe der nordbulgarischen Stadt Swischtov, 180 km nördlich von Sofia). Welchen Marschbefehl Faventianus hatte, was ihn nach Günzburg führte und veranlaßte, hier der Flußgottheit zu opfern, wissen wir nicht. Einzelne Vexillationen der 1. Legion waren im 2./3. Jahrhundert fernab ihres Standorts in anderen Provinzen unterwegs. So sind Teile vielleicht unter Antoninus Pius bei einem Aufstand der Mauren in Nordafrika oder bei den Markomannenkriegen Marc Aurels eingesetzt gewesen; sie war jedoch, soweit bekannt ist, nur ein einziges Mal im Westen. F. Drexel wies darauf hin, daß Abteilungen in die Prätendentenkämpfe Septimius Severus' verwickelt gewesen sein könnten, zu denen eine von ihnen 196/197 nach Gallien unterwegs war, wo sie bei Lyon gegen den Usurpator Clodius Albinus kämpfte.

[2] Straßenkarte Itinerarium Antonini 250, 6: *Aug Vind XXII Guntia XVI Celio monte (Abb. 66)*

Die zweite Schriftquelle, die sich auf das römische Günzburg bezieht, sind die *Antonini Augusti Itineraria provinciarum et maritimum*, kurz *Itinerarium Antonini*. Dieses Reisehandbuch *(itinerarium)* enthielt ein Strecken- und Stationenverzeichnis der römischen Welt, das ausgebaut und durch Wegweiser organisiert war. Dem Kurier, Fernfahrer oder Kaufmann empfahl sich die Mitnahme solcher Wegeverzeichnisse *(itineraria adnotata)*[216] als Orientierungs- und Planungshilfe, weil in ihnen die Orte mit ihren Entfernungen von Station zu Station aufgelistet waren. Man konnte sie in den größeren Städten einsehen oder abschreiben (lassen). In der Antike gab es verschiedene Ausgaben für bestimmte Reiserouten und -zwecke. Das berühmteste und in mehreren mittelalterli-

65 Gontia-Altar des C. Iulius Faventianus, Zenturio der Legio I Italica; H. 0,64 m.

chen Abschriften überlieferte Streckenverzeichnis aber waren die *Imperatoris Antonini Augusti Itineraria Provinciarum*, die „Wegeverzeichnisse der Provinzen und der Meere des Kaisers Antoninus" (Caracalla, 211–217), das besagte *Itinerarium Antonini* (Itin. Anton.)[217]. Es wurde nach Vorlagen aus der Zeit dieses Kaisers unter Diokletian um 300 redigiert und um das *Itinerarium Maritimum* ergänzt.

Das Itinerar war ein Handbuch, in dem Städte, Orte und Stationen sowie ihre Entfernungen untereinander wie in einem modernen Busfahrplan aneinandergereiht waren. Die Distanzen in unseren Breiten sind in Meilen *m.p.=milia passuum*=1000 Doppelschritt=1,478 km angegeben. Das gesamte Weltreich von Ägypten bis Britannien, von Spanien bis nach Kleinasien umspannten 17 Hauptrouten mit ihren Nebenlinien. Zwei Strecken führten durch das raetische Alpenvorland; eine nannte *Guntia* auf dem Reiseweg von Pannonien nach Gallien. Das Itinerar empfahl die Route am (Süd-)Ufer der Donau entlang *per ripam PANNONIAE a Daurono in GALLIS*, von *Vindobona*-Wien über *Bolodoro* = *Boioduro*-Passau nach Regensburg, Augsburg und Bregenz (250,1).

Vermutlich durch mittelalterliche Abschreibfehler sind einige Entfernungsangaben sichtlich zu kurz *(Tab. 17)*[218]. Die Abstände von 25–35 km weisen jedoch auf den ursprünglichen Charakter des Itinerars als eine Liste von Übernachtungsstationen, die man in einer Tagesreise erreichen konnte. Das konnten Städte sein, Dörfer oder Straßenstationen *(mansiones, mutationes)*, auch einmal eine Villa, die Übernachtungsmöglichkeiten, ein Bad und die Versorgung der Pferde bot.

Zwei weitere, spätantike Quellen nennen Günzburg im 3. und 4./5. Jahrhundert: Beide Belege werden weiter unten in ihrem historischen Kontext ausführlich besprochen und untersucht: Der [3] *Panegyricus Constantii* (297 n. Chr.) berichtet von einem *ad Danuvii transitum Contiensem*, und das spätantike Staatshandbuch, die [4] Notitia dignitatum occ. 35, 9 (Anfang 5. Jahrhundert) verzeichnet das *Guntia castellum* und ebd. 20 seinen Kommandanten: *praefectus militum Vrsariensium, Guntiae*.

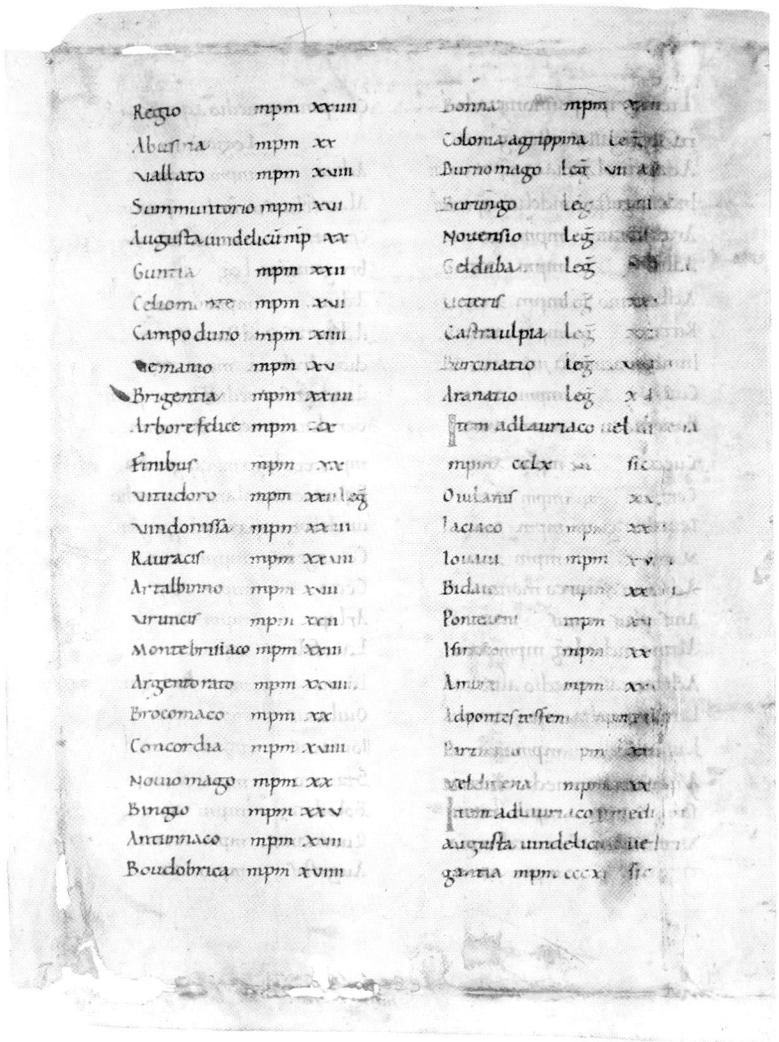

66 Abschrift des Itinerarium Antonini nach dem Speyerer Original (?). Guntia in der ersten Spalte, 6. Zeile von oben. Karolingische Minuskel aus dem 10. Jahrhundert (Universitätsbibliothek Augsburg I 2,2,37; Pergament, 32,5 x 24,5 cm).

Der Rechtsstatus Aus den oben genannten Quellen geht zunächst hervor, daß sich der Flußname *Gontia* spätestens seit dem 3. Jahrhundert auch auf die Ansiedlung übertragen hatte; freilich spricht nichts dagegen, ihn in die Kastellphase zurückzuprojizieren, auch wenn es anderenorts immer wieder Umbenennungen aus vielerlei Gründen gegeben haben mag[219]. Der Name wäre im Hochlatein *vicus Gontiensis*, vulgär *vicus Gontia* oder kurz *Gontia* gewesen. Wann und wie der Lautwechsel von *Gontia* zu *Guntia* stattgefunden hat, wissen wir nicht[220]. In der Spätantike scheint er sich zugunsten von Guntia vollzogen zu haben, wie auch der Wechsel von G zu C im Rahmen üblicher zeitgenössischer Lautverschiebungen liegt.

Der Rechtsstatus des römischen Vicus von Günzburg ergibt sich weder aus dem Ortsnamen noch der Anlageform der Siedlung. *Gontia* besaß offensichtlich keinen Stadtrechtsstatus im juristischen Sinn, Gontia war keine Stadt mit den typischen urbanen Einrichtungen, öffentlichen Gebäuden, Thermen und Tempeln[221], sondern ein Verkehrsknoten mit einer kompakten Wohn-

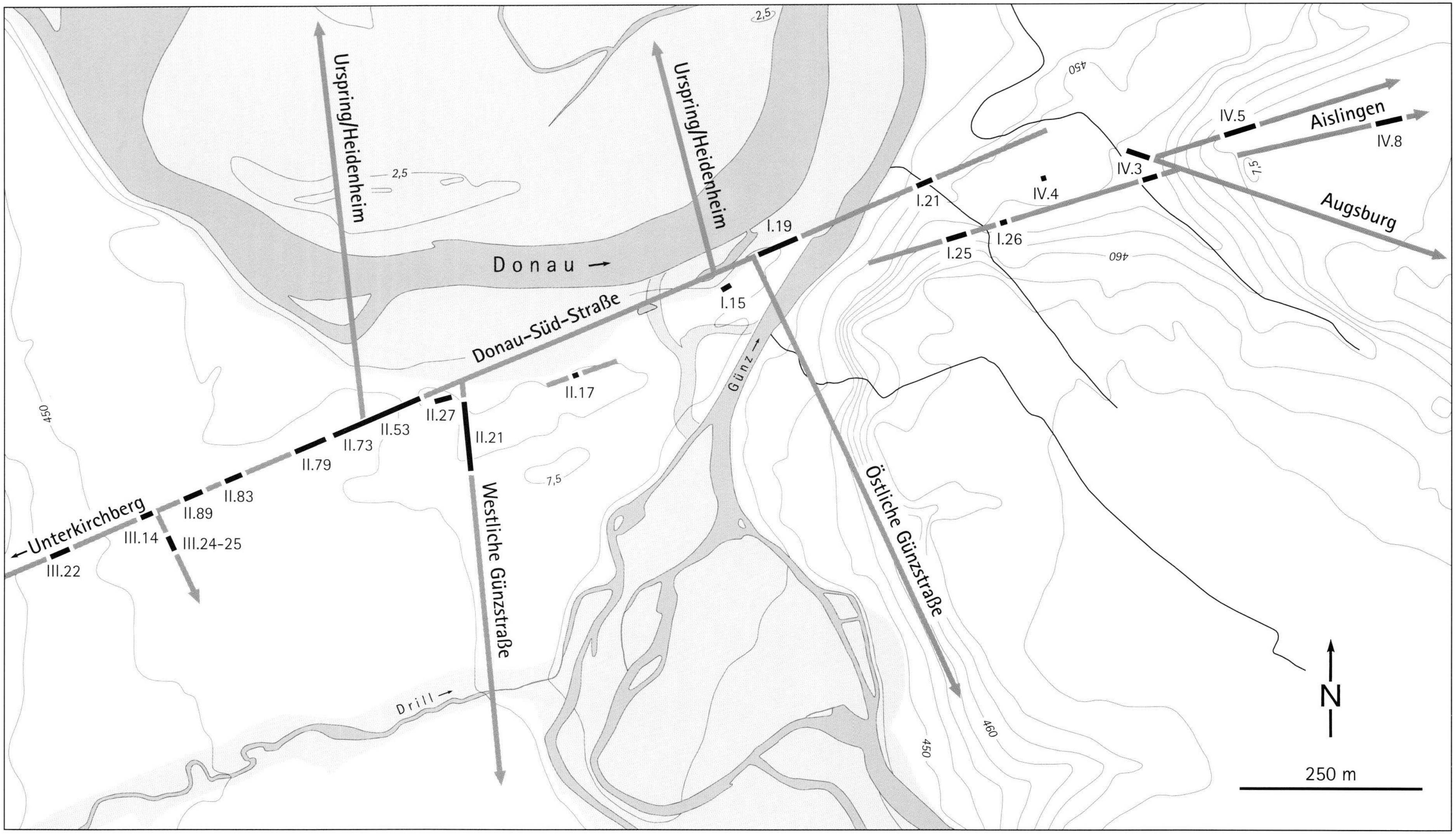

67 Straßenbeobachtungen im römischen Günzburg. Die Nummerierung bezieht sich auf die archäologischen Beobachtungen im Verzeichnis der Fundstellen (S. 243 ff.). M. 1:8000.

struktur, auch was die Zahl und Dichte der Gebäude und die Herkunft und Rechtsstellung seiner Bewohner betraf. Es zählte zu jener Gruppe von Ortschaften, die mit dem lateinischen Terminus *vicus*[222] für „Straßenzeile, Quartier" bezeichnet wurden. Sie konnten mitunter fast städtische Umfänge erreichen, blieben jedoch, was ihre Rechtsstellung betraf, unselbständige Siedlungskonglomerate, die dem Statthalter und seiner Verwaltung unterstanden. Heute würde man die Mittelpunktsfunktion und das kleinstädtische Gepräge solcher Orte mit dem Begriff „Landstädtchen" charakterisieren; in der Antike war es ein „Dorf", jedoch kein Bauerndorf im mittelalterlichen Sinn. Es war ein Unterzentrum für Handel, Gewerbe und Handwerk in der ländlichen Region. Auf dem Markt wurden die Güter der heimischen Landwirtschaft umgeschlagen. Seine zentralörtliche Funktion wird in der Lage am Knotenpunkt von Straßennetz, Flußübergängen und Brücken sichtbar.

Die Verwaltung solcher Vici und kleinerer Bezirke unterstand in der Militärphase der Aufsicht des Standortkommandanten; dementsprechend wurde der zivile Siedlungskomplex vor den Lagertoren des Kastells Günzburg vom Garnisonspräfekten betreut. Bei schwerwiegenden Entscheidungen mußte der Statthalter eingeschaltet werden; denn nur er besaß die administrative Hoheit und übte die höhere Rechtsprechung bis hin zum *ius gladii*, der Todesstrafe, aus. Da der Grund und Boden dem Kaiser gehörte, wurde die kaiserliche Provinz an Kaisers statt von einem *procurator* verwaltet. Später, in der zivilen Phase Günzburgs seit dem Beginn des 2. Jahrhunderts, dürften zwei jährlich gewählte Bürgermeister (*magistri vici* oder *curatores vicanorum*) die Aufsicht und die örtliche Polizeigewalt ausgeübt haben. Im *vicus Scut(tarensium)*-Nassenfels kennen wir die beiden Magistrate C. Iulius Impetratus und T. Flavius Gemellianus, unter deren Leitung *(curam agentes)* die Einwohner *(vikani Scut[tarenses])* einen Tempel für Mars und Victoria gebaut hatten (IBR 243)[223]. Sie überwachten also auch das Bauwesen sowie die Kulte. Unter Umständen vollzogen sie auch eine niedere Gerichtsbarkeit, doch über Details wissen wir so gut wie nichts. Ob seit der Stadterhebung Augsburgs im Jahr 122 Günzburg dem Territorium dieses Munizipiums zugeordnet war, ist unbekannt. Wir können aufgrund bestimmter Siedlungscharakteristika einstweilen nur vermuten, daß Augsburgs Territorium möglicherweise bis zur Donau reichte[224].

24 Hektar: Größe und Ausdehnung

Der jüngst durch Ausgrabungen in einem Ausschnitt erschlossene Vicus des Auxiliarkastells von Aislingen war in weniger als einer Generation zu einem 300 m langen Straßendorf vor dem Südtor des Kastells angewachsen. Nicht anders dürfen wir uns die Verhältnisse in Günzburg vorstellen, wenn auch die archäologischen Spuren einstweilen nicht von den kastellzeitlichen Gebäuden zu trennen sind. Die Reste konzentrieren sich entlang der Hauptverkehrsachse (Abb. 62; 67). Immerhin: Der Charakter der Siedlung als langgestrecktes Straßendorf beiderseits der Donau-Süd-Straße wird durch die Verbreitung der Fundstellen greifbar. Sie umfaßt in der Unterstadt ein Areal von etwa 1200 x 200 m (24 ha). Der westlichste Fundpunkt liegt Am Wasen, die östlichsten in der Maria-Theresia-Straße 7, 10 und 12. Am jeweiligen Ortsausgang lagen die großen Friedhöfe an der Ulmer Straße im Westen und am Dreirosenberg im Osten; sie begrenzten ihrerseits das Siedlungsareal.

Aus dem ortsnahen Umfeld von Günzburg stammen weitere Funde, die auf Streu- und Einzel-

Tab. 17 Stationen der Tabula Peutingeriana zwischen Regensburg und Bregenz.

Römische Orte	Entfernung	heute	km nach It. Anton.	km (Luftlinie)
1 Regino	*m.p. XXIIII*	Regensburg	35,47	31
2 Abusina	*m.p. XX*	Eining	29,56	26
3 Vallato	*m.p. XVIII*	Manching?	26,60	51
4 Summunturio	*m.p. XVI*	Burghöfe	23,64	32
5 Augusta Vindelicum	*m.p. XX*	Augsburg	29,56	46
6 Guntia	*m.p. XXII*	Günzburg	32,51	37
7 Celio Monte	*m.p. XVI*	Kellmünz	23,64	46
8 Camboduno	*m.p. XIIII*	Kempten	20,69	21
9 Vemania	*m.p. XV*	Isny?	22,17	32
10 Brigantia	*m.p. XXIIII*	Bregenz	35,47	

siedlungen („ein Haus an der Straße") oder auf vereinzelte Gräber hindeuten:

[1] 1907: Fund einer Münze in der Ichenhauser Straße 21, einer weiteren in der Ichenhauser Straße 35 (1907). 1954 wurden an der Ecke Ichenhauser/Krankenhausstraße Estrichreste und Keramik geborgen[225].
[2] 1964 konnten an der nordwestlichen Ecke Kötzerweg/G.-Hauptmann-Straße Siedlungsreste (Keramik, Ziegel) beobachtet werden[226].
[3] Zwischen 1908 und 1916 wurden westlich der Mackschen Kunstmühle an der Butzengünz auf dem Acker Fl. 1710 (alt) zwischen dem Wasserburger Weg, Pappelweg und der Butzengünz mehrere spätantike Münzen (Probus, Constantinus, Crispus, Constantius II) sowie Terra Sigillata gefunden[227].

Wieviele Einwohner hatte ein Ort wie Günzburg damals? Die Kopfzahl antiker Siedlungen ist schwer zu ermitteln, weil sichere Anhaltspunkte und Vergleichsdaten fehlen. Hinzu kommt, daß die Einwohnerzahl in den über 400 Jahren der Existenz keineswegs stabil war, sondern in Kriegen und Wirtschaftskrisen beträchtlich geschwankt haben dürfte. Die Anzahl etwa der Streifenhäuser mit ihrer idealtypischen Familiengröße läßt sich schwer kalkulieren, zumal wir das interne Straßennetz noch nicht genau kennen. Aufgrund der Länge von über 1000 m muß man wohl mit 250–300 Häusern rechnen. Der geschätzte Umfang des Friedhofs von etwa 4000 Gräbern, die sich über rund 350 Jahre verteilen, hilft bei dem Versuch einstweilen nicht weiter. Geht man von 100 Personen pro Hektar Wohnfläche als Richtwert aus, ergäbe sich ein Anhaltspunkt für etwa 2400 Bewohner des antiken Günzburg, eine Zahl, die auch der durchschnittlichen Bewohnerzahl der Gebäude entspricht. Um eine Vorstellung von anderen raetischen Städten zu geben: Die Einwohner der Regensburger Canabae werden auf 7000–9000, die der Provinzhauptstadt Augsburg auf 10 000–15 000 geschätzt – Pompeji hatte zur Zeit des Vesuvausbruchs im Jahr 79 rund 8000–10 000 Einwohner[228].

Straßen und Häuser, Einheimische und Fremde

Wie gesagt, bildete die Donau-Süd-Straße („Heerstraße")[229] die Hauptachse durch den Ort, allerdings mit Verschiebungen, die gleich zu diskutieren sein werden. Sie dürfte seit flavischer Zeit *manu militari*, durch das Militär, gebaut worden sein. Eine Aufschüttung aus Donaukies bildete den Fahrdamm für die eisenbeschlagenen Wagen. Innerorts zeigte sich eine dichte, hart-sandige Kiespackung: Ihr Profil ist z.B. in der Schützenstraße 15 (1978) beobachtet worden; dort querte die Trasse die Schlachthausstraße in Höhe der Häuser 44 und 47. Auch in der Schlachthausstraße 46 (1966) wurde der Straßenkörper aus einem 0,2 m starken, über 5 m breiten Kiesband beobachtet, das dort auf einer „Kulturschicht" auflag.
In der Frühzeit Günzburgs scheint es zu folgenschweren Katastrophen gekommen zu sein, bei denen Teile der Siedlung durch den Fluß abgeschwemmt und ein über 450 m langes Teilstück dieser Straße zwischen der Donaugasse und dem Kappenzipfel zerstört wurde. N. Walkes Untersuchungen am Kappenzipfel 21 trugen wesentlich dazu bei, die historische Dimension dieser Umweltzerstörung zu umreißen: Infolge der Donauerosion scheint der Straßenverlauf in trajanischer Zeit korrigiert worden zu sein. Auf dem besagten Grundstück war 1909 der 6 m breite Kiesdamm beobachtet worden, der mit einer Mächtigkeit von 0,7–0,8 m auf

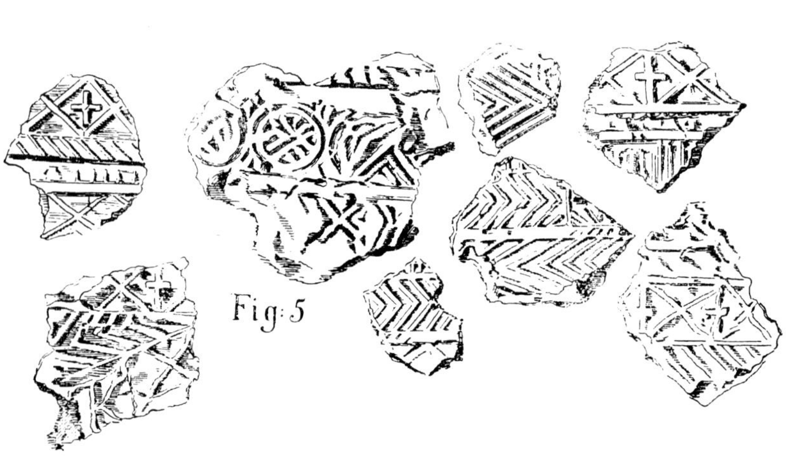

68 Fachwerklehm mit Rollstempeldekor aus der Grabung des Historischen Vereins 1918 im Gelände hinter dem Alten Krankenhaus (Ulmer Straße 66). Nach Ber. 8, 1919, Abb. 5.

69 Hypokaustanlage in der Ulmer Straße 34 (1962, Schnitt G der Grabung N. Walke). Teilung der Fluchtstange 0,5 m.

dem gewachsenen Boden auflag. Die Fahrbahn war teilweise erodiert und abgeschwemmt, teilweise von einer Überschwemmungsschicht überzogen. Ein ähnlicher Befund konnte 1983 bestätigt werden. Diese Flutkatastrophe wirft mehrere Fragen auf: Welche Folgen hatte sie für die Besiedlung? Wurden Teilbereiche auf das Gebiet südlich der Römerstraße zurückgedrängt? Fand damals der in Kap. II beschriebene Günzdurchbruch statt?
Im Zusammenhang mit dem Abstieg der Augsburger Straße vom Dreirosenberg wurde die Problematik der Trassenverlegung schon kurz angedeutet. Einige Hinweise wie die in den Straßendamm eingeschlagenen Gräber und die abseitige Lage des Steinkistengrabs *Abb. 127* sprechen dafür, daß die zweite, jüngere Piste auf der Terrassenkante blieb und erst in Höhe des Frauenplatzes hinabstieg; darauf deutet zumindest der kiesgeschüttete Straßenkörper über der kastellzeitlichen Wasserleitung, die wir 1992 in der Schützenstraße 13 ½ aufgedeckt hatten (*Abb. 34*). Auch hier sprechen die Funde für ein Baudatum um 110/120 n. Chr.

Gebäude und Baustoffe Infolge der dichten mittelalterlich-frühneuzeitlichen Überbauung kennen wir keine zusammenhängenden Gebäude im römischen Günzburg, allenfalls Teilgrundrisse, einzelne Mauerzüge, Fundamente oder Hypokaustanlagen. Dementsprechend fehlen Hinweise auf kommunale Gemeinschaftsgebäude wie Tempel oder Bäder, die es nach Ausweis einzelner Beobachtungen durchaus gegeben hat. Der hohe Hygieneanspruch und die fortschrittliche Wassertechnik wurden bereits im Zusammenhang mit der kastellzeitlichen Wasserleitung erwähnt. Öffentliche Bäder *(thermae)* oder kleinere private Badeanstalten *(balnea, balnearia)* gab es in jedem größeren Vicus, war das Bad doch mit seiner ausgeklügelten technisch-architektonischen Konstruktion ein wichtiger sozialer Knotenpunkt des täglichen Lebens, eine Begegnungs- und Bildungsstätte. Für Günzburg fehlen Hinweise, wenn man von unsicheren Spuren in der Blumenstraße 5 und in der Ulmer Straße 32 absieht. Qualitativ hochwertige Werksteinarchitektur fehlt mit Ausnahme eines Gesimses von der Transitus-Fundstelle (Kap. XIII [1]).
Wie die übrigen Vici Raetiens war auch Günzburg eine offene, unbefestigte Siedlung, ohne Wehrmauer oder andere Formen einer Ortsverteidigung[230]. Das Zivilisationsangebot mit sauberen Straßen, Bädern, Frischwasserversorgung und einer funktionierenden Kanalisati-

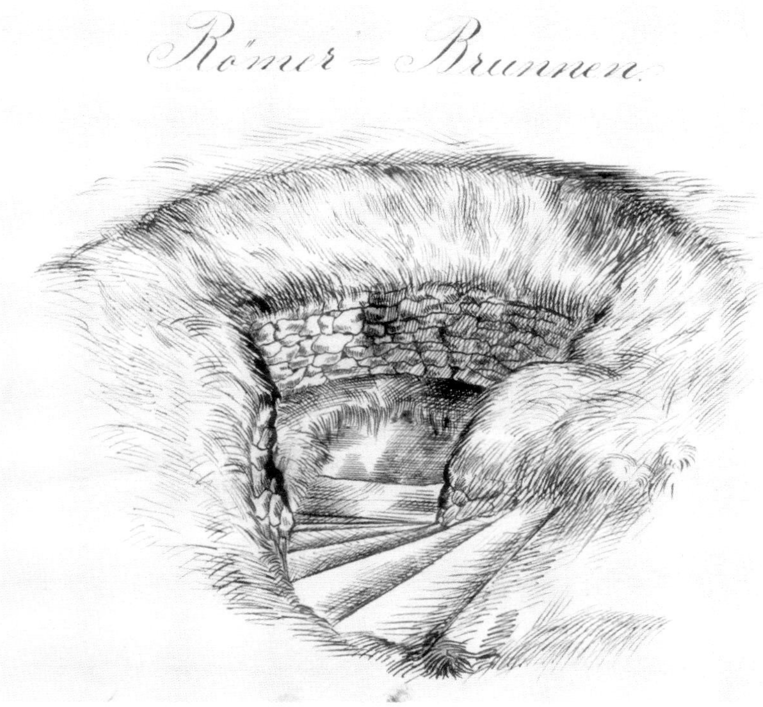

70 „Römer-Brunnen" im Bereich des Wetzler-Gartens an der Reisensburger Straße in einer Federzeichnung vor 1869. Zur Lage siehe Abb. 126. (Maße 13 x 10 cm; Akten Hist. Ver. Günzburg).

on entlang der Straßen, mit Tempeln, öffentlichen Gebäuden und Bedürfnisanstalten erleichterten das Leben auf dem Land sicher. Die meisten Privathäuser waren nach erprobtem Muster aus Holz gebaut (Pfosten-, Schwellriegel- und Ständer-Bohlenbauten) bzw. Fachwerkkonstruktionen mit z. T. auf Steinsockeln fundamentierten Schwellbalken. Der Baugrund war in schmalrechteckige Streifenparzellen *per strigas* aufgeteilt, wie wir sie aus dem nahen Faimingen durch ältere und neuere Ausgrabungen kennen[231].

Der charakteristische Haustyp war das bis zu 40 m lange „Streifenhaus", das mit seiner Schmalseite und dem Giebel an der Straße lag. Die einzelnen Gebäude standen Wand an Wand, nicht selten mit einer gemeinsamen tragenden Längswand *(paries communis)*, was eigentümliche Schwierigkeiten der Feuersicherung und des Lichteinfalls ebenso nach sich zog wie zahlreiche Nachbarschaftsprobleme, auch juristischer Art. Soweit man sich mit Gebäuderekonstruktionen befaßt hat, geht man von einer eingeschossigen Bauweise aus, wobei vielleicht auch Dach-Halbgeschosse sinnvolle Lösungsmöglichkeiten für Licht- und Traufprobleme boten. Manche Hausbesitzer erreichten größeren Wohlstand, der ihnen den Dachausbau bzw. die Umrüstung von Stroh- oder Schindeldächern auf schwere Dachziegel (*tegulae* und *imbrices*[232]) oder den Neubau in Stein ermöglichte. Reines Ziegelmauerwerk wie im Mittelmeerraum gab es hierzulande allerdings nicht.

Die Innenausstattung war im allgemeinen spartanisch: Einfache Stampflehm-, Bretter- oder Estrichböden, offenes oder kalkgetünchtes Lehmfachwerk (*Abb. 68*), mitunter durch Kalkputz mit Farbanstrichen verschönert, genügte den Ansprüchen. Fachwerkbauten sind z. B. am Kappenzipfel 4, 9, 10, 14, 19, 20, 21 beobachtet worden. Selbstverständlich für die Qualität des römischen Wohnbaus waren stabile Türen und verglaste, häufig mit Eisengittern gesicherte Fenster.

Eine besondere Rolle im gehobeneren Wohnbau spielten Unterfußbodenheizungen, die der Sage nach ein römischer Fischzüchter namens C. Sergius Orata im Golf von *Baiae* erfunden hatte. Solche Hypokaustheizungen[233] waren weit verbreitet. Von einer Feuerstelle *(praefurnium)* außerhalb des Raums wurde die erhitzte Luft durch den Schürkanal unter den meist auf Ziegelpfeilern, seltener Steinsäulen oder Kanälen ruhenden Fußboden durch- und mit Hilfe von röhrenförmigen Hohlziegeln *(tubuli)* in den Wänden abgeleitet *(Abb. 69)*. Das Ergebnis war ein energiewirtschaftlich effizientes, optimales Raumklima. Private Hausbauten, vor allem aber Bäder sind nach diesem Prinzip beheizt worden.

Die Häuser bildeten den gemeinsamen Wohn- und Arbeitsplatz eines Familienverbandes unter einem Dach. Im vorderen Hausteil befand sich die zur Straße hin offene Werkstatt oder ein Verkaufslokal *(taberna)*, das mit einem hölzernen Klappladen verschlossen werden konnte. Der Vorplatz war nach Art einer Säulenhalle *(porticus)* überdacht und individuell gestaltet. Im mittleren und hinteren Gebäudeteil lagen Wohnbereiche, Küche, Herde, Stein- und Erdkeller oder Brunnen. Im rückwärtigen Gelände außerhalb befanden sich Latrinen und technisch-gewerbliche Anlagen wie Öfen und Darren[234].

Der Steinbau hatte wohl seit der Mitte des 2. Jahrhunderts überall den althergebrachten Holzbau mit der ortsüblichen Fachwerkbauweise verdrängt, jedenfalls dort, wo Kapital und investitionsfreudige Bürger zu Geld gekommen waren.

Hausbau und Architektur[235] sind ohne das hochentwickelte Bauwerkzeug aus Eisen nicht vorzustellen: Geräte wie Holzbeitel und Dechsel oder Zimmermannsäxte und Baueisen (Klammern, Nägel und Beschläge) sind im Günzburger Fundbestand mehrfach belegt. Die Steinbrüche jenseits der Donau, über die im Zusammenhang mit dem spätantiken Kastell noch zu reden sein wird, lieferten das Material für einfaches Bruchsteinmauerwerk. Kalköfen versorgten die Maurer mit Speis für Mörtel und Wandputz. Farbige Fassadengestaltung und Wandmalereien als Zimmerdekoration waren durchaus geläufig. Bruchstücke von Wandmalereien wurden in der Römergasse 5 und in der Ulmer Straße 32 beobachtet.

Zu jedem Haus gehörte in der Regel ein eigener Brunnen. Von der kastellzeitlichen Wasserleitung am Hang des Stadtbergs war schon die Rede *(Abb. 34)*. Dieser Kanal, der vermutlich den Erlenbach anzapfte oder umleitete, war nach Ausweis der in der Rinne geborgenen Keramikreste bereits zu Beginn des 2. Jahrhundert verschüttet, konnte also für die Wasserversorgung des zivilen Günzburg keine Rolle mehr gespielt haben – das ist erstaunlich genug. Abgesehen von Erdbrunnen (in Holz- oder Steintechnik) und Zisternen gab es vermutlich eine gefaßte Quelle im Bereich des Quellhorizonts am Dreirosenberg. Dafür sprechen Münzfunde aus diesem Areal. Bereits 1822 kam in der Dillinger Straße 24 der „unversehrte Grundbau eines Römerbrunnens zu Tage, der eine mit Tuffstein-Quaderchen gewölbte Cisterne getragen haben muß. An der halbzirkelförmigen Wand dieser Cisterne fanden sich mehrere Aufschutt-Gräber und einige unleserliche Münzen; Beides wird für Römisch gehalten", berichtet I. Wetzler *(Abb. 70)*.

Die Einwohner Nach dem Abzug der Soldatenfamilien aus Günzburg standen zahlreiche Streifenhäuser leer; neuer Zuzug aus dem Hinterland füllte die freigewordenen Gebäude. In Vici wie Günzburg ließen sich die einheimischen Bewohner des Landes ebenso nieder wie abgewanderte Handwerker, Maurer, Schmiede, Zimmerleute, aber auch das Heer von Kleinhändlern und Transporteuren mit ihren Fuhrwerken, Fähren und Booten. Die Dörfer des amerikanischen Westens zur Zeit der Expansion im 18. Jahrhundert dürften ein vergleichbares Szenario abgegeben haben.

Woher die Siedler kamen, läßt sich mit Hilfe archäologischer Quellen schwer sagen. Personennamen, die uns versteckte Hinweise auf Herkunft oder Nationalität liefern könnten, sind spärlich. Auf Gefäßritzungen ist nur eine Ianuaria, Gentila[236] oder ein Paulinus der späteren zivilen Siedlungsperioden Günzburgs bekannt[237].

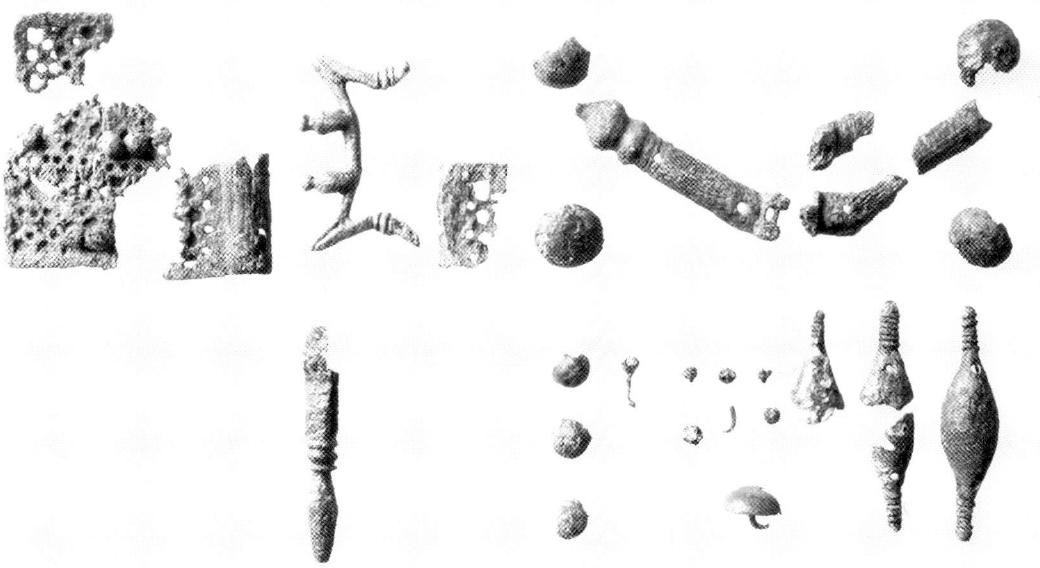

71 Bronzezierrat eines norischen Gürtels aus dem Frauengrab 508 an der Ulmer Straße.

Leitfossil der archäologischen Chronologie[242]. Abgesehen von gröber geschmiedeten frühkaiserzeitlichen Mantelfibeln aus Eisen *(Abb. 13,5)* wurden sie üblicherweise aus Messing, seltener aus Bronze[243] oder Silber (und auch Gold) in mannigfaltigen Bügel- oder Scheibenformen mit Spiralfeder- und Scharnierkonstruktion gegossen. Ob sie geschlechtsspezifisch getragen worden sind, ist im Einzelfall oft schwer zu entscheiden. Der kurze Soldatenmantel *(sagum)* bestand aus einem rechteckigen, langhaarigen Wolltuch, das auf der rechten Schulter mit einer kräftigen Mantelfibel geschlossen wurde (*Abb. 74,1-2*)[244].

Kostbarer Schmuck[245] in Form von Halsketten und Ohrringen, Fingerringen und Armringen aus Bronze, im wohlhabenden Milieu auch aus Silber oder Gold, sind im Siedlungsfundbestand erwartungsgemäß kaum vertreten, weil man solche Wertsachen „nicht verlor" bzw. dann suchte (und fand). Zu den exotischen Pretiosen wohlsituierter Familien gehören die rosafarbenen Korallen *(curalia, corallia)* der Halskette aus dem Körpergrab 836 c (1927), die möglicherweise aus dem Mittelmeer (Äolische Inseln, Trapani/Sizilien, Neapel) stammen (*Abb. 169*); Halsketten mit Glasperlen und feingliedrige, mit Glasimitaten besetzte Ohrringe sowie individuelle Fingerringe oder einzeln oder paarweise getragene Armringe runden den Inhalt der zeitgenössischen Schmuckschatulle ab.

VII Geschäftstüchtig: Handwerk und Handel

Die selbstbewußte Lebensart der Römer war geprägt von hohen funktionalen Ansprüchen, ihrem Wohlstand und einem starken Repräsentationsbedürfnis; sie haben die Lebensumwelt der Städter ebenso wie die der Landbevölkerung bestimmt. Das betrifft den allgemein hohen Lebenstandard, in der alltäglichen Sachkultur aber vor allem den Hausbau, die Inneneinrichtung und den Hausrat.

75 Eiserne Öllampe aus Grab 124 in der Ulmer Straße/Lauberwiese 1927 (L. 10,7 cm; Inv. 929b).

Mobiliar war immer spärlich und beschränkte sich im wahrsten Sinn auf *mobilia*, die beweglichen Einrichtungsgegenstände; der Wohnraum entsprach kaum heutigen Vorstellungen und Gewohnheiten. Tische, Stühle und Schränke in der uns geläufigen Form und Bauart waren in der Antike weitgehend unbekannt. Von Möbeln hat sich außer Metallteilen oder Bronzebeschlägen von Ruhebetten *(clinae)*, tempelartig gezimmerten Schränkchen *(armaria)*, Truhen *(arcae)* und Kisten *(cistae)* zur staubsicheren Aufbewahrung von Wäsche, Kleidern und Wertsachen (oder auch Büchern) fast nichts erhalten. Zahlreiche eisen- und bronzebeschlagene Kassetten finden wir in der Ausstattung von Frauengräbern *(Abb. 166)*. Man saß auf Holzbänken *(subsellia)*, Korbsesseln oder Stühlen *(sellae, cathedrae)*. Zum Mobiliar gehört vermutlich der erotenverzierte Bronzebeschlag *(Abb. 76)*. Für die Mahlzeiten benötigte man nur einen runden Beistelltisch *(orbis)* als Ablage für die Zutaten (CSIR I, 1, 385. 423), denn Teller hielt man beim Essen in der Hand. Auch die üblicherweise kleinen Schlafräume *(cubicula)* waren nur mit einem einfachen Bettgestell *(lectus)* und einer Kinderwiege eingerichtet. Beleuchtet wurden die Räume mit Öllampen aus Keramik, seltener aus Metall *(Abb. 75; 92)*. Verzierte Bronzeständer oder einfache Eisengestelle boten die Möglichkeit, mehrere Lampen zur besseren Raumausleuchtung zusammenzufassen. Auf dem Land waren vor allem Wachskerzen und billige Talglampen verbreitet[246].

Hausrat

Will man sich einen Überblick über die zeitgenössische Haushaltsführung verschaffen, ist man auf archäologische Hinterlassenschaften angewiesen. Die „Küche" ist im archäologischen Befund erkennbar an der offenen Herdstelle; sie bestand hierzulande aus einer metergroßen, ebenerdigen Ziegelpflasterung ähnlich denen, die im Bereich der frühen Kastellstuben beschrieben wurden *(Abb. 33)*. Gekocht wurde hockend, indem man die Töpfe direkt in die Holzkohlenglut, selten in einen Dreifuß *(tripes)* oder auf einen Eisenrost *(graticulum)* stellte. Zusätzlich gab es eiserne Kesselgehänge, die an Dreifüßen oder an der Decke montiert waren, so daß man schwere Metallgefäße vom Feuer drehen konnte. Weil beim Kochen, bei der Beleuchtung und beim Heizen stets mit offenem Feuer hantiert wurde, ist es oft zu Feuersbrünsten gekommen, die im archäologischen Befund ihre unverkennbaren Spuren hinterlassen haben – nicht jeder Brand geht auf feindliche Einwirkung zurück.

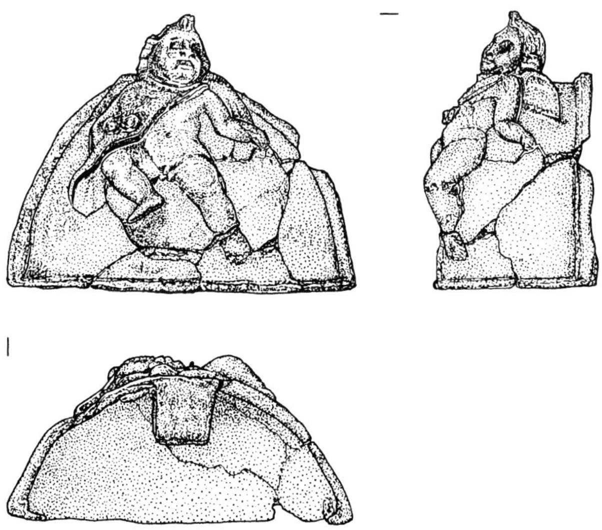

76 Bronzegegossener Möbelbeschlag aus Günzburg (H. 5,7 cm; falsche Inv. 467).

Avena sativa	Gemeiner Hafer
Agrostemma githago	Kornrade
Bromus	Respe
Centaurea cyanus	Kornblume
Cirsium	Ackerdistel
Cyperaceae	Riedgräser
Carex vesicaria	Blasen-Ried
Equisetum	Schachtelhalm
Fabaceae	Bohnen
Panicum miliaceum	Echte Rispenhirse
Papaver	Mohn
Poaceae	Rispengras
Rubus	Brombeere, Himbeere
Sambucus sp.	Holunder
Secale cereale	Roggen
Silene vulgaris	Gemeines Leimkraut
Triticum monococcum	Einkorn
Triticum aestivum	Weizen
Triticum dicoccum	Emmer (häufig)
Triticum spelta	Dinkel (sehr häufig)
Vicia	Wicke

Tab. 18 Pflanzenreste aus der Grabung am Kappenzipfel 2 (1989).

Vor dem Essen zelebrierte man an einem Schrein, dem *Lararium* der Haus- und Familiengeister, das Dankopfer für das tägliche Wohlergehen. Die Eß- und Trinkgewohnheiten lassen sich kaum für alle Regionen und Bevölkerungsschichten verallgemeinern. Küchen- und Schlachtabfälle jedoch verraten die Zusammensetzung des alltäglichen Speisezettels: In erster Linie wurde Rind, dann Schwein, aber auch Pferd und Schaf (Lamm) gegessen; nur selten kam erlegtes Wild (häufiger noch Vögel) auf den Tisch. Die Untersuchung der 397 Tierknochen aus der Grabung 1962 in St. Martin ergab ein typisches Ensemble, das zu 74 % aus Rind, 14 % aus Schwein und 6 % aus Schaf/Ziege bestand. Käse wurde vorwiegend aus Schaf- und Ziegenmilch gewonnen; die seltene Käseform aus Keramik von der Römergasse 12[247] dürfte nur den kleinsten Teil der sonst aus Span oder Rohr geflochtenen Käseformen darstellen. Geflügel war mit Resten vom Haushuhn (1 %) und von der Gans (1 %) vertreten.

Das Fleisch wurde gekocht, am Bratspieß oder auf dem Rost gegart. Fleisch ist stets vorgeschnitten serviert worden. Ein- oder zweizinkige Gabeln und Löffel *(ligulae, cochleae)* waren kaum verbreitet und der Oberschicht für besondere Speisen (Schnecken, Eier u. a.) vorbehalten. Man aß selbstverständlich mit den Fingern, allenfalls mit dem Messer; deshalb hatte man stets Stoffservietten *(mappae)* zur Hand. In den bessergestellten Familien wurde eine Handwaschgarnitur mit Kanne und Griffschale[248] aus Bronze (oder Keramik) gereicht, um sich vor und nach den Mahlzeiten die Hände zu waschen.

Die Untersuchung der paläobotanischen Feuchtproben vom Kappenzipfel 2 (1989)[249] konnte selbst zarte Pflanzenteile, vor allem aber Samen, Nüsse und Fruchtreste nach Art, Sorte und Herkunft identifizieren. Sie gibt erste Eindrükke über die pflanzliche Nahrung (*Tab. 18*).

Wie überall hat das natürliche Angebot der Landschaft die regionalen Eßgewohnheiten und den täglichen Speiseplan bestimmt. In den unteren Bevölkerungsschichten bestand die Grundnahrung aus Mehlbrei. Brot gab es eher selten. Handmühlen wie ein aus dem fränkischen Sandsteinrevier jenseits der Raetischen Mauer stammendes Exemplar gehörten zu jedem Haushalt. Der *puls*[250], ein Mehlbrei aus Dinkel-Spelt *(far, spelta)*, war die Speise des einfachen Mannes. Tatsächlich dominiert der Dinkel auch im paläobotanischen Befund von Günzburg. Die anderen, in der Römerzeit kultivierten Getreidesorten (besonders Weizen, Emmer und Einkorn) konnten auf vielerlei Weise zu einem schmackhaften Essen zubereitet werden: Plinius (nat. 18, 72–74.80) zum Beispiel empfahl eine Art Polenta aus 20 Teilen Gerstenschrot, drei Teilen Leinsamen, Salz und Koriander. Die Mischung sollte mit Wasser übergossen, getrocknet und dann geröstet serviert werden.

Brot kam, wie gesagt, nicht täglich auf den Tisch. Es wurde in staatlichen oder privaten Bäckereien gebacken und in verschiedenen Formen und Gewürzmischungen (Anis, Pfeffer, Zimt) angeboten: Der *panis testaticus* wurde im Keramiktopf gebacken (der dann zerschlagen werden mußte), der *panis brittanicus* auf (keramischen) Backtellern; nach der Häufigkeit solcher Backteller in Raetien muß dieses pizzaartige Fladenbrot auch hierzulande sehr beliebt gewesen sein. An feinerem Gebäck gab es Pasteten, Kuchen und Waffeln; die keramischen

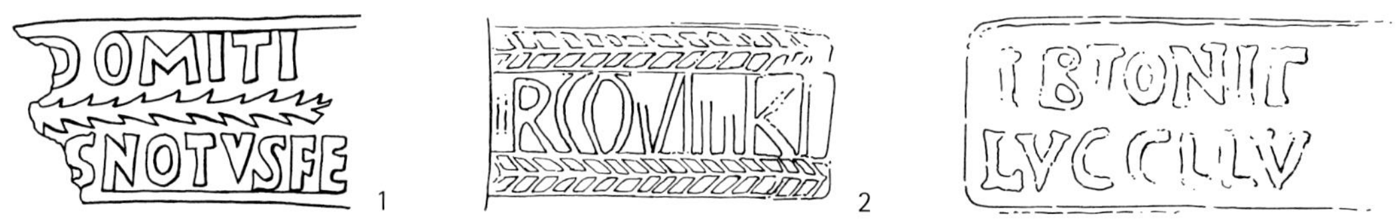

77 Fabrikantenstempel auf oberitalischen oder gallischen Mannschaftsreibschüsseln *(Tab. 19)*. M. 1:2.

78 Terrakottafigur eines Mannes mit Reibschüssel vermutlich aus Ägypten (Ashmolean-Museum Oxford; mit frdl. Genehmigung P. D. C. Brown).

79 Terra Sigillata-Reibschüssel der Form Drag. 43 mit Hasenjagd in Barbotine-Technik aus den Grabungen im Rembold-Garten 1918. (Inv. 1201)

Backformen aus der kaiserlichen Töpferei und Ziegelei von Westheim[251] zeigen einen Ausschnitt aus dem Formenreichtum heimischer Backwaren.
In der römischen Küche waren aus Fisch und/oder Fleisch gegorene Würzsoßen, *garum* und *liquamen*, unentbehrlich. Die zweite wichtige Komponente der antiken Küche war das Olivenöl, das in großen bauchigen Amphoren *(dolia)* aus Südspanien importiert wurde (Kap. IV). Erstaunlicherweise wissen wir so gut wie nichts über den römischen Salzhandel und die Verpackungsformen dieses lebenswichtigen Minerals. Außer dem Einlegen in Salzlake, Garum oder Öl konnte man Lebensmittel auch durch Trocknen, Dörren und Räuchern haltbar machen. Eine Darre, in der landwirtschaftliche Produkte getrocknet, gedörrt oder geräuchert wurden, ist 1992 in der Grabung Am Wasen untersucht worden.

Geschirr für Küche und Tisch Bronzegeschirr war seit dem 1. Jahrhundert auch breiteren Bevölkerungsschichten erschwinglich. Die Günzburger Bronzehenkel von Weinkannen[252] *(Abb. 85)* sind ein greifbares Zeugnis dafür. Selbst Glas wurde damals so preiswert, daß sich jedermann dieses feine, zerbrechliche Tischgeschirr leisten konnte. Dennoch war und blieb Keramik der billige, alltägliche und für viele Zwecke unersetzliche Behälter des Transports, der Vorratshaltung und der Küche. Außer besonderen Feingeschirren war man nicht mehr auf teure Importe angewiesen, sondern konnte auf dem heimischen Markt alle gängigen Formen und Fabrikate kaufen.
Das wichtigste, vielseitig verwendbare Utensil der römischen Küche war die Reibschüssel *(mortarium)* mit ihrer durch Steine aufgerauhten Reibfläche und dem breiten Horizontalkragen, der das Hantieren mit diesen bis zu halbmetergroßen Schalen erleichterte *(Abb. 78–80)*[253]. Zum Reiben benutzte man hölzerne Stößel *(pistilla) (Abb. 78)*. Die Deutung der Reibschüssel zur Käseherstellung hat sich nicht durchgesetzt; man denkt heute vielmehr an die Aufbereitung von Kräutersoßen, die durch den praktischen, rinnenförmigen Mund abgegossen werden konnten. Einfache Reibschüsseln stellte jede Landtöpferei her, so auch der Günzburger Töpfer Iulius Carantus *(Abb. 90,5; 104)*. Importierte Terra-Sigillata-Reibschüsseln *(Abb. 79)* waren eher für den Gebrauch bei Tisch gedacht.
Eine der typisch mediterranen Gefäßformen, die die Römer in unsere Gebiete mitbrachten, war der Krug mit einem, zwei oder drei bandförmigen Henkeln *(lagoena)*. Er war das klassische, bis zu halbmetergroße Transport- und Aufbewahrungsgefäß für Wasser; er fehlte in kei-

80 Gallische oder italische Mannschaftsreibschüsseln aus dem Bereich der flavischen Kastelle *(Tab. 19)*. M. 1:6.

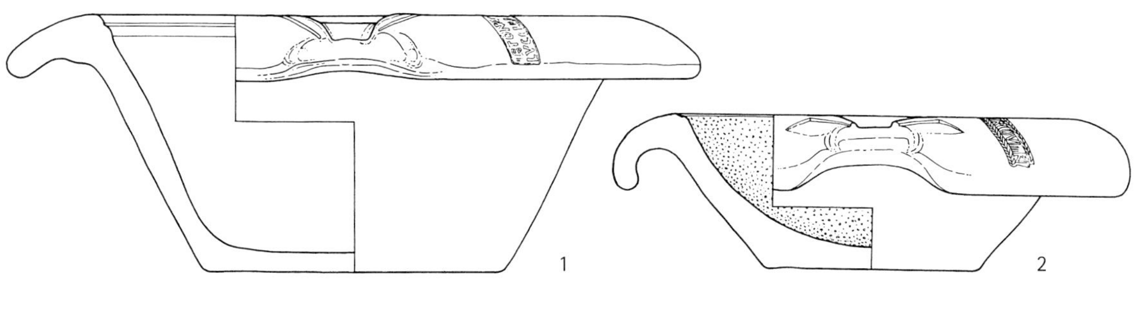

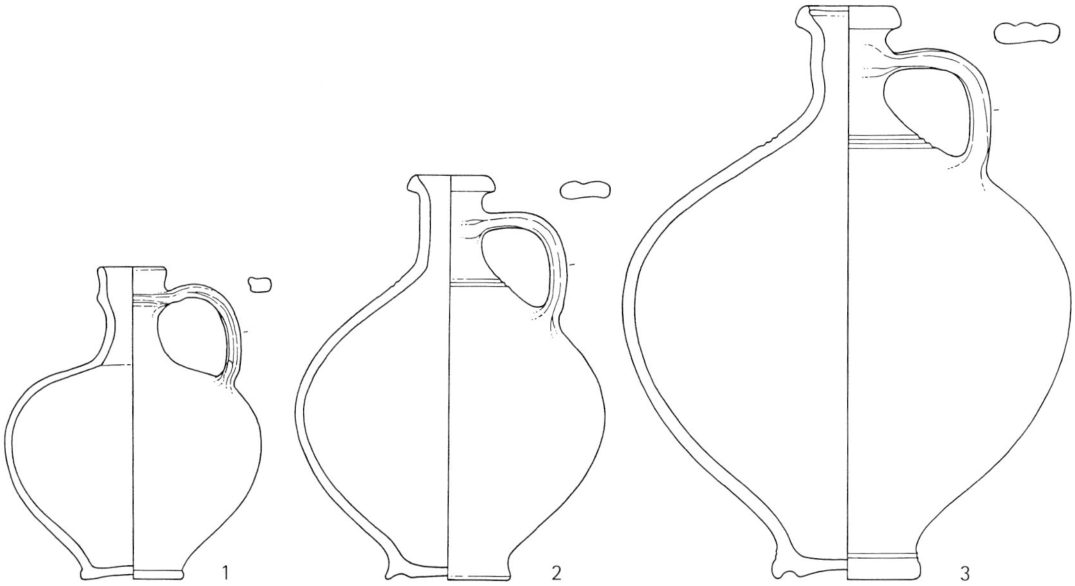

81 Keramikkrüge aus der Ulmer Straße. 1 Grab 282, 2 Grab 263, 3 Grab 282. M. 1:3.

82 Bronzene Siegelkapseln. Oben: Boden für Siegelschnüre, gelocht und Deckel mit Emailverzierung aus Grab 109 (1927) an der Ulmer Straße. Mitte und unten: Deckel. L. des größten Deckels 4,0 cm.

83 Terra Nigra-Topf mit aufgesetzten Barbotine-Ringen, gefunden 1962 im Donaubrunnenweg 13 (H. 15,0 cm; Inv. 1962,7).

nem Haushalt *(Abb. 81)*. Krüge bestehen traditionell aus rauhwandiger Irdenware, die, abgesehen vom Kühlungseffekt durch den porösen Scherben, in Folge chemoelektrischer Vorgänge (Ionenaustausch) auch die Wasserqualität verbesserte.

Zum römischen Geschirrinventar gehörten selbstverständlich und nicht zuletzt auch gedrechselte oder geböttcherte Holzgefäße, die aufgrund widriger Erhaltungsbedingungen im Boden jedoch samt und sonders verloren sind. Weit verbreitet waren außerdem Spanschachteln und Holzeimer, Bütten und Fässer, sowie auch Seilerwaren und Flechtwerk. Das Terra-Nigra-Gefäß *Abb. 83* zeigte bei der Auffindung Abdrücke eines Netzwerks, in das der Topf eingeflochten war.

Luxusartikel: Austern und Korallen

Das Organisationstalent und kaufmännische Geschick der Römer kam in vielen Bereichen des Wirtschaftslebens zum Ausdruck. Eckpfeiler war die vom Staat bzw. dem Kaiser garantierte Währung. Eine gesicherte Finanzwirtschaft bot die wichtigste Voraussetzung für den weiträumigen, grenzüberschreitenden Güterverkehr. Trotz zahlreicher Nationalsprachen wurde die lateinische Amtssprache überall verstanden. Die Schrift sorgte für Klarheit bei Verträgen, Gesetz und Rechtsbrauch und für die notwendige Sicherheit im alltäglichen Geschäftsverkehr. Schließlich waren Maße, Waagen und Gewichte[254] *(Abb. 82; 84)* als gültige Bezugseinheiten genormt und wurden von Aufsichtsbeamten überwacht.

Diese genannten Faktoren – Sprache und Schrift, Recht, Währung, Maß und Gewicht – führten dazu, daß sich das Netz römischer Kaufleute bald um den bekannten, damals zugänglichen Teil der Welt spannte. Rom nahm den ersten Rang im internationalen Warenverkehr ein. Vor allem italische und gallische Handelshäuser, aber auch syrische und afrikanische Kaufleute genossen besonderen Ruf. Die Fernhandelswege – anfangs gebahnt für die strategischen Erfordernisse des Militärs – öffneten sich bald einem fast jedermann zugänglichen Warenstrom, nicht zuletzt auch der Beschaffung teurer Luxusgüter. Das vorzüglich ausgebaute Straßennetz und technisch hochentwickelte Fahrzeuge zu Lande und zu Wasser erhöhten die Zuverlässigkeit und Transportgeschwindigkeit, so daß man nicht einmal auf verderbliche Güter wie Südfrüchte und Gewürze aus den Mittelmeerländern, Afrika oder Vorderasien verzichten mußte.

Das *ius nundinarum*[255], das Marktrecht, gestattete einer Gemeinde, in bestimmten Abständen

84 Bronzenes Schnellwaagengewicht mit Hängeöse am Hinterkopf, gefunden beim Wasserleitungsbau 1967 im Kappenzipfel 7 (H. 3,7 cm; Inv. 1969.19).

Märkte abzuhalten. An diesen Tagen wurden auch die notwendigen Rechtsgeschäfte abgewickelt. Vicusmärkte spielten bei der Verteilung von Handelsgütern und als Sammel- und Umschlagplatz für die ländlichen Produkte, die in den verstreuten *villae rusticae* der Region erwirtschaftet wurden, eine zentrale Rolle.

In den Vici waren *lixae, negotiantes* und *mercatores* zu Hause, ein buntes Gemisch von Krämern und Händlern unterschiedlichster Herkunft, Sprache und Milieu. Ihnen stand die Kaufherrenschaft gegenüber, die Kontore in den Städten besaß; ihr Geschäft war der auf unterschiedliche Sparten spezialisierte Fernhandel[256]. Er trug das finanzielle Risiko des Geschäfts durch die Auslagen für Ware und Transport; entsprechend stattlich waren die Gewinne. Händlerorganisationen erleichterten internationale Kontakte und die Abwicklung des Versands. Sie unterhielten Niederlassungen in allen größeren Städten des Reichs. Die *negotiatores cisalpini et transalpini*, die Kaufherren diesseits und jenseits der Alpen, um nur ein Beispiel zu nennen, konnten sich auf Filialen in Köln, Avenches, Lyon und Budapest stützen[257].

Der Kaufmann begleitete die Ware in der Regel nicht selbst; seine Mitarbeiter, zumeist Freigelassene oder Sklaven, wickelten den Geschäftsverkehr und die Aufträge direkt mit den Lieferanten und der Kundschaft ab. In vielen Fällen unterhielt er sogar eigene Manufakturen oder Fabriken und vertrieb seine Waren in einer Art „Produzentenhandel". Diese Geschäftsleute führten deshalb in der Regel kein breites Warensortiment, sondern spezialisierten sich auf einzelne Branchen oder geographische Gebiete, in denen es möglich war, per Rückfracht noch profitable Zusatzgeschäfte zu tätigen.

Im Alpenvorland war Augsburg *das* Zentrum des raetischen Handels. Grabdenkmäler mit der Darstellung von Packern, Lastenträgern und Faßwagen liefern zusammen mit den Inschriften ein lebendiges Bild von den Aktivitäten dieser Stadt am Ende des 2. Jahrhunderts: Aus der Lebensmittelbranche kennen wir einen Schweinefleischhändler *(negotiator) porcarius* (IBR 175) und einen Kleiderhändler, *negotiator vestiarius* (IBR 127), der sich mit einem *negot(iator) artis purpurariae* (IBR 135), der mit

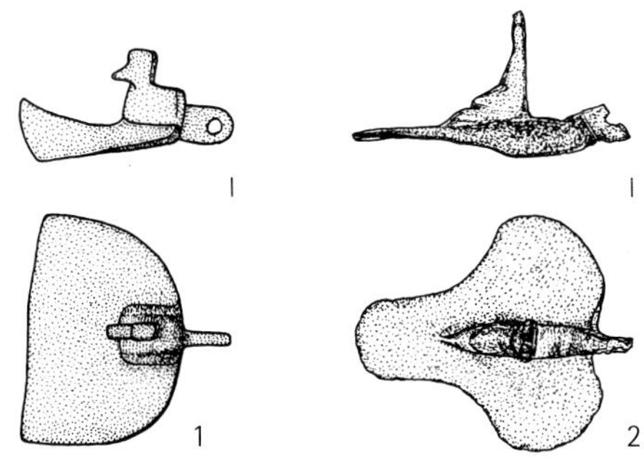

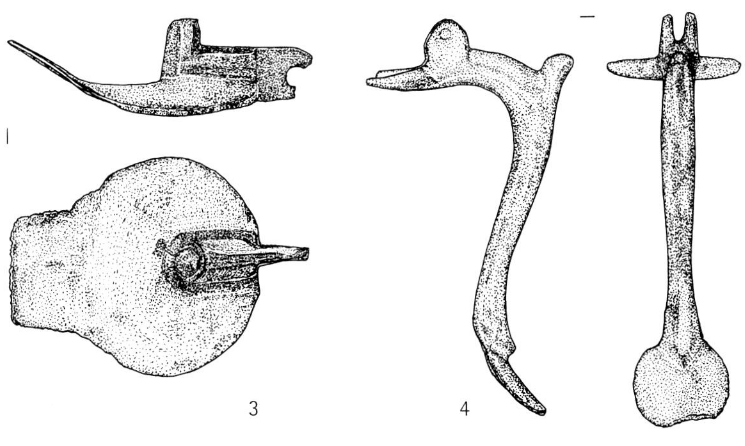

85 Deckel und Henkel von Bronzekannen mit kleeblattförmigem Ausguß. 1 Deckel mit Ente als Daumenrast von der Römergasse 12 (Inv. 2001.1); 2 Delphinförmige Daumenrast (Inv. 2140); 3 Deckel mit Daumenrast vom alten Krankenhaus 1910 (Inv. 2145); 4 Henkel mit blattförmiger Attasche vom Städt. Friedhof 1907 (Inv. 1447b). M. 1:2.

86 Nachgedrehter Becher mit wabenförmigem Facettenschliff aus entfärbtem Glas. Gräberfeld an der Ulmer Straße/Lauberwiese 1915 (H. 13,0 cm; Inv. 2307).

gefärbten Stoffen handelte, zu einem Kartell zusammengeschlossen hatte. Ein Geschirrhändler *[ne]gotiator a[rtis] cretaria[e et fla]turariae si[...]* (IBR 144) handelte möglicherweise wie sein Regensburger Kollege (IBR 360) auch mit orientalischem Weihrauch *(thus)*, der in beträchtlichen Mengen im Haus, am Grab und in den Tempeln verbrannt wurde[258].

Dank seiner günstigen verkehrsgeographischen Lage partizipierte Raetien am gesamten Wirtschaftsraum der Antike zwischen den spanischen Provinzen im Westen und östlichen Ländern am Mittel- und Unterlauf der Donau, in Asien und Nordafrika. Diese weitverzweigten Handelsbeziehungen brachten den Bewohnern Günzburgs in der hohen Kaiserzeit einen beachtlichen Wohlstand.

Ein exotisches Erzeugnis aus dem fernen Orient war der eben erwähnte Weihrauch *(thus)*, der über Gaza und Oman von den *negotiatores turarii* importiert wurde. Die kostbaren Perlen *(margaritae)* und roten Korallen *(curalia, corallia)* des Günzburger Steinkistengrabes (*Abb. 169*) kamen aus dem Mittelmeer.

Für den Lebensmittelhandel besonders aufschlußreich sind die Amphoren, von denen oben schon in Zusammenhang mit der Ölversorgung der Günzburger Militäreinheit die Rede war. Zwar sind die in Raetien gefundenen Amphoren noch nicht zusammenfassend untersucht und ausgewertet, so daß der Anteil italischer, spanischer, südfranzösicher, istrischer und ostmediterraner Amphoren am Markt vorläufig nicht einmal schätzungsweise anzugeben ist[259]. Seit der Mitte des 2. Jahrhunderts jedoch beobachtet man einen dramatischen Rückgang des Olivenöls; die kugelförmigen südspanischen Dolien blieben aus. Welche Gründe dafür verantwortlich waren, wissen wir noch nicht. Eine eigene Ölproduktion (Leinöl u. a.) könnte die teure Importware unattraktiv und unerschwinglich gemacht haben.

Der Handel mit Austern[260] oder Austernprodukten aus dem Atlantik oder dem Mittelmeer ist durch Schalenfunde nicht nur im städtischen Milieu von Chur, Kempten, Augsburg oder Regensburg bezeugt. Auch in Günzburg fanden sich am Kappenzipfel wiederholt Austernschalen; also konnte man auch hier diese Delikatesse kaufen.

Besondere Bedeutung im raetischen Alpenvorland hatte der Weinhandel. Das beweisen zahlreiche Darstellungen aus dem Weinhändlermilieu in Augsburg: Faßwagen und Schankszenen[261] oder sogar Originalfässer[262]. Im Hinter-

87 Vierkanttopf aus einer Augsburger Glashütte. Grab 1214 an der Ulmer Straße; H. 9,2 cm.

grund des Augsburger Weinhandelskontors des P. Silvinus stehen Faß und Amphore nebeneinander; die Amphore *(amphora spartea)* ist noch vom Transport zur Stoßsicherung mit Strohseilen umflochten *(Abb. 212)*. Auch die Trierer und Sequaner Kaufleute im Nationalitätengemisch der raetischen Metropole lassen an Weinhändler aus dem Rhein-Mosel-Gebiet denken, mit denen im 3. Jahrhundert vermutlich auch die „gefirnißten", zum Teil weißbemalten Spruchbecher aus Trier nach Günzburg kamen *(Abb. 230,4)*. Der ostraetische und norische Markt ist – wenn man das Grab des Weinhändlers P. Tenatius Essimnus aus Trient in oder bei Passau als Beleg für den Handelsstandort akzeptiert – über Inn und Donau mit dem *vinum Raeticum*, dem geschätzten Wein aus Südtirol bedient worden[263].

Erschwinglich: Das Geschirr aus Metall, Stein und Glas

Hinweise auf Edelmetallgefäße sind im archäologischen Material verständlicherweise spärlich; sie waren den oberen Gesellschaftsschichten vorbehalten. Das Bronzegeschirr dagegen war im 1. Jahrhundert eine durchaus noch kostspielige Angelegenheit, doch im 2. Jahrhundert fiel es durch die Verlagerung der Produktionsstätten und die Ausweitung der Märkte rasch im Preis, so daß sich fast jeder Haushalt einen mehr oder weniger umfangreichen Satz an Koch- und Tafelgeschirr leisten konnte. Diese Stücke kamen nicht mehr aus den Manufakturen des Mutterlands (z. B. Capua), sondern aus der gallischen und rheinisch-germanischen Messingproduktion, wie die Meisterstempel verraten[264]. Zu solchen Weinkannen gehörten die schon erwähnten Henkel mit Daumenrast und Deckel *(Abb. 85)*.
Selbst das empfindliche Tischgeschirr aus Glas wie der Facettenbecher *(Abb. 86)*[265] wurde trotz seiner Zerbrechlichkeit von spezialisierten Kaufleuten herbeigeschafft, zunächst aus Oberitalien, vor allem aus den Glashütten von Aquileia an der Adria. Der Fabrikant Gaius Salvius Gratus aus Aquileia betrieb seit hadrianischer Zeit in Augsburg eine Filiale; seine Werkstätte konnte

88 Zylindrisches Lavezgefäß aus Grab 85 (rechts; H. 19,6 cm) und handaufgebaute Keramik-Imitation aus Grab 124 alt an der Ulmer Straße (Inv. 929a).

im Gebiet der Hl.-Kreuz-Straße 24 lokalisiert werden. Aus seiner Glashütte stammen einige Erzeugnisse aus Gräbern an der Ulmer Straße *(Abb. 87)*[266]. Der formgeblasene Vierkantkrug aus Grab 37 *(Abb. 89)* trägt auf dem Boden die charakteristische Stempelmarke mit Palmette.
Im Rahmen des Geschirrhandels ist auch der Import des seit der frühen Kaiserzeit beliebten Specksteingeschirrs (Lavez) aus den Alpen zu erwähnen. Der Lavez[267] wurde im Wallis und in Graubünden gebrochen, an Ort und Stelle verarbeitet und ursprünglich über *Comum*-Como verhandelt, was ihm die Bezeichnung *lapis Comensis* einbrachte. Im bergfrischem Zustand ließ sich das weiche, silbrig glänzende Gestein mit Hilfe von Drehbänken zu Tellern, Bechern und Schüsseln drehen. Es härtete nach und nach durch „Verdunsten" des Kristallwassers aus. Vor allem wegen ihrer hohen Feuerfestigkeit wurden Lavezgefäße sehr geschätzt; manche Gefäßform wurde bald durch Drehscheibenkeramik und selbst in handaufgebauter Ware imitiert *(Abb. 88)*. *Abb. 237,4* zeigt einen spätrömischen Teller, der mehrfach durch Bronzeniete und Eisenbandagen geflickt worden war. Abgesehen von meist schwer datierbaren Bruchstücken aus dem Siedlungsareal[268] stammen sicher mittelkaiserzeitliche Exemplare aus den Gräbern 85, 92, 227, 647, 862 und 1335.

Zerbrechlich: Keramik

Aufgrund der günstigen Quellenlage durch die nahezu unverrottbare Keramik wissen wir über den Handel mit Keramikgeschirr recht gut Bescheid. An erster Stelle stehen natürlich die feineren Terra-Sigillata-Gefäße. Zu nennen ist aber auch ein honigbraun glasierter Becher aus vermutlich gallischen Werkstätten.

89 Vierkantkrug mit breitem Henkel und formgeblasener Stempelmarke aus einer Augsburger Glashütte. Grab 37 an der Ulmer Straße; H. 18,4 cm.

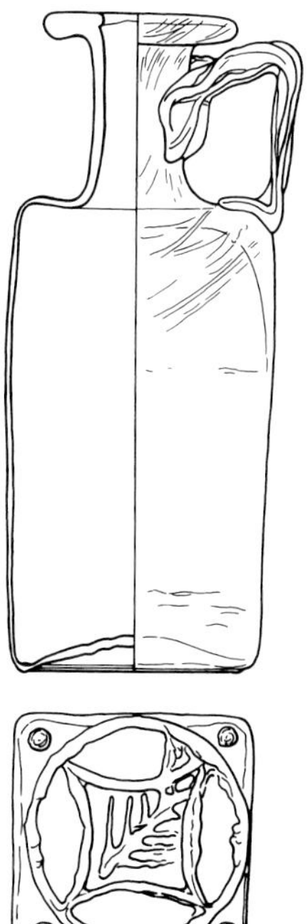

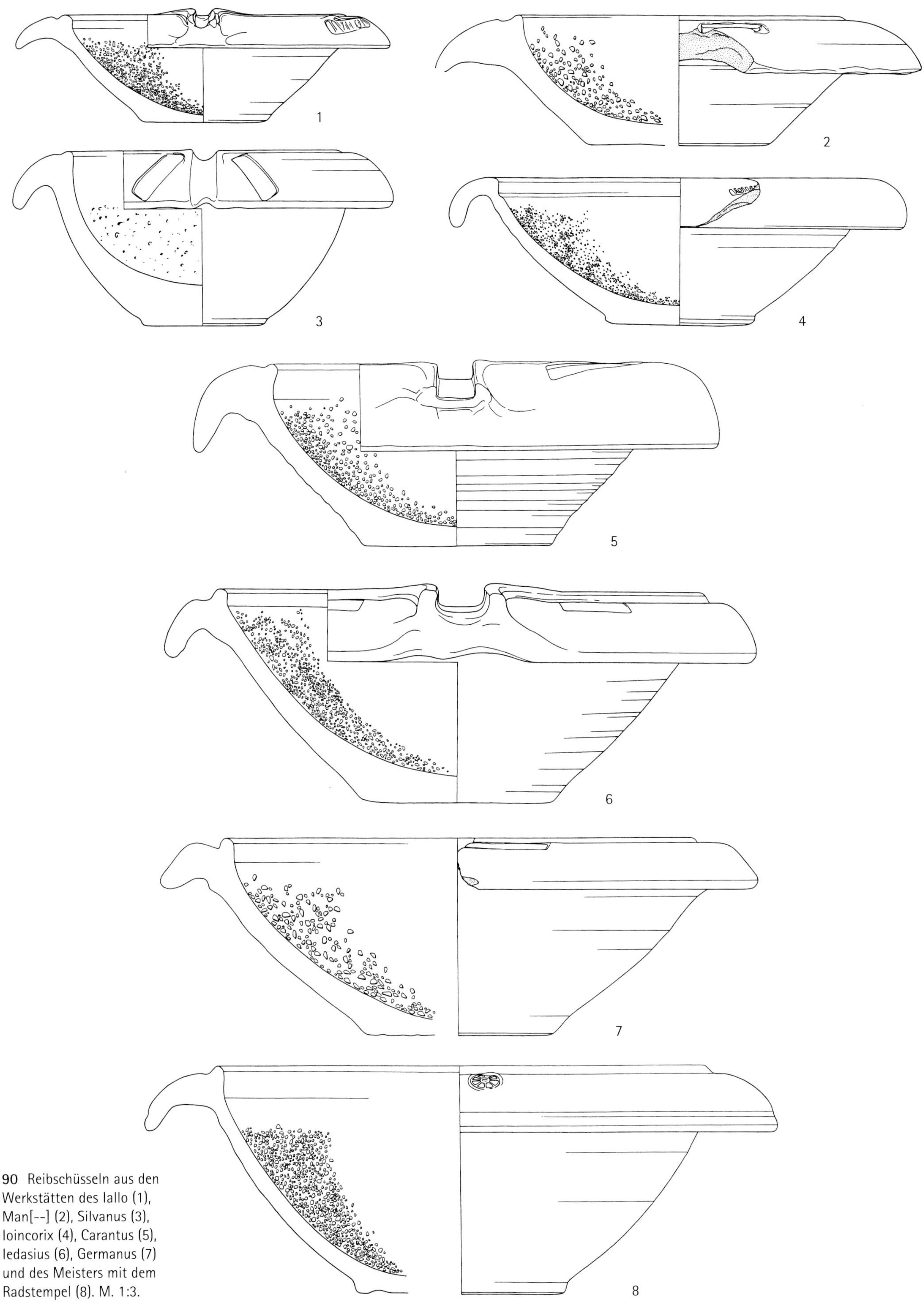

90 Reibschüsseln aus den Werkstätten des Iallo (1), Man[--] (2), Silvanus (3), Ioincorix (4), Carantus (5), Iedasius (6), Germanus (7) und des Meisters mit dem Radstempel (8). M. 1:3.

91 Reibschüsselstempel aus Günzburg *(Tab. 19)*. M. 1:2.

Tab. 19 Reibschüsselstempel aus Günzburg: Importe aus Oberitalien und Gallien (1-3), von unbekannten Töpfereien in Raetien (4-21) sowie Erzeugnisse aus dem Töpferdorf *Rapis*-Schwabmünchen (22-24).

Nr.	Objekt	Fundstelle	Literatur/Inventar
[1]	DOMITIVS NOTVS FE[cit]; L. mind. 6,4 cm. Rahmfarben, Dm. 34 cm. (*Abb. 77,1*)	Römergasse (5) (Fl. 803 1907, östl. Städt. Friedhof)	Ber. 1,165; Inv. 1907.926
[2]	[–]IRCOVIII= ROVIIIRI gelesen. Gew. 6,1 kg. Rahmfarben. (*Abb. 77,2; 80,2*)	Ulmer Straße 60/64 (Rembold, östl. Mauer, Fl. 803, 1906)	Ber. 1, 160 mit Abb. S. 159, 1 = Bencker, Funde 9 Nr. 7; Inv. 1146
[3]	MBTONIT[-]/LVCCLLV[-]. Rahmfarben.Gew. 12 kg, Dm. etwa 57 cm; ohne Körnung (*Abb. 77,3; 80,1*)	Kappenzipfel, Lesefund	Inv. 1973.11
[4]	BIRACATV, verbrannt (*Abb. 91,1*)	Städt. Friedhof 1914	Inv. 2001.20
[5]	FIRMI mit Blatt	Städt. Friedhof 1906=Römergase (5) (Fl. 803)	Bencker, Funde 9 Nr. 1 = Ber. 1, 158; verloren
[6]	IALLO FE (*Abb. 90,1; 91,11*)	Donaugasse 9 (Mengele-Garten 1907)	Inv. 2001.12
[7]	IEDASIVS F (*Abb. 90,6; 91,12)*	Ulmer Straße 66 (Rembold 1919)	Ber. 9, 3; Inv. 2001.10
[8]	IIINALIS FII retro (Ienalis Fe) (*Abb. 91,13*)	Römergasse 6 (Schatz-Garten, Fl. 828)	Ber. 2, 140; Inv. 2001.11
[9]	IOIN[corix][269] (*Abb. 90,4; 91,14)*	Bayerle 1905, Zimmermann Hs. Nr. 677	Ber. 9, 12; Inv. 2001.18 (Sch. 98)
[10]	LE– (*Abb. 91,15*)	Römergasse 12, 1981	Inv. 1981.13
[11]	MARTIAL retro (*Abb. 91,20)*	Städt. Friedhof 1921	Inv. 2001.19
[12]	SILVANVS retro neben - Ausguß, Gegenüber –CI (*Abb. 90,3; 91,21.23)*		Inv. 2001.21
[13]	VAL	Ulmer Str. 66 (Krankenhausgarten, Fl. 778)	Ber. 4, 13; verloren
[14]	–DV–	Kappenzipfel 21 (M. Schmid 1912)	Inv. 2001.22
[15]	[–]NICI	Garten Zimmermann 1900	Bencker, Funde 9 Nr. 12 (?); verloren
[16]	[–]TVS	Kappenzipfel 19 (Fl. 660)	Ber. 7, 10; verloren
[17]	Radstempel (vgl. Fundber. Baden-Württemberg 18, 1993, 183 ff. Abb. 26, 4b); möglicherweise Schwabmünchen? (*Abb. 90,8; 91,26)*		Inv. 2001.17
[18]	Blattstempel (*Abb. 91,28)*	Donaugasse	Inv. 1961.1/IV
[19]	Blattstempel (*Abb. 91,24)*	Römerstr. 12	Inv. 1979.7/1981.8
[20]	Blattstempel (*Abb. 91,29)*	Kappenzipfel 21 (1921)	Inv. 2001.13
[21]	Blattstempel (*Abb. 91,25)*	-	Inv. 2001.14
[22]	DARRO FIIC[270] (*Abb. 91,5)*	Römergasse 6 (Schatz-Garten, Fl. 828)	Ber. 2, 140; Inv. 2001.15
[23]	DARR[O –] (*Abb. 91,6)*	Städt. Friedhof 1921	Inv. 2001.25
[24]	Blattstempel (*Abb. 91,27)*	Römergasse 6 (Schatz-Garten 1908)	Inv. 2001.16

Firma	Anzahl der Altfunde	Anzahl 1976–1994	Summe	Töpfername, Herkunft, Datierung
APOLAVSTI	1	1	2	Apolaustus
APRIO		2	2	Aper
ATIMETI	1	13	14	Atimetus, Padana oder Polesina (vespasianisch-trajan.)
CAMPILI	1	1	2	Campilus
CAS	1		1	
C DESSI	1	1	2	C. Dessius, Emiliana (frühes 2. Jh.)
CERIALIS		1	1	Cerialis, Padana (Anf. 2. Jh.)
CERIDDI		1	1	
COELI		1	1	Coelus
COMVNI	3	7	10	Communis, Padana/Polesina (vespasianisch)
CRESCES		3	3	Cresce(n)s, 2. Jh.
CRESMI		1	1	
CVPITI		1	1	Cupitus
DONATI	1		1	Donatus
EVCARPI		2	2	Eucarpus (flavisch-hadrianisch)
FEITI/FETTI		1	1	
FESTVS		2	2	Festus
FIDELIS		1	1	Fidelis
FORTIS	12	63	75	Fortis, Modena (flavisch und später)
FORTIS C	1		1	
FRON[–]		1	1	
FRONTO	1	5	6	Fronto (trajanisch)
IEGIDI	2	4	6	Iegidius
L. NARI		1	1	L. Narus
-LIC		1	1	
LLC		1	1	
LVA		1	1	
LVCI F		1	1	Luci F(iglina)
LVCIVS F	1		1	Lucius fecit
LVPATI	1	2	3	Lupatus, Modena
NERI	1	1	2	Nerus
OCTAVI	1	3	4	Octavus
P VIII		1	1	
PASTOR	1	1	2	Pastor, Cispadana (2. H. 1. Jh.)
PRISCI		2	2	Priscus
PROBVS		1	1	Probus
QGC		1	1	
SALONI		1	1	Westheim bei Augsburg (2./3. Jh.)
SATVRNIN		1	1	Saturninus
STROBI F		1	1	
STROBILI		6	6	Strobilus, Magreta bei Modena? Lyon (flavisch)
THALLI		2	2	Thallus
VETILI	1		1	Vetilius
VETTI		1	1	Vett(i)us
VIBIANI	5	2	7	Vibianus, Monfalcone oder Cispadana (2. Jh.)
VICTO		1	1	Victor(–)
–VS		1	1	

Tab. 20 Firmalampen und ihre Töpfer aus dem Gräberfeld an der Ulmer Straße.

Unter der rauhwandigen Irdenware sind es besonders die mit Stempeln signierten Reibschüsseln sowie die gemarkten Fabriklampen, die uns wirtschaftsgeschichtliche Informationen liefern (*Abb. 90–91*). Frühe Reibschüsseln aus dem Milieu des flavischen Kastells sind noch aus Obertitalien oder Gallien importiert worden (*Tab. 19, 1–3; Abb. 77–80*).

Von unbekannten raetischen Produktionsorten stammen die Schüsseln *Tab. 19, 4–21*. Die Schüsseln *Tab. 19, 22–24* wurden dagegen in den Werkstätten des Töpferdorfs RAPIS bei Schwabmünchen hergestellt, das seit der Mitte des 1. Jahrhunderts, vor allem aber dann im 2. und frühen 3. Jahrhundert Raetien mit Geschirren aller Art versorgte. Schwabmünchner Produkte finden sich donauabwärts bis nach Ungarn.

Öllampen Das typische mediterrane Beleuchtungsinstrument war neben Talglampen, Kerzen und Fackeln die Öllampe, die mit importiertem Olivenöl, aber auch Ersatzölen wie Mohn-, Nuß- und Leinölen gespeist werden konnte. Aus religiösen Gründen spielte sie im Grabkult eine besondere Rolle. Ihre Formen, vor allem aber die Werkstattmarken der sog. Fabriklampen geben Auskunft über Produktionsorte, Werkstätten oder Handelsrichtungen, die dieses unscheinbare Haushaltsgerät zu einem wichtigen handelsgeschichtlichen Beweisstück machen (*Abb. 92*). Sie sind hierzulande oft und gerne abgeformt und nachgeahmt worden, wobei die Qualität der oberitalischen Originalerzeugnisse aus den Manufakturen in und um *Mutina*-Modena nirgendwo erreicht wurde (*Tab. 20*).

Die Liste der Günzburger Lampenstempel enthält bekannte, den Archäologen geläufige Namen; es ist die umfänglichste Produzentenliste jenseits der Alpen. Als Marktführer allen voran steht der als Erfinder der Firmalampe geltende Fortis aus *Mutina*-Modena oder Umgebung. Er töpferte am Ende des 1. Jahrhunderts, denn eine seiner Lampenlieferungen erreichte noch das im Jahr 79 verschüttete Pompeji. Auch zahlenmäßig liegen seine Erzeugnisse weit vor denen seiner Konkurrenten Atimetus, Comuni(s) und Iegid(i)us und zahlreichen Einzellieferanten (Aper, Apolaustus, Lucius, Campilus, Cerialis, Cresces, Crestus, Coelus, Cupitus, Eucarpus, Festus, Fidelis, Fronto, LLC, Lupatus, LVA, Nerus, Pastor, Priscus, Probus, P VIII, Saturninus, Strobilius, Thallus, Vibianus, Vett[i]us und [---]narus). Trotz aller Attraktivität der Öllampen ist unsere Kenntnis noch durchaus unterentwik-

92 Öllampen aus Günzburg. Von links nach rechts: Raetische Bildlampe, Firmalampe (Grab 1152), Firmalampenimitation (Grab 1193) und Abformung (Grab 1175) aus Gräbern an der Ulmer Straße.

kelt, über die meisten Fabrikanten und ihre Werkstätten weiß man so gut wie nichts.
Unter den oben genannten Firmalampen befinden sich auch provinzielle und lokale Abformungen wie beispielsweise die weißtonige Trierer Lampe des Atimetus *(Abb. 161)*. Durch ein Model aus der kaiserlichen Ziegelei von Westheim bei Augsburg sowie eine entsprechende Ausformung aus Grab 421 kannten wir einen Produzenten mit dem Namenskürzel SAL *(Abb. 93)*. Durch die volkstümlich verzierte Imitation einer Firmalampe aus Grab 1214 gelang es, seinen Namen aufzulösen: Salonus.

Mit Hammer und Zange: Die Handwerker

Als Teil des gemeinen Volkes war der antike Handwerkerstand an besondere Gesellschaftsstrukturen gebunden: Den traditionellen Standort der gewerblichen Güterproduktion bildeten die Stadt und der Vicus. Im archäologischen Fundzusammenhang besitzt der Nachweis gewerblicher Anlagen, technischer Einrichtungen und des (eisernen) Handwerkszeugs einen hohen Stellenwert. Epigraphische oder historische Zeugnisse fehlen vollständig, so daß Organisationsstrukturen und –elemente wie Pacht und Miete von Arbeitern und Werkstätten heute noch weitgehend im Dunkel liegen[271]. Die archäologische Quellenlage ist für viele, wenn nicht sogar die meisten handwerklichen Erwerbszweige denkbar ungünstig, weil sie keine oder nur wenige eindeutig bestimmbare Spuren im Boden oder im Fundbild hinterlassen haben.

Im Fluß: Die Müller an der Günz An erster Stelle der Lebensgrundlage einer dörflichen Gemeinschaft steht die Lebensmittelbranche, die sich unserer Kenntnis ebenso entzieht wie weite Bereiche der Textilproduktion und -veredelung, die in der häuslichen Arbeitswelt sehr wichtig war. Außer einem kleinbäuerlichen Nebenerwerb hat die Landwirtschaft in den Vici keine Rolle gespielt; die Überschußproduktion war Aufgabe der Gutshöfe und Latifundien draußen im Land. Viele Agrarerzeugnisse dürften aber in den Dörfern bearbeitet, veredelt und verpackt worden sein: Auf die Leinverarbeitung zu Flachsfasern (und Geweben) beispielsweise weisen die vielseitig einsetzbaren Darren[272], die wenigstens zu einem Teil der dörflichen Textilproduktion zuzuordnen sind. 1992 wurde Am Wasen eine 2,5 x 3,0 m große, durch Körpergräber und andere Eingriffe stark zerstörte mittelkaiserzeitliche Darre freigelegt.

93 Lampen des Töpfers Salonus aus der kaiserlichen Ziegelei von Westheim.
1 Model aus Westheim,
2 Ausformung aus Grab 421 mit Stempel SAL und
3 Lampe mit Bodenstempel SALONI aus Grab 1214.
M. 1:2.

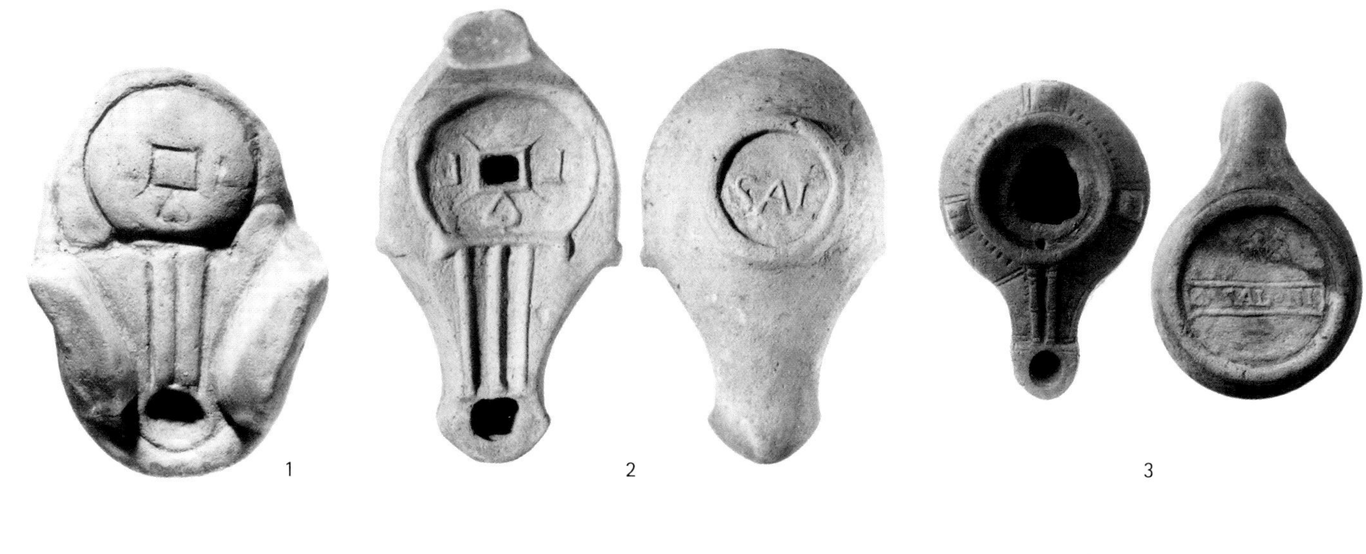

94 Kalksteinaltar der Günzburger Wassermüller aus der Günz; H. 0,71 m.

Zum ländlichen Gewerbe zählt die Wassermüllerei, die in Günzburg eines der wichtigsten Schriftzeugnisse in der römischen Welt hinterlassen hat. 1784 wurde „am Ranken", dem Hauptarm der Günz *(Abb. 62)*, ein Altar aus Weißjurakalkstein gefunden *(Abb. 94)*. Nach „Ablauf der großen Schmelzwässer im Frühjahr, fanden beim Fischen die Fischersöhne Ulrich & Sebastian Kratzer in Günzburg, vorstehenden Nept. = Altarstein. Der Fundort ist etwa 1500 Schritt oberhalb der Hasenmühle[273], etwas südostwärts von der Oberen Mühle im Günzfluße, wohin er nach Unterspülung des linken Günzufern gefallen war.

Die Fischer wollten am Ufer noch ein Gemäuer bemerkt haben, das jedoch (als der Fund nach 40 Jahren bekannt wurde) ... schon verschwunden war. Beinahe 40 Jahre stand der Stein im Kratzerschen Stadel Hs. No. 303 ... & sollte nach Vaters Tod zu seinem Grabstein umgeformt werden, was der Kosten halber aber unterblieb. Nach seiner Erkennung durch einen Benefiziaten kaufte ihn Fürst Fugger & ließ ihn nach Babenhausen führen. Der Sohn des Fürsten gab ihn später an das Antiquarium Romanum in Augsburg".

Der seiner Form nach typische Altar besitzt eine Höhe von 71 cm; seine Breite beträgt 41,5 cm, seine Tiefe 33 cm, die Buchstabenhöhe 5/5,5 cm (IBR 198 = CIL III 5866 [Mommsen] = ILS 3288 = CSIR I 1, 180; Raiser, Oberdonaukreis 1823, 9; Wagner, Steindenkmäler 134 Abb. 3).

Die Inschrift lautet:

NEPTV(no)/
SACR(um)/
MOLIN(arii).

Übersetzung: Dem Neptun (haben) die Müller ein Opfer (gebracht).

Die Abkürzung MOLIN läßt sich insofern zur Gemeinschaft der Müller *molinarii* ergänzen, als man bei einer Einzelweihung den Eigennamen des Stifters zu erwarten hätte. Ob sie freilich rechtlich in einem nur römischen Bürgern offenstehenden *corpus* oder *collegium* zusammengeschlossen waren, entzieht sich unserer Kenntnis.

Eine direkte Datierung des Altars ist nicht möglich. Da es sich um einen Kalkstein des Albreviers handelt, muß der Stein nach 100/110, eher im späten 2. oder 3. Jahrhundert gebrochen worden sein.

Der Günzburger *Molinarii*-Stein ist der einzige epigraphische Beleg nördlich der Alpen und einer der wenigen Hinweise auf die Existenz von Wassermühlen, die mit Hilfe von Stockrädern oder vertikalen Wasserrädern mit mechanischem Getriebe (Vitr. 10, VI, 2) betrieben wurden. Wie wir aus anderen Funden wissen, hatte die Nutzung der Wasserenergie in Raetien schon am Beginn des 2. Jahrhunderts Fuß gefaßt[274], aber nie eine größere Rolle im Rahmen von Kraftanlagen gespielt.

Mit Feuer und Flamme Der technische Fortschritt der Römerzeit beruht zu einem wesentlichen Teil auf den Erfolgen des Metallhandwerks und der Herstellung hochwertiger Eisengeräte. Das betrifft den militärischen, aber auch den landwirtschaftlich-zivilen Sektor. Die Wasserkraft wurde dabei im gewerblichen Bereich nicht oder nur in Einzelfällen umgesetzt.

Durch Werkzeug und Gerät, Halbfertigteile und Produktionsabfall kennen wir einige Metallhandwerker in Günzburg, unter ihnen vor allem Eisenschmiede und Bronzegießer. Ob die für die Latènezeit nachweisbare Erzgewinnung aus dem anstehenden Raseneisen der Schwäbischen Alb in römischer Zeit fortgesetzt wur-

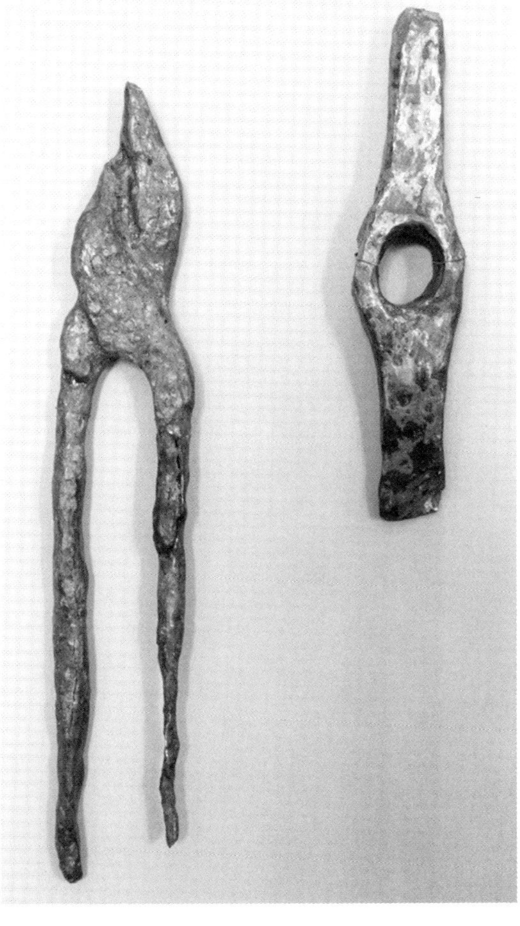

95 Eisenhammer und Zange aus dem Schmiedegrab 549 an der Ulmer Straße. L. der Zange 24,5 cm, des Hammers 15,6 cm.

de, ist umstritten[275]. Im Umfeld insbesondere der frühkaiserzeitlichen Militärlager konnte mehrfach beobachtet werden, daß lokale Erzvorkommen tatsächlich auch an Ort und Stelle aufgearbeitet wurden[276]: Im Vicus des Kastells Aislingen wurden über 5 kg schwere Schmelzkuchen, sog. Ofensäue, und Reste von Rennfeueröfen ausgegraben; in ihnen schmolz man das mit Holzkohle vermischte Erz mit Hilfe von Blasebälgen und raffinierte es zu schmiedefähigem Eisen. Nach solchen Beobachtungen zu urteilen, besaßen die römischen Eisenschmiede[277] beträchtliche technologische Kenntnisse. Kleinere örtliche Vorkommen von Sumpf- und Raseneisenerz wurden ausgekundschaftet und aufgearbeitet, um wenigstens für den lokalen Baubedarf Nägel, Klammern und Beschläge zu schmieden oder Reparaturen an Haus, Landwirtschaftsgerät und Wagen durchzuführen. Typische Schmiedewerkzeuge im Fundbestand sind Zangen und Hämmer, auch Feingerät wie Feilen und Nageleisen.
Das Schmiedegrab 549 aus der Nekropole an der Ulmer Straße enthielt als Grabbeigabe das Werkzeug *Abb. 95*, eine 24,5 cm lange Zange und einen 15,6 cm langen Hammer[278] *(Kap. X)*.

Kein Gold, aber glänzend Die römische Zivilisation war ausgesprochen reich an Bronzezierrat für alltägliche Gebrauchsgegenstände, deren zweckbestimmte Form ästhetisch-dekorativ gestaltet und in heimischen Werkstätten hergestellt wurde. Raetien besaß keinen unmittelbaren Zugang zu Kupferlagerstätten. Der einfachste Weg, den begehrten Rohstoff zu bekommen, war das Sammeln von Messing-, Kupfer- und Bronzeschrott (Altmaterial, Abfälle der Kaltverarbeitung und Schmelzreste). Anschließend wurde das Altmetall in keramischen Tiegeln eingeschmolzen und im Wachsausschmelzverfahren oder in Sandformen gegossen. Leider sind die Günzburger Bronzegießereiobjekte im Krieg verloren gegangen. Erwähnt wird ein Schmelztiegel von der östlichen Mauer des Städtischen Friedhofs (1906)[279], der „unterhalb römischer Schichte", „2,5 m tief", wohl in einer Schicht der Kastellperiode gefunden worden war. Unweit davon kamen 1918 im Rembold-Garten zwei „Gußfladen" zum Vorschein[280].
Im metallverarbeitenden Gewerbe der Antike spielte auch die Blechnerei für zahlreiche Zwekke im technischen und kunstgewerblichen Bereich eine hervorragende Rolle *(Abb. 172)*.

Mit Pinsel und Farbe Die Malerei, namentlich die Wandmalerei, ist nur in Form klein zertrümmerter Reste erhalten geblieben. Besonders interessant sind die Funde von blauen zentimetergroßen Farbpigmentkugeln[281] (Azurit = Kupfercarbonat) aus dem Kastellareal und dem Gräberfeld an der Ulmer Straße. Leider ist vom Befund her nicht klar, ob es sich um Farbreste vom Ausmalen verschiedener Grabkammern handelt oder um Beigaben aus einem Malergrab (Grab 716, 757).

Schwäbische Spezialitäten: Töpfer in Günzburg

Innerhalb der traditionellen Handwerkssparten gab es zahlreiche Spezialisierungen. Doch kein Gewerbe hat in den archäologischen Quellen so viele Spuren hinterlassen wie das Keramikhandwerk. Es dominiert den Fundstoff und hat die Archäologen seit eh und je in besonderem Maß beschäftigt. Bei den Töpferwerkstätten müssen wir im allgemeinen mit einer geringe-

96-97 Flavische Terra Nigra-Töpfe mit punktförmiger Barbotineverzierung (Ulmer Straße Grab 84; H. 24,3 cm) und Rollrädchendekor (Grab XVI, Ulmer Straße/ Lauberwiese 1925; H. 19,7 cm; Inv. 964a).

98 Fehlbrand eines Griesbechers aus Grab 4 in der Bahnhofstraße 2/5; (H. 18,0 cm; Inv. 1965.34).

99 Wandbruchstück eines raetischen Bechers mit geometrischer Verzierung vom Kappenzipfel 21 (1912); H. erh. 5,9 cm. Originalgröße.

100 Raetische Becher mit geometrischer Verzierung, Barbotine-Halbmonden und Ratterdekor aus Gräbern in der Ulmer Straße. Von links: Grab 328, Lesefund, Grab 429, Grab VII Lauberwiese (Inv. 1967.39). Das größte Gefäß hinten rechts mißt H. 21,0 cm.

ren Betriebsgröße rechnen; Technisierung und Mechanisierung waren nicht sehr weit entwickelt, die Arbeitsteilung eher unbedeutend. Das Erzeugnis wurde in all seinen Herstellungsphasen am Ort gefertigt. Einzelanfertigungen und individuelle Bestellungen waren unrentabel; der Töpfer verdiente nur an den Serien, d. h. durch Großaufträge.
Das raetische Töpfergewerbe erlebte am Ende des 1. Jahrhunderts einen raschen Aufschwung, der unmittelbar mit dem Militär, dem Vorwärtsschieben der Nordgrenze und der Ausweitung des raetischen Markts zusammenhing. Überall wo Militärplätze oder Zivilsiedlungen entstanden, folgten bald mehr oder weniger große Töpfereien, die unterschiedliche Sortimente meist gröberen, rauhwandigen Haushalts- und Kochgeschirrs feilboten. Aus fast allen Donaukastellen (Emerkingen, Rißtissen, Günzburg, Faimingen, Straubing) kennen wir Versorgungstöpfereien am Rand der Vici, die erste Tendenzen einer Spezialisierung auf feinere Waren aufweisen.

Terra Nigra Nach Fehlbrand und Ausschuß zu urteilen gab es in Günzburg mehrere Töpfer, die das traditionelle schwarzglänzende Terra Nigra-Geschirr herstellten, wie ein fehlgebrannter Vertikalrandtopf aus dem Krankenhausgarten (1910) beweist. Diese optisch attraktive Ware stammte ursprünglich aus Gallien und Germanien und verlangte durch den schwierigen Reduktionsbrand besondere technische Kenntnisse und Erfahrungen. Vermutlich haben zugewanderte gallisch-obergermanische Töpfer den dort erprobten Formenschatz mit nach Raetien gebracht, wo er besonders in der zweiten Hälfte des 1. Jahrhunderts, hauptsächlich während der Kastellphase, verbreitet war *(Abb. 96–97; 101)*. In hadrianischer Zeit geriet die Terra Nigra langsam außer Mode und wurde durch andere Geschirrerzeugnisse, namentlich durch „Firnisware“, ersetzt.

Firnisware Mit der Kenntnis gallischer Engobetechnologien, für die sich der technologisch falsche Begriff „Firnisware“ eingebürgert hat, verbreitete sich am Ende des 1. Jahrhunderts eine ebenso eigentümliche wie attraktive Gefäßgattung. Ein durch Überhitzung deformierter Grießbecher gallischer Formprovenienz *(Abb. 98)* stammt aus Grab 4 des Gräberfelds an der Bahnhofstraße, so daß wir davon ausgehen dürfen, daß diese Form in Günzburg hergestellt wurde. Dieses Grab enthielt einen 80/81 in Rom geprägten As des Titus sowie eine sog. Raetische Bildlampe.
Bei der sog. Raetischen Becherware handelt es sich um „wasserdichte“, dünnwandige Trinkgefäße mit geometrisch-dekorativer Schlickverzierung *(Abb. 100)*[282]. Sie war eine „schwäbische Spezialität“ und wurde nur in wenigen westraetischen Töpfereien hergestellt. Ihre Beliebtheit zeigt sich allein darin, daß sie später von (ost)-raetischen und pannonischen Töpfereien nachgeahmt wurde, ohne daß die hohe Qualität der hiesigen Manufakturen je erreicht wurde. Originalprodukte stammen aus Schwabmünchen, Aislingen-Gundremmingen, Faimingen und Günzburg, wie ein fehlgebranntes Bruchstück der Dekorgruppe Drexel I beweist *(Abb. 99)*.

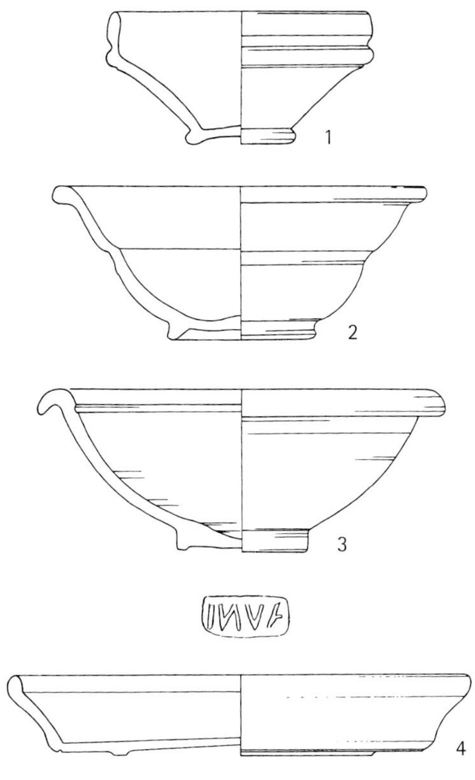

101 Flavische Terra Nigra-Formen aus dem Kastellareal links der Günz. 1 Ulmer Straße 1908 (Inv. 2001. Sch. 91), 2 Mengele-Garten (Inv. 1120), 3 Ulmer Straße Grab 978, 4 mit Stempel I(A)NVF, „Unterstadt“, wohl Städt. Friedhof (Inv. 1047). M. 1:3.

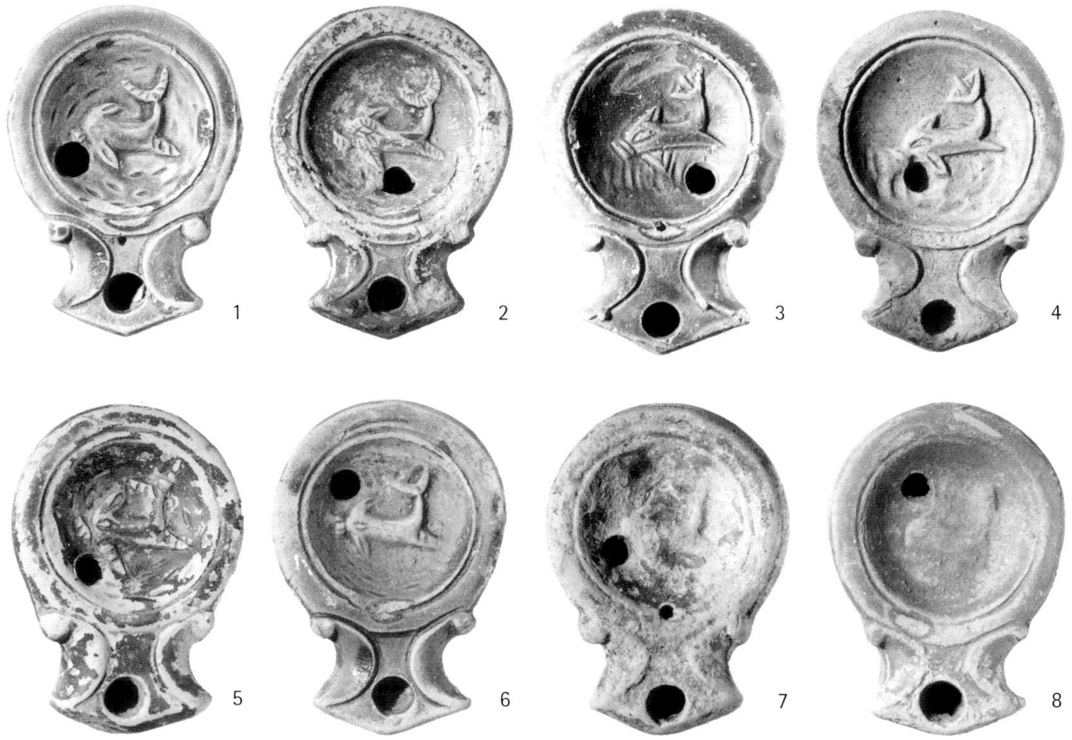

102 Raetische Bildlampen mit Delphin-Motiv aus dem Gräberfeld an der Ulmer Straße. Die Serie zeigt den unterschiedlichen Erosionszustand der Model und verschiedene Nachbearbeitungen der frischen Ausformungen.
1 Grab 404, 2 Grab 620, 3 Inv. 846b, 4 Inv. 2031, 5 Grab 638, 6 Grab 37, 7 ohne FO, 8 Grab 129. M. 1:2.

Raetische Bildlampen Eng mit der raetischen Becherware verwandt sind die sog. Raetischen Bildlampen mit Volutenschnauze, die in spätflavischer Zeit die Konkurrenz zu den italischen, gallischen und germanischen Bild- und Firmalampen aufnahmen. Ihre feine rotbraun-schwarze Engobe läßt vermuten, daß sie in den gleichen Töpfereien hergestellt wurden, aus denen auch die ersten raetischen Becher kamen. Es ist sicher kein Zufall, daß gerade in den Günzburger Friedhöfen zahlreiche Spätausformungen aus verschlissenen, z. T. völlig erodierten Altmodeln auftauchen[283]. An den Luftblasen, die sich besonders in den Rillen um den Lampenspiegel festgesetzt haben, erkennt man, daß sie aus zweischaligen Gipsmodeln ausgeformt wurden *(Abb. 103)*. Obwohl der Gips einfache, schnelle und billige Abformtechniken ermöglichte und – je nach Qualität – verhältnismäßig lange randscharfe Ausformungen lieferte, hat der ständige Wechsel von Nässe und Austrocknung zur Erosion der Formoberfläche geführt. Bei dem ständigen Prozeß von Aus- und Abformung war der Verschleiß so stark, daß die Bilder kaum mehr erkennbar, oft nicht einmal mehr identifizierbar sind *(Abb. 102)*. Da solche Model eigentlich nur in der unmittelbaren Nachbarschaft von Produktionsstätten zu erwarten sind und ihre Ausformungen wegen der geringen handwerklichen Attraktivität kaum über größere Entfernungen verhandelt worden sein dürften, deutet ihre Existenz auf die Nähe von Töpfereien, wie ich vermute, in Günzburg.

103 Raetische Bildlampe mit von Fackeln flankiertem Altar (?) (links) und Ausformung aus ausgelaugtem Gipsmodel (rechts).
Grab 257 (links) und 202 (rechts) an der Ulmer Straße. L. 8,8 und 8,7 cm.

Iulius Carantus und andere Reibschüsseltöpfer
Da Fehlbrände innerhalb einer Siedlung über größere Strecken gewandert und abgelagert sein können, läßt sich der Töpferei-Nachweis für Günzburg nur indirekt führen. Dies gilt auch für die Reibschüsselproduktion des Iulius Carantus, der zahlreiche weißtonige Mortaria im Umfeld des Städtischen Friedhofs hinterlassen hat. Irgendwo in diesem Areal dürfte seine Werkstatt gelegen haben. Seine Stempelmarke *(Abb. 105)* tritt in vier verschiedenen Varianten auf *(Tab. 21)*. Offensichtlich hat der Betrieb hauptsächlich den lokalen Käufer und den regionalen Markt bedient; es gibt bis heute von ihm nur ein Exemplar außerhalb von Günzburg im 50 km entfernten Burghöfe[284].
Vermutlich hat es in Günzburg noch weitere Reibschüsseltöpfer gegeben, denn die vor dem Brand, *ante cocturam*, eingeschriebenen Ritz-

inschriften finden sich häufig an Produktionsorten. Nr. [1] ist einer der wenigen Beweise dafür, daß wir die Reibschüsseln mit Kragenrand zu Recht mit dem *mortarium* der antiken Literatur identifizieren[285]:

[1] IOVNTINA MORTA[ri---] (*Abb. 104*) vor dem Brand eingeritzt (Städt. Friedhof 1907; Inv. X3: Bencker, Funde 9 Nr. 5), „Reibschüsseln des Iountinus".
[2] [VIR]ILIS vor dem Brand in den Reibschüsselrand eingeritzt (Bencker, Funde 9 Nr. 4).
Die Produktionsstätte der übrigen gestempelten Reibschüsseln kann mit Hilfe der Ton- bzw. Scherbenbeschaffenheit noch nicht sicher identifiziert werden. Das mehrfache Vorkommen läßt jedoch an eine Töpferei in Günzburg denken (*Tab. 22*).

Die zuverlässigsten Hinweise auf eine Töpferei sind Brennöfen oder das, was an eingegrabenen Ofenresten noch erhalten ist. Obwohl für verschiedene Fundstellen in Günzburg (Blumenstraße 5, 1937) diffuse Reste oder bei Grabungen an der Römergasse 10 (1908) die „Nähe einer Werkstatt" vielleicht im benachbarten Hötzel-Garten vermerkt wurde und im Bereich der Hasengasse 14 (1919) sogar eine „gelochte Ziegelplatte"[286] zum Vorschein kam, stammt der einzig sichere Nachweis einer Töpferei von der Ulmer Straße 67. Dort wurde 1971 beim Bau des Hochhauses an der Ecke Weißenhorner Straße ein 1,6 m breiter Töpferöfen angeschnitten. Die Brennkammer mit der typischen, axialen

104 Reibschüssel mit vor dem Brand eingeritzter Inschrift IOVNTINA MORTAR[-]. Städt. Friedhof 1906/07 (Inv. X 3). M. 1:2.

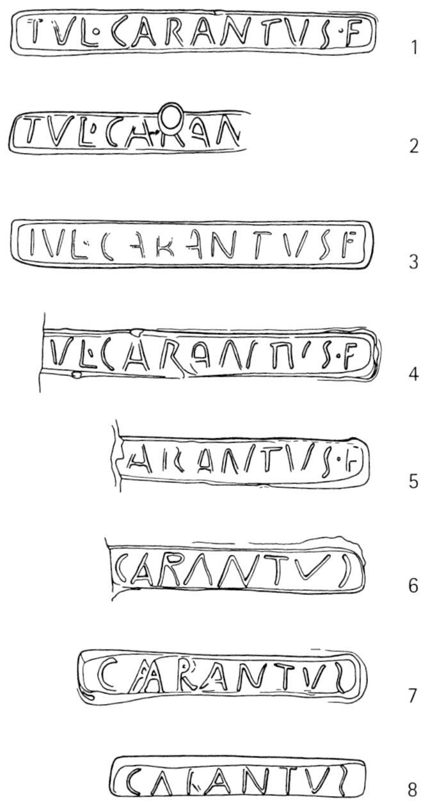

105 Stempelmarken des Günzburger Reibschüsseltöpfers Iulius Carantus (*Tab. 21*). M. 1:2.

Tab. 21 Reibschüssel-Stempel des Günzburger Töpfers Iulius Carantus

Nr.	Name	Fundstelle	Inventar/Literatur
	Variante 1		
[1]	IVL.(ius) CARANTVS. F(ecit) (*Abb. 105,1*)	Städt. Friedhof 1937	Inv. 2001.30
[2]	IVL.(ius) CARANTVS. F(ecit) (*Abb. 90,5; 105,3*)	„Nr. 13"	Inv. 2001.34 = Bencker, Funde 9 Nr. 13 oder Ber. 15, 78
[3]	[I]VL.(ius) CARANTVS. F(ecit) (*Abb. 105,4*)	Ulmer Straße 66 (Rembold 1919)	Inv. 2001.31; Bencker, Funde 9 Nr. 13 oder Ber. 15, 78
[4]	[IVL.(ius) C]ARANTVS. F(ecit) (*Abb. 90,5; 105,5*)	Städt. Friedhof 1907	Inv. 1401 = 2001.32
[5]	IVL.(ius) CARAN[TVS. F(ecit)]; Reparatur (*Abb. 105,2*)	Donaugasse 9 (Mengele-Garten 1907)	Inv. 2001.36
	Variante 2		
[6]	IVL.(ius) CARAN[TVS. F(ecit)]	-	Inv. 2001.35
	Variante 3		
[7]	[IVL.(ius)] CARANTVS (*Abb. 105,6*)	Ulmer Straße 66 Krankenhausgarten; (Fl. 778, 1910)	Inv. 2001.38; Ber. 4, 11
	Variante 4		
[8]	CARANTVS mit Graffito am Kragen AGI– (*Abb. 105,8*)	Ulmer Straße 66 (Krankenhausgarten; Fl. 778, 1911)	Inv. 2001.39; Ber. 5, 175
[9]	CARANTVS (*Abb. 105,7*)	Städt. Friedhof, östl. Leichenhalle	Inv. 1971.6
	Nicht zuweisbar, aber dem Duktus nach		
[10]	CARANTVS	Rembold 1919	Inv. 2001.37

106 Handaufgebaute Keramik aus Gräbern an der Ulmer Straße. Von links nach rechts: Teller Grab 463, Topf Grab 312, kleiner Topf Grab 463, großer Topf Grab 611.

Zungenmauer, die den Rost trug, wurde an der Nordseite der Westwand durchschnitten. Ein zweiter Ofen lag an der Mitte der Ostwand. Das geborgene Fundmaterial[287] enthält bis auf einen sog. Honigtopf nur wenige identifizierbare Fehlbrände; ein tongrundiger Faltenbecher, ein Henkeldellenbecher und Reibschüsseln mit Kragenrand gehören dem 2. Jahrhundert an. In der Reichskrise des 3. Jahrhunderts, das mag man in diesem Zusammenhang bereits erwähnen, haben alle raetischen Töpfereien ihre Arbeit eingestellt. Von der kleinsten Dorfhafnerei bis zum Töpferdorf, die fast 250 Jahre Stadt und Land mit bester Qualitätsware beliefert hatten, überlebte nicht eine Werkstatt.

Hinterhofkeramik Schließlich muß auf eine Keramikgattung hingewiesen werden, die aufgrund ihres einfachen Charakters ebenfalls in der Regel am Ort hergestellt worden ist: die handaufgebaute Ware *(Abb. 106)*, von der oben (Kap. III) schon die frühe einheimische Zick-Zack-Ware behandelt wurde. Handaufgebaute Keramik war vor allem in den ländlichen Gebieten weit verbreitet. Diese im wahrsten Sinn „hausgemachten" Gefäße (Teller, Becher, Schüsseln, Töpfe) sind nicht in professionellen Brennöfen, sondern in Meilern bei 700–900 Grad C gebrannt worden. Obwohl das Hauswerk von eher begrenztem Verbreitungsradius war, zählt es doch zum typisch ländlichen Nebenerwerb, mit dem sich wohl vor allem die Frauen ein Zubrot verdient haben. Allerdings sind in Raetien durchaus verschiedene Wurzeln erkennbar, aus denen sich einzelne Gruppen mit unterschiedlich langen Traditionen, örtlich sehr unterschiedlichen Formen und Dekorweisen entwickelt haben. Sie spiegeln nicht ohne weiteres keltische oder germanische Formen[288] wider, wie das für die oben beschriebene Gruppe der Zick-Zack-Keramik dargestellt wurde.

Tab. 22 Stempel vermutlich Günzburger Reibschüssel-Töpfer.

Nr.	Name	Fundstelle	Inventar/Literatur
[1]	CATVLLVS, Fehlbrand? (*Abb. 91,2*)	Ulmer Straße 66 (Rembold)	Ber. 9, 2; Inv. 2001.33
[2]	CATV[LLVS] (*Abb. 91,3*)	-	Inv. 2001.40
[3]	[CATVL]LVS (*Abb. 91,4*)	(Rembold 191[-])	Inv. 2001.23
[4]	GERMA F (*Abb. 91,7*)	Römergasse (5) (Städt. Friedhof 1911, Fl. 803)	Ber. 5, 197; Inv. 2001.24
[5]	GERM[A F] wie [4] (*Abb. 91,8*)	-	Inv. 2001.27
[6]	GERMA[F] wie [4] (*Abb. 90,7; 91,9*)	Donaugasse 9 (Mengele 1910)	Inv. 2001.26
[7]	GERM[A F] wie [4] (*Abb. 91,10*)	Städt. Friedhof 1933	Inv. 2001.28
[8]	MAN F (*Abb. 91,16*)	Ulmer Straße 66 (Rembold)	Ber. 8, 7; verloren
[9]	[M]AN F (*Abb. 90,2; 91,19*)	Städt. Friedhof (1971)	Inv. 1971.4
[10]	[M]AN F (*Abb. 91,18*)	-	Inv. 2001.41
[11]	MA[N F] (*Abb. 91,17*)	-	Inv. 2001.29

VIII Altar und Amulett: Religiöses Brauchtum

Die Religiosität war im Leben des antiken Menschen tief verwurzelt[289]; er lebte „in der Gewißheit, daß alles durch den Willen der Götter gelenkt und regiert wird“ (Cicero). Die Verehrung des vielgestaltigen Götterhimmels umfaßte auch einheimische Gottheiten, die den Römern zunächst fremd waren, dann aber akzeptiert und auf dem Hintergrund eigener Vorstellungen umgedeutet wurden *(interpretatio Romana)*.
In Raetien sind mehr als 50 verschiedene Gottheiten verehrt worden. Ein festes Ritual kennzeichnet das Verhältnis zu den Göttern. Man war bemüht, ihre Kultvorschriften genau zu beachten: *do ut des*. So jedenfalls sind die vielen Opfergaben und Weihealtäre zu verstehen. Man erfüllte seine Gelübde, opferte der Gottheit und erwartete dafür Wohlwollen und Schutz.

Götter und Altäre

Die Zeremonien waren zwar an den Altar als Ort des Opfers gebunden, nicht jedoch an spezielle Personen wie offizielle Priester. Der Privatmann übernahm seine Funktion wie jener Faventianus, der der Flußgöttin *Gontia* ein Opfer gebracht hatte *(Abb. 65)*. Nach der kultischen Reinigung[290], dem Deklamieren von Gebets- und Opferformeln – für wen etwas und aus welchem Anlaß geopfert werden soll – wird eine Spende von Weihrauch und Wein in die Glut des Opferfeuers auf dem Altar gegeben. Nach dem *ius divinum* gab es verschiedene Formen des Opfers: Ursprünglich stand es in Verbindung mit dem Herd und der täglichen Mahlzeit, schließlich wurde bei vielen Gelegenheiten geopfert, um sich des Beistands der Götter zu versichern. Zweck und Anlaß konnten unterschiedlich sein: Bei der Abfahrt und Rückkehr von einer Reise *(pro itu et reditu)*, zur kultischen Reinigung *(lustrum)*, aus Reue *(piaculum)*, zum Dank für die Überwindung einer Krankheit, für eine problemlose Geburt und zuletzt am Grab, um die Seele des Verstorbenen zu beruhigen.
Blutige Opfer waren die Lieblingsspeise der Götter, ein Huhn, ein Schaf, ein Schwein oder sogar ein Rind, sitzen die Götter doch, schrieb der für seine Satiren berühmte Lukianos von Samosata (um 120–180), auf dem goldgetäfelten Boden im Saal des Zeus und schauen zu uns auf die Erde herab. Dann sehen sie aufmerksam umher, ob sie irgendwo ein Feuer oder Rauchwolken emporsteigen sehen, die ihnen den köstlichen Opfergeruch zutragen, den ihre Nasen so lieben. Opfert jemand, so halten sie es für einen himmlischen Genuß, sperren alle Mäuler auf so weit sie können, um den stinkenden Rauch als etwas Deliziöses einzuschlürfen, und lecken wie naschhafte Fliegen das über die Altäre gegossene Blut.
Unblutige Opfer in Form von Terrakottafiguren, Wein, Weihrauch, Broten oder Früchten waren billiger – aber freilich weniger wirksam. Ersatzweise konnte man sogar die schwer verdaulichen Terrakottahühner opfern, die trotz des fehlenden Geschmacks doch ebenfalls von den Göttern gnädig angenommen wurden. Im Zusammenhang mit Speise und Trankopfers dürf-

107 Unbeschrifteter Altar aus Kalktuff in einer Kiesgrube westlich der Heidenheimer Straße (1936; vgl. Abb. 5); H. 1,4 m.

108 Terrakottafigur der Venus nach dem Bad mit Kamm und Handtuch. Weißer Pfeifenton, gefunden im Städt. Friedhof 1910 (H. erh. 7,6 cm [21 cm]; Inv. 2282).

te übrigens auch ein Teil der sog. „Kultgefäße“[291] *(Abb. 116)* zu sehen sein.
Aus Günzburg kennen wir mehrere Steinaltäre *(arae)*. Sie standen in der Regel in Heiligtümern[292] oder in einem umgrenzten heiligen Bezirk *(area sacra)*, in dem die Gottheit verehrt und ihr Kult zelebriert wurde. In der *cella*, im Innenraum des hölzernen oder steinernen Tempels, stand das Kultbild. Die Kulthandlungen selbst jedoch fanden nicht dort, sondern außerhalb auf dem Vorplatz statt, wo die geweihten Steinaltäre standen.

[1] Großer Altar *(Abb. 5; 107)*. Gefunden 1936 in einer Kiesgrube beim Kiesbaggern 120 m westlich der neuen Riedstraße (zwischen Schießstand und Donau [Stö]) am nördlichen Donauufer westlich der Heidenheimer Straße (Dlist. 7427/0189; Höhe Punkt 438,5 = Flußkm. 2562,4) in einem Altwasser, das für den Bau des Brückendamms der Donaubrücke 1937 eröffnet worden war. Sie liegt heute im Bereich der Sportanlagen. Maße: H. 140 cm, Br. 50 cm, T. 40 cm (Inv. 1988/13).
Lit.: Bayer. Vorgeschbl. 14, 1937, 110; Pfahl, Besiedlung 143, Kat. 46.

Ob der Altar beschriftet war, ist nicht mehr mit Sicherheit zu sagen, da seine Oberfläche durch die Lagerung im Wasser stark abgeschliffen und erodiert ist. Es könnte sich möglicherweise auch um den Rohling aus einer untergegangenen Schiffs- oder Floßladung handeln. Der Fundort in der Nähe der "Transitus"-Fundstelle läßt aber auch an eine Spolie aus dem spätantiken Kastell denken. Die Herkunft des Gesteins jedenfalls weist auf die Schwäbische Alb bzw. ihr Vorland.

Minerva Im Mittelpunkt offizieller Verehrung stand – nach dem Vorbild auf dem Kapitol in Rom – die kapitolinische Trias: Jupiter, seine Frau, die Götterkönigin Juno und Minerva, die Göttin der Klugheit und Geschicklichkeit ([2] Abb. 111). Vom Kappenzipfel stammt ein „selbstgeschnitzter“ Miniaturaltar, wie er einem privaten häuslichen Lararium aufgestellt war.

[3] Miniaturaltar *(Abb. 109)*. Unterteil abgebrochen. Maße: H. erh. 9,5 cm, Br. 8 cm, D. 4 cm (Inv. 1958:27 = 233). Schwach poröser, weißgrauer Kalkstein. Gefunden 1958 am Kappenzipfel 21.

MINNIIRV(ae)/
SACRVM/
---/

109 Miniaturaltar für die Göttin Min(n)erva vom Kappenzipfel 21 (1958); Kalkstein, H. erh. 9,5 cm.

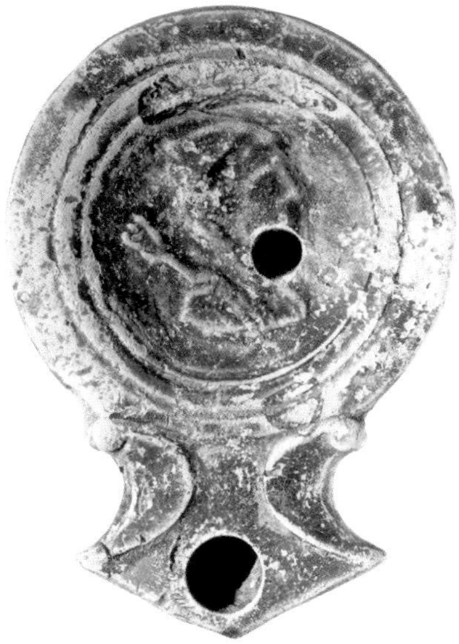

110 Bildlampe mit Darstellung des Gottes Merkur mit Flügelhut und Heroldstab *(caduceus)* aus Grab 262 an der Ulmer Straße; L. 10,8 cm.

Übersetzung: Der Minerva geweiht.
Die nicht entzifferbare dritte Zeile enthielt vermutlich den Namen des Dedikanten. Interessant ist die lautliche Verdopplung des N.
Lit.: Bayer. Vorgeschbl. 24, 1959, 230 Taf. 29; Schillinger-Häfele 232.

Mercurius Als Gott des glücklichen Handelns (*merces*, lat. Lohn) spielte er im Alltag eine große Rolle; er war nicht nur bei Kaufleuten sehr beliebt.

[4] Mercurius-Lampe (*Abb. 110*). Aus Grab 262 des Gräberfeldes an der Ulmer Straße stammt eine dunkelbraun engobierte Lampe mit eckiger Volutenschnauze (L. 10,8 cm). Der Spiegel zeigt die Büste des Merkur mit Flügelhut und Heroldsstab (*caduceus*), den er in der Hand trägt. Die flauen Konturen entstanden wahrscheinlich durch die Barbotine-Technik, in der das Relief aufgebracht wurde.

[5] Venus *(Abb. 108)*. Im privaten Kultleben nahm Venus, die Göttin der Schönheit, der weiblichen Tugenden und der Fruchtbarkeit eine besondere Stellung ein. Öffentlich wurde sie nur wenig verehrt, wir kennen bis heute noch keinen Tempel oder eine Weihung aus Bayern. Demgegenüber sind die kleinen Venusfiguren aus Bronze, Stein und Keramik im Fundmaterial häufiger vertreten als manch andere Gottheit. Im Totenkult spielte sie – wie beispielsweise auch die zahlreichen als Attribut der Venus mitgegebenen Spiegel – eine interessante Rolle. Im häuslichen Bereich hatte man wohl vielfachen Grund, sie anzurufen, und legte deshalb Wert darauf, sie am Hausaltar aufzustellen. Ein Bruchstück der Venus nach dem Bad stammt vom Areal des alten Krankenhauses (1910).
Lit.: Ber. 4, 1910, 10 ff.

Flußgottheiten Von den sechs olympischen Götterpaaren Jupiter-Juno, Neptun-Minerva, Mars-Venus, Apoll-Diana, Vulcanus-Vesta und Mercurius-Ceres sind nur wenige in Günzburg bezeugt.

[6] Neptun-Altar der Wassermüller. Wenn die Mühlenarbeiter *(molinarii)* von Günzburg dem Neptun einen Kalksteinaltar setzen ließen *(Abb. 94; Kap. VII)*, so haben sie dabei weniger an den Danubischen Neptun als vielmehr an die Gottheit des fließenden Wassers der Günz gedacht, die ihre Mühlräder trieb. Neptunus war der alte italische Wassergott, der Herr der Meere. Er konnte seine Gestalt ändern, wurde hierzulande zum Gott der Landgewässer und einzelner Flüsse, ja sogar der Quellen (CSIR I 1, 329). Auf Münzbildern kennen wir ihn als Flußgott der Donau *(Neptunus Danuvius)*. Der Faiminger Neptun trägt einen Fisch im Arm (CSIR I 1, 158). Von der römischen Brücke bei Step-

111 Karneolgemme mit Darstellung der Göttin Minerva mit Helm und Lanze. Sie opfert über einem brennenden Altar. Gefunden 1912 im Kappenzipfel 21; L. 0,15 cm. Nach Ber. 6, 1912/13, Abb. 4.

perg im Landkreis Neuburg-Schrobenhausen stammt ein Altar für Jupiter und den Danubischen Neptun (Wagner 65). An den Flußgott Danuvius wenden sich auch Weihungen von Mengen (IBR 183) und Rißtissen (IBR 192).

[7] Gontia-Altar *(Abb. 65)*. Weihealtar des C. Iulius Faventianus aus Novae an der bulgarischen Donau an die Flußgottheit Gontia *(Kap. VI)*.

112 Kultgefäß mit drei Ausgüssen, drei Henkeln und bärtigem Gesicht vom Garten des Alten Krankenhauses in der Ulmer Straße 1911 (Randdm. innen 9,5 cm; Inv. 1286).

113 Bruchstücke von Kultgefäßen mit zentimetergroßem Gesicht aus der Donaugasse 7 (erh. H. 4,8 cm; Inv. 1956.11; oben) und mit satyrähnlicher Gesichtsdarstellung vom Osteingang des Städt. Friedhofs (H. erh. 13 cm; Inv. 1202; unten).

Hercules Zu den hierzulande bevorzugten Göttern gehörte Hercules, der vom griechischen Heros zum römischen Gott der Straßen, des Handelsverkehrs, der Soldaten und Schwerarbeiter aufgestiegen war.

[8] Hercules-Lampe aus Grab 760 (*Abb. 115*). Glasierte Lampe (grün reduzierte Bleiglasur), vermutlich aus dem ostmediterranen Raum; das Spiegelbild zeigt den auf dem Fell des nemeischen Löwen thronenden *Hercules bibax*, den trunkenen Herkules, der in der linken einen zweihenkligen Weinpokal (*Kantharos*), in der rechten Hand seine Keule hält.

[9] Ohne Fundort ist eine 10,1 cm hohe Bronzefigur. In der Rechten hält er den Kantharos, in der Linken einen stabförmigen Gegenstand. Spitz angefeilte Nägel unter den Füßen dienten zur Befestigung im Sockel; allerdings lassen sie den Verdacht einer Kopie/Fälschung aufkommen.

Götter aus dem Orient

Die vielfältige, durch feste Ordnung gefügte griechisch-römische Götterwelt wurde in der fortgeschrittenen Kaiserzeit von orientalischen Mysterienkulten durchdrungen und überlagert. Durch die verstärkte Mobilität kamen vor allem Soldaten in Kontakt mit den Völkern und Religionen des Ostens[293].

Diese durchwegs alten Kulte stammten von Gebieten und Völkern außerhalb des Reichs; sie waren in Rom zwar schon seit längerem bekannt, übten aber erst seit dem 2. Jahrhundert eine stärkere Anziehungskraft auf breitere Bevölkerungsschichten aus. Gemeinsam war ihnen, daß sie den Kern ihres Glaubens, die Mysterien, nicht offenbaren durften. Im Mithraskult beispielsweise mußte der Gläubige langwierige Unterweisungen mit sieben militärisch disziplinierten Dienstgraden durchlaufen. Trotz weiter Verbreitung hing es wohl mit der Geheimhaltungspflicht dieser Religionen zusammen, daß sie in der Kleinkunst nur selten auftreten oder oft nicht eindeutig identifizierbar sind.

Um die Wende zum 3. Jahrhundert bestimmten zeitweilig syrisch-persische Licht- und Sonnenkulte das religiöse Leben. Von allen orientalischen Kulten kam der des Mithras, des persischen Licht-Genius, zu weiter Verbreitung[294]. Sein Geburtstag wurde am 25. Dezember gefeiert. Da Kampf und Sieg des Mithras zu seiner Himmelfahrt geführt hatten, verbürgte er den Gläubigen Erlösung und Unsterblichkeit. Die Kosmologie, in der die Sonne als höchste Gottheit, *Sol invictus*, „die unbesiegte Sonne" verehrt wurde, kam dem einfachen Volksgemüt entgegen. Mithras wurde in einer Höhle *(spelaea, spelunca)* verehrt, wo er den Stier getötet

114 Mithrasinschrift des P. Oppius Secundus aus St. Martin (1830); verloren (nach Raiser 1831, Abb. 41).

und daraus die Welt erschaffen hatte. Solche im Grundriß typischen Heiligtümer sind in Raetien nur in Königsbrunn bei Augsburg und Künzing an der Donau ausgegraben worden, wenngleich Kultbilder und andere Schriftzeugnisse in einiger Zahl bekannt sind. Auch in Günzburg muß es einen entsprechenden Kultraum gegeben haben, aus dessen Vorfeld die Mithras-Inschrift stammt:

[9] Mithras-Weihung *(Abb. 114)*. 1843/1844 wurde bei der Restaurierung eine Inschrift „von einem Pfeiler in der St. Martins Pfarrkirche" (Raiser) entdeckt; der Stein ist heute verloren. Im gerahmten Inschriftfeld:

D(eo) I(nvicto) [M(ithrae)]
P(ublius) OPP[(ius) Secu/
NDVS
IRVI

Aufgrund der symmetrischen Buchstabenverteilung der ersten Zeile ist besser *D(eo) I(nvicto) S(oli) M(ithrae)* zu ergänzen. Für die letzte Zeile wurde die Lesung *EX VI(su)* vorgeschlagen.
Übersetzung:
Dem unbesiegten Mithras
(hat) P. Oppius Secundus
aufgrund einer Vision (diesen Weihestein gesetzt).

Lit.: IBR 195 (= CIL III 5865); M. J. Vermaseren, Corpus Inscriptionum et Monumentorum Religionis Mithraicae (Den Haag 1960) Kat. 1395.

Kultkeramik Zum Kult des Mithras gehörten außer mystischen Weihen und Taurobolien (Stieropfer) auch Kultmähler, bei denen wohl Keramikgefäße mit aufgelegten Schlangen verwendet wurden[295] wie der Kantharos *(Abb. 116)* vom Städtischen Friedhof[296]. Auch die großen Opfergefäße mit drei Ausgüssen und dem unheilabwehrenden bärtigen Gesicht *(Abb. 112)* vom Krankenhausgarten 1911[297] dürften in diese Gruppe gehören. Aus dem Siedlungsgebiet an der Donaugasse stammt eine Topfscherbe mit miniaturisiertem Gesicht *(Abb. 113)*.

Nullus locus sine genio

Kein Ort ohne einen Schutzgeist! Außer Heiligtümern und Tempeln gab es bestimmte Orte, die *per se* heilig waren: Quellen[298] besaßen seit undenklichen Zeiten einen besonderen Charakter; sie wurden aufgesucht, um den Wassergeistern Opfer zu bringen. Die 1907 in der Reisensburger Straße beim Löwenbrunnen gefundenen spätantiken Münzen könnten in diesen Zusammenhang gehören. Im Wetzler-Garten neben der 1822 freigelegten Brunnenfassung *(Abb. 70)* lag unmittelbar oberhalb, rund 8–10 m südlich des Löwenbrunnens ein „Brandhü-

115 Glasierte Bildlampe aus Grab 760 an der Ulmer Straße. Im Spiegel *Hercules bibax* mit Keule und Kantharos; L. 14,1 cm.

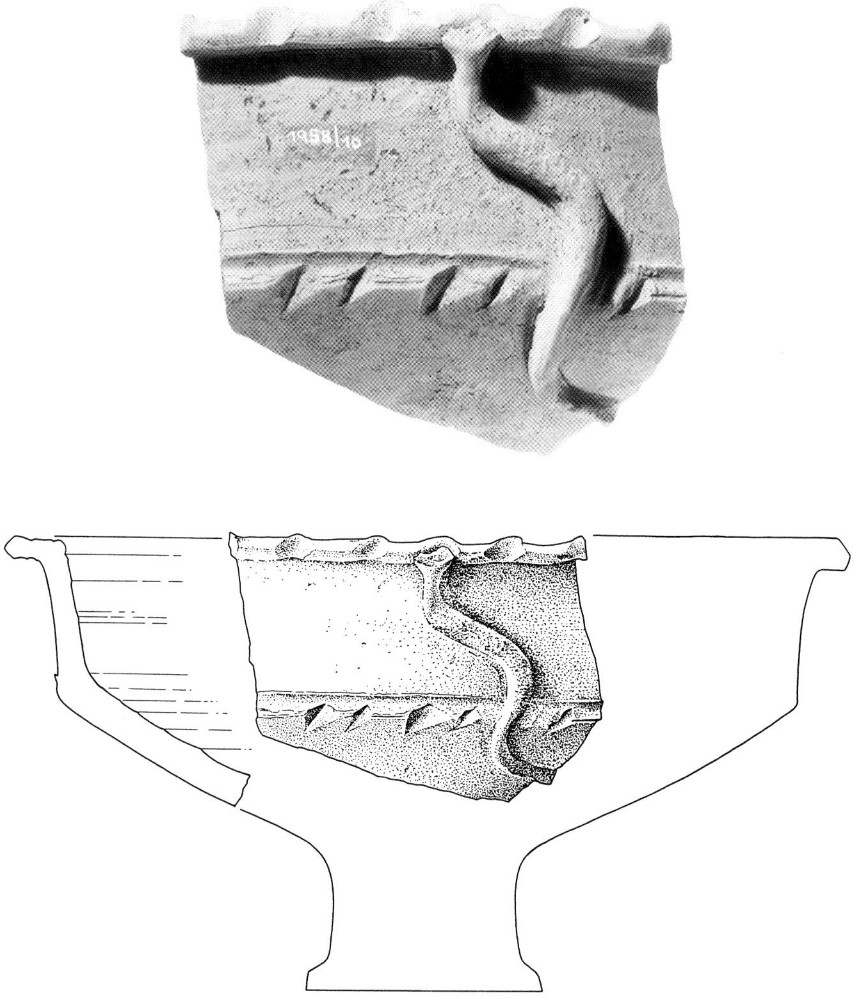

116 Rand eines Kultgefäßes mit Schlange vom Städt. Friedhof in der Ulmer Straße 60/64 (H. erh. 12,9 cm; Inv. 1958/10) und Rekonstruktion; Dm. 34,5 cm. M. 1:3.

gel, ein natürlicher Kies-Buckel, auf dessen Oberfläche kohlige Erde nebst verbrannten Knochen" gefunden wurden. „Dieser Hügel ist an seiner Ostseite mit Tuffsteinen eingefaßt, um den Abrutsch des Gewölbes zu verhindern, und beiläufig 10' lang bei einer durchschnittlichen Breite von 6'". Unter den übereinander liegenden Ziegelplatten *(tegulae)* fanden sich eine „erzene Münze von Caesar Div. Vespas." (COS VII = 76 n. Chr.), eine 6 Zoll lange bronzene Sonde sowie „Knochen von Opferthieren", „meist jüngeren Thieren" (*Abb. 118*). Ob es sich um einen jener zirkum-alpinen Brandopferplätze der frühen Kaiserzeit[299] handelt, ist zwar nicht auszuschließen, scheint aber in Anbetracht der Lage zum Verbreitungsgebiet dieser Kultsitte eher fraglich.

Auch an Flüssen[300] und Brücken[301] hat man *pro itu et reditu* geopfert, eine Münze, einen Gürtel, selbst teure Teile seiner Militärausrüstung (Dolche, Schwerter und Helme). Ein charakteristisches Beispiel ist die Verehrung der *Gontia*. Sie war die personifizierte, bildlich vorgestellte Gottheit des Flusses, die der Ansiedlung ihren Namen gegeben hatte. Ihr hatte Faventianus ein Opfer dargebracht und den Altar geweiht. Noch am Anfang des 4. Jahrhunderts, als die alte Götterwelt längst ins Wanken geraten war, wurden dem Donau-Gott Gegenstände geopfert und in die Fluten geworfen. Ein schönes Beispiel ist der Münzanhänger des Diokletian *(Abb. 214)*, der „in der Mordschlacht – eine Flurparzelle am Danubii transitus Guntiensis gelegen" gefunden wurde *(Kap. XII)*.

Amulett und Aberglaube

Aber auch Zauber und Magie besaßen in der Volksseele tiefe Wurzeln; wie der hellenistische Geschichtsschreiber Polybios (VI 56,6) meinte, hielt der Aberglaube sogar den römischen Staat zusammen.

Weit verbreitet waren Amulette *(phylakteria, amuleta)*, die durch die Kraft ihres Materials, ihrer Form oder durch magische Zeichen gegen die unsichtbaren, verhängnisvollen dämonischen Mächte schützen sollten. Viele waren in Form von Symbolen gestaltet und wurden als Heilsträger direkt auf dem Körper getragen. Auch Haus und Hof, Gerät und Haustiere sind zur Schadensabwehr mit mehr oder weniger seriösen Zeichen versehen und geschützt worden.

Eines der gängigsten Symbole, die wir auf Fibeln und Hausrat (Lampen, Keramik) zum Schutz vor Neid *(invidia)* und den bösen Blick finden, war die *Lunula*[302], das Symbol der Mondgöttin Luna *(Abb. 117)*, das vor allem von Frauen und Kindern getragen wurde. Sie begegnet uns besonders vielgestaltig auch an

117 Bronzelampe mit Griff in Form einer Lunula vom Städt. Friedhof 1923 (L. 11,3 cm; Inv. 1213).

118 „Römischer Opfer-Altar" aus Ziegelplatten unter einem Hügel im Wetzler-Garten an der Dillinger Straße 24 (kolorierte Federzeichnung vor 1869, Maße 13,7 x 17,5 cm; Akten Hist. Ver. Günzburg).

Zaumzeug, Pferdegeschirr und Wagen, wo sie für den Schutz der Pferde sowie der zweirädrigen Wagen sorgten (während der Sonnengott Sol für die vierrädrigen Wagen zuständig war). *Lunulae* sind auch mit dem Phallus kombiniert worden *(Abb. 40,3–6)*, von dem man sich als ursprüngliches Symbol der Zeugungskraft große Wirksamkeit versprach und das kinderlosen Frauen zu Nachwuchs verhelfen sollte. Solchen Amuletten wurde auch unheilabwehrende, apotropäische Wunderkraft zugeschrieben. Die urtümliche Hirschgeweihrose vom Donaubrunnenweg *(Abb. 119)*[303] zählt wie die verbrannte Geweihrose in Grab 803 *(Abb. 182,5)* zu den weitverbreiteten Amulettypen. Glöckchen *(tintin-[n]abula)* an Pferd und Wagen sollten durch ihr Geklapper und den Lärm unberechenbare Geister verscheuchen.

Die Münze *Abb. 120* wurde am Körper getragen und mit Hilfe von drei Bändern auf einer Wunde oder einem kranken Körperteil fixiert[304]. Gelochte Münzen sind dagegen weniger wegen ihrer medizinischen Wirkung, sondern als

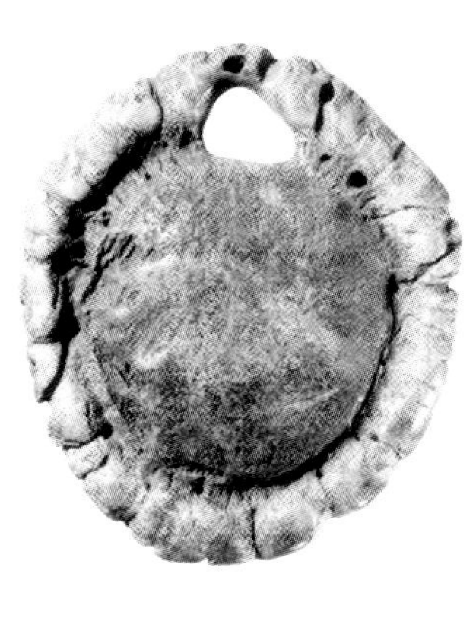

119 Amulett in Form einer Hirschgeweihrose aus der Brunnengasse, Ecke Donaubrunnenweg (H. 7,6 cm; Inv. 1960/6).

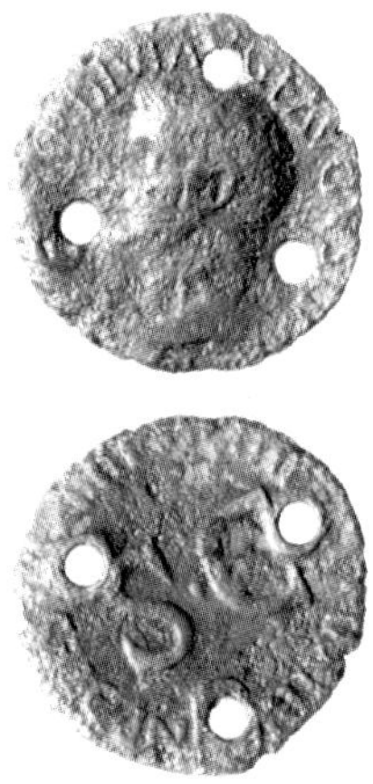

120 Dreifach gelochte Amulettmünze aus der Römergasse 12 (1983).

Nr.	Name	Fundstelle	Inventar/Literatur
[1]	As Augustus	Kappenzipfel 3, Haus 665	Bencker, Funde II, 5; FMRD I 7132, 4
[2]	As Tiberius (*Abb. 120*)	Römergasse 12	o. Inv.
[3]	S Trajan	nördl. Städt. Friedhof	FMRD I 7132, 170
[4]	As ? 1./2. Jahrhundert	Siedlung	FMRD I 7132, 425
[5]	D Trajan	-	-
[6]	As/Dp. Hadrian	-	Bencker, Funde II, 51
[7]	Probus	-	Bencker, Funde II, 149
[8]	Diocletianus (*Abb. 217*)	„Mordschlacht"	-
[9]	Constantinus	-	Bencker, Funde II, 167
[10]	Crispus	-	Bencker, Funde II, 206

Tab. 23 Als Anhänger getragene, gelochte Münzen aus Günzburg.

Glücksbringer in Halsketten eingezogen worden[305]. Dabei spielte das Metall als solches keine Rolle, denn auch geringwertige Nominale wie Kupfermünzen sind immer wieder als Anhänger verwendet worden *(Tab. 23)*.

IX Das Umland: Gutshöfe

Seit dem Beginn des 2. Jahrhunderts lief die zivile Erschließung des Dekumatlands *(agri decumates)* zwischen Rhein, Donau und Limes auf Hochtouren. Zahlreiche Siedler und Veteranen gründeten Gutshöfe, *villae rusticae*, die sie im Familienbetrieb bewirtschafteten; mit der landwirtschaftlichen Produktion bildeten sie das wirtschaftliche Rückgrat der Provinz. Zugleich waren sie als ungeschützte Einzelsiedlungen ein Gradmesser friedlicher Entwicklung und Konsolidierung; das gilt ganz besonders für die Grenzgebiete an der Peripherie des Imperiums. Seit Beginn des 2. Jahrhunderts war die militärische Situation im Grenzland gefestigt, viele Städter hatten es zu bescheidenem Wohlstand gebracht, romanisch-urbane Wohnkultur und Lebensart begannen sich auch auf dem Land auszubreiten. Südlich der Donau waren die Gebiete eher dünn besiedelt und auf besondere Weise strukturiert. Leitlinie der Besiedlung waren die Flußtäler und hier vor allem die Terrassenstufen und Firste, auf denen sich Villensiedler niederließen[306].

Die Villa am Rußbaum

Ein schönes Beispiel eines römischen Gutshofs im Umland des Günzburger Vicus ist die Villa am Rußbaum in der Gemeinde Bubesheim. Schon J. N. von Raiser kannte sie; erste Untersuchungen 1905 und 1930 legten Mauerwerk des Wohnhauses frei; heute ist der Grundriß fast vollständig durch Luftaufnahmen erschlossen *(Abb. 121)*[307]. In den Luftbildern zeichnen sich die Steingebäude als helle Verfärbung im grünen Getreide dort ab, wo das Wachstum durch Steine und Mörtel im Boden gehemmt wird.

Das architektonische Ensemble entspricht dem üblichen Bild: Im Zentrum des Gehöfts lag das

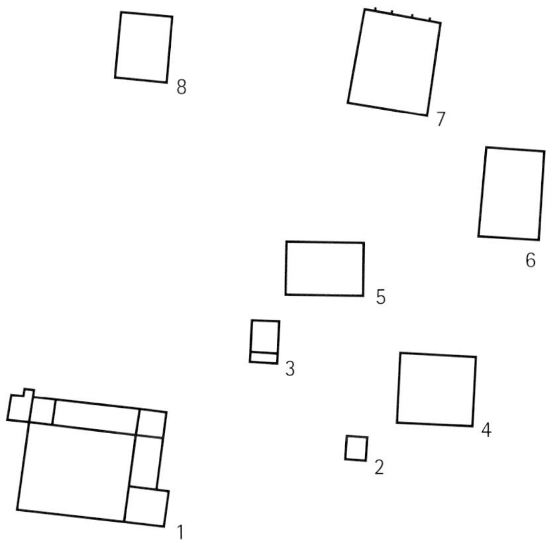

121 Römischer Gutshof (villa rustica) am Rußbaum bei Bubesheim (Luftaufnahme 1982) und Umzeichnung der Gebäudespuren mit Wohnhaus (1), Bad (2), Turmspeicher (3) und anderen Wirtschaftsgebäuden (4-8).

122 Grabstein des 9jährigen Gemelius Dignianus aus der Pfarrkirche von Dürrlauingen; H. 1,22 m.

D(IS) M(ANIBUS) S(ACRUM)/
GEMELIO DIGNIANO VIX/
IT ANNOS NO(VEM) MENSES VII/
[G]EMELIUS DIGNUS MIL(ES)/
[LEG(IONIS) I]II ITA[L(ICAE) E].A.IORA/

Übersetzung:
Den Totengöttern geweiht!
Dem Gemelius Dignianus,
der neun Jahre und 7 Monate gelebt hat,
hat Gemelius Dignus,
Soldat der 3. italischen Legion,
und — [die Mutter diesen Grabstein gesetzt].
Lit.: Schillinger-Häfele 233; CSIR I 1 Nr. 174.

Wohngebäude mit seiner über 38 m breiten Front. Es gehört zum Typ der Risalitvilla mit Innenhof und beheizten Eckräumen. Im Luftbild werden verschiedene Nebengebäude, dabei ein Speicherturm und vermutlich das Bad sichtbar.
Der kleine Ausschnitt einer anderen Villa wurde 1905 südlich von Denzingen aufgedeckt. Dort konnte der südliche, durch ein Hypokaust beheizte Eckraum des Wohnhauses untersucht werden[308].

Grabmonumente auf dem Land

Als quasiselbständige Kleinsiedlung besaß jede Villa einen eigenen Friedhof, auf dem der Gutsherr seine Angehörigen und die *familia rustica* bestattete.

[1] Grabstein des Dignianus *(Abb. 122)*. 1960 wurde bei Sanierungsarbeiten in der Pfarrkirche von Dürrlauingen ein Grabstein entdeckt, der als Sockel den mittelalterlichen Altartisch trug. Das Relief zeigt in halbrunder Nische einen nach links gewandten Knaben in langärmeligem Gewand. In der Linken hält er einen Ball, die Rechte streckt er einem Vogel (Krähe?) entgegen. Kalkstein; Maße: H. 122 cm, Br. 73 cm, T. 67 cm.
Die Inschrift, deren sechste Zeile abgearbeitet und zerstört ist, lautet:

Der Vater war Soldat in der in Regensburg stationierten 3. italischen Legion; deshalb datiert der Grabstein in die Zeit nach 174. Wo er ursprünglich stand, wissen wir nicht, wahrscheinlich aber auf dem Friedhof einer Villa in der Umgebung von Dürrlauingen, die der Familie des Gemelius Dignus oder seiner Verwandtschaft gehörte.
Das gesteigerte Repräsentationsbedürfnis wohlhabender Familien ließ jene pfeilerartig aufragenden Turmgrabmäler entstehen, deren berühmtestes Beispiel, das Grabmal der Tuchhändlerfamilie der Secundinier in Igel bei Trier, heute noch mit 23 m Höhe aufrecht steht. Die einzigen vollständig erhaltenen Pfeilergrabmäler dieser Art aus dem Alpenvorland stammen aus Augsburg[309]. Zu einem solchen Grabdenkmal gehört der
[2] Block eines Grabpfeilers aus Rettenbach *(Abb. 123)*. Der Kalksteinquader wurde 1970 in der Sakristei der Pfarrkirche St. Ulrich bei Sanierungsarbeiten gefunden. Die Reste des etwa sechszeiligen Inschriftfelds, das auf beiden Seiten von Eroten gehalten wird, sind auf der Front erhalten. Auf der Seite ist Herkules dargestellt; zu Füßen liegt das Fell des nemeischen Löwen. Auf dem Relief waren bei der Auffindung noch mehrfarbige Bemalungsspuren zu sehen.
Maße: L. 73 cm, H. 58 cm, B. 42 cm.
Lit.: Unveröffentlicht.

Fundstellen im Donautal

Schwer zu beurteilen sind die Fundstellen im Donautal nördlich von Günzburg, zum einen als Reste kleiner Einzelsiedlungen am nördlichen Brückenkopf der Römerstraße und im Ried, zum anderen aber auch als wasserverlagerte und über einige Entfernung transportierte Objekte des Vicus (Sekundärfundstellen).

[1] Gebäudereste um das Riedswirtshaus (DList. 7527/0145)[310] an der Bundesstraße 16. Dort wurden 1913 in der Flur „Bohnenäcker" (Ried, Fl. 3350 1/11) Steingebäude mit einer Hypokaustanlage aufgedeckt. Der Grundriß ist sicher unvollständig (Stö). Der nördliche Raum besaß mit einer Estrichplatte in 0,4 m Tiefe vermutlich ein Hypokaust. Auch westlich und nördlich des Riedwirtshauses sind Gebäudereste beobachtet worden; ein 5,5 x 6,7 m großer Steinkeller mit 0,55 m starken Mauern und einem axial angelegten Kellerhals war 1,25 m tief. Der Kellerhals wurde 1933 erneut freigelegt; 1939 war er noch im Entwässerungsgraben sichtbar[311] (*Abb.124*).
An Funden werden eine Trajanmünze, die blaue Glasperle eines Ohrrings, Meißel, eine Beinnadel mit scheibenförmigem Kopf (Stilus?), eine Bronzenadel, Keramik, Terra Sigillata aus Rheinzabern und Lavez erwähnt; sie gehören in die zweite Hälfte des 2. Jahrhunderts.
Eine Deutung dieses Siedlungskomplexes ist schwer möglich, weil es an der Übersicht und kennzeichnenden Gebäudetypen fehlt. Die Lage erinnert an eine Brückenkopfsiedlung, z. B. ein Rasthaus oder eine Pferdewechselstation am nördlichen Donauufer.
[2] 1913 wurde in einer Kiesgrube südöstlich des Riedswirtshauses im „Spitz" (Fl. 3335 1/3)[312] eine „angeschwemmte" TS-Schale geborgen.
[3] Gebäudereste im Torfmoos beim Oberen Riedswirtshaus wurden seit 1908 in der Kiesgrube Sedlmayer (Dlist. 7527/0208, 7527/0210) beiderseits der Heidenheimer Straße beobachtet. Folgende Funde sind dabei geborgen worden:
1908 im Torfmoos ein Sesterz Trajans[313];
1915 im Torfmoos Keramik beim Torfstechen[314];
1939 in einer Kiesgrube im Ried Gebäudereste[315];
1953 im Ried, Kieswerk Stark=Sedlmayer (Dlist. 7527/0210), ein Holzbrunnen mit überkämmten Bohlen und Keramik[316];
1958 Donauried, Kiesgrube Sedlmayer, Keramik[317].

Aus dem Wasser Auch aus dem Donaukies unterhalb von Günzburg sind immer wieder Funde geborgen worden, die nicht mit Sied-

123 Kalksteinblock eines Grabdenkmals aus Rettenbach. Die peltengerahmte Inschriftplatte (rechts) wird von einem Eroten gehalten; auf der linken Seite der nackte Herkules, zu Füßen das Fell des nemeischen Löwen, das Unverwundbarkeit und Schutz verleiht; H. 0,58 m (Rettenbach, Pfarrkirche).

124 Freiliegender Steinkeller beim Riedswirtshaus (Ortsakten BLfD Thierhaupten).

lungs- oder Grabfunden in Zusammenhang zu bringen sind, sondern wohl mit der Flußerosion, die einzelne Siedlungsplätze, hauptsächlich aber das Kastell und Teile des Vicus von Günzburg abgerissen hat. Vor allem die Keramik zeigt durch den abgerollten, abgeschliffenen Zustand, daß sie im Wasser verlagert und so an ihre (Sekundär-)Fundstelle gekommen sind.

[4] „Gnadenfeld" nördlich Reisensburg (Dlist. 7527/0107)[318], nördlich der Donau: 1908 und in der Nornheimer Kiesgrube nördlich der Reisensburger Brücke kam eine tief eingeschwemmte Terra Sigillata, eine weitere 1911 zu Tage[319]. In der Kiesgrube des Baumeisters Limmer im Gnadenfeld wurde 1929 eine „eingeschwemmte" Melonenperle und verschliffene Terra Sigillata geborgen[320]. 1932 fand man im Gnadenfeld eine Domitianmünze[321]. Stark abgerollte „verwaschene Scherben" kamen aus einer Tiefe von 1–1,5 m[322] . 1962 sind beim Neubau der Prinz-Eugen-Kaserne an der Dillinger Straße westlich der Bundesstraße 16 Keramikreste zum Vorschein gekommen[323].
[5] Reisenburger Brücke bei Fluß-km 2559,8 (Dlist. 7527/0202 und 7527/0203) 1919 am nördlichen Brückenkopf der Reisensburger Brücke Keramik und eine Bronzeglocke[324]. 1938 und 1942 in einer Kiesgrube TS (Drag. 33 des Marinus, Heiligenberg[325]) und Keramik[326].
[6] Motzenseeweg 1 (Dlist. 7527/0196) am Rand der Donauschlinge rechts der Heidenheimer Straße[327] 1956 eine Tegula und Keramik[328].
[7–8] Von der Flur „Hackenbank" und „Im Eisenhaus" je eine einzelne, eingeschwemmte Sigillatascherbe[329].

X Die Welt der Toten

Viator, viator, quod tu es, ego fui. Quod nunc sum, et tu eris.
Wanderer, Wanderer, was Du bist, bin ich gewesen; was ich jetzt bin, wirst du auch sein (Grabinschrift aus *Fanum* bei Rom, CIL XI 6243)

Die Ausgrabungen im römischen Gräberfeld an der Ulmer Straße erschlossen einen der größten modern untersuchten Bestattungsplätze in den römischen Nordprovinzen. Nimmt man den Belegungsumfang zum Maßstab, steht er an zweiter Stelle in Deutschland. Über 1400 Brand- und Körpergräber spiegeln Totenbrauchtum und Beigabensitten in all ihren Erscheinungsformen und Schattierungen wider. Urnengräber und Säuglingsbestattungen, Tiergräber und „gefährliche Tote“ vermitteln eine lebhafte Vorstellung davon, wie der Mensch über sein Lebensende dachte, welche Vorkehrungen er für seine Existenz im Jenseits traf und welche religiösen Gedanken und Hoffnungen ihn bewegten.

Leben nach dem Tod?

Es ist fast unmöglich, das Totenbrauchtum der römischen Kaiserzeit auf einen einfachen Nenner zu bringen, zu unterschiedlich sind geistesgeschichtliche Strömungen und Traditionen, zu bunt das Gemisch von Völkern und Nationen, die in den Grenzprovinzen lebten. Ein Charakterzug der nüchternen Römer war freilich, daß sie, in Bezug auf das Jenseits, nicht jene Vorstellungskraft der Griechen teilten, die in zahlreichen Mythen eine lebhafte Phantasie entfalteten und sich ein erdengleiches Weiterleben nach dem Tod ausmalten[330]: In der Unterwelt herrschte Pluto, der schattengestaltige Hades. Die Toten setzte der Fährmann Charon für einen Obolus über den Fluß Styx/Acheron in die Unterwelt[331]. Den Eingang ins Totenreich bewachte der vielköpfige Höllenhund Kerberos, der niemanden an die Oberfläche und in die Welt entkommen ließ.
Die Römerzeit beherrschten ganz gegensätzliche Ansichten. Für die Nihilisten galt: *Nil fui, nil sum. Et tu, qui vivis, es bibe lude veni,* Ich war nichts, ich bin nichts. Und du, der du lebst, iß, trink, spiel und komm (CLE 1500)! Als Realisten zogen viele Römer das irdische Wohlergehen einer ungewissen Zukunft im Jenseits vor. Philosophisch von den Epikuräern geprägt war die Vorstellung, daß die Seele zu den Sternen zöge, *migravit ad astra*[332], um dort ein glückliches Leben zu führen. Die Milchstraße galt als Wohnort der *animae fortes*; dorthin übersiedelten die großen Männer der Geschichte, ein Kometenschweif markierte ihre Bahn.
Weit verbreitet war auch der Gedanke, daß der Verstorbene in eine Unterwelt herabstieg *(descensus ad inferos)*, um dort als blutleerer, namenloser Schatten *(levis umbra)* ein freudloses Dasein zu fristen, *sub terra*, unter der Erde, *luce privatus,* des Lichts beraubt, in der Finsternis, *in tenebris deserta luce* (*Venafrum*-Venafro, CIL X 5020 = CLE 1084).

Dis Manibus, den guten Totengöttern! Das Verhalten gegenüber den Toten war zu allen Zeiten und in allen Kulturen ambivalent und schwankte zwischen freundschaftlicher Zuneigung und Furcht vor ihm und seiner Rückkehr. Nur durch die Erfüllung seiner Ansprüche und Rechte konnte man seine Seele besänftigen. An erster Stelle stand die Pflicht eines jeden Menschen *(cura funeris, pietatis causa)*, dem Leichnam eines wie auch immer ums Leben gekommenen zu einer rechtmäßigen Bestattung, *iusta sepultura,* zu verhelfen[333]. Damit die Sonne ihn nicht zu Gesicht bekäme, wurde er begraben, symbolisch vollzogen durch eine Hand voll Erde, die man ins Grab warf, *glebam in os iniicere.* Nur so konnte der Verstorbene gebettet werden, damit seine Knochen weich lägen, *molliter ossa cubent,* wie es in einer Grabinschrift aus Rom heißt (CLE 1458).
Zahllose Grabinschriften weisen auf die große Bedeutung der Manen[334]; sie sind *der* zentrale Begriff des römischen Totenverständnisses. Nach euphemistischer Deutung (*manus* = gut) waren sie die guten Geister, „die Götter der Verstorbenen“, die *dei mortuorum* (Isid. orig. VIII 11: *manes esse deos mortuorum*). Als Totengeister wurden sie zu Göttern der Unterwelt

(di inferi), im weitesten Sinn zu gottähnlichen Wesen erhoben und heroisiert wie der „Heros auf der Kline" auf den sog. Totenmahlreliefs. Die Ahnengeister *(di parentes)* waren gütig (*Lares*), aber auch feindselig *(Larvae)*. Bezeichnenderweise gab es keine bildlichen Darstellungen von Manen, wohl aber konnten sie ein Geschlecht besitzen, denn es gab auch weibliche.

Selbstverständlich war das Grab unverletzlich, denn es gehörte den Manen[335]. Wer ihr Haus verletzte, *qui aedificia manium violant, domus ut ita dixerim defunctorum* (Cod. Theod. 9, 17, 4), verstieß gegen das strenge Grabrecht (*iura deorum manium*, Cic. leg. II 22; *ius Manium, ius sepulcrorum*). Nur den Gräbern der Feinde *(sepulcra hostium)* fehlte dieser Schutz. Damit, wie gesagt, der Verstorbene in die Unterwelt aufgenommen werden konnte, war die rechtmäßige Bestattung Voraussetzung und deshalb die erste religiöse Pflicht der Angehörigen. Selbst wenn keine Leiche vorhanden war (z. B. bei Verschollenen oder Ertrunkenen), mußte eine symbolische Bestattung *(terrae iniectio)* vorgenommen werden, nämlich in einem leeren Grabmal *(cenotaphium, tumulus inanis)*. War der Körper unvollständig, galt das Grab dort, wo der Kopf beigesetzt worden war (Dig. 11, 7, 2).

Wenn man eine Eigenart römischen Bestattungsbrauchtums hervorheben wollte, dann war das die starke Bindung des Grabs *(sepulcrum)* an die Familie, die *gens (sepulcrum gentilicium, s. familiare)*, einschließlich ihrer Verwandtschaft, ihren Erben und Erbengemeinschaften *(sepulcrum hereditarium)*. Fremde durften nie in einem Familiengrab beigesetzt werden: *alius inferetur nemo*.

Auf Tafel X des Zwölftafelgesetzes waren die wichtigsten Bestimmungen der Totenpflege und die einschlägigen Verordnungen des Bestattungsrechts zusammengefaßt[336]. Sie schrieb, wie gesagt, vor, daß der Tote weder innerhalb der Stadt *(intra urbem)* begraben noch eingeäschert werden durfte: *hominem mortuum in urbe ne spelito neve urito* (Tab. X, 1). *Neve hominis mortui monimentum aedificato*, heißt es in der *lex Coloniae Genetivae c. LXXIII* (ILS 6087), auch ein Grabdenkmal innerhalb der Stadt war ausgeschlossen.

Der Friedhof stand im Eigentum den Manen. Das Bodenrecht und die Verteilung von Grabflächen wurde von der Kommune oder von Priestern, *pontifices*, ausgeübt. Ihnen oblag die Aufsicht über Gräber und Grabbauten, sie wachten darüber, daß sakrale Bestimmungen eingehalten wurden. Gerade in Bezug auf die Größe und komplexe Entwicklung römischer Friedhofsareale war das Wegerecht *(iter ad sepulcrum)* ein wichtiger Bestandteil des Grabrechts, das als Grunddienstbarkeit garantiert wurde.

Wer gegen all diese Vorschriften verstieß, machte sich des Grabfrevels schuldig, *violatio sepulcri*. Das oberste Gebot: Ein rechtmäßig Bestatteter, d. h. ein in der Erde geborgener Leichnam, darf nicht gestört werden *Ne iustae sepulturae traditum id est terra conditum corpus inquietetur* (Dig. 11,7,12,1; 11,7,38; 11,7,39). Unabdingbar war die Unversehrtheit des Leichnams *(corpus integrum)*. Selbst wenn man zufällig oder versehentlich beim Graben auf eine Bestattung stieß, was in dicht belegten Friedhöfen zwangsläufig immer wieder vorkam, galt: *Fossor, parce, hic iam cubat*, Totengräber, laß das Grab in Ruhe, hier liegt schon einer (Rom, ILS 8195a[337]).

Die bösartige Grabschändung *(spoliare cadavera, extrahere corpora, eruere ossa)*, Grabraub, Störung der Totenruhe und der ewigen Sicherheit *(requies aeterna, securitas perpetua)*, das Unlesbarmachen von Inschriften *(titulos eradere)*, Mißbrauch von Grabgebäuden als Wohnstatt und Einbringung fremder Toter galt als außerordentliches Verbrechen, *crimen extraordinarium*. Solche Tatbestände waren durch Sühneopfer *(piacula)*, Geldbußen, Verfluchung *(condemnatio)*, Zwangsarbeit in den Bergwerken *(ad poenam metalli)* bis hin zur Todesstrafe (*capite plectantur*, Cassiod. var. IV, 34, 129) sanktioniert.

Ein zweiter, alles verbindender Wesenszug des römischen Bestattungsbrauchtums waren Opfer und Gebete, mit denen die Angehörigen noch einmal mit den Toten in Verbindung traten, um ihre Geister zu beruhigen und zu versöhnen, damit sie nicht doch von Zeit zu Zeit in die Welt der Lebenden kämen und ihnen schadeten. Denn eines war sicher: Vernachlässigte Tote schicken böse Träume (*neglecti manes mittunt mala somnia*, Tib. II 1, 35). Problemgruppen stellten besonders diejenigen dar, die vorzeitig oder mit Gewalt um Leben gekommen waren. Nero zum Beispiel versuchte deshalb durch Magier die Manen seiner von ihm im Jahr 59 ermordeten Mutter Aggripina herbeizurufen und zu beruhigen (Suet. Nero 34, 2 ff.). Den Manen wurde nach einem bestimmten Zeitplan über der Grabgrube *(mundus)* geopfert. Doch dazu später mehr.

Die letzte Reise Die Römer schickten ihre Toten mit wenig Gepäck auf die letzte Reise. Das römische Grab war, wenn diese Verallgemeinerung erlaubt ist, beigabenlos oder doch beigabenarm: *nec autem oportet ornamenta cum corporibus condi nec quid aliud huius modi quod homines simpliciores faciunt* (Dig. 11,7; 14,5), wie es später hieß, „Schmucksachen dürfen nicht mit den Verstorbenen vergraben werden, ebensowenig wie andere Dinge dieser Art, was [nur] dumme Menschen tun". Die vielen Tausend Brandgräber in Rom, Ostia oder Pompeji, weder die der Reichen noch die der armen Leute, waren mit jenen Gütern des täglichen Lebens ausgestattet, die wir aus dem Totenbrauchtum anderer Völker und Kulturen kennen. In den Grabnischen der Columbarien war zudem wenig Platz; symbolische Beigaben, eine Öllampe, eine Münze und ein Balsamarium genügten.
Hierzulande dagegen zählen Grabfunde zu den fundreichen und deshalb aussagekräftigen archäologischen Quellen. Denn unter der einheimischen Bevölkerung keltischer oder germanischer Herkunft war es üblich, den Verstorbenen wie zu Lebzeiten buchstäblich „auszurüsten" und ihm all jene Gegenstände ins Grab zu legen, die er auf seinem Weg und für seine Existenz im Jenseits benötigen würde: Kleidung, Tracht und Bewaffnung (selbst Reitpferde), Essen und Trinken, Amulette, Prestigeobjekte und Statussymbole, eben all das, was zur Dokumentation seines Ranges unentbehrlich war oder ihm aufgrund bestimmter Rechtsvorschriften zustand. Individuellen Sachbeigaben, die das Weiterleben erleichtern sollten, waren in Art, Qualität und Umfang („Zahl und Wert") kaum Grenzen gesetzt[338].
Die reiche antike Literatur gibt uns an vielen Stellen ausdrücklich und versteckt in den unterschiedlichsten Zusammenhängen Einblicke in zeitgenössische Begräbnisabläufe vornehmlich aus Kreisen bedeutender Persönlichkeiten, etwa der Kaiser oder ihrer Familien. War ein Todesfall zu beklagen, wurde symbolisch das Herdfeuer im Haus gelöscht. Nachdem man den Verstorbenen laut angerufen hatte *(conclamatio)* schloß man ihm die Augen *(oculos condere)*. Überliefert ist, daß man den Sterbenden oft auf die Erde legte *(depositus animae)* in der Vorstellung, ihm so das Sterben zu erleichtern und den Weg zu weisen, wohin er zurückkehre.
Der Leichnam wurde gewaschen, mit einer *unctura* gesalbt und nach römischer Sitte nicht in einer speziellen Totentracht, sondern seinem guten Alltagsgewand (euphemistisch: *vitalia, vestes pretiosae*) im Haus aufgebahrt, mit den Füßen zum Ausgang. Frauen legte man ihren Schmuck an, Männern den Siegelring, der erst vor der Verbrennung wieder abgezogen wurde. Man stellte Kerzen *(candelae)* auf und verbrannte Weihrauch in Räucherschalen. Oft wurde der Tote noch am gleichen Tag, mitunter auch erst nach drei oder mehr Tagen beerdigt. An Fest- und Feiertagen allerdings durften keine Beisetzungen durchgeführt werden (Colum. 2,21,5). Das Haus des Verstorbenen mußte übrigens zuletzt durch Opfer an die Laren wieder gereinigt werden (Cic. leg. 2,22,55). Ihnen warf man gekochte Bohnen hin, ihre Lieblingsspeise.
Das feierliche Begräbnis *(exequiae)* begann mit dem Leichenzug, der *pompa* (das Wort hat sich als „Pumpermette" am Karfreitag in der christlichen Liturgie erhalten). Die Angehörigen in schwarzer Trauerkleidung *(lugubria)*, Verwandte und Freunde geleiteten den Toten mit Blasmusik (Trompeten, *tubae*, und Hörnern, *cornua*) durch die Straßen der Siedlung zum Begräbnisplatz. Oft begleiteten Fackelträger den Zug, gemietete Klageweiber *(praeficae)* zerris-

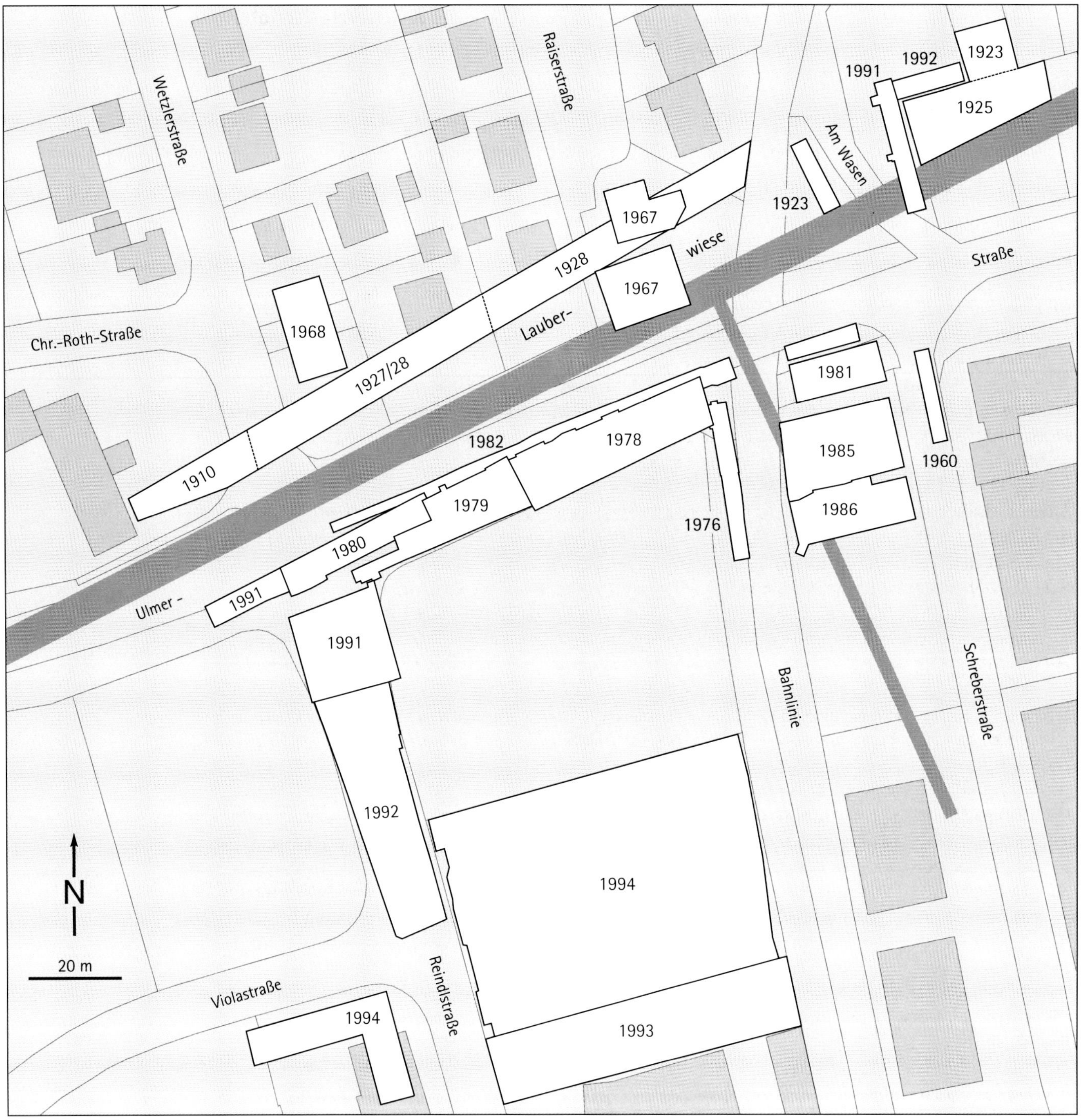

125 Römisches Gräberfeld an der Ulmer Straße. Übersichtsplan der Grabungsflächen nach dem Stand der Ausgrabungen 2001. M. 1:1250.

Tab. 24 Grabungskampagnen und Grabnummern im Gräberfeld an der Ulmer Straße 1976-1994.

Kampagne	Gräber
1976	1-35
1978	36–393
1979	394–675
1980	676–806
1981	807–895
1982	896–950
1985	951–1088
1986	1089–1137
1991	1138–1228
1992	1229–1269
1993	1270–1302
1994	1303–1430

sen ihre Kleider, zerkratzten die Wangen, rauften sich die Haare und schlugen sich an die Brust, um der Trauer laut und pathetisch Ausdruck zu verleihen.
Beim öffentlichen Begräbnis hochgestellter Persönlichkeiten *(funus publicum)* wurden Ahnenbilder und Wachsmasken des Verstorbenen, die *imagines,* der Prozession voran getragen. Man glaubte, die Ahnen erschienen und holten den Toten in die Unterwelt ab und begleiteten ihn auf seinem schweren Weg. Der Verstorbene wurde auf der Bahre *(feretrum)*, andere Überlieferungen besagen sitzend oder sogar stehend zum Friedhof getragen. Eine Wagenfahrt wie in der griechischen Heldensage (oder hierzulande in der Hallstattzeit) war im römischen Totenbrauchtum nicht üblich. Nur in einzelnen Regionen wie Pannonien gab es ähnliches.
Grundsätzlich mußte die Leiche wegen ihrer Unreinheit vor der Sonne verborgen und im Boden vergraben werden. Deshalb fand die Beisetzung oft vor Sonnenaufgang *(ante lucem)* statt, nur bei Kindern und armen Leuten *noctu*, bei Nacht. Zeitweise waren, unter Hinweis auf den Totenschlaf, Nachtbestattungen sogar vorgeschrieben (Kaiser Julianus 360–363: Cod. Theod. IX 17,5).
An die Einäscherung, zu der wir gleich kommen, schloß sich das Leichenmahl *silicernium* und mitunter ein Umtrunk an, die *circumpotatio.* Grundgedanke war die „ehrenvolle Verabschiedung aus der Gemeinschaft“[339], wobei man sich die Gegenwart des Verstorbenen wohl ganz real vorstellte.
Zuletzt wurden Blumen, Kränze, Weihrauch, Wollbinden aufs Grab gelegt. Man zündete Lampen an, ein Brauch, der in verschiedenen christlichen Festen weiterlebt. Mit den Totenopfern, *inferiae,* wurde Wasser, Wein, Milch, Honig, Öl oder Blut von Opfertieren gespendet um alle, die mit dem Toten in Berührung gekommen waren, kultisch zu reinigen. Wer es sich leisten konnte, opferte ein Schwein (*porca praecidanea,* Cic. leg. 2, 22,57). Nach neun Trauertagen und dem letzten Totenopfer, dem *sacrificium novemdiale*, mitunter auch einem zweiten Totenmahl mit Eiern, Linsen, Salz und Bohnen war die Trauerzeit, die *feriae denicales,* beendet. Damit war das Totenrecht erfüllt, *iusta factum defuncto.*
Später, zu den persönlichen Totengedenktagen, dem Todestag, der als *atra dies* (CIL X 4728) im Kalender schwarz angestrichen wurde, oder den alljährlichen Totenfesten Ende Februar sowie den im Testament des Verstorbenen *in aeternum* festgelegten Tagen traf sich die Familie am Grab, schmückte die Grabstätte und ehrte den Toten mit Opferspenden für den Fall, daß seine *manes* noch keine Ruhe hatten finden können.
Im Jahresablauf spielten die *ob memoriam* begangenen Feiertage eine große Rolle. In seinem Testament konnte der Verstorbene genau festlegen wie, wann und womit die Gedenkfeiern bestritten werden sollten: *...ut ex reditu eius insulae quodannis die natalis sui et rosationis et violae et parentalib(us) memoriam sui sacrificis quater in annum factis celebrent et praeterea omnib(us) k(alendis) nonis, idibus suis quibusq(ue) mensib(us) lucerna lucens sibi ponatur incenso inposito.* „Aus den Einkünften dieses Mietshauses sollen sie alljährlich an seinem Geburtstag, dem Rosen- und Veilchentag und an der Totenfesten durch viermal im Jahr dargebrachte Opfer sein Gedächtnis feiern, und außerdem soll an allen Kalenden, Nonen und Iden jedes Monats eine brennende Lampe für ihn aufgestellt werden...“ (Rom, CIL VI 10248).
Die *parentalia* galten der Verbundenheit mit den Ahnen. Sie waren ein familiäres Seelenfest für die verstorbenen Eltern, Verwandten und Vorfahren. Diese neun Feiertage vom 13.–21. Februar, die *dies parentales*, wurden am alten Jahresende begangen. Am 21. Februar legte man bei Tageslicht Gaben aufs Grab: Opferkränze, Früchte, Salz, Brot, Veilchen. Am folgenden 22. Februar beendete ein allgemeines Familienfest *(caristia)* den Allerseelenmonat. Weit verbreitet war das Rosenfest, *rosalia, rosaria, dies rosae,* das je nach der Rosenblüte in die Zeit zwischen dem 11. Mai und dem 15. Juli fiel. Diese Feiern leben im christlichen Kultus als *dominica rosata,* Pfingstsonntag, weiter.
Aber auch gegen die bösen Dämonen der Verstorbenen hatte man probate Mittel. An den *Lemuralia,* am 9., 11. und 13. Mai, ging der Fa-

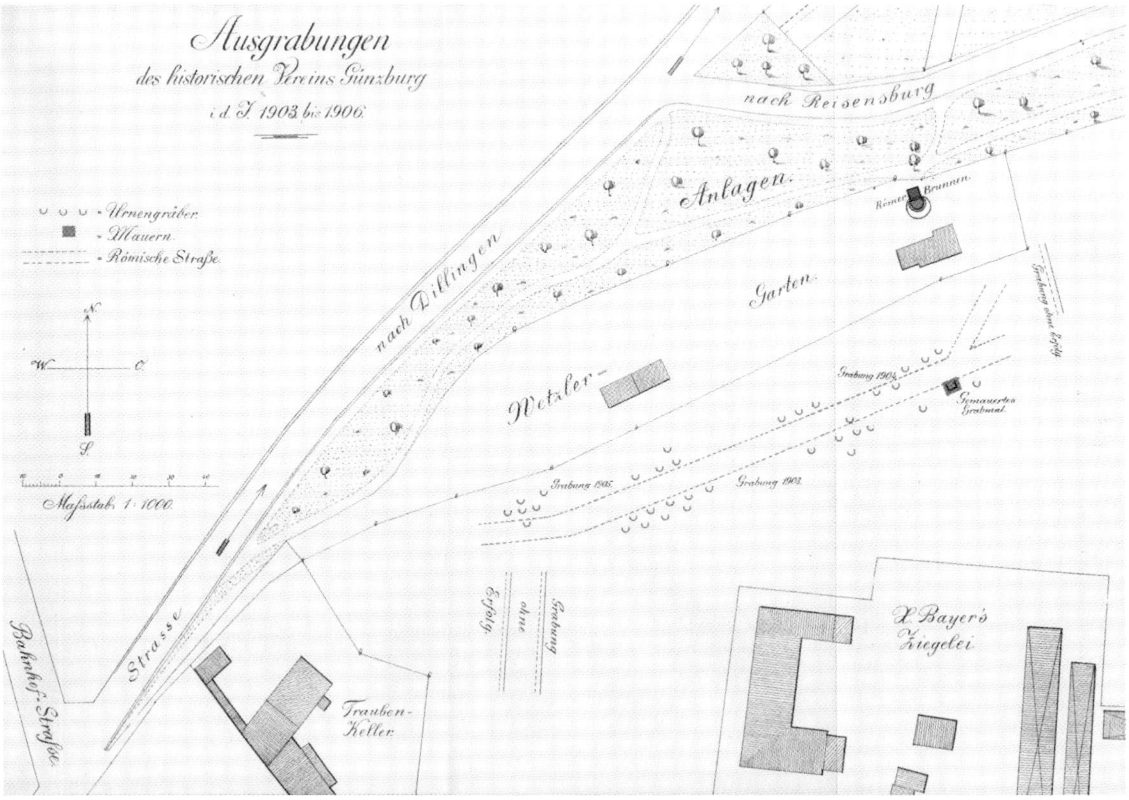

126 Das römische Gräberfeld am Dreirosenberg zwischen Bahnhofstraße, Reisensburger Straße und der ehem. Ziegelei X. Bayer nach dem Grabungsstand 1903–1906 (nach Ber. 3, 1909).

milienvater nachts barfuß durchs Haus, warf den guten Geistern schwarze Bohnen hin und vertrieb die bösen durch lautes Rasseln mit Metallgerät: *manes exite paterni*.

Gräber und Friedhöfe

Das älteste niedergeschriebene Recht der Römer aus der Mitte des 5. Jahrhunderts, das Zwölftafelgesetz (*tabulae duodecim, lex [leges] duodecim tabularum*), enthielt eine Tafel mit Bestimmungen zum Totenrecht. Es schrieb, wie gesagt, unter anderem vor, daß die Toten *extra muros*, außerhalb der Siedlung, vor den Stadtmauern beerdigt werden müssen. Deshalb lagen die Friedhöfe an den Ausfallstraßen. Dort vereinigten sich die Gräber der Armen und die Monumente der Reichen zu jenen Totenstädten, wie sie jeder in Rom, Ostia oder Pompeji schon gesehen hat. Das Friedhofsareal war offen, Friedhofsmauern, die das Gräberfeld umfaßten oder nach außen abgrenzten, kannte die römische Grabkultur nicht. So konnte sich der Reisende leicht ein Bild von den Familien im Ort, ihrem Wohlstand und ihrer sozialen Position machen: *resta viator et lege*, Ruhe aus Wanderer und lies [diese Grabinschrift] (CIL III 371 = ILS 2783)! Eine andere bedankt sich: *Hospes gratum est quom apud meas restitistei seades; bene rem geras et valeas, dormias sine qura*, Ich danke dir, Fremder, daß du an meinem Grab stehst. Nun lebe wohl, sei glücklich und schlafe ohne Sorge (Rom, CLE 11)[340].

Auch in Günzburg lagen die Bestattungsplätze vorschriftsmäßig außerhalb der Ortschaft, nämlich an der Haupt- und Durchgangsstraße, der Donau-Süd-Straße. Ein Bestattungsplatz befand sich im Osten entlang der Augsburger Straße, der andere im Westen an der Ulmer Straße. Zwei kleinere Nebenfriedhöfe gab es am Ortsrand an den beiden nach Süden führenden Günztalstraßen, einer auf der rechten, der andere auf der linken Seite des Flusses (*Abb. 62*).

Das Eigentums- und Nutzungsrecht des Provinzbodens lag beim Kaiser in Rom; Privateigentum in unserem Sinn gab es nicht. Das Friedhofsgelände allerdings gehörte den Manen, den Totengöttern. Es stand deshalb *extra commercium*, außerhalb des geschäftsmäßigen Handels, es war nicht veräußerbar. Der Kaiser überließ das Grabrecht *pro religioso* den Bewohnern und einzelnen Familien, die von der Kommunal-

127 Sarkophag aus Süßwasserkalktuff von einem Mädchengrab am Dreirosenberg; L. 0,88 m. M. 1:30.

verwaltung Bestattungsareale und -plätze zugewiesen bekamen.
Die Anlageform antiker Friedhöfe war durch das Repäsentationsbedürfnis der reichen Familienclans bestimmt, die sich ihre Plätze unmittelbar an der Straße sicherten. Der begehrteste Platz *(celeberrimo loco, maximo celebritate)* lag vorne, direkt an der Straße; nicht etwa im ruhigeren Hintergrund, sondern unmittelbar am vorbeiratternden Verkehr errichteten sie ihre Grabgärten und Grabdenkmäler. Die billigeren Plätze dahinter wurden mitunter verlost (ILS 2783). Der Wunsch, nahe der Straße zu liegen, führte meist dazu, daß nur ein schmaler Streifen an einer Seite bzw. beiderseits des Wegs belegt wurde. Deshalb zogen sich Gräber und Grabgruppen oft über einige Hundert Meter auseinander (*Abb. 125*). Ungeachtet der vielfältigen Bestattungs- und Grabformen galt aber als eine der wesentlichen Regeln des Bestattungsbrauchtums: Gräber lagen nie alleine und vereinzelt, sondern waren stets in die Gemeinschaft eingebunden.
Die Belegung war keineswegs wohlgeordnet, in Reihen etwa, wie wir das seit dem frühen Mittelalter kennen. Vielmehr verteilten sich die Bestattungen gewöhnlich ohne äußerlich erkennbare Struktur und Ordnung schwarm- und wolkenförmig über das Friedhofsareal. Allenfalls bemerkt man einzelne, ineinander übergehende Verdichtungen, die auf Familiengrablegen oder Grabbezirke z. B. von Bestattungsvereinen deuten. Jedenfalls sind infolge dieser Praxis meist auch keine kontinuierlichen Belegungsrichtungen vom einen zum anderen Ende des Friedhofs erkennbar, so daß die archäologische Methode der Horizontalstratigraphie bei römischen Friedhöfen nur mit Vorbehalt angewendet werden kann.
Wir befassen uns zunächst mit der Örtlichkeit der Günzburger Friedhöfe, bevor wir zu dem großen Bestattungsplatz an der Ulmer Straße kommen.

Das Gräberfeld am Dreirosenberg Bei den Grabungen am Kappenzipfel 21 sind bereits 1910 und 1911 „inmitten des Siedlungsgebiets" mehrere Brandgräber zum Vorschein gekommen. Diesen Befund konnte N. Walke[341] 1958 bestätigen: Dort, im Nordostteil seiner Grabungsfläche, lag ein Brandgrab der Periode II aus der Zeit um 100 n. Chr. über flavischen Siedlungsschichten, die wir in Zusammenhang mit dem dortigen Militärstützpunkt gebracht hatten. Offensichtlich war damals die zivile Besiedlung noch nicht an diesem Punkt angelangt; wenig später wurde dieses Areal mit einer Sandschicht planiert und von Vicushäusern überdeckt, die sich dann, nach und nach, bis in die Maria-Theresia-Straße ausdehnten.

128 Bildlampe mit Darstellung eines Skeletts neben dem geschmückten Altar. Grab 3 an der Bahnhofstraße 5 (L. 11,0 cm; Inv. 1974.3).

129 Freilegung eines Grabbaus 1904 in der ehem. Ziegelei X. Bayer am Dreirosenberg (Akten Hist. Ver. Günzburg).

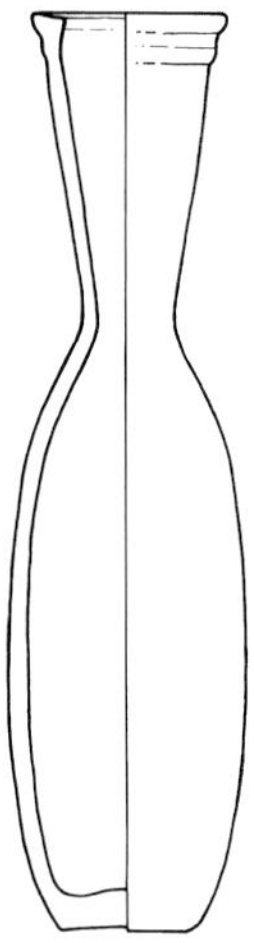

130 Keramikbalsamarium aus einem Grab im Bereich der ehem. Ziegelei X. Bayer am Dreirosenberg (H. 18,3 cm; Inv. 998). M. 1:3.

Rund 500 m weiter im Osten, unmittelbar westlich der Bahnhofstraße 2 (ehem. Hs. 198), sind 1923 die ersten sieben Brandgräber eines umfangreicheren Friedhofs freigelegt worden, die sich entlang der Römerstraße nach Augsburg den Dreirosenberg hinauf bis in das ehemalige Abbaugebiet der Ziegelei X. Bayer am heutigen Mozartring zogen (*Abb. 126*). Dort, am äußeren östlichen Ende dieses Bestattungsplatzes waren schon 1895 beim Lehmabbau die ersten Gräber entdeckt worden. Der im gleichen Jahr ausgegrabene, hausförmige Steinsarkophag[342] in dem ein Kind beigesetzt war, wurde jedoch nicht unmittelbar an der Straße, sondern abseits, 200 m südlich auf Fl. 1244 gefunden *(Abb. 127)*. Der ungewöhnliche Abstand zur Durchgangsstraße deutet, wie schon erwähnt, darauf hin, daß hier wahrscheinlich eine zweite Trasse vorbeizog, die mit der Straßenverlegung im frühen 2. Jahrhundert in Verbindung gebracht wird.

131 Glaskrug vom Dreirosenberg (1903). Die faßartigen Rillen auf dem zylindrischen Körper sind vermutlich auf einer Drehbank eingeschliffen. (H 28,5 cm; Inv. 974).

Der Straßenabstieg zwischen den beiden genannten Punkten, der Bayerschen Ziegelei und der Bahnhofstraße, ist mehrfach untersucht worden. Die 6 m breite Piste kam 1903 zum ersten Mal zum Vorschein; 1964 wurde die 4 m breite Schotterung des Straßenkörpers auf 20 m Länge aufgedeckt. 1904 legte man nördlich der Ziegelei einen quadratischen Grabbau frei *(Abb. 126; 129)*[343].

Der größte Teil des Friedhofs ist seither der kontinuierlichen Bebauung des Dreirosenbergs zum Opfer gefallen. Sein Umfang läßt sich heute nur schätzen. Etwas mehr als 32 Bestattungen sind durch Einzelbeobachtungen belegt. Nach ihrer Ausdehnung von über 100 m darf man mit einigen Hundert Bestattungen rechnen. Immerhin ist der Belegungszeitraum durch einzelne Gräber zu umreißen. Er reicht vom 1. Jahrhundert (Balsamarium orientalischer Form[344] *Abb. 130* und spätsüdgallische Sigillata) bis ins fortgeschrittene 3. Jahrhundert (Faßbecher, 1964; *Abb. 187*). Ob auf dem mittelkaiserzeitlichen Friedhofsareal noch in der Spätantike einzelne Bestattungen eingebracht wurden, ist nicht ganz sicher. 1948 sind im Wetzler-Garten (Dillinger Straße 24) drei beigabenlose Körpergräber untersucht worden; eines mit Münzbeigabe wird 1905 in der Bayerschen Ziegelei am Mozartring erwähnt. Weitere Körperbestattungen kamen 1965 bei Bauarbeiten im Bereich der Bahnhofstraße 2/3/5 zum Vorschein; da Beigaben fehlen, sind sie nur mit Vorbehalt dem 4. Jahrhundert zuzuordnen. Spätrömische Einzelmünzen aus diesem Gebiet (Diokletian 1903 auf Fl. 1294 1/2 [X. Bayer]) besitzen in diesem Zusammenhang wenig Beweiskraft.

Ein bemerkenswertes Phänomen ist oben schon kurz angedeutet worden. Der Kindersarkophag *Abb. 127* wurde weit abseits der Römerstraße entdeckt. Da vereinzelte Bestattungen außerhalb der Friedhöfe zwar hin und wieder vorkommen, im allgemeinen aber doch ungewöhnlich sind (wie man auch an der Streubreite im Bereich der Ulmer Straße sieht), muß man eine andere Erklärung suchen. Ich denke an eine Straßenvariante, die mit ähnlicher Zugrichtung, jedoch weiter im Süden lag. Andere Beobachtungen unterstützen diesen Verdacht. Tatsäch-

132 Graburne mit stilisierter Gesichtsdarstellung von der Ichenhauser Straße (H. 29,5 cm; Br. des Gesichts 3,8 cm. Inv. 1968,19).

lich waren einzelne Brandbestattungen am Dreirosenberg 1903 in den Schotter des römischen Straßendamms eingegraben worden, ein Befund, der wie das Urnengrab von 1918 zu interpretieren ist: Die Gräber durchschlugen den Straßendamm. Da man sich nicht vorstellen kann, sie könnten in eine stark befahrene Kiesstraße eingebracht worden sein, spricht dieser Befund dafür, daß der Anstieg des Dreirosenbergs irgendwann in frühen 2. Jahrhundert aufgegeben und dann verlegt wurde. Die Gründe mögen mit den Überschwemmungen der Donau-Süd-Straße zusammenhängen (*Abb. 67*).

Kleine Friedhöfe an den Nebenstraßen Zwei kleine, nur mit wenigen Gräbern belegte Bestattungsplätze wurden durch Funde an der Ichenhauser Straße und an der Adalbert-Stifter-Straße bekannt (*Abb. 62*).

Am Fuß des Stadtbergs, im Fahrbahnbereich der Ichenhauser Straße sind wenige Meter südsüdöstlich des Hl.-Geist-Spitals auf der östlichen Günztalseite 1967 bei der Anlage eines Wasserleitungsgrabens vor dem Haus Nr. 8/9 Skelettreste eines Körpergrabs[345] und 1968 zwei oder drei Brandgräber ausgegraben worden. Sie lagen vermutlich in Folge eines Hangrutschs in beträchtlicher Tiefe, rund 2 m unter der heutigen Geländeoberfläche. Eine Gesichtsurne (*Abb. 132*) und das Bruchstück einer Traubenurne datieren ins 2. Jahrhundert.

Gut 500 m südlich der römischen Vicus-Hauptstraße wurde 1952 beim Hausbau der Adalbert-Stifter-Straße 1/Ecke Kötzer Weg in rund 1,5 m Tiefe eine Firmalampe[346] aus der Werkstatt des Fortis gefunden. Sie war zunächst weggeworfen worden, weil man sie für eine Tabakspfeife hielt, „wie man sie früher hatte". Beim späteren Kanalanschluß wurden „zahlreiche" Scherben beobachtet. An die Lampe knüpft sich die Vermutung, daß es sich um eine kleine Grablege des 2. Jahrhunderts handelt. Ihre Lage deutet im übrigen auf die geradlinige Fortsetzung der Weiten Gasse als römische Günztal-Straße.

Die Nekropole an der Ulmer Straße

Der größte Bestattungsplatz Günzburgs, dessen Belegung schon im 1. Jahrhundert zur Zeit des vespasianischen Kastells begann und sich dann über 300 Jahre bis in die Spätantike fortsetzte, war der Friedhof am westlichen Ortsende beiderseits der Donautal-Straße, der heutigen Ulmer Straße. Es ist einer Bemerkung wert, daß dieses Gelände schon 1000 Jahre zuvor, in der Hallstattzeit, für einzelne Bestattungen genutzt wurde. Schon 1925 war mit Grab 19 „Am Wasen" ein Hallstattgrab zum Vorschein gekommen. Aus unseren Grabungen kennen wir drei weitere verstreute Brandgräber, die inmitten der dichten römischen Belegung unberührt geblie-

133 Hallstatturne aus Grab 35 an der Ulmer Straße (1978; H. 12,5 cm).

134 Die Arbeit der Ausgräber im römischen Friedhof an der Ulmer Straße (1978).

ben waren: Grab 2 enthielt eine bemalte Urne, Grab 35 eine inkrustierte Urne und eine ritzverzierte Henkelschale, Grab 804 eine graphittierte Urne der späten Hallstatt-C-Stufe des sog. Ostalbkreises *(Abb. 133)*. Das 1978 aufgedeckte Segment eines im Durchmesser rund 12 m großen Kreisgrabens paßt ebenfalls besser in die Hallstattzeit.

Geschichte der Ausgrabungen Die ersten Gräber dieses Friedhofs waren im November 1906[347] an der Ostmauer des Städtischen Friedhofs, 1907 in der Donaugasse 9 und in der Ulmer Straße 46 entdeckt worden, wo sich Kastellareal und Vicus mit dem römischen Bestattungsplatz überlappen. Damals schon hatte man verschiedentlich Brandgräber im mittelkaiserzeitlichen Siedlungsmilieu beobachtet, ohne jedoch ihren Zusammenhang mit einem Friedhof zu ahnen, geschweige denn seine Ausdehnung irgendwie zu erfassen. Wenig später wurde die Fläche um das alte Krankenhaus und den Städtischen Friedhof in mehreren Abschnitten erschlossen und in der Zeit noch vor dem Ersten Weltkrieg Grabungen durchgeführt im Mengele-Garten (1907), im Schatz-Garten (1908), auf dem Viola-Grundstück (1908), im Krankenhausgarten (1909–1910) und später im Rembold-Garten (1918) – alles wohlklingende Namen für den, der sich mit der Archäologie Günzburgs näher beschäftigt. Damals setzten lebhafte Ausgrabungsaktivitäten des Historischen Vereins ein, die allerdings nicht den Gräbern, sondern der Suche nach dem frühkaiserzeitlichen Kastell galten.

Um 1910 hatte der Verein auf der Nordseite der Ulmer Straße östlich des Anwesens des Bauern Weiß (Ulmer Straße 76, westlich der Wetzlerstraße 2) eine schmale Fläche geöffnet, in der mindestens elf Bestattungen freigelegt wurden *(Abb. 136)*. Beim Bau der Bahnlinie nach Krumbach im Jahr 1923 kamen weitere zum Vorschein, die zum ersten Mal die beträchtliche Ausdehnung des Friedhofs sichtbar machten. In den späten 1960er Jahren entstand das Baugebiet an der „Lauberwiese" nördlich der Ulmer Straße (Raiserstraße, Wetzlerstraße). Einzelne Baugrundstücke konnte J. Weizenegger 1967 mit Teilen des antiken Straßenstreifens, einem Grabbau-Fundament von 3 m Seitenlänge sowie rund 27 Bestattungen untersuchen.

Zunächst durch den Ausbau der Bahnlinie Günzburg-Mindelheim und des unbeschrankten Bahnübergangs (1976), dann zwei Jahre spä-

135 Kiesgeschotterte Seitenstraße der Donau-Süd-Straße im Bereich der Schreberstraße (1986); Maßbalken 0,5 m.

ter mit dem Kurvenausbau und der Begradigung der Bundesstraße 16 setzte ab 1978 eine Serie von Rettungsgrabungen ein, die von der Erschließung bis zur Bebauung des Gewerbegebiets an der Reindlstraße im Jahr 1994 dauerten *(Tab. 24)*. Elf Kampagnen standen unter der Leitung von W. Czysz (Bayerisches Landesamt für Denkmalpflege Augsburg, heute Thierhaupten), unterstützt von Studenten, Arbeitsbeschaffungsmaßnahmen des Arbeitsamts Günzburg und dem Historischen Verein (J. Weizenegger, T. Mayer; Abb. 5; 134)[348].
Bis auf wenige Grundstücke an der Nordseite des Gewerbegebiets sind damals weite Teile des römischen Friedhofs untersucht worden; im Kernbereich entlang der Ulmer Straße befinden sich noch drei große unausgegrabene Grundstücke. Ein beträchtliches Problem stellte nicht nur die stets unter Zeitdruck stehende Rettungsgrabung dar, sondern auch die Archivierung im Museum, da die Reinigung, Konservierung und Dokumentation unter den knappen personellen und finanziellen Möglichkeiten nicht immer mit der notwendigen, geschweige denn wünschenswerten Sorgfalt zu bewerkstelligen war.

Ausdehnung Der Günzburger Friedhof zählt mit 1430 ausgewiesenen Bestattungen zu den größten modern ausgegrabenen Gräberfeldern Deutschlands, nur übertroffen vom Friedhof der Rheinfestung *Gelduba*-Krefeld-Gellep mit über 4000 Bestattungen. Zum Vergleich: Die größten untersuchten Friedhöfe in Bayern umfassen über 1100 Gräber in Regensburg, 454 in Faimingen, 411 in Kempten, 258 in Seebruck und über 250 in Schwabmünchen.
Der Friedhof reicht von der Donaugasse 9 (1907)/Äußere Brunnengasse 11 im Osten bis zur Wetzlerstraße und erstreckt sich über eine Länge von 600 m entlang der Donau-Süd-Straße (*Abb. 137*). Belegt wurden beide Seiten der Römerstraße, die Kernzone aber stellen die drei noch nicht untersuchten Grundstücke Fl. 2116, 2117 und 2123 am Nordrand des Gewerbegebiets dar. Der Belegungsstreifen nördlich der Ulmer Straße bedeckt eine licht belegte Zone von 30/35 m; dort befanden sich wenigstens

136 Grabung des Historischen Vereins Günzburg an der Ulmer Straße um 1910. Im Hintergrund das Anwesen des Bauern Johann Weiß, Ulmer Straße 76 (Akten Hist. Ver. Günzburg).

zwei gemauerte Grabtempel und Grabgärten *(Abb. 195)*.
Wie gesagt, bildete die römische Straßenachse die Leitlinie des Friedhofs; von ihr zweigte westlich der Schreberstraße ein geschotterter Seitenweg ab, der 1985 in Grabungsfläche 3 dokumentiert und in seinem Aufbau untersucht werden konnte (*Abb. 137*). Durch diesen Weg waren die hinteren Gräberfeldareale besser erreichbar. Die Tiefe der Belegung in südlicher Richtung reicht bis zu 110 m. Südlich der Fl. 2124 (1994) traten nur noch vereinzelt Bestattungen auf.
Wie das Friedhofsgelände in römischer Zeit aussah, verraten einige Beobachtungen und Funde. Zunächst war das Areal verhältnismäßig eben, der Kiesdamm der Römerstraße dürfte die höchste Erhebung gewesen sein. Die antike Oberfläche (Lauffläche) war in unseren Grabungen nirgendo mehr mit Sicherheit auszumachen; jedenfalls fehlten beispielsweise Versturzhorizonte um die Grabgebäude. Allerdings kann nicht sehr viel, nur wenige Zentimeter der Erosion bzw. dem Pflug zum Opfer gefal-

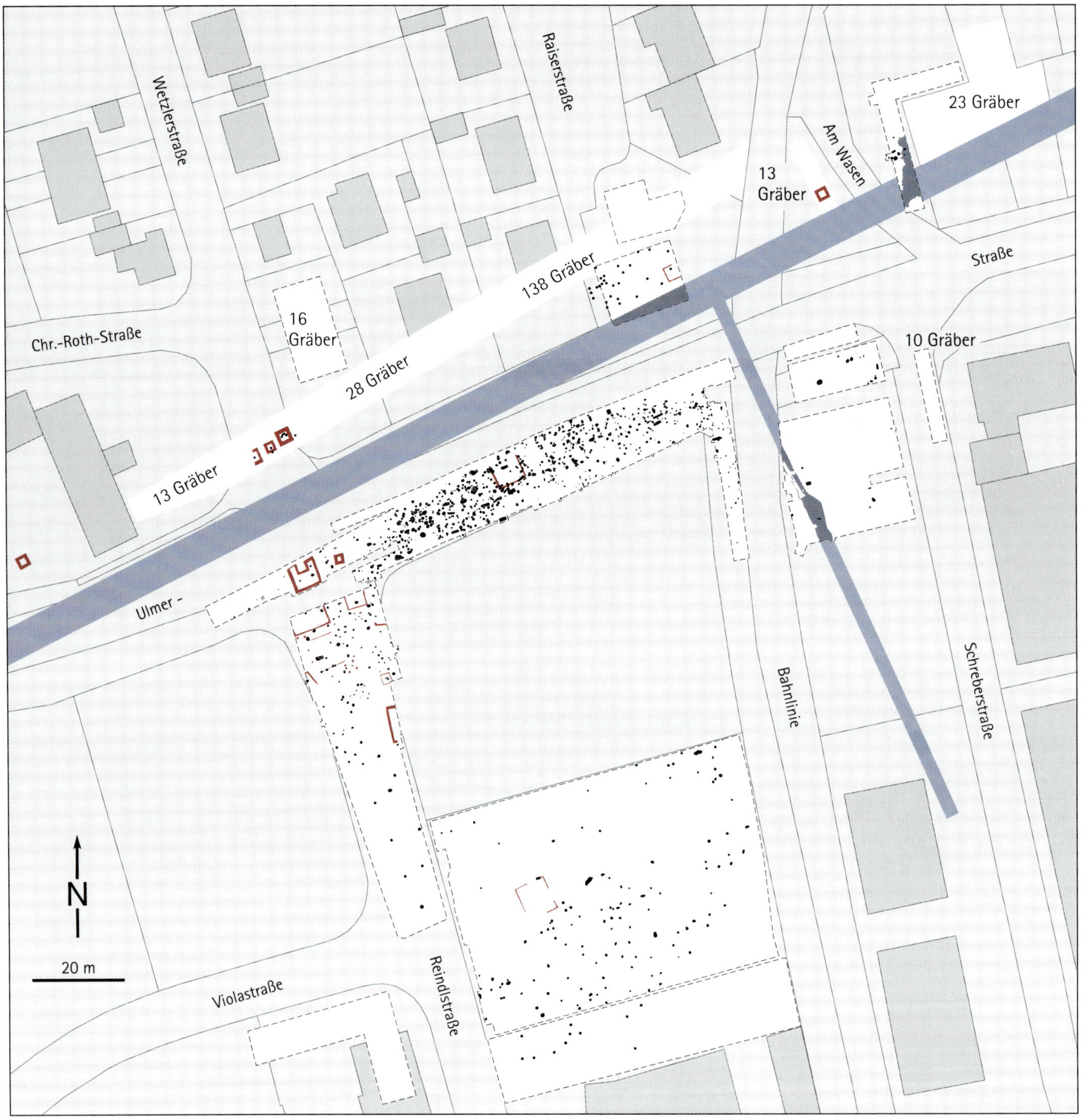

137 Römisches Gräberfeld an der Ulmer Straße. Brandgräber, Grabbauten und Grabgärten des 2. und 3. Jahrhunderts beiderseits der Donau-Süd-Straße. Zu den mittelkaiserzeitlichen Kindergräbern s. *Abb. 231*. M. 1:1250.

len sein, da das kompakte Schotterpaket des Seitenwegs sowie Fahrspuren eisenbeschlagener Räder neben dem Straßendamm der Donau-Süd-Straße erhalten waren. Im übrigen stand noch der Sockel eines abgebrochenen Grabsteins *(Abb. 202)* aufrecht im Boden.

Das antike Friedhofsareal war von Bachläufen durchzogen, die mehrmals angeschnitten und untersucht werden konnten. Es handelt sich um mäandrierende Seitenarme des Bubesheimer Bachs, der sich hier immer wieder Bahn gebrochen hatte, bevor er „im Bach" mündete, wie die Ulmer Straße im volkstümlichen Sprachgebrauch der Unterstadt hieß. Aus seinem seichten Bachbett stammen verschiedene Muschelarten wie die *Lymnaea palustris* und *Lymnaea peregra* [1], die auf stehende oder träge fließende, pflanzenreichen Gewässer hindeuten, der *Planorbis carinatus* und die Flußmuschel *Unio crassus cythera*, die typisch für die obere Donau ist[349]. Weitere Unio-Arten stammen aus den Kampagnen 1981 (Grab 862) [2], 1994 [3] und 1995 [4]. Wenn wir die stratigraphisch-bodenkundlichen Verhältnisse richtig deuten, war das Gelände in römischer Zeit dennoch trocken.

Bevor wir uns dem römischen Totenbrauchtum zuwenden noch ein kurzer Blick auf die Zone zwischen Kastell, Ortsrand und beginnender Friedhofsbelegung, einen Bereich, der sich an verschiedenen Stellen nachweisbar überlagerte, was auf die frühe Topographie und die Entwicklung des Bestattungsplatzes am Ende des 1. Jahrhunderts ein interessantes Licht wirft. Wir werden später auch im Zusammenhang mit dem Rückzug der Besiedlung im 3. Jahrhundert dieses Problem noch einmal streifen.

Das östliche Ende des Friedhofs, oder besser: der horizontalstratigraphische Beginn ragt in ein Terrain hinein, das zuvor von den flavischen Kastellen um die Römergasse 12 bzw. im Städtischen Friedhof bedeckt und zuletzt durch mächtige Planierschichten aus Fachwerkschutt eingeebnet worden war *(Abb. 62)*. In der Römergasse 5 (1909) konnten zwei Brandgräber unter späteren Gebäuderesten lokalisiert werden. Im Rembold-Garten (1918) waren Brandgräber in Barackenlehm eingetieft bzw. über der Planierschicht angelegt. Im Krankenhausgarten (1909) lagen mehrere einfache Bestattungen unter (abgefahrenem?) Straßenkies und über 18 weitere beiderseits der Straße (1910) inmitten von Siedlungsresten, ohne daß deren stratigraphische Umstände genau beschrieben wurden.

Jedenfalls sieht es so aus, als wäre die zivile Besiedlung der Nachkastellzeit rasch über die ersten, frühen Gräber hinausgewachsen und habe ältere Bestattungen überdeckt, weil der Vicus offensichtlich keine anderen Ausdehnungsmöglichkeiten im Westen besaß. Schließlich fanden sich jüngere Siedlungsreste bis an den Wasen (Darre) und sogar über die Schreberstraße hinaus. Der Holzbau *Abb. 240*, ein Brunnen und Gruben an der Abzweigung der Seitenstraße in Grabungsfläche 3 (1985) gehören wohl in die Spätphase des mittelkaiserzeitlichen Vicus. In diese Seitenstraße waren spätrömische Körpergräber eingetieft und durch das Kiespaket geschlagen (Gräber 1130, 1135); folglich wurde der Seitenweg im 4. Jahrhundert nicht mehr genutzt *(Abb. 135)*.

Den chronologischen Beginn des Friedhofs markieren die beiden schon erwähnte Gräber neronisch-vespasianischer Zeit. Das bislang älteste hatte Ohlenroth 1925 vorgelegt; es stammt von den Krautgärten an der Ulmer Straße (Grundstück Kotrba 1923, Fl. 762). Ein weiteres Grab (Grab 1264) aus der Frühzeit Günzburgs wurde 1992 freigelegt. Es lag erstaunlicherweise nicht nahe bei der Militärstraße, sondern abseits, ca. 70 m südlich auf freiem Gelände. Es enthielt zylindrische Sigillata-Näpfe und -Teller der Form Drag. 22 und 23 *(Abb. 63–64)*.

Feuer und Erde: Brand- und Körpergräber

Das Zwölftafelgesetz[350] kannte bereits die beiden hauptsächlichen Beisetzungsformen, die Feuerbestattung (der Archäologe sagt: Brandbestattung) und das Körpergrab („Skelettgrab"), bei dem der Verstorbene unverbrannt in der Grabgrube beigesetzt wurde: *Sepelire* und *urere*, beerdigen und verbrennen. Andere Formen wie Höhlen-, Baum-, Luft- oder Wasser-/Seebestattungen kannten die Römer nicht. Schon die an-

142 Leichenbrand aus einem Grab an der Ulmer Straße mit Resten des Schädels (oben) und des postkranialen Skeletts; Maßstab 5 cm.

143 Glasurne mit Leichenbrand aus Grab XI der Ulmer Straße/Lauberwiese 1967; H. 15,4 cm (Inv. 1967.44).

(Abb. 140) bestattet, eines unter einem Dach aus *tegulae*. Die überwiegende Mehrzahl war beigabenlos, auch das ist typisch. Nur viermal sind Münzen beigegeben worden (Grab 175, 228, 382, 1102), in einem einzigen Fall fand sich ein kleiner bronzener Armreif (Grab 1220).

Sonderbestattungen Aber es gab noch eine dritte Gruppe von Körpergräbern, die wir als Sonderbestattungen bezeichnen *(Abb. 141)*. Bei ihnen fallen abweichende Körperstellungen auf: Eindeutig sind Bauchliegende[358] mit dem Gesicht nach unten und/oder auf dem Rücken gefesselten Händen oder, wie im Fall des Toten von Grab 98, der in einer mit über 40 Eisennägeln zugenagelten Kiste lag; nach der Position seines Grabs im Friedhofsareal der Spätantike dürfte es sich jedoch eher um eine Bestattung des 4. Jahrhunderts handeln.

Offensichtlich handelt es sich bei diesen Sonderbestattungen um Angehörige sozialer Randgruppen, zum Beispiel solcher Menschen, die auf unnatürliche Weise ums Leben gekommen waren, um Mord- oder Unfallopfer, Selbstmörder oder Ausgestoßene („gefährliche Tote")[359]. Dazu zählten auch vom Blitz Erschlagene: *homo si fulmine occisus est, ei iusta nulla fieri oportet*, „einem Mensch, der vom Blitz getötet wurde, dem darf man kein richtiges Grab bereiten". Für sie galt, ähnlich wie für getötete Feinde[360] und hingerichtete Verbrecher, ein Bestattungsverbot. Ihre Leichname ließ man auf freiem Feld liegen, „bis die Knochen weiß wurden" (Hor. s. 1, 8,17) oder warf sie in ausgediente Brunnen. Das Bestattungsverbot konnte aber auf Bitten der Angehörigen oder wer immer einen Antrag stellte, *quibusdam petentibus*, von der zuständigen Verwaltung aufgehoben werden. Erst dann durfte der Tote auf dem allgemeinen Friedhof beigesetzt werden. Die Freigabe des Leichnams Jesu Christi an Joseph von Arimathaia wurde vom Statthalter Pontius Pilatus ohne weiteres gewährt (Mt 27, 57–60; Mk 15, 45; Lk 23, 50–56; Joh 19, 38).

Die Leichenverbennung *(crematio)* Gegen Ende der römischen Republik hatte sich die Einäscherung allgemein durchgesetzt, in den meisten Provinzen verbreitet und bis ins 3. Jahrhundert gehalten. Hinter der Verbrennung stand die neuplatonische Vorstellung, daß sich die Seele durch Feuer leichter vom Körper löse. Zugleich wurde der Leib des Toten wie auf einem Altar den Göttern zum Opfer dargebracht.

Die Einäscherung fand auf dem Friedhofsgelände statt, an einem eigens hergerichteten Verbrennungsplatz, dem *ustrinum* (auch *ustrina*), einem Ort, *locus ubi comburuntur corpora* (Corp. Gloss. VII 386), wo die Toten verbrannt werden. Trotz einer Vielzahl großflächig untersuchter Gräberfelder sind solche Plätze jedoch außerordentlich selten und vom Befund her spärlich. Man muß daraus schließen, daß die meisten Ustrinen ebenerdig und ohne feste Substruktion oder sogar leicht erhöht angelegt wa-

144 Brandgräber im Friedhof an der Ulmer Straße im Profil.
Urnengräber: 1 Grab 828, 2 Grab 638, 3 Grab 528, 4 Gräber 401/408, 5 Gräber 624 und 647, 6 Grab 641; Gräber mit Leichenbranddepot: 7 Grab 482, 8 Grab 670. Teilung des Maßstabs 0,1 m.

1
638
1,0 m
2
528
3
401
408
1,0 m
4
647
624
5
641
6
482
7
670
1,0 m
8

145 Bustumgrab 663 auf dem Friedhof an der Ulmer Straße in Planum (oben) und Profil (Mitte, unten).

ren, ähnlich den stadtrömischen Anlagen, die oft ein aufgemauertes, umzäuntes Podium besaßen, auf dem dann der Scheiterhaufen *(rogus)* errichtet wurde. Dieser Holzstoß mochte tatsächlich die Form eines Altars haben, weswegen er oft *ara* genannt wurde, eben auch in Anspielung darauf, daß der Leichnam den Göttern geopfert wurde. Das Holz sollte nach dem Zwölftafelgesetz nicht mit der Axt (Querbeil, Dechsel) geglättet sein: *rogum ascea ne polito*, sondern roh belassen. Außerdem mußte der Scheiterhaufen mehr als 60 Fuß (etwa 20 m) von einem fremden Haus errichtet werden (Cic. leg. 2, 24,61); die oben zitierte Stadtsatzung des römischen Genf, die *lex Coloniae Genitivae*, bestimmte eine Entfernung von 500 Doppelschritt (750 m).

Der bekleidete Leichnam wurde mit der Bahre (*lectus, feretrum)*, samt Beigaben (Schmuck, Kleidern, Geschirr, Gerät) auf den geschmückten Scheiterhaufen gelegt. Zahlreiche Nägel im Brandschutt vieler Gräber deuten darauf hin, daß das *feretrum*, vielleicht auch das Scheiterhaufengerüst selbst gezimmert und durch Nägel zusammengehalten war. Nachdem man die Augen des Verstorbenen noch einmal kurz geöffnet hatte, damit er das Licht sähe, in das seine Seele nun zurückkehre, wurde nach einer letzten Anrufung seines Namens *(ultima clamatio)* das Holz mit abgewandtem Gesicht (vom ältesten Sohn des oder der Verstorbenen) angezündet. Der Leichnam verbrannte innerhalb weniger Stunden[361], wobei das Feuer Temperaturen um 800–1000 Grad C[362] erreichte, bei denen z. B. das Bleiglas der Balsamarien mitunter auch die Bronzeteile schmolzen.

In der Regel wurde der Tote zusammen mit den Beigaben eingeäschert, die er in seinem Testament verfügt hatte oder die ihm die Angehörigen zugedacht hatten, um einen würdevollen Abgang aus dieser Welt sicherzustellen. Hinzu kamen persönliche Geschenke und Blumen, als Zeichen der Trauer auch abgeschnittene Haarlocken. Die Einäscherungszeremonie wurde begleitet von Weihrauchopfern. Gefäße mit Speise und Trank, Reste des Opferfleischs und Opfergeschirr wurden ins Feuer geworfen, wohlriechende Öle, Gewürze, Weihrauch und

Balsame samt ihren gläsernen Fläschchen *(balsamaria, odoriferae lances)* in die Glut gegossen, um den unangenehmen Verbrennungsgeruch zu mildern.
War der Holzstoß niedergebrannt, erkaltet oder mit Wasser gelöscht – Wein war durch ein Gesetz Numas aus der Königszeit verboten *(vino rogum ne respargito,* Plin. nat. XIV 88) –, wurde die Knochenasche (der Leichenbrand, *Abb. 142)* aus dem Rückstand des Scheiterhaufens ausgelesen *(ossa legere, ossilegium).* Mittelpunkt dieser Zeremonie, bei der man noch einmal mit dem Toten direkt in Berührung kam, war das Sammeln der Asche in den Bausch des Gewands *(in sinum).* Danach wurde sie mit Wein oder Milch gewaschen, in einem Tuch vorsichtig abgetrocknet und in ein Behältnis gegeben. Dabei kam es nicht so sehr auf die Vollständigkeit der Skelettreste an, wohl aber darauf, daß die Schädelteile sorgfältig gesucht und aufgelesen wurden. Durch diesen Auslesevorgang erklärt sich die Tatsache, daß die Anthropologen bei der Leichenbrandbestimmung[363] nicht selten mehrere Individuen in einem Grab feststellten, außer dem zuletzt verbrannten nämlich oft die Reste derer, die in der noch nicht

146 Scheibengedrehte Keramikurnen. 1 Grab 162 (H. 19,4cm), 2 Diota-Urne Grab 904 (H. 25,5) cm, 3 mit Kammstrichverzierung aus der ehem. Ziegelei X. Bayer 1904 (H. 30,1 cm).

150 Ziegelkistengrab 1140 während der Freilegung. In der Ziegelkammer Glasamphore als Urne, davor umgestülpt ein Räucherkelch. Teilung des Maßstabs 0,1 m.

reste belegen (Grab 251). Daß gerade solche einfachsten Keramikgefäße gerne als Urne verwendet wurden, hat möglicherweise auch eine kultisch-religiöse Bewandtnis.

Unter den verschiedenen Gefäßtypen fällt die sog. Diota-Urne *(Abb. 146,2)* mit zwei Henkeln (*diota*, zweiohrig) auf. Die eigentümliche Gefäßkontur erinnert an die anthropomorphe Gestalt, wie sie auch in den sog. Gesichtsurnen faßbar wird, die geistesgeschichtlich aus der Gedankenwelt des Mittelmeerraums stammen. Nach urtümlichen Vorstellungen repräsentierte das Gefäß den Körper bzw. seine Hülle, in der das Innenleben, die Organe, geborgen sind (*corpus quasi vas*, Luc. III 440)[366]. Verwandt, aber deutlich zu unterscheiden von dieser Gedankenwelt ist die vermutlich über die Etrusker vermittelte Sitte, dem Verstorbenen eine Totenmaske *(imago)* abzunehmen und der Urne als Kennzeichen umzuhängen[367]. Hierzulande war dieser Brauch im stärker romanisierten Westen und vor allem in den städtischen Zentren bekannt. Die Gesichtsurnen besitzen nämlich stets die eigentümlich dargestellten, geschlossenen Augen des Toten und erinnern ganz eindringlich an seine Totenmaske. Dabei sind viele „Gesichter" volkstümlich stilisiert (Grab 70; *Abb. 132. 148-149*), manchmal sogar miniaturisiert, wobei der ursprüngliche geistesgeschichtliche Hintergrund anscheinend nicht immer richtig verstanden wurde. Mancherorts verkümmerte die Totenmaske zu einer apotropäischen Fratze, die, wie das freundlich grinsende Gorgonengesicht (Medusa mit ihren beiden Schwestern Sthenno und Euryale) auf raetischen Traubenurnen[368], Unheil vom Grab abwehren sollte. Im Hinblick auf die apotropäische Wirkung ist auch die Urne aus Grab 55 von der Lauberwiese zu

deuten; sie trägt auf dem Bauch einen mit der Fingerspitze eingeschriebenen Phallus *(Abb. 148,3)*.

Zerbrechliche Glasurnen waren zwar kostspielig, aber sicher erschwinglich: Mehrfach sind kugelförmige Urnen mit umgeschlagenem Rand belegt *(Abb. 143)*; ob sie speziell für den Grabbrauch hergestellt wurden, ist umstritten. Im Fall des Grabes 638 wurde sie mit einem eisernen Schildbuckel *(Abb. 144,2)* verschlossen. Daneben kommen aber auch andere weitmundige Glasgefäße, selbst enghalsige Krüge und Amphoren vor *(Abb. 152)*[369].

Haec domus, haec requies "Das ist dein Haus, dort ruhst Du!" heißt es auf einer Grabinschrift aus *Trebiae*-Trevi (CIL VI 24368 = CLE 1097). Die Vorstellung von der „neuen Behausung", in die der Tote einzog und ein seinem bisherigen Leben schwer vergleichbares Dasein führte, kam sinnfällig in der Form von Sarkophagen[370] zum Ausdruck, denen der Steinmetz die Gestalt eines Hauses mit Giebeldach gab *(Abb. 127)*. Die 1895 abseits des Gräberfeldes am Dreirosenberg gefundene, oben schon erwähnte Steinkiste barg die Überreste eines Kindes mit einem Obolus (Sesterz des Nerva von 97); im Vergleich zu ähnlichen Bestattungen dürfte der Sarkophag wohl dem 3. Jahrhundert angehören.

Die Hausvorstellung geht auf prähistorische („Hausurnen"[371]) und etruskische Wurzeln (Sarkophage) zurück. Mehrfach konnten wir auf dem Friedhof an der Ulmer Straße auch würfelförmige Ziegelkisten beobachten, die aus Dachplatten *(tegulae)* zusammengesetzt waren (Grab 1140, 1383, 1388). In dieser Form der Behausung und seinen Bauteilen klingt dieser Gedanke ebenfalls an *(Abb. 150)*. Zwei ungewöhnliche Behältnisse stammen aus den Gräbern 67 und 756: die „Urne" von Grab 67 bestand aus dem abgeschlagenen Hals einer rottonigen Amphore, in den die Asche eingefüllt war *(Abb. 47,1)*. Grab 756 barg den Leichenbrand in zwei senkrecht gegeneinander gestellten Firstziegeln *(imbrices)* auf einer quadratischen Ziegelplatte als Boden.

Sind in diesem Kapitel die verschiedenen Formen des Totenbrauchtums im allgemeinen, die Einäscherung und das Bestattungswesen beschrieben worden, sollen im folgenden zunächst die Totenausstattung, die verschiedenen Beigaben und Beigabensitten und anschließend die Grabgärten, Grabsteine und obertägigen Grabmonumente von Günzburg vorgestellt werden.

Grabausstattung und Beigaben

Hinter der Ausstattung des Toten im Grab steht die urtümliche Vorstellung, daß der Verstorbene nicht nur ein Recht auf das von ihm Erworbene, sein Eigentum *(bona mea)* hat, sondern daß diese Objekte auch stets ein Teil seiner Persönlichkeit waren und deshalb für jeden anderen unbrauchbar. Seinem Nachlaß, auf den er einen Rechtsanspruch hatte (Totenteil, Seelteil, dead mens part), unterscheidet sich von den persönlichen Geschenken der Angehörigen. Beide sind im archäologischen Fundgut zwar oft schwer auseinanderzuhalten, aber durch die Regelhaftigkeit bestimmter Beigaben

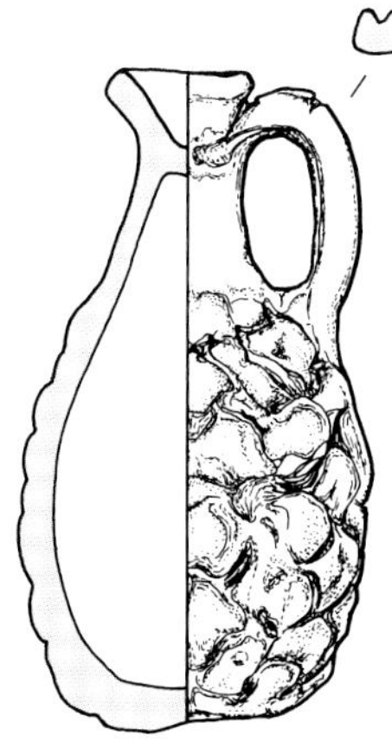

151 Keramikbalsamarium in Form eines Pinienzapfens aus Grab 1217. Gelbe Bleiglasur; die verschlossene Mündung zeigt, daß das Gefäß als Attrappe beigegeben war; H. 10,1 cm.

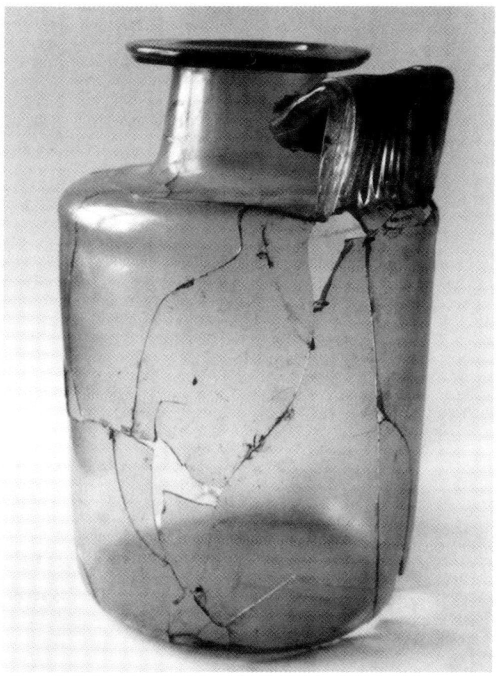

152 Urnen aus Glas. Links Amphore mit Stempel *Italia Claudia* aus Grab 626 (H. 32,1 cm); rechts Grab 684 (H. 36,1 cm).

153 Röntgenaufnahme der Urne des Arztgrabs 496 unmittelbar nach der Bergung. Im unteren Gefäßdrittel ist der Leichenbrand zu erkennen, darauf rechts der flache Bronzekasten mit Medikamenten, dahinter eine Bronzesonde; schräg aus der Mündung schaut das bronzene Pistill. Die gekreuzten Bronzeringe stammen von einem Gürtel oder einer Tasche.

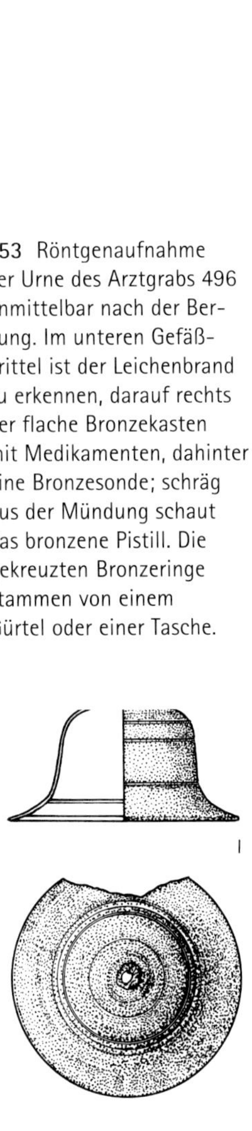

154 Bronzegegossene, nachgedrehte Schelle einer mit zwei Fingern geschlagenen Klappe (Zimbel) aus dem Gräberfeld an der Ulmer Straße. M. 1:2.

155 Bronzelampe eines Schwarzafrikaners aus dem Städt. Friedhof 1923 (L. 7,6 cm; Inv. 1212).

unterscheidbar[372]. Diese Ambivalenz drückt auch die lateinische Bezeichnung *munera* aus. Einerseits bezeichnet *munerare* schenken und beschenken, andererseits aber sind die *munia/ munera* auch die Pflichtleistungen, die man jemandem schuldete.

Von den Beigaben ist weniger erhalten, als man auf den ersten Blick vermutet. Die meisten, um nicht zu sagen die wesentlichen Gegenstände waren aus organischem Material, von dem so gut wie nichts übrig geblieben ist. Insbesondere Kleider werden in der antiken Literatur immer wieder erwähnt. Dabei sind Einzelobjekte auch als *pars pro toto* oder sogar als wertlose Attrappen mitgegeben worden (*Abb. 151*). Der natürliche Schwund organischer wie anorganischer Gegenstände auf dem Scheiterhaufen wurde verstärkt durch die unvollständige Selektion aus den Brandrückständen, so daß Beigaben letzten Endes nur stark dezimiert überliefert sind, was die Beurteilung einzelner Phänomene der hinter den Grabbräuchen stehenden „lebenden Kultur" sehr erschwert und problematisch macht. Auffällig ist immerhin, daß in der römischen Beigabenkultur jede Form von Hausrat und Einrichtungsgegenständen, insbesondere Teile des Hauses oder seiner Inneneinrichtung fehlen; sie gehörten nicht zum Ausstattungsgut des Verstorbenen.

Unter den Beigaben gibt es solche, die man als individuelle, persönliche Grabausstattung ansprechen kann, und andere, die man einem regelhaften, manchmal geschlechtsspezifischen Inventarkanon zurechnen muß. Das Spektrum der „Regel- oder Standardbeigaben" für Tote beiderlei Geschlechts ist begrenzt und führt zu einer scheinbaren Uniformität vieler Grabensembles. Obolus und Öllampe zählen zu den am weitesten verbreiteten, für bestimmte Regionen und Zeiten geradezu typischen Zeugnissen des Totenkults. Art und Weise der Beigabenauswahl und Deponierung spiegeln religiöse Vorstellungen der Totenverehrung und Riten wider, die ein wichtiger Schlüssel unseres Verständnisses sind. Sie dokumentieren Einzelhandlungen beim Vorgang des Bestattens, Bestattungsrituale am offenen Grab und im Ablauf der Beisetzungsfeierlichkeiten und sind als solche heute noch schwer zu interpretieren oder einfach unverständlich.

Es hat nicht an Versuchen gefehlt, römisches aus einheimischem oder nationalem Gut herauszufiltern und als germanische oder keltische Sitten zu beschreiben – mit mehr oder weniger überzeugendem Erfolg[373]. Nur wenige Objektgattungen eignen sich dazu, wie die Waffen. Als Teil der Soldatenausrüstung sind sie zwar dem persönlichen Eigentum des Soldaten zuzurechnen, sie wurden aber praktisch nie ins Grab mitgegeben. Anders bei den Kelten und Germanen. Nach Caesar (Caes. Gall. 6, 19, 4) warfen die Gallier „alles, was nach ihrer Einschätzung den Lebenden am Herzen gelegen hätte" auf den Scheiterhaufen, so wie es auch das sog. Lingonentestament aus dem gallisch-belgischen *Andematunnum*-Langres (CIL XIII 5708 = ILS 8379[374]) forderte. Auch die Germanen legten großen Wert auf eine angemessene Waffenausstattung, wie Tacitus berichtet (Tac. Germ. 27): „Bei den Begräbnissen treiben sie keinen ehrgeizigen Aufwand. Nur wird darauf geachtet, daß die Männer mit bestimmten Hölzern verbrannt werden. Den Stoß des Scheiterhaufens bedecken sie nicht mit Dekken und Räucherwerk. Jedem werden seine Waffen dem Feuer beigegeben...".

156 Bronzegegossener Börsenarmring aus Grab 68 an der Ulmer Straße/Lauberwiese 1927 (Dm. 10,0 cm; Inv. 886c).

Berufsspezifische Beigaben Obwohl der Handwerkerstand in der römischen Gesellschaft eine wichtige Rolle spielte, sind berufsspezifische Beigaben in den Männergräbern zwar belegt, doch außerordentlich selten und auf solche Berufe beschränkt, die im Glauben der alten Völker mit besonderen Gaben und Fähigkeiten gesegnet waren: Die Schmiede[375], die Ärzte[376] und die Maler[377]. Alle drei haben ihre Spuren im Günzburger Friedhof hinterlassen.

Vom Schmiedegrab 549 war schon im Zusammenhang mit dem Handwerk die Rede *(Abb. 95)*. In der Urnenbestattung 496[378] war ein medizin- oder heilkundiger Mann mit seinen Instrumenten beigesetzt *(Abb. 148,2)*. Die Münze Getas datiert seinen Tod in die Zeit nach 211. Die medizinische Betreuung der Bevölkerung besorgten Ärzte, oft griechische Sklaven, die bei entsprechendem Können durchaus gut verdienten; ihre Gräber waren allerdings nie besonders auffällig oder reich ausgestattet. Die Urne, aus der ein Bronzestab herausragte, wurde vor dem Ausnehmen standesgemäß geröntgt *(Abb. 153)*: Auf dem Leichenbrand lag das bronzene Arzneikästchen[379] mit einem Stück Blei, das als *medicamentum* zu deuten ist, zumal Blei trotz seiner Giftigkeit in kleinen Dosen als Heilmittel galt. Eine bronzene Löffelsonde diente zum Portionieren, Mischen oder Anrühren von Heilmitteln oder Salben, der 25,8 cm lange Bronzestößel zum Pulverisieren der Substanzen. Die beiden Bronzeringe dürften vom Verschluß einer Ledertasche stammen, in der die Instrumente aufbewahrt waren.

Schließlich fanden sich in zwei Gräbern Hinweise auf Maler: In Grab 757 des 2. Jahrhunderts lagen vier blaue und eine rote Pigmentkugel im Brandschutt. Auch die Bestattung 716 enthielt eine blaue Pigmentkugel. Diese zentimetergroßen Kugeln waren die für die Römerzeit typische Herstellungs- und Handelsform von Farben; sie wurden verrieben und mit entsprechenden Bindemitteln vermalt. Unklar bleibt nur, ob die Farbpigmente nicht auch auf andere Art und Weise in den Boden gelangt sein könnten, etwa durch Maler, die in der Nähe eine Grabkammer ausmalten. Farbtöpfe jedenfalls fehlten in diesen Gräbern.

Sozusagen auch berufsspezifisch könnte die Beigabe einer Art Bronzeschelle sein, die vielleicht von einer Zimbel[380] stammt, wenn es sich nicht um das Bruchstück eines Kerzenständers handelt *(Abb. 154)*. Wenn die erste Ansprache richtig ist, müßte das Grab einer Isispriesterin gehört haben: „Als Priesterin trug sie die Klapper der Göttin aus Memphis" heißt es auf einem Grabstein (CLE 1997). Das geräuschvolle Schütteln der Klapper ahmte das Rascheln und Rauschen von Wasserpflanzen und Schilf nach und sollte Seth, den Gegenspieler des Osiris, fernhalten.

Der Obolus Nach alter griechischer Sitte erhielt der Verstorbene als Fährgeld *(naulum)* einen

157 Messingmünze (Sesterz) des Tiberius (14–37) aus Grab 227 an der Ulmer Straße. Geprägt 21/22 n. Chr. in Rom für Drusus und seine Enkel, die Zwillinge Germanicus Gemellus und Tiberius Gemellus.

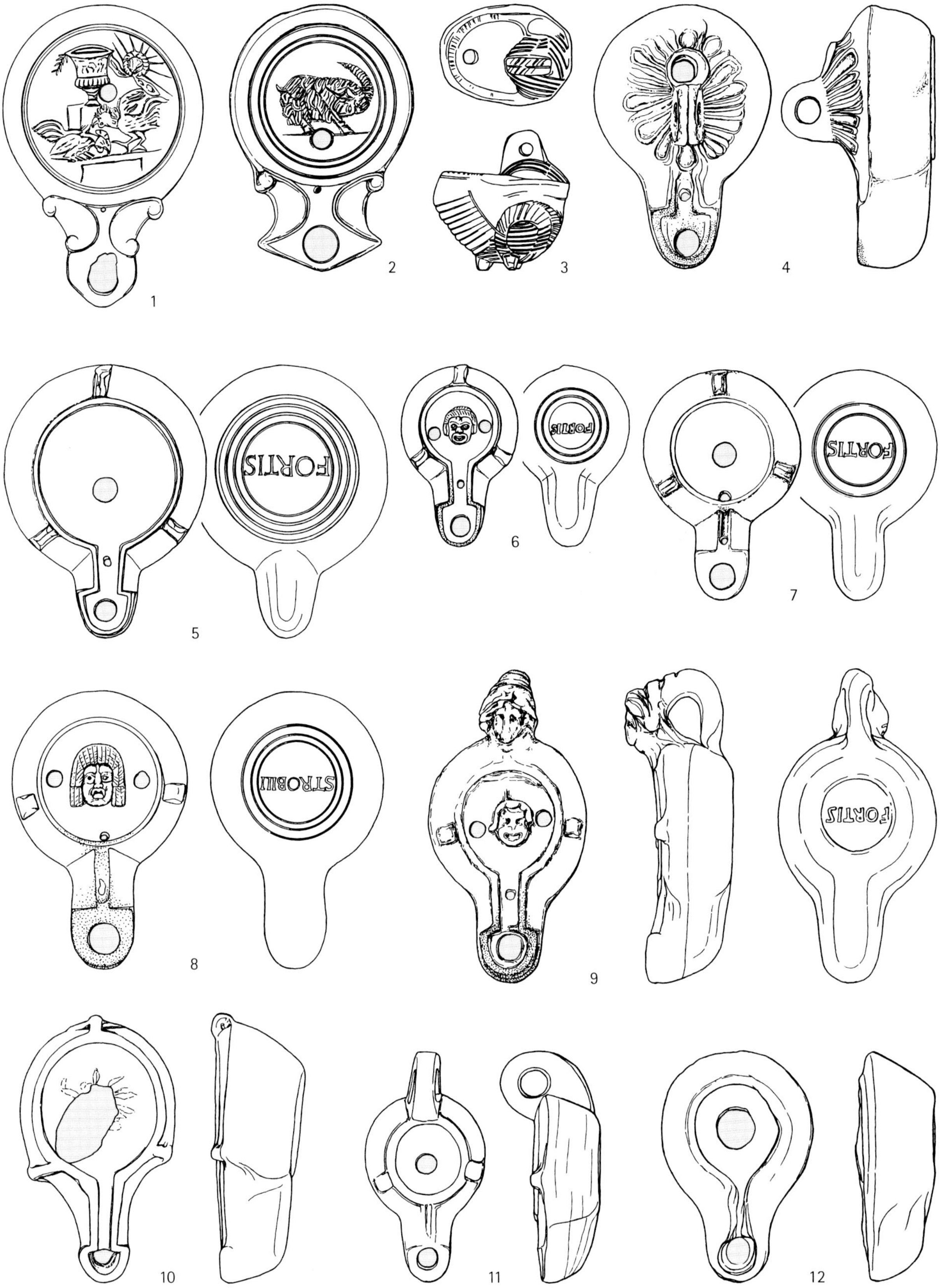

158 Römische Grablampen aus dem Gräberfeld an der Ulmer Straße.
1 Grab 923, 2 Grab 925, 3 Planum, 4 Grab 931, 5 Grab 1061, 6 Grab 1204, 7 Grab 1411,
8 Grab 1200, 9 Grab 1193, 10 Grab 233, 11 Grab 1361, 12 Grab 1175. M. 1:2.

159

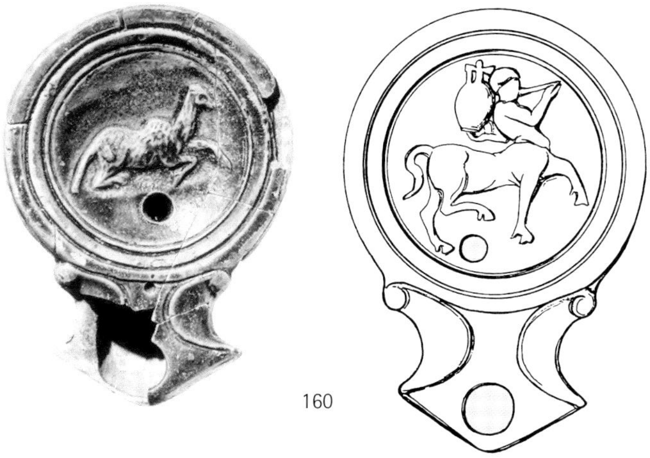

160

161

162

163

159 Bildlampen aus dem Gräberfeld an der Ulmer Straße. Erote Grab 243 (L. 10,0 cm), tanzende Mänade aus Grab 1249 (L. 10,0 cm).

160 Bildlampen aus dem Gräberfeld an der Ulmer Straße mit Darstellung eines Dromedars aus Grab 555 (L. 10,7 cm) und eines trinkenden Kentauren mit Weinamphore auf der Schulter (Planum; L. 11,8 cm).

161 Weißtonige Abformung einer Firmalampe des Atimetus aus Grab 983. Vermutlich aus einer Trierer Werkstatt (L. 10,2 cm).

162 Bildlampe mit Anker aus Grab 1140 (L. 8,0 cm).

163 Firmalampen mit Fabrikantenstempel auf dem Boden. Eradierte Marke Fortis (Grab 434; L. 11,0 cm), Stempel des Cresces (Grab 469), Pastor (Grab 933), Comunis (Grab 1430) und Fortis (Grab 1376). Maßbalken 5 cm.

164 Goldohrringe aus Grab 638 mit grüner Glasperle und mit umschlungenen Enden aus Grab 590 und Halskette aus dem spätrömischen Grab 376.

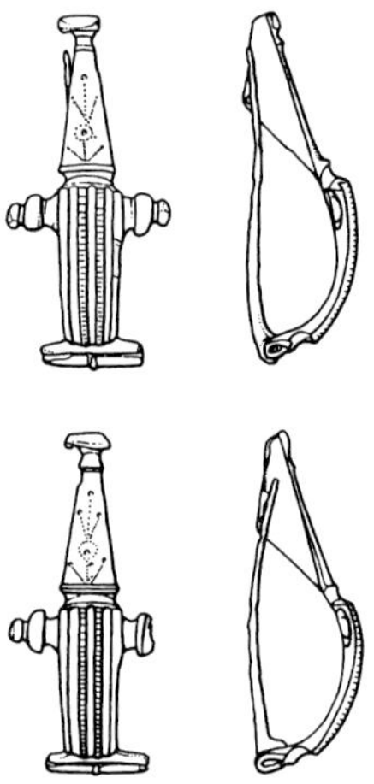

165 Über einem Grab deponiertes, gußgleiches Fibelpaar (Bronze, verzinnt; L. 5,4 cm). M. 1:2.

Obolus[381] um den Fährmann Charon zu entlohnen, der ihn über den Grenzfluß Styx ins Reich der Toten übersetzen sollte. Oft wurde die Münze dem Verstorbenen in den Mund gelegt.
Die Münzbeigabe war auch hierzulande bekannt und Bestandteil des Totenbrauchtums, wenn auch mit kaum mehr als 60 Belegen im Verhältnis zu 1400 Bestattungen eher selten. Dabei aber gilt es heute als durchaus problematisch, ob alle Münzbeigaben tatsächlich im Sinn des griechischen Obolus zu deuten sind. Bezeichnenderweise fehlen höherwertige Nominale, Denare oder Aurei, so daß der Inhalt mitgegebener Geldbörsen oder Brustbeutel *(marsupia, crumina)* als Symbol eines finanziell sorgenfreien Lebens weniger in Frage kommt. Immerhin enthielten zwei Gräber (Altfund[382], Grab 340) ein allerdings leeres Börsenarmband mit raffiniertem Sicherheitsverschluß *(Abb. 156)*[383]. Allenthalben ist auch an eine *pars pro toto*-Beigabe zu denken. Als Beigabensitte verteilen sie sich gleichermaßen wohl auf Frauen- und Männergräber; in vier Fällen wurden auch Kinder mit einer Münze ausgestattet. Durch ihre Prägedaten helfen sie zwar bei der Zeitbestimmung eines Grabs; allerdings mahnen abgegriffene Altstücke oder ausgefallene Prägungen zur Vorsicht: Dem Toten in Grab 227 war eine wohlerhaltene, fast 200 Jahre alte Sonderprägung *(Abb. 157)*[384] beigegeben worden; auch die Nerva-Münze im Steinkistengrab *Abb. 127* war mehr als 100 Jahre alt, als man sie dem Mädchen in den Sarkophag legte.

Öllampen in der Finsternis Ähnlich dem Obolus spielte die Öllampe[385] im antiken Totenkult eine außerordentliche Rolle. Gemessen an ihrer Fundhäufigkeit zählt sie in Günzburg zu den Standardbeigaben. Hier jedenfalls verstand man, im Gegensatz zu anderen Landfriedhöfen, ihren „romanischen" Bedeutungsinhalt: Öllampen leuchteten bei Beerdigungen und Totenfeierlichkeiten, sie wurden ins Grab gestellt, um Licht und Wärme ins Dunkel der Unterwelt zu bringen: *Manibus lucerna poni placeat* (CIL II 2102), „den Totengöttern soll es gefallen, eine Lampe aufzustellen".
Viele Lampen verraten durch Rußspuren an der Schnauze, daß man sie tatsächlich am Grab an-

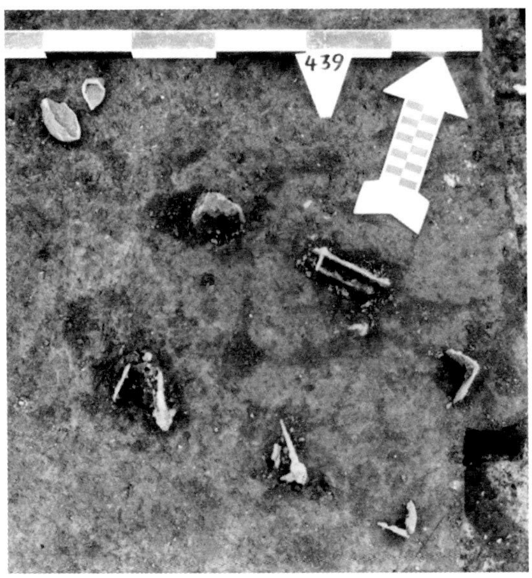

166 Eiserne Eckbeschläge, Scharniere (im Vordergrund) und Schloß des Holzkasten aus Grab 439 *in situ*. Teilung des Maßstabs 0,1 m.

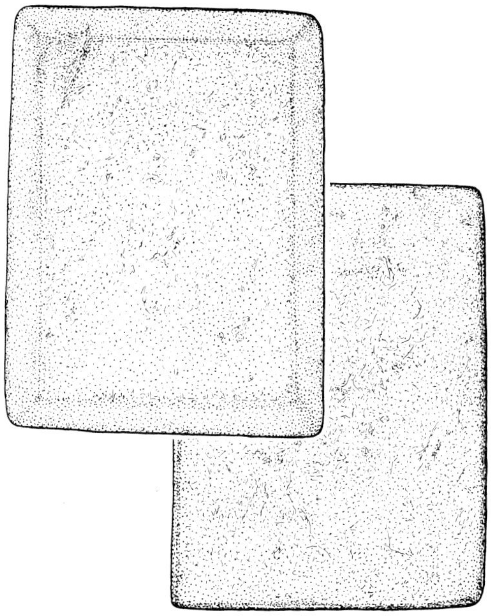

167 Bruchstück eines filigran profilierten Knochenkamms aus dem Gräberfeld an der Ulmer Straße (Planum 1992). Etwa natürliche Größe.

168 Schminkpalette aus grauem Kalkstein aus dem Bereich des Städt. Friedhofs; Ober- und Unteransicht. (L. 11,0 cm; Inv. II 116). M. 1:2.

gezündet hat. Fast jede zweite Bestattung enthielt eine Lampe, entweder in der Urne oder in der Grabgrube; nicht selten lag sie auch in den Bodenschichten über dem Grab, wo sie offensichtlich auf oder am Rand der Grube als Totenlicht abgestellt war.
Das Günzburger Lampenspektrum ist reich an Formen und Dekors *(Abb. 158)*. Eine Bronzelampe in Kopfgestalt eines Schwarzafrikaners[386] *(Abb. 155)*, zwei bronzene mit Lunulagriff (Grab 770; Loeschcke Typ XXI; *Abb. 117)* sowie eine Eisenlampe von der Lauberwiese[387] *(Abb. 75)* gehören zu den Einzelstücken. Die Masse verteilt sich auf Keramiklampen zweier Gruppen, die Bildlampen und die sog. Firmalampen.

Bildlampen Die Bildlampen (Loeschcke Typ I C) tragen auf dem Spiegel Bilder und Darstellungen, deren Aussage oft in einem besonderen Bezug zum Grab oder zu Jenseitsvorstellungen stehen: Altäre oder Opfertiere *(Abb. 158,1-2)*, tragische Masken *(Abb. 158,6.8–9)*, berauschte Mänaden im ekstatischen Tanz *(Abb. 159)*, Kentauren im Gefolge des Weingotts Bacchus *(Abb. 160)*, Eroten und andere Bilder aus der Welt der antiken Mythologie, die auf ein fröhliches Leben im Jenseits Bezug nehmen. Zu dieser Gruppe zählt auch die vermutlich ostmediterrane Lampe mit grüner Glasur aus Grab 760 *(Abb. 115)*, deren in den Boden geritzte Herstellermarke leider nicht mehr zu entziffern ist. Im Spiegel thront der trunkene Herkules *(Hercules bibax)* mit dem Kantharos in der Linken. Um den Oberschenkel gewunden erkennt man das Löwenfell, rechts die Keule. Der Anker als Sinnbild des sicheren Hafens, der Hoffnung *(Abb. 162)* ist erst viel später in christliches Glaubensgut eingegangen.

Firmalampen Zur Geschichte der über 180 Firmalampen (Loeschcke Typ IX mit geschlossenem, Typ X mit offenem Kanal) ist schon im Zusammenhang mit dem Günzburger Handel einiges gesagt worden. Während die meisten aus dem örtlichen Geschirrhandel beziehungsweise dem alltäglichen Haushaltsgebrauch stammten, gab es auch regelrechte Grablampen. Sie sind daran erkennbar, daß sie im Laufe der Brauchtumsentwicklung verkleinert, oft bis zur Funktionsuntüchtigkeit miniaturisiert wurden, so daß sie kaum mehr als drei oder vier Fingerhüte Öl aufnehmen konnten *(Abb. 158, 6.11; 162)*. Wenn man die Verbreitung der Grablampen betrachtet, waren sie, wie gesagt, auf

169 Kette aus 200 millimetergroßen, rosafarbenen Korallen und zwei tonnenförmigen Goldverschlüssen aus Grab 4 an der Ulmer Straße/Lauberwiese 1927 (Inv. 836c=1089).

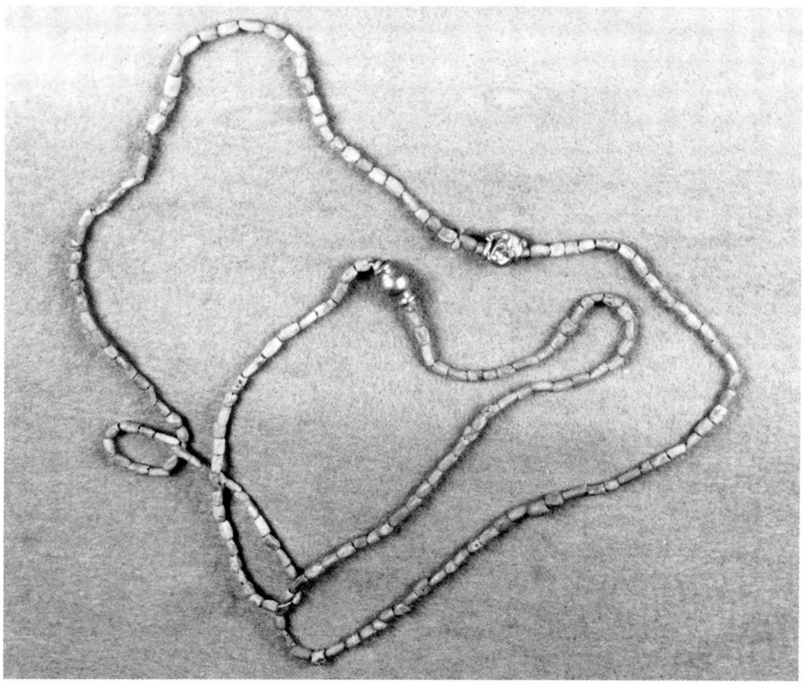

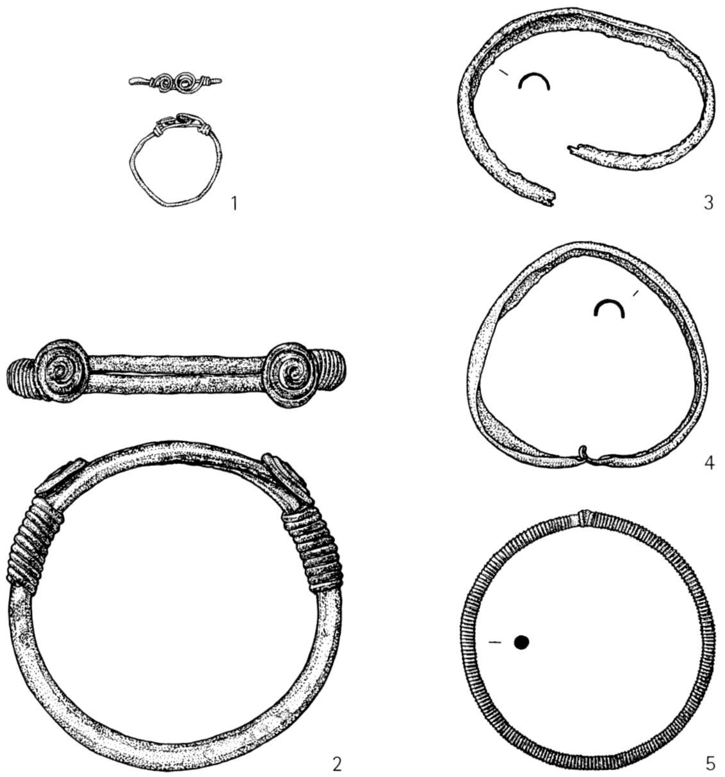

170 Bronzene Finger- und Armringe aus verschiedenen Gräbern an der Ulmer Straße. 1 Fingerring (ohne Grabnr.), 2 verzinnter Armring (Grab 18), 3–4 Armringe mit schalenförmigem Querschnitt (Grab 504) und 5 Armring mit Steckverschluß (Grab 315). M. 1:2.

dem Lande seltener zu finden als in den romanisch durchdrungenen urbanen Siedlungen[388]. In einigen Gegenden geriet die Lampenbeigabe nach der Mitte des 2. Jahrhunderts sogar in Vergessenheit, vielleicht infolge von Knappheit oder Teuerung des aus den Mittelmeerländern importierten Olivenöls, so daß sie aus dem täglichen Leben verschwand und durch andere Leuchtkörper wie Kienspäne, Fackeln und Kerzen ersetzt wurde. Der traditionelle Bedarf im Totenbrauchtum hatte jedoch noch manchen Töpfer zu seinen alten, verschlissenen Modeln greifen lassen, aus denen er aber nur noch unansehnliche Lampen ausformen konnte *(Abb. 102–103)*[389].

Tracht und Schmuck der Frau In den Frauengräbern zählen Tracht und Schmuck zur persönlichen Ausstattung, die in Qualität und Quantität stark variierte: Haarnadeln, Halsketten, Finger- und Armringe, einzeln oder paarweise getragene Fibeln und Gürtelbeschläge – die meisten Kleinteile haben die Verbrennung und die Prozedur der Scheiterhaufenauslese nicht unbeschadet überstanden; viele waren bis zur Unkenntlichkeit verschmolzen.
Zwei Mädchenbestattungen enthielten goldene Ohrringe, Grab 361 mit einer Malachit imitierenden grünen Glasperle, Grab 590 einen einfachen Drahtring mit umschlungenen Enden *(Abb.164)*. Im allgemeinen ist jedoch selbst bescheidenster Goldschmuck nur ganz selten beigegeben worden, denn eine Bestimmung des Zwölftafelgesetzes (Tab. X, 8) verbot die Beigabe von Gold: *...neve aurum addito. At cui auro dentes iuncti escunt, ast im cum illo sepeliet uretve, se fraude esto*, „Gold soll nicht ins Grab gegeben werden. Wenn die Zähne mit Gold befestigt sind, und man ihn [den Verstorbenen] mit diesem Gold begräbt oder verbrennt, ... so soll es ohne Schaden [= Strafe] sein".
Halsketten mit gläsernen Perlen kommen in mehr als 20 mittelkaiserzeitlichen Gräbern vor. Meist fanden sich nur noch einzelne Glasperlen, weil die Ketten umgelegt und mit auf dem Scheiterhaufen verbrannt wurden. Bemerkenswert ist die Halskette aus Grab 836 c = VIII von 1927 *(Abb. 169)*, die mit Hilfe von zwei tonnenförmigen Goldhülsen verschlossen wurde[390]. Sie besteht aus 200 roten Korallenröhrchen aus dem Mittelmeer *(Kap. VII)*.

171 Spiegel mit Stielgriff und anoxidierten Resten des hölzernen Futterals aus Grab 1227; L. 6,2 cm.

172 Bronzenes Futteralblech eines Taschenspiegels (Dm. 4,4 cm) aus Grab 1209 mit Darstellung der sagenhaften Stadtgründer Romulus und Remus, die von der Wölfin gesäugt werden und dem bärtigen Gott Jupiter. Originalgröße.

Zum zeitgenössischen Frauenschmuck gehörten einzeln oder paarweise getragene Armringe aus Bronzedraht oder Bronzeblech (Grab 18, 99, 277, 315, 504, 518, 882), in einem Fall (Grab 638) aus Glas *(Abb. 170)*. Fingerringe (Grab 58, 1098, 1220) waren eher selten. Die fein verzierten Gürtelschnallen und Beschläge (Grab 23, 179, 180, 418, 538, 558, 1136) dürften ebenfalls zur Ausstattung von Frauengräbern zählen, wie die verschiedenen Fibeltrachten mit einfach oder paarweise getragenen Fibeln *(Abb. 165)*.
Von besonderem archäologischem Interesse ist die Beigabe der Holzkästen *(scrinia)*[391], die durch ihre Bronze- oder Eisenbeschläge auffallen. In wenigstens 17 Gräbern (Grab 96, 222, 232, 233, 261, 439, 603, 638, 649, 672, 1240, 1306, 1339, 1409, 1416, 1422, 1992) fanden sich Metallteile solcher Kisten *(Abb. 166)*. Vier (Grab 222, 603, 649, 672) besaßen hülsenförmige Beinscharniere. Da sie ausschließlich in Frauengräbern vorkommen, müssen sie im Totenkult der Frau eine besondere Rolle gespielt haben, zumal die meisten auf dem Scheiterhaufen mit verbrannt worden sind. Von bronzebeschlagenen Kisten waren in der Regel nur Schloßbleche und Eckbeschläge erhalten. Bei der Einzelbeigabe von Schlüsseln muß man eine *pars pro toto*-Beigabe anstelle des Kästchens ebenso bedenken wie das Attribut des Totengotts Hades.
In den Gräbern 96, 233 und 439 haben sich vollständige Sätze von Eisenbeschlägen unverbrannt *in situ* erhalten, so daß die Größe des Holzkastens eindeutig rekonstruiert werden konnte. Der genagelte und mit Eckbeschlägen versehene Kasten aus Grab 439 maß 33 x 25 cm und war 16 cm hoch. Bei einem solchen Format kann von einem „Schmuckkästchen" kaum die Rede sein (zumal in ihm auch kein Schmuck lag). Was diese Kassetten aber tatsächlich enthielten und warum sie ausschließlich in der Frauenwelt auftauchen, ist noch unklar. Dies läßt vielleicht an eine Art „Aussteuer" denken; vielleicht wurde in solchen Kisten das *volumen nuptiae,* der Heiratskontrakt aufbewahrt, eine Urkunde, die im Leben der antiken Frau gewiß eine existentielle Rolle gespielt hat.

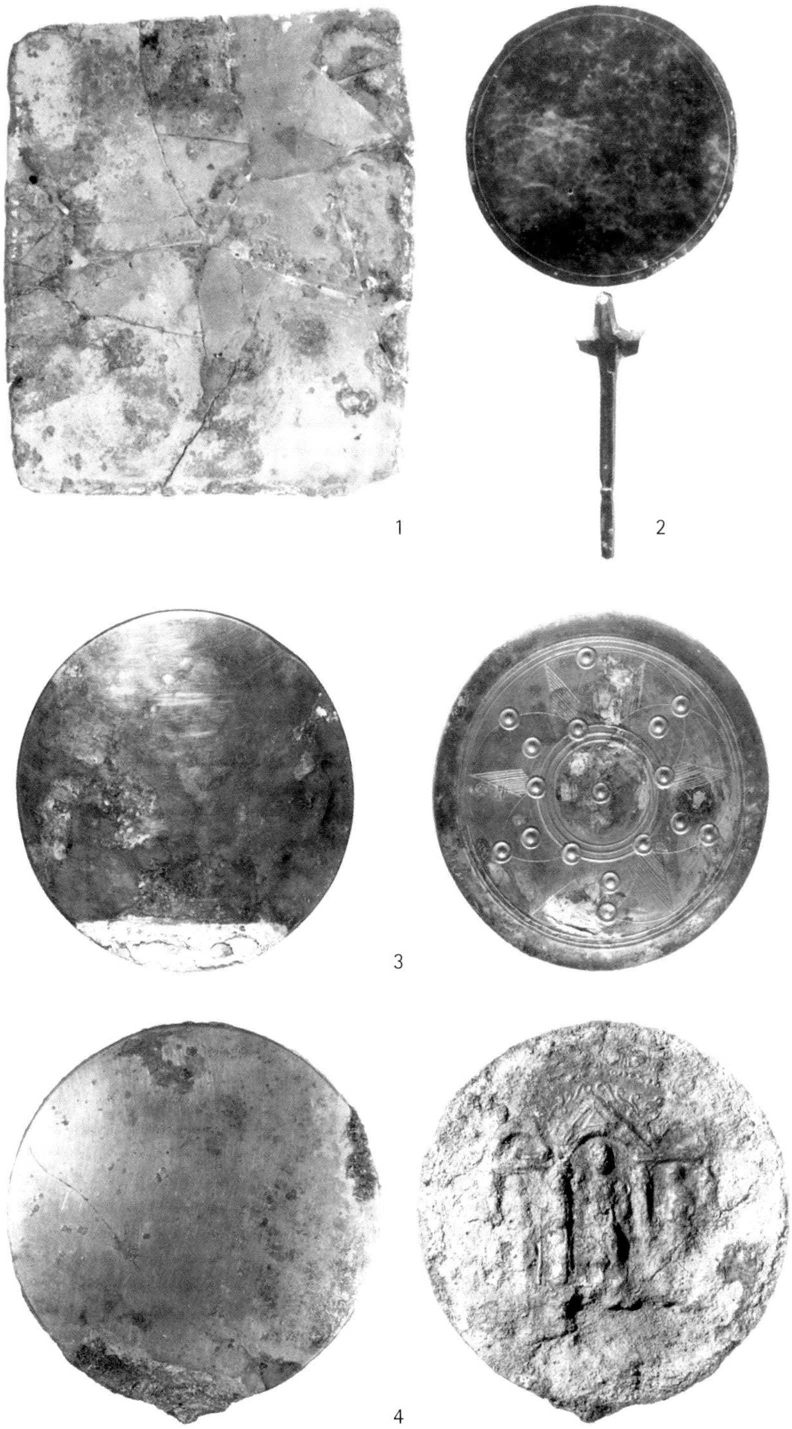

173 Spiegel aus verschiedenen Gräbern. 1 Grab 1108 (Seitenl. 12,7 cm), 2 Grab 1235 (Dm. 7,4 cm), 3 mit Zirkelschlagdekor Grab 552 (Dm. 9,2 cm), 4 Grab 407 mit Bronzeblechfutteral und Götterdarstellungen in drei Aediculae (Dm. 10,3 cm).

Toilettegerät war in Frauengräbern verständlicherweise ebenfalls sehr wichtig; Pinzetten[392] kommen vor, Schminkstifte und aus Röhrenknochen gedrechselte Nadelbüchsen mit Verschlußscheibe und -stopfen (Grab Lauberwiese XI; Grab 85, 92, 187, 196, 222, 246/253, 281, 312, 638, 1121). Rechteckige Reibplatten aus Stein (Lauberwiese Grab XI; Grab 66, 212, 362) dienten der Zubereitung von Salben *(Abb. 72; 168)*. Ob Löffel[393] aus Bein und Bronze zu den Toiletteinstrumenten zu zählen sind, ist nicht sicher. Als Streufund anzusprechen ist ein Bron-

174 Glasbalsamarien mit schwarzbraun-verharzten Ölrückständen aus verschiedenen Gräbern an der Ulmer Straße. Die H. des kleinsten vorne links mißt 4,3 cm, des größten im Hintergrund rechts 17,5 cm.

zelöffel, der verbogen und rituell unbrauchbar gemacht wurde; der in Grab 368 war bereits zerbrochen beigegeben worden. Kämme zählen in der mittleren Kaiserzeit wohl noch nicht zum Symbolgut der Frauengräber wie in der germanischen Spätantike *(Kap. XIII)*; gleichwohl konnte 1992 der Rest eines sehr fein profilierten einzeiligen römischen Knochenkammes geborgen werden *(Abb. 167)*.

In fast 50 Gräbern begegnen wir den aus einer speziellen Silberlegierung gegossenen Spiegeln *(specula)*. Sie wurden in der Regel – bezeichnenderweise – unverbrannt beigegeben und besaßen Durchmesser von 5-Mark-Stück- bis Handtellergröße; sie waren üblicherweise konvex gebogen, so daß man das Gesicht in der kleinen Spiegelfläche vollständig sehen konnte. Wegen ihrer Kostbarkeit wurden sie in Etuis aufbewahrt, von denen sich hin und wieder Spuren erhalten haben. Auf dem Griffspiegel in Grab 1260 waren die Reste eines hölzernen Behältnisses anoxidiert *(Abb. 171)*. Der flache Rechteckspiegel aus Grab 1108 besaß einen Holzrahmen *(Abb. 173,1)*. Andere steckten in bronzeblechbesetzten Lederfutteralen. Die Schutzhülle des Taschenspiegels aus Grab 1209 war mit einem Preßblech besetzt, das die Lupa mit Romulus und Remus zeigt *(Abb. 172)*. Auf dem großen Spiegel aus Grab 407 sind drei Schreine *(aediculae)* mit leider nicht mehr identifizierbaren Götterdarstellungen verziert. Neben meist rundstabig-profilierten oder rahmenartigen Stielgriffen kommen auch rückseitig aufgelötete Bügel vor; selten dagegen waren Klappspiegel in dosenförmigen Behältnissen.

Spiegel wurden nicht als Bekenntnis weiblicher Eitelkeit ins Grab gelegt. Sie waren vielmehr der sozusagen magische Träger des menschlichen Gesichts und Sinnbild der Zerbrechlichkeit irdischer Schönheit – der Spiegel war das klassische Attribut der Venus. In diesem Sinn ist auch die Beigabe von Venus-Terrakotten *(Abb. 108)* zu deuten.

Zur Körperpflege gehörten auch die beiden Hautschaber *(strigiles)* aus Bronze (Grab 190) und Eisen (Grab 46), die zusammen mit den kugelförmigen Balsamarien *(aryballoi)* aus Grab 940, 1208, 1225 und 1232 *(Abb. 176; 178)* das typische Bade- oder Sportset bildeten. Solche Garnituren haben schon ein halbes Jahrtausend zuvor die Griechen[394] ihren Verstorbenen ins Grab gelegt, so daß wir vermuten müssen, daß hinter diesem Brauch, den häufig reiche Fami-

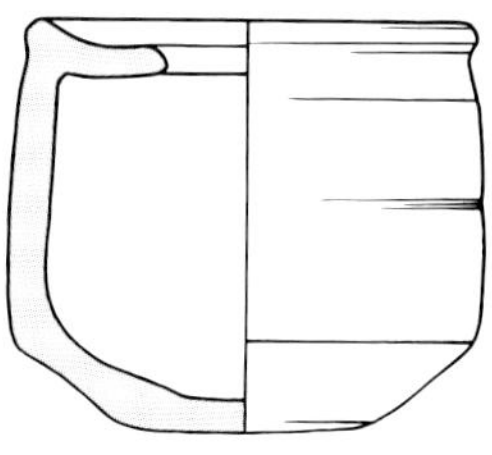

175 Keramiktintenfaß aus Grab 176 (H. 5,6 cm). M. 1:2.

176 Gläserne Ölfläschchen (Aryballoi) aus den Gräbern 1232 (H. 6,2 cm), 1225 und 940 (H. 8,3 cm).

lien wie z. B. in Wehringen übten, wohl kultische Reinigungsrituale stehen.
Kleine, irrtümlich als Tränenfläschchen bezeichnete Glasphiolen *(balsamaria)*, haben weniger mit der Schönheitspflege zu tun *(Abb. 174)*. Sie enthielten wohlriechende Öle, die man zum überwiegenden Teil in die Glut des Scheiterhaufens goß, um den strengen Geruch der Leichenverbrennung zu überdecken; sie finden sich auch in Männergräbern.

Männerbestattungen Echte Männer verzichten auf Schmuck. Sie tragen nur den Siegelring am linken Ringfinger, *non ornatus sed signandi causa* (Plin. nat. 37,60,15). Zum Zeichen des schreibkundigen, d. h. gebildeten, wahrscheinlich auch rechtsfähigen Manns wurde Schreibzeug[395] mitgegeben; allerdings sind eiserne Stili, Futterale, Siegelkapseln[396]oder Tintenfässer (Grab 176) sehr selten *(Abb. 175)*. Erstaunlich ist, daß ein Dutzend der Schreibgriffel nicht aus Grabverbänden stammen, sondern aus den Plana über den Gräbern; einige waren intentionell verbogen.
Auch Männer konnten, allerdings nur in Einzelfällen, eine Art Toilettebesteck mitbekommen. In Grab 937 lag das eiserne Rasiermesser *Abb. 177*[397].
Häufiger dagegen fanden sich glückbringende Amulette *(portafortuna)* und andere Symbol- oder Bannobjekte *(apotropaia)*[398], denen man unheilabwehrende oder kraftspendende Eigenschaften zuschrieb, wie dem kleinen Bronzeanhänger in Eichelform[399] aus Grab 287 *(Abb. 182, 2)*, dem Bronzephallus aus Grab 1236 *(Abb. 182,1)* oder der Geweihrose aus Grab 803 *(Abb 182,5)*.
Amulettringe führen zurück in das keltische Brauchtum des frühen 1. Jahrhunderts; hierzulande begegnen sie in den Gräbern der Heimstetter Kulturgruppe. Ein stark abgegriffener Knotenring stammt wie die Geweihrose aus Grab 803 *(Abb. 182,3)*. Hin und wieder finden sich miniaturisierte Geräte wie Messer, Schlüssel und Glöckchen *(Abb. 182, 4.7–8)*. Originell ist der 9,8 cm lange Miniaturgladius aus Grab 186[400], der aus einer gallischen Werkstatt stammt *(Abb. 181)*.
Bestandteil der Grabausstattung war auch Spielgerät[401], das in 19 Gräbern, erstaunlicherweise auch in Frauengräbern (Grab 32, 222, 232, 830,

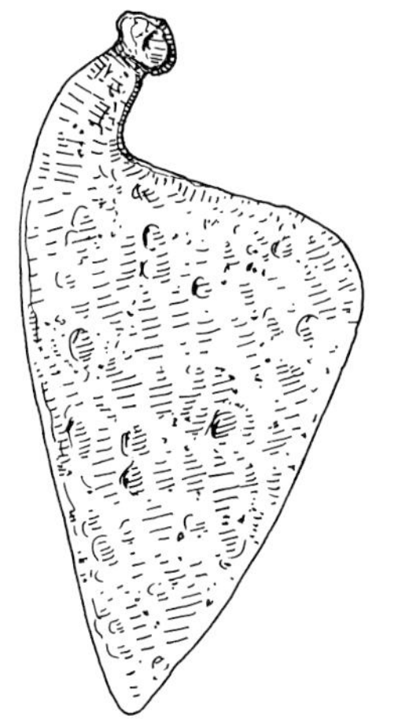

177 Eisernes Rasiermesser aus Grab 937. L. 11,8 cm. M. 1:2.

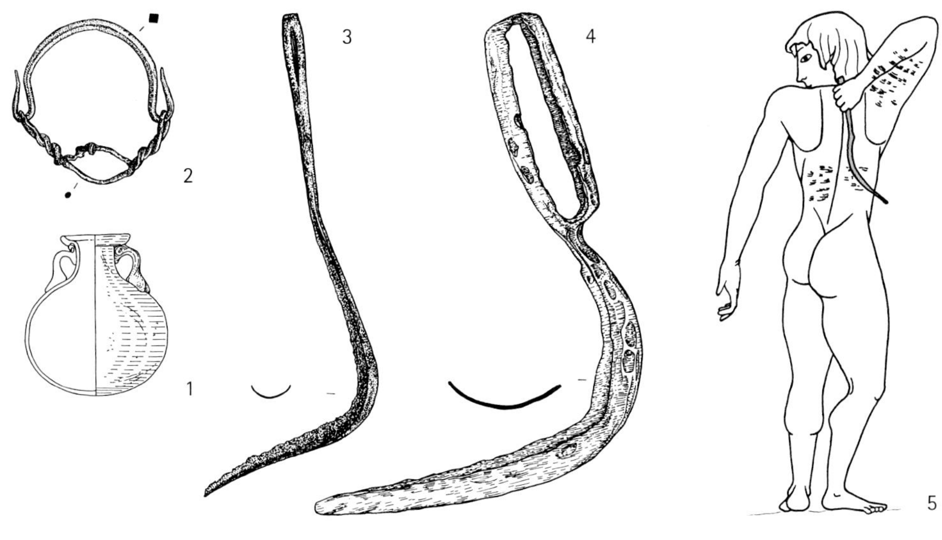

178 Römisches „Sportset" aus verschiedenen Gräbern. 1 Aryballos (Grab 1232), 2 bronzener Traghenkel (Grab 1409), 3 bronzener (Grab 190) und 4 eiserner Strigilis (Grab 46). 5 zeigt die Handhabung des Ölschabers nach einer griechischen Vasenmalerei im Museum Bari. M. 1:3.

179 Knochenwürfel und gedrechselte Spielsteine aus verschiedenen Brandgräbern an der Ulmer Straße.

1260) vorkommt. Es handelt sich um Würfel (Grab 232, 676, 892 [2 Würfel], 1260) und Brettsteine aus Knochen, von einzelnen, *pars pro toto* beigegebenen Steinen bis hin zu Sätzen von bis zu 14 Stück (*Abb. 179; 182,6;*). Sie sind freilich nicht Ausdruck der altbekannten Spielleidenschaft der Antike, die selbst römische Kaiser[402] erfaßt hatte; sie sind auch nicht beigegeben worden, die Langeweile in der Unterwelt zu vertreiben. Brett- und Würfelspiele erinnern vielmehr sinnbildhaft an Glück, Zufall und Schicksal, die das Leben des Menschen bestimmten und auch im Tod begleiteten.

Eine problemreiche Beigabengruppe stellen Terrakottafiguren dar[403]. Sie sind in den Gräberfeldern Raetiens eher selten. Eine Venus aus einem zerstörten Grab im Bereich des Städtischen Friedhofs wurde bereits erwähnt *(Abb. 108)*. Das Hundepaar mit Halsband und Glokke *(Abb. 184)* aus Grab 78[404] ist weniger als Opfertier oder Ersatz für die Lieblingshunde zu sehen, die ins Grab folgen sollten[405]. Der Hund galt als Symbol der Treue und wachte gegen böse Geister auch im Jenseits. Ansonsten war er der Begleiter von Wald- und Jagdgottheiten. Als Gefährte des *Jupiter custos* oder Bewacher des Hades (Cerberus) geleitete er die Toten in die Unterwelt[406]. Bemerkenswert in diesem Zusammenhang ist tatsächlich die Bestattung eines Hundes in Grab 1345 *(Abb. 186)*. In Grab 103 und 915 waren Hahn und Henne aus weißem Pfeifenton beigegeben[407]. Sie sind im allgemeinen in ihrer symbolischen Funktion gedeutet worden, das Huhn als Sinnbild der Fruchtbarkeit, der Hahn als Begleiter des Merkur. Weiße Hühner jedoch besaßen magische Kraft und wurden oft gegen Krankheiten geopfert: Sokrates bat auf dem Sterbebett seinen Schüler, er solle nun dem Asklepios einen Hahn opfern, weil er von einer langen Krankheit, dem Leben, genese (s. a. Plut., Pyrrhus 3). Insofern überzeugt die Interpretation der Terrakottatiere als preiswerter Ersatz für blutige Opfer mehr.

Was Tote essen und trinken

In der Beigabe von Speise und Trank[408] wird eine der vornehmsten Pflichten der Hinterbliebenen sichtbar, den Toten noch auf seinem letzten Weg zu versorgen. Damit er auf seinem Weg ins Jenseits keinen Mangel leiden müsse, gab man ihm Speise, Trank und Opferkuchen, *liba*, als Wegzehrung mit ins Grab. Trinkbecher heben sich aus dem Keramikberg oft durch ihre unverbrannte Erhaltung hervor wie zum Beispiel der Barbotine-Becher aus Grab 437 *(Abb. 183; 185, 187)* oder der Trierer Firnisbecher aus

180 Räucherkelche aus Keramik aus verschiedenen Gräbern an der Ulmer Straße/Lauberwiese.

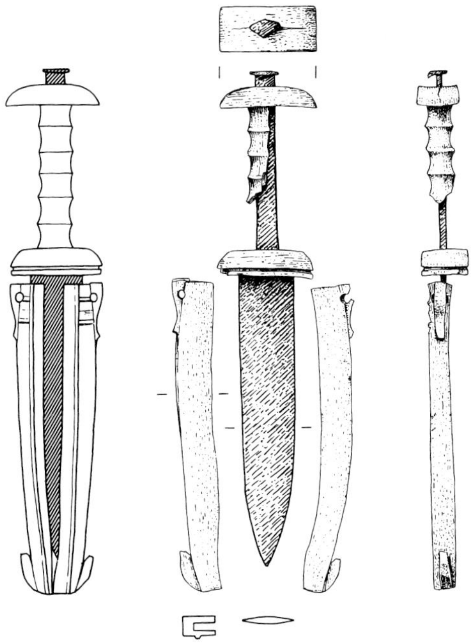

181 Eiserner Miniaturgladius aus Grab 186. Scheide, Knauf, Griff und Parierscheibe aus Knochen; L. 9,5 cm. M. 2:3.

Grab 1147 *(Abb. 230,1)*; beide stammen aus der ersten Hälfte des 3. Jahrhunderts. Tierknochen zeugen von Fleischspeisen. Bei Grab 616 wurde ein Pferdeschädel, bei Grab 622 ein Pferdekiefer beobachtet *(Abb. 191)*; sie könnten eine Delikatesse gewesen sein[409]. Auch Eier fanden sich vereinzelt in Günzburger Gräbern[410]. Früchte haben sich in Form von verbrannten Obstkernen, Nüssen und anderen Resten vegetarischer Nahrung erhalten. In Günzburg belegt sind die Olive *(Olea europaea)*, die Vogelkirsche *(Prunus avium)*, die wilde Pflaume *(Prunus institia)* und die Haselnuß *(Corylus avellana)*. Aus mehreren Gräbern (Grab 1359, 1372, 1381, 1413) stammen Getreidekörner und Linsen.

Damit die Seele ihren Durst löschen könnte, wurde Quellwasser in Keramikkrügen beigegeben *(Abb. 81)*. Sie sind aber im Vergleich zur Beigabensitte in Obergermanien hierzulande eher selten.

Die zu den Speisen gehörenden Eß- und Trinkgeschirre sind im Keramikschutt der Brandgräber im Gegensatz zu den Körpergräbern selten identifizierbar. Die formenkundliche Analyse von Servicen zeigt einen kulturgeschichtlich interessanten Aspekt: In Grab 282 wurde ein vierteiliges „Ein-Personen-Gedeck" beigegeben *(Abb. 139)*. Bei den übrigen, oft sehr umfangreichen Geschirrensembles ist ein Problem noch unlösbar: die Unterscheidung von den Resten des Totenmahls.

Das Mahl mit den Toten Dieses Totenmahl *(silicernium)* besaß im antiken Brauchtum eine sehr große Bedeutung, weil man glaubte, daß mit dem Tod die Verbindung zur Welt der Lebenden tatsächlich noch nicht vollständig abgebrochen war. Vielmehr wollte man dem Verstorbenen die Teilnahme an diesem letzten Mahl ermöglichen und legte das benötigte Geschirr teils auf dem Scheiterhaufen, teils im Grab nieder[411]. Das Traueressen wurde schweigend eingenommen (*silere*, schweigen), weil die Seele des Verstorbenen anwesend war.

Die Grubenfüllung römischer Brandgräber ist normalerweise durchsetzt von Massen zerbro-

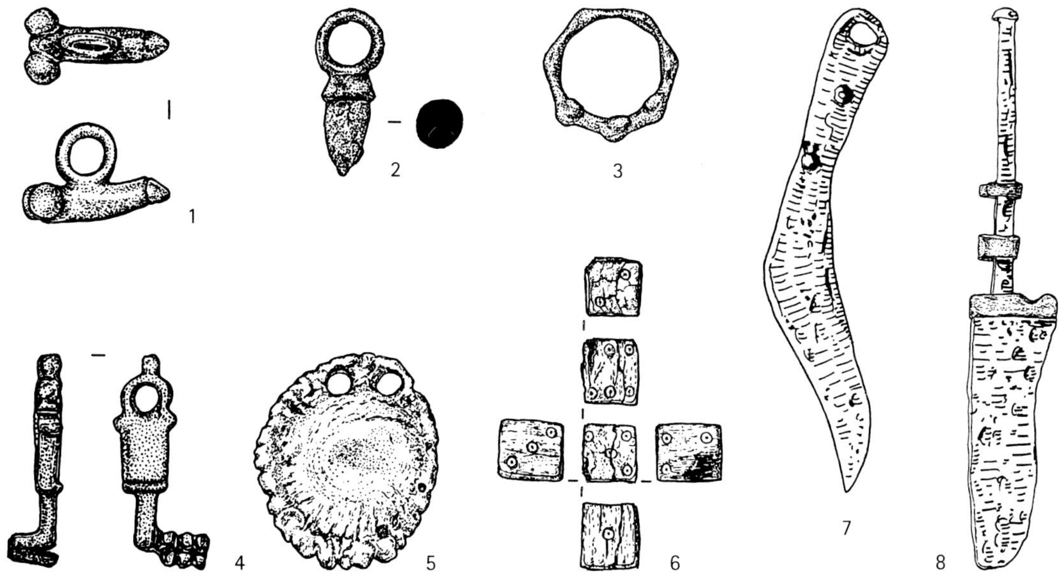

182 Amulettbeigaben aus verschiedenen Gräbern. 1 Phallus (Grab 1236), 2 Eichel (Grab 287), 3 Knotenring (Grab 803), 4 Miniaturschlüssel (Grab 1306), 5 Geweihrose (Grab 803), 6 Knochenwürfel (Grab 1260), 7 Miniaturmesser (Grab 520), 8 Miniaturmesser mit aus Knochensegmenten eingelegtem Griff (Grab 1307). 1–4 Bronze, 5–6 Horn und Knochen, 7–8 Eisen. M. 2:3.

183 Dünnwandige Keramiktasse mit Gesichtsdarstellung aus Grab 1225 an der Ulmer Straße.

chenen Keramikgeschirrs, das in der Regel über dem Scheiterhaufen bewußt zerschlagen und damit rituell unbrauchbar gemacht wurde. Sie sind nicht zu unterscheiden von den im Feuer zersprungen und verglühten Überresten des Essens, das die Angehörigen dem Verstorbenen mitgebracht hatten. Das Zerschlagen, Zerbrechen und Verbiegen von Totengerät aber war besonders im keltischen und germanischen Milieu weit verbreitet. In Günzburg fanden sich neben den oben schon erwähnten, geknickten Schreibgriffeln und Löffeln auch verbogene Eisenmesser, die vielleicht als Speise- oder Opfermesser auf diese Weise im Grab entsorgt werden mußten.

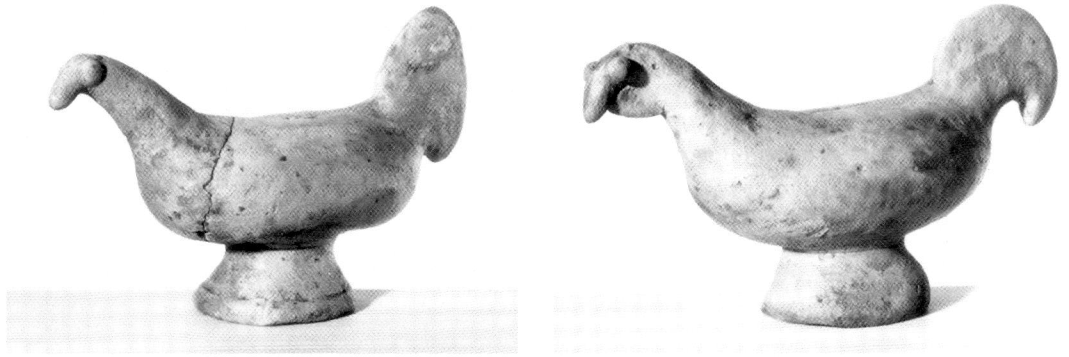

184 Weißtonige, modelgeformte Terrakotta-Hunde aus Grab 756 an der Ulmer Straße (H. 9,6 cm) sowie scheibengedrehtes, nachmodelliertes Hühnerpaar aus Grab 115 der Ulmer Straße/Lauberwiese 1927 (L. 11,5/12,8 cm; Inv. 915c).

Opfer am Grab Das Problem der Grabgeschirre ist eng verbunden mit der Beigabe von Opfergerät, vorwiegend ebenfalls von Keramikgefäßen, die sich hin und wieder durch typische Gefäßformen ausweisen. Als Trankopfer wurde Wein auf die Erde und übers Grab gegossen. Als Libationsgefäße kommen kleine *gutti* in Frage, die immer wieder in Gräbern auftauchen. Aus ihnen wurden *guttatim*, tropfenweise, Wein oder andere Getränke geopfert (Grab 1335; *Abb. 188*)[412]. Auch Mischgefäße mit drei Ausgüssen (*nassisternae, Abb. 189*) wie in Grab 166[413] der Lauberwiese – in diesem Fall als Urne verwendet – kommen immer wieder vor. Eine Ausnahme bildet das Schlangengefäß (*Abb. 116*), das der Form nach einen überdimensionalen Räucherkelch darstellt. Beim Begräbnis des Anchises, des Vaters des Aeneas, kostete eine Schlange als Genius des Toten vom dargebrachten Opfer.

Opferspeisen wurden auch später bei den verschiedenen Gedenkfeiern auf oder neben dem Grab niedergelegt, damit es der Tote, dessen Seele sich in der Nähe aufhielt, holen könnte. Tatsächlich verschwand das Essen bald von den Gräbern – nicht weil es die Toten geholt hat-

185 Terra Sigillata-Becher mit Blattrankenverzierung in Barbotinetechnik aus Grab 437; H. erh. 12,4 cm.

ten. Catullus meinte, daß man immer wieder Diebe sähe, die auf den Friedhöfen den Toten die Speise vom Grab nähmen: *quam in sepulcretis vidistis ipso rapere de rogo cenam* (Catull. 59,2).

Weihrauch und Räucherkelch Das gesamte Geschehen um den Toten im Sterbehaus und am Grab wurde von ausgiebigen Weihrauchopfern begleitet. Räucherkelche *(acerrae)* gehörten in den stärker romanisierten Gebieten zum typischen Inventar der Gräber (*Abb. 180*). Auch in Günzburg kommen sie recht häufig vor. Bei religiösen Zeremonien am privaten Hausaltar, bei Hochzeiten und Opfern im Tempel waren Weihrauchopfer Pflicht. Zahlreiche Funde von Räucherkelchen[414] in Siedlungen belegen das.
Unter den aromatischen Pflanzenprodukten *(aromata)* spielte der Weihrauch *(thus)* eine große Rolle. Er war sehr kostbar, weil er aus Arabien importiert werden mußte. Das Harz wird durch Einritzen der Rinde des Boswellia-Strauchs gewonnen. In der Antike wurden hauptsächlich die Vorkommen auf der arabischen Halbinsel im Land der Königin von Saba, dem heutigen Jemen (Königreich Hadram[a]ut) durch spezialisierte Kaufleute *(negotiatores thurarii)* beschafft und in den Handel gebracht. In der Rohform war der Weihrauch ein schmutzig-grauer Harzklumpen. Über die Holzkohlenglut im Räucherkelch gestreut, verdampfte er unter geheimnisvollem Knistern und verbreitete seinen berauschenden Wohlgeruch.
Am Grab wurden, nicht zuletzt auch um den unangenehmen Verbrennungsgeruch zu überdecken, unglaubliche Mengen verbrannt; die Ratsherren von Ostia billigten einem verdienten Mitbürger alle Ehren zu: *honores omnes et turis p(ondo) XX*, und 20 Pfund Weihrauch[415].
Bei den Beerdigungsfeierlichkeiten hat man die Räucherkelche oft nicht auf dem Scheiterhaufen mitverbrannt, sondern nach Abschluß der Beisetzungsfeierlichkeiten umgestülpt in die Grabgrube gestellt und begraben, wie das im Ziegelkistengrab 1140 sehr anschaulich zu sehen ist *(Abb. 150)*[416].

Repräsentativ: Grabdenkmäler und Monumente

Die genaue Untersuchung der archäologischen Details im und um das Grab läßt nicht nur verschiedene Einzelhandlungen und Rituale beim Vorgang der Beisetzung erkennen. Die spätere Pflege der *memoria*, die Erinnerung an den Verstorbenen, war ebenfalls an den Ort der Bestattung gebunden. Wie eingangs schon betont, wird die römische Grabkultur von der Repräsentation des Familienverbands geprägt. Sie äußerte sich je nach Stand und Vermögen in

186 Hundegrab 1345 an der Ulmer Straße.

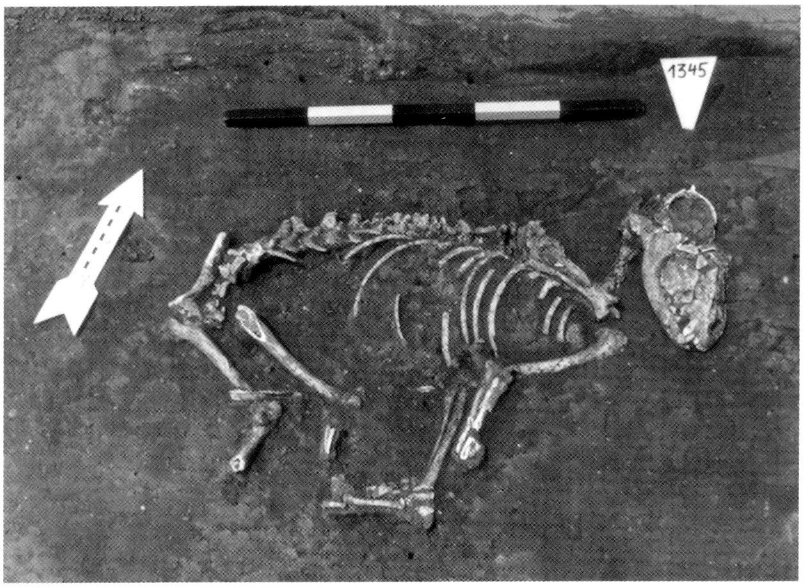

187 Faßförmige raetische Trinkbecher aus den Gräbern 348 (links; H. 8,2 cm) und von der Lauberwiese 1927 (H. 12,2 cm; Inv. 902d).

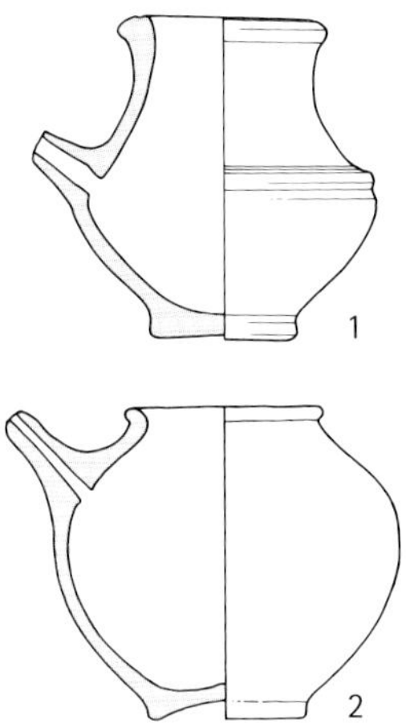

188 Sog. Saugfläschchen *(gutti)* aus Keramik.
1 H. 8,2 cm (Inv. 1981.4);
2 Grab 1335, H. 8,0 cm.

189 Opfer- oder Mischgefäß mit drei Henkeln und drei Ausgüssen aus Grab 186 an der Ulmer Straße/Lauberwiese (H. 29 cm; Inv. 957a).

Grabgärten, Grabsteinen und mehr oder weniger pompösen Grabbauten *(monumenta)*.

Grabgebäude und Totenmemorien Die vermutlich einfachste Form des Schutzbaus über einer Einzelbestattung war das kleine, 2 m weite Vier-Pfosten-Haus, das wie ein Baldachin über dem Grab errichtet wurde. Solche, an den Seiten wahrscheinlich offene Gerüstbauten sind in der Nekropole an der Ulmer Straße zum ersten Mal in mehreren Beispielen beobachtet und aufgedeckt worden *(Abb. 194)*.

Größer als die Memoria war das abgegrenzte Grabareal, der sog. Grabgarten *(cepotaphium)*[417], wie er auf vielen Friedhöfen in Gestalt von meist quadratisch umzäunten oder von Hecken eingefaßten Bezirken von 6-7 m Größe beobachtet wurde *(Abb. 195)*. Da die römische Grundvermessung auf solche Rechteckformen zurückging, liegt es auf der Hand, an die Schutzzone um das Grab bzw. an den angewiesenen Bestattungsplatz zu denken. Man nimmt an, daß sie ursprünglich bepflanzt waren, um den Totenfeierlichkeiten vor allem an den Gedenktagen einen vom Trubel des vorbeiziehenden Straßenverkehrs abgeschirmten, freundlichen Rahmen zu geben.

Zu den hervorragenden Grabdenkmälern *(monumenta* IBR 221; lat. *monere,* ermahnen)[418] zählen Grabtempel *(aedificia)* und Grabkapellen *(aediculae, memoriae)*, die nicht nur im städtischen Milieu verbreitet waren, sondern auch auf dem Land, wo sie gerne an einem landschaftlich besonders schönen Platz *(locus amoenus)* angelegt wurden.

Auf dem Friedhof an der Ulmer Straße standen eine Reihe von Steinbauten, die man als solche Grabtempel rekonstruieren möchte *(Abb. 197)*. Es handelt sich in erster Linie um Gebäude mit einer architektonisch gestalteten offenen oder geschlossenen Fassade und einem anscheinend über der Oberfläche liegenden Eingang. Der flache sattel- oder pyramidenförmige Giebel wurde durch Akrotere geschmückt *(Abb. 201)*. Im Grundriß sind diese Grabtempel oft nur schwer von den turmartigen, meist zweistöckigen Bauten vom Typ des Mausoleums zu unterscheiden, das als kleinasiatisch-orientalische Denkmalform im Hellenismus aufkam: *mausoleum sepulcra regum sic vocant* (Florus), „Mausoleum nennt man die Grabstätten der Könige“. Dieser Grabtypus hatte auch in den Provinzen nördlich der Alpen Fuß gefaßt. In ihnen kam der persönliche Wunsch nach familiärer Repräsentation zum Ausdruck, hier glaubte man, dem Traum vom ewigen Leben am ehesten Gestalt durch ein unzerstörbares Monument zu verschaffen. Denn mit diesem *sepulcrum gentilicium, sepulcrum familiare*, dem vom Geschlechtsstifter begründeten Gentilgrab, erwarb die Familie das Recht, dort ihre Verstorbenen für alle Zeiten beizusetzen *(ius sepeliri et mortuum inferre)*, bis zum *ultimo gentis*, dem letzten seines Stammes. Entsprechend umfangreich

190 Glaskrug aus Grab 1265, H. 19,6 cm (links); gläserner Faltenbecher aus Grab 341, H. 8,0 cm (rechts).

sind die juristischen Zeugnisse zur Belegung mit Verwandten und Erbengemeinschaften, Freigelassenen oder Sklaven[419].
In solchen Grabbauten wurden in der Regel keine Erdgräber eingebracht, sondern die Urnen in Wandnischen *(loculi)* abgestellt. Auffallend ist, daß selbst bei den Bauten nördlich der Römerstraße, wo außer dem Fundament und Vorfundament die ersten Lagen des aufgehenden Mauerwerks erhalten waren, keine Anzeichen eines Zugangs beobachtet wurden. Vermutlich schützte ein hochgelegener Eingang vor unbefugtem Zutritt.

[1] Quadratischer Grabbau *(Abb. 192–193)*, ausgegraben 1927/28 nördlich der Ulmer Straße (S. Stötter), östlich vom Weiss-Garten, 30 m vom Haus entfernt. Das Foto zeigt im Vordergrund ein 0,5-0,8 m breites Fundament von 3,3 m Seitenlänge; im Zentrum lag eine Bestattung.
[2] Quadratischer Grabbau *(Abb. 193)*, ausgegraben 1927/28 wie [1]. Grabbau von 2,3 m Seitenlänge bei 1,2 m breitem, massivem Fundament. In einer Höhlung („Nische") des Fundaments auf der Süd-(=Straßen)Seite Grab 1 = Acker Dirr, „zu Grab 3 gehörig". Der Grabbau scheint in der mittleren Kaiserzeit bereits abgetragen gewesen zu sein.
[3] Quadratischer Grabbau, ausgegraben 1927/28 wie [1]. Grabbau von 3,3 m Seitenlänge bei 1,7 m breitem Fundament. Im Innern vier Urnengräber.
[4] Quadratischer Grabbau von 3 m Seitenlänge *(Abb. 137)*, entdeckt 1967 in der Lauberwiese.
[5] Quadratischer Grabbau *(Abb. 196; 198)*, freigelegt 1980. An der hinteren Wand das Grab 801.
[6] *Columbarium* (lat. Taubenschlag) wenige Meter westlich des quadratischen Grabbaus, ausgegraben 1980 *(Abb. 196; 198)*. Im Innern vier Gräber: 794, 799, 804 und 805. Der Bau wird überlagert von Fahrspuren der Donau-Süd-Straße, er war demnach spätestens im 4. Jahrhundert abgetragen. Er gehört zu den in den Provinzen seltenen Grabgebäudetypen, wenn der Befund richtig gedeutet ist[420]. In den Wänden müssen nach Art eines Taubenschlags ursprünglich reihenweise nebeneinander und in mehreren Etagen *loculi*, Nischen, gemauert gewesen sein, in welche die Urnen platzsparend, übersichtlich und ohne Beigaben eingesetzt wurden.

Architektonische Ausstattung Zur architektonischen Ausstattung solcher Mausoleen und Grabtempel gehörten Architekturteile wie Eck-

191 Grab 581/622 mit deponiertem Rinderunterkiefer.

192 Grabbauten [1] und [2] in der Ulmer Straße 1927 („Acker Dirr"). Im Hintergrund das Anwesen des Bauern Johann Weiß in der Ulmer Straße 76.

193 Grabbau [2] von 1927 in der Ulmer Straße *(Abb. 192).*

194 Vier-Pfosten-Memoria und kleiner „Grabgarten" um Grab 1168 im Gräberfeld an der Ulmer Straße. Länge des Maßstabs 1 m.

195 Grabgärten, Gräbchenverfärbungen und Gräber im Friedhof an der Ulmer Straße (1991, Reindlstraße). Links ein S-förmiger Bachlauf.

196 Blick in die Grabungsfläche 1980 mit quadratischem Grabbau [5] im Vordergrund, Grabsteinfundamenten und dem Columbarium im Hintergrund, das von Wagenspuren der Römerstraße überlagert wird.

197 Rekonstruktion eines römischen Grabtempels in der Ulmer Straße, Ecke Am Wasen (1990).

198 Ausschnitt des Gräberfelds an der Ulmer Straße mit Gräbern und Grabbauten (1980).

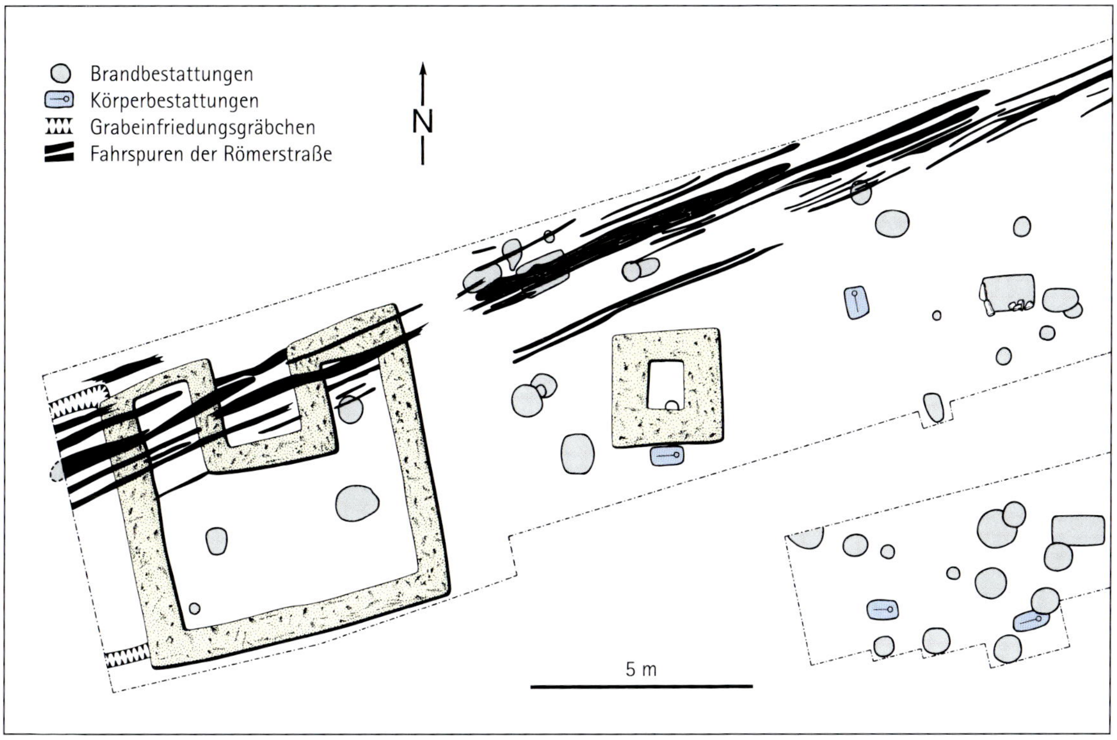

199 Rekonstruktion der Grabbauten von 1980 *(Abb. 198)*; Zeichnung H. Stölzl.

oder Giebelverzierungen oder steinerne Grabwächter:

[1] Widderkopf. Gefunden 1921 beim Fundamentaushub des Kriegerdenkmals an der Nordmauer des Friedhofs in 1,5 m Tiefe. Verschollen, wohl Kriegsverlust (CSIR I 178 mit Lit.).

[2] Medusa. Aus dem Mengele-Garten in der Donaugasse 9. Verschollen, wohl Kriegsverlust (CSIR I 179 mit Lit.).

[3] Akroter *(Abb. 201,2)* aus Kalkstein. Ulmer Straße, B. erh. 17,8 cm.

[4] Akroter *(Abb. 201,1)* aus Kalkstein. Ulmer Straße (1992), H. erh. 29,6 cm.

[5] Pinienzapfen *(Abb. 200)* bei Grab 468. In den Kreis von Fruchtbarkeit und ewigem Wachstum der Natur gehört der Pinienzapfen[421] wegen seiner vielen Kerne. Er stellt ein altes Fruchtbarkeitssymbol dar und krönte manches Grabdenkmal, besonders die großen Monumente. Er wurde vermutlich als Grabstein neben Grab 468 gesetzt.

[6] Zinnendeckel-Eckstein *(Abb. 207)* aus Süßwasserkalktuff, L. 1,12 m, D. 0,34 m; vermutlich als Grabsteinfundament wiederverwendet.

200 Pinienzapfen aus Kalkstein [5] bei Grab 468. Er war ursprünglich wohl als Markierung auf oder neben dem Grab aufgestellt; H. 0,48 m. Teilung des Maßstabs 0,1 m.

Grabsteine und Inschriften Auf den großen Friedhöfen macht man immer wieder die Beobachtung, daß sich einzelne Gräber trotz ihrer räumlichen Enge in der Regel nicht überschneiden, beschädigen oder zerstören. Die Unversehrtheit des Grabs war heilig, die Vorschriften der Grabesruhe sind offensichtlich strikt befolgt worden. Im Fall einer unbeabsichtigten Berührung wurde die Urne vorsichtig geborgen und wieder beigesetzt; zwei Urnen in einer Grabgrube sind bei genauer Befundbeobachtung nicht einmal selten *(Abb. 144,8)*[422]. Ein Erklärungsmodell geht davon aus, daß die Bestattungen oberirdisch markiert waren: Ein Holzpfahl, ein beschriftetes Brett, Steinsetzungen oder Aufschüttungen dürften im Einzelfall genügt haben, um die Grabruhe auf einige Zeit zu sichern. Im Mittelmeerraum weit verbreitet war der Brauch, als Erinnerungszeichen einen Stein *(cippus, titulus)* aufs Grab zu setzen: *Cuique su(om) cipo(m)*, Jedem sein eigener Grabstein (Rom, CIL I 2660). Wer es sich leisten konnte, besorgte ihn schon zu Lebzeiten *(vivus)* oder verfügte im Testament *(ex testamento)* Lage, Größe, Aussehen oder sogar den Preis, den dieses Denkmal kosten durfte oder mußte.

201 Architekturausstattung von Grabbauten an der Ulmer Straße.
1 Eckakroter [4] aus Weißjurakalk (H. 29,6 cm);
2 Akroter [3] aus Kalktuff im Grabungsbefund (B. 17,8 cm).

Je nach Wunsch und Vermögen des Bestatteten gab es verschiedene Arten von Grabsteinen: Am häufigsten kommen Grabstelen (hochrechtekkige Grabplatten) mit giebelförmigem Aufbau und Inschrift vor [1], oder solche, die über der Inschrift das Reliefbild des Verstorbenen und seiner Angehörigen in einer Nische [5] und [6] tragen. Der örtliche Steinmetz konnte die Grabplatte nach altbewährten Vorlagen und Zeichnungen aus seinem „Musterbuch“ entwerfen. Form und Ausführung sind unterschiedlich; das zeigt vor allem der wohl nicht von einem professionellen Steinmetz gearbeitete Stein [8].
Die Grabinschriften bezeichnen in festgefügten Formeln Namen, Familie, Herkunft und Alter des oder der Verstorbenen, die in seiner Umgebung beigesetzt waren. Sie waren nach Vorbildern in Rom oder Italien formuliert: Häufig begann der Text mit einer Anrufung der Schattengötter *D(is) M(anibus)* [1] „den göttlichen Manen (geweiht)“. Danach folgten die Namen der Verstorbenen. Außer Verwandtschaftsverhältnissen findet man selten nähere Angaben zur Person und ihrem Beruf. Nur öffentliche Ämter und militärische Laufbahnen sowie priesterliche Funktionen wurden genauer aufgeführt, verdienten doch gerade die Leistungen für die Gemeinschaft, in der Erinnerung bewahrt zu werden.
Den Schluß der Grabinschrift bildete manchmal der fromme Wunsch *o(pto) t(erra) s(it) l(evis) t(ibi)*, „ich wünsche, daß dir die Erde leicht sei“ oder technische Angaben über die Errichtung des Grabes *ex testamento faciendum curaverunt*, „aufgrund des Testaments haben sich (die Erben um die Errichtung des Grabsteins) gekümmert“. Kuriose Anweisungen wie das Verbot auf dem Grabstein des C. Annidienus Frequens aus Rom (CIL VI 3413 = ILS 8203) lassen uns heute schmunzeln: *Ne quis hic urina faciat*, „Hier Pinkeln verboten!“
Aus Günzburg stammen folgende Grabsteine:

[1] Grabstein mit Inschrift *(Abb. 202)*. Drei Bruchstücke, gefunden im Oktober 1928 in der Lauberwiese (= Raiserstraße 6) in 2,2 m Tiefe. Vor dem Stein wurde eine Urne mit raetischer Lampe (Skyphos-Bild), nebenan drei weitere Bestattungen beobachtet. Süßwasserkalktuff; Maße: H. etwa 2,25 m, B. 0,56 m, D. 0,22 m, am Sockel 0,27 m. Dreieckiges, unverziertes Giebelfeld. Inschriftfeld von zwei Linien umrahmt. Von der Inschrift außer der einleitenden Weiheformel DM sechs oder sieben Zeilen, die aufgrund des porösen Gesteins jedoch unlesbar erodiert sind.

202 Grabstein [1] von der Ulmer Straße/Lauberwiese *in situ* (Foto Siebinger 1928, Akten Hist. Ver. Günzburg).

203 Büstenfragment einer Grabfigur aus Kalktuff [6] aus der Donau; B. 0,69 cm.

204 Grob gearbeitetes Grabsteinfragment [8] aus Kalktuff mit einander zugewandten Gesichtern aus dem Gräberfeld an der Ulmer Straße; H. 0,46 m.

D M
1. Zeile: ET—
2. Zeile: —T
3. Zeile: —
4. Zeile: —
5. Zeile: PRE-N
6. Zeile:—
7. Zeile:

Lit.: Jahrb. Hist. Ver. Dillingen 40, 1928, 160; Wagner, Steindenkmale 134 f.; Wagner Nr. 53.

[2] Inschriftblock. An der Ostwange bzw. Sohle des Kanaleinlasses östlich der Günzbrücke sekundär verbaut (Hinweis J. Weizenegger 1997). a) An der Außenwand der Ostwange ein rezent abgearbeiteter Block aus Süßwasserkalktuff, L. 0,57 m, H. 0,39 m. 0,13 m hoher, zentimeterbreiter Buchstabe D vor rechter gefaster Kante. b) Süßwasserkalktuff, L. 0,89 m, H. 0,61 m, T. 0,38 m. 0,13 m hoher, zentimeterbreiter Buchstabe D vor rechter gefaster Kante.

[3] Inschriftblock *(Abb. 205)*. Gräberfeld an der Ulmer Straße, Grab 85 (Fd. Nr. 79038). Süßwasserkalktuff, zerbrochen in zwei Teile. D. 0,19/0,20 m, H. 0,59 m. Wohl sekundär abgearbeitet. Verwendet vermutlich als Substruktion eines Grabsteins. In Relief die Schrift in *tabula ansata*. Mit Stuck überzogen, eingeritzt zwei Linien. Inschrift gemalt in drei Zeilen, nicht mehr lesbar.
Lit.: Unveröffentlicht.

[4] Inschrift. Fragment aus weißem Marmor? 8,5 x 11 x 1,7 cm. 1907 im Städtischen Friedhof an der Ulmer Straße in 1,5 m Tiefe gefunden; verloren, wohl Kriegsverlust. 2 cm hohe Buchstaben.

1. Zeile: L oder E
2. Zeile: VIA
3. Zeile: TROP

Lit.: Bencker, Funde 30; IBR 197 mit Lit.; Wagner, Steindenkmale 135 Abb. 4.

[5] Grabdenkmal mit Frauenbüste in halbrunder Nische *(Abb. 206)*. Gefunden 1867 „vor dem Pfarrhofplatz bei Anlage eines Brunnens" (sekundär verbaut vermutlich im spätantiken Kastell). Nationalmuseum München (Inv. IV 782), dort verschollen, vermutlich im Zweiten Weltkrieg zerstört. Sandstein; H. 0,7 m, B. 0,64 m, D. 0,3 m. Unterer Teil abgebrochen, deshalb ist unsicher, ob das Brustbild oder die ganze Figur dargestellt war. Da sie in der Mittelachse der Nische steht, handelt es sich um eine Einzelfigur. Die rechte Hand hält vor der Brust einen stabförmigen Gegenstand (?). Auf dem Kopf eine Art Diadem.
Lit.: Jahrb. Hist. Ver. Dillingen 21, 1908, 148; Wagner 135 Abb. 5; CSIR I 175 Taf. 53 mit Lit.

[6] Fragment von einer Gewandstatue *(Abb. 203)*. 1907 am Zanker im Bereich des „Transitus" gefunden. Süßwasserkalk; H. 0,35 m, B. 0,66 m, T. 0,34 m; einige Partien sind vom Wasser deutlich verschliffen. Die Rückseite ist unbearbeitet, die Figur stand folglich vor einer Wand.
Lit.: CSIR I 177 mit Lit.

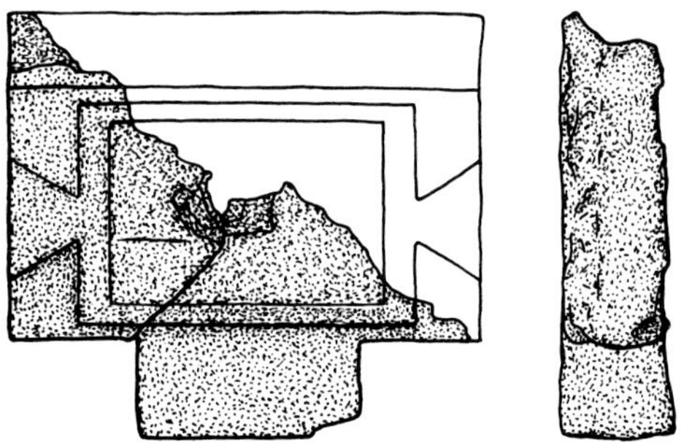

205 Bruchstücke einer mit Stuck überzogenen, ursprünglich gemalten Grabinschrift [3] vom Gräberfeld an der Ulmer Straße (Grab 85). Die Tabula ansata war in einen Basisblock eingesetzt; H. 0,59 m.

[7] "Skulptur eines Frauenzimmerkopfes in hochfrisiertem Haar in einer Nische, vielleicht das Brustbild einer römischen Kaiserin", "Aus der Donau erhoben", die sich im Maximilian-Museum in Augsburg befinden soll. Nicht identisch mit [5].
Lit.: J. N. von Raiser, Der Oberdonau-Kreis des Königreichs Bayern unter den Römers (Augsburg 1831) 19 ff. Abb. 9.

[8] Grabrelief eines Ehepaars *(Abb. 204)*. Grabung 1991, Am Wasen. Süßwasserkalktuff; Maße: H. 0,46 m, T. 0,34 m. Das 4 cm tiefe Flachrelief zeigt sehr grob gehauen, aber deutlich zu erkennen zwei einander anschauende Köpfe.
Lit.: Unveröffentlicht.

206 Bruchstück eines Frauengrabsteins [5] vom Pfarrhofplatz (Nationalmus. München, Kriegsverlust).

Die Kultlanze Abgesehen von den Baupreisen für steinerne Grabtempel und Mausoleen war die Verbrennung und Beerdigung eines Verstorbenen zumindest für den kleinen Mann eine kostspielige Angelegenheit. Wegen der mitunter kaum erschwinglichen Bestattungskosten haben sich zahlreiche Familien einfacherer Bevölkerungsschichten in Sterbe- oder Begräbnisvereinen *(collegia funeraticia)*[423] zusammengeschlossen und sich durch Mitgliedsbeiträge *(funeraticia)* zu Lebzeiten eine würdige Beisetzung gesichert. Sie bestatteten zum Teil auf eigens für die Vereinsmitglieder erworbenem Grund, zum Teil in eigenen Grabstätten oder Columbarien.
In diesem Zusammenhang muß abschließend die 50,1 cm lange Eisenspitze einer Kultlanze *(hasta)*[424], erwähnt werden, die aus dem Friedhofsschutt des östlichen Gräberbezirks stammt und wegen ihres besonderen, bronzebeschlagenen Futterals als Standartenspitze, vielleicht die eines Bestattungsvereins, gedeutet wurde *(Abb. 208)*. Hier könnte ein Mitglied *sub hasta* als Symbol des rechtmäßigen Eigentums oder auch zur Abwehr von Dämonen bestattet worden sein.

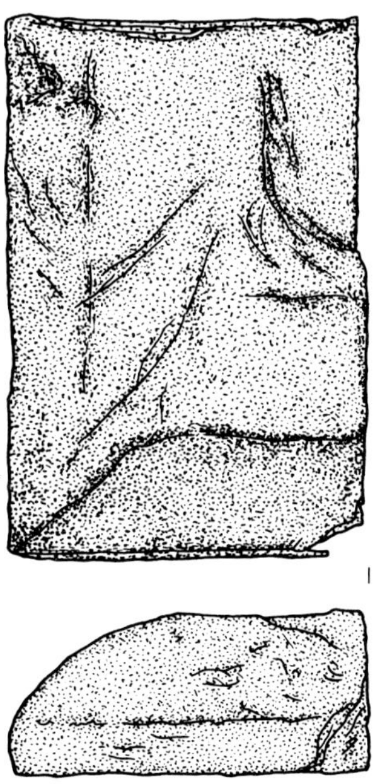

207 Zinnendeckel-Eckstein [6] eines Grabbaus im Gräberfeld an der Ulmer Straße. Kalktuff; L. 1,12 m.

Späte Brandgräber im 3. Jahrhundert

Der große römische Begräbnisplatz an der Ulmer Straße, auf dem über 1400, ursprünglich wohl an die 4000 Bewohner Günzburgs bestattet worden waren, wurde über gut 250 Jahre bis ins 4. Jahrhundert belegt. Allerdings endete die Phase der Brandbestattung in der Mitte des 3. Jahrhunderts, wenn man von vereinzelten

eine große Schlacht. Und den Kaiser Valerian nahmen wir selbst mit eigenen Händen gefangen."[451] Valerian starb unter beklagenswerten Umständen; er soll gehäutet und ausgestopft zur Schau gestellt worden sein.
Erneut überrannten germanische Scharen den von Truppen entblößten Limes, überquerten 260 die Alpen und konnten erst in der Nähe von Mailand durch Valerians Sohn Gallienus (253–268) aufgehalten und zurückgeschlagen werden. Wie dramatisch sich die Situation in Raetien zugespitzt hatte, dokumentiert ein Siegesaltar, der 1992 rund 350 m östlich der römischen Stadtmauer von Augsburg gefunden wurde[452]. Die Inschrift berichtet von einem Sieg über die Barbaren vom Stamm der Juthungen bzw. Semnonen, *Iouthungi sive Semnones,* die am 24. und 25. April des Jahres 260 *caesos fugatosque*, vor den Toren der Stadt am Lech niedergemacht und in die Flucht geschlagen worden waren. An diesen Tagen wurden die Germanen von Soldaten der Provinz Raetien, unterstützt durch die *Germaniciani* (eine schnelle Eingreiftruppe aus Lyon) und Landmilizen *(populares)* vertrieben, wobei viele Tausend (als Geiseln?) gefangene „Italiker" *(Itali)* befreit werden konnten. Vielleicht hatten die Juthungen noch vor Wintereinbruch des Vorjahrs (259) die Alpen überquert, in Oberitalien Beute gemacht und dort überwintert; dann müßten sie im Frühjahr 260 über die Berge zurückgekehrt sein. Offensichtlich befand sich die Kolonne auf dem Rückweg (vom Brenner oder dem Reschenpaß auf der alten *via Claudia*), als sie von eilig zusammengezogenen Einheiten im Lechtal gestellt und in zweitägiger Schlacht unter dem Befehl des kommissarischen Statthalters M. Simplicinius Genialis vernichtend geschlagen werden konnten. Dem Gelübde entsprechend stellte man fünf Monate später, am 11. September 260, den Altar auf und weihte ihn der Siegesgöttin Victoria[453].
Ob dieser Überfall eine räumlich begrenzte Episode in einer Folge verschiedener Invasionen war oder wie immer man die Einzelheiten dieses Geschehens interpretiert, wichtig ist, daß die „verlorene" Provinz, die kurzfristig auf die Seite des Gallischen Sonderreichs (260–274) unter seinem Gegenkaisers Postumus (260–269) eingeschwenkt war, von Gallienus zurückerobert werden konnte. Durch Verträge mit den Barbaren[454] war wieder für eine vorübergehende Beruhigung gesorgt.

„Limessturm" – Ende eines liebgewordenen Paradigmas

Das Datum 260 galt in der Forschung als Wendepunkt der Provinzengeschichte, nicht nur der Raetiens. 260 markierte den Zusammenbruch des 550 km langen obergermanisch-raetischen Limes mit seinen Kastellen und Wachttürmen als Folge der Germaneneinfälle, die, nach dieser Lesart, auf breiter Front die Grenze durchbrachen und das Provinzterritorium in Besitz nahmen. Damit schien das Ende römischer Siedlungs- und Verwaltungsstrukturen östlich des Rheins, der Verlust des Dekumatlands und der Gebiete nördlich der Donau besiegelt[455]. Schließlich empfand man dieses Datum als eine ereignishistorisch plausible Zäsur, mit deren Hilfe man nun auch das archäologische Material einteilen konnte: „vor" und „nach dem Limesfall". Darüber hinaus begann für zahlreiche Forscher mit diesem Einschnitt die Epoche der Spätantike; der tiefgreifende politische und kulturgeschichtliche Wandel schien das zu bestätigen.
Ein wesentliches Argument des Limesfalls und des schlagartigen Endes vieler Siedlungen in seinem Hinterland war ein „Horizont von Münzschätzen", die in den Jahren um 260 versteckt und nicht mehr geborgen worden waren[456]. Nach einer kritischen Überprüfung der einschlägigen Hortfunde sowie auch der Neuinterpretation historischer Nachrichten ist diese Hypothese nicht mehr zu halten; das neue Paradigma hat unser Bild rasch gewandelt.
Freilich brach mit dem Abzug eines großen Teils der Grenztruppen ein wichtiger Stützpfeiler der Macht und die wirtschaftliche Grundstruktur des Limeshinterlands zusammen. Die Aufgabe der Grenze vollzog sich jedoch in einem langsamen, über ein oder zwei Jahrzehnte hinziehenden Prozeß. Die jüngste (Bau-?)Inschrift dieser Jahre vom raetischen Limesgebiet nördlich der

Donau stammt aus Herbrechtingen-Hausen im Lonetal (CIL III 5933 = IBR 202)[457], 15 km nordwestlich von Günzburg; sie bezeichnet ein unbekanntes Bauwerk aus der Zeit der Alleinherrschaft von Valerians Sohn Gallienus 259–268 n. Chr. Wie lange die römische Bevölkerung in manchen Vici und Gutshöfen ausharrte und auf eine Besserung ihrer Sicherheitslage und ihrer wirtschaftlichen Situation wartete, ist heute noch schwer zu sagen[458].

Grenzenlos Wie immer man die militärische Situation im 1000 km entfernten Rom damals einschätzte, zu einer Wiederbesetzung des Limes und einem Wiederaufbau zerstörter Kastelle ist es anscheinend nicht oder nur in Einzelfällen gekommen. Die Bevölkerung wanderte nach und nach ab; innerhalb einer Generation war das Limeshinterland entvölkert. Fruchtbare Landstriche verödeten rasch und fielen brach. Konkrete Spuren der Zerstörung sind mit archäologischen Mitteln meist nur bei umfangreichen Ausgrabungen auszumachen, doch selten mit der erforderlichen Genauigkeit zu datieren. Tatsächlich sind in einigen – aber keineswegs allen – Kastellen, Dörfern und Gutshöfen Brandschichten beobachtet worden. Zerstörungshorizonte wurden selbst in der umwehrten Provinzhauptstadt Augsburg festgestellt, die von beutegierigen Germanenhaufen anfangs sicher umgangen worden war.

Das Ende der Vici macht das Ausmaß des Wüstungsprozesses im Land hinter der Grenze faßbar: Ausnahmslos alle Dörfer nördlich der Donau wurden in der zweiten Hälfte des 3. Jahrhunderts wüst, kaum weniger als 25 000 Bewohner (zu denen die Bewohner der Villae noch hinzuzurechnen sind) verließen ihre Ortschaften – ob unter militärischem Begleitschutz und gut organisiert, wissen wir nicht.

Umstritten sind die staatsrechtlichen Folgen der „Aufgabe" des Limesgebiets. Eine förmliche Landnahme der Germanen auf breiter Front fand damals sicher noch nicht statt, auch nicht in den Gebieten nördlich der Donau, wo in der Folgezeit zunächst noch vereinzelt, aber gegen Ende des Jahrhunderts in steigendem Maß germanische Niederlassungen entstanden[459]. Unter Probus (276–282), wird berichtet, sollen Germanen den Boden der Römer besetzt haben, *solum Romanorum occupaverunt* (H. A. Probus 13, 7). Oft siedelten sie sich im Bereich der Gutshöfe an, meist in der Nähe alter Fernstraßen, die der germanischen Invasion als Leitlinie und Einfallschneise dienten. Rom war zwar in die Defensive gedrängt, hatte jedoch – wenn auch *de facto* seinem Herrschaftsbereich entzogen – nie seinen rechtlichen Anspruch auf das Grenzgebiet aufgegeben: *Quidquid ultra Rhenum prospicio, Romanum est* (Paneg. X [II] 268, 26–269,4 auf Maximianus vom Jahr 289[460]), „was ich auch immer in der Ferne jenseits des Rheins sehe, ist römisch". Allein das Fortdauern des Raetiennamens im damals verlassenen Ries[461] und die dort vielleicht siedelnden *Raetovarii*, die am Ende des 4. Jahrhunderts im römischen Heer auftauchen, sind ein Indiz dafür, daß das Dekumatland und das raetische Limeshinterland nie wirklich aufgegeben worden war[462].

Rückzug Ob bereits auf dem Höhepunkt der Krise unter Gallienus die römische Heeresleitung das bewährte Konzept der linearen Grenzverteidigung durch Kastelle und Wachttürme an der raetischen Mauer fallengelassen hatte, wissen wir nicht. *De facto* aber zog man sich wieder auf die nassen Grenzen, die den Römern stets sicherer erschienen waren[463], zurück. In Raetien war das die Donaulinie, die nach wie vor wirtschaftlich und logistisch unverzichtbar war. Von hier aus konnte man erneut Gegenoffensiven organisieren und versuchen, die sich im Vorfeld abzeichnende Situation germanischer Infiltration und Machtentwicklung wieder in den Griff zu bekommen.

Die militärischen Kräfte Roms blieben noch über Jahrzehnte in den reichen Ländern des Osten gebunden. Damals, 271, gingen die drei dakischen Provinzen am Unterlauf der Donau verloren; das Land mußte geräumt, die gesamte Bevölkerung evakuiert und in die Gebiete südlich der Donau umgesiedelt werden. In dieser schwierigen Situation war es aus Sicht des raetischen Heeresleitung in Augsburg aussichtslos, das verlorene Territorium wiederzubesetzen. Ob überhaupt Abwehrmaßnahmen am raetischen Limes ergriffen wurden, ist noch schwer zu beurteilen; offensichtlich besaß man auch kein wirkungsvolles militärtaktisches Konzept gegen die Reiterüberfälle, *Alamannos, gentem populosam ex equo mirifice pugnans* (Aur. Vict. 21, 2), lag doch die militärische Stärke Roms bisher in ihrer zwar bestens ausgerüsteten und ausgebildeten, aber bekanntermaßen schwerfälligen Legionsinfanterie. Jetzt erst erhielt die Kavallerie durch ihre hohe Mobilität und Reichweite ein völlig neues Gewicht; Heeresreformen schufen nun auch bewegliche Eliteverbände, mit denen der Kaiser im Reich agierte und von Brennpunkt zu Brennpunkt zog.

Im siebten Jahrzehnt drangen germanische Heerscharen häufiger und mit unterschiedlichen Stoßrichtungen nach Süden vor: Die Franken gelangten bis nach Spanien, Alamannen über die Alpen bis tief ins italische Mutterland[464]. Kaiser Claudius II. Gothicus (268–270) schlug 268 die über den Brenner eingefallenen Alamannen am Gardasee. Das Ausbleiben der in alten Bündnisverträgen ausgehandelten Jahrgelder 270 hatte die Juthungen verärgert, so daß sie „die Städte an der Donau" erneut angriffen, aber auf ihrem Rückweg aus Italien von Kaiser Aurelianus (270–275) „beim Übersetzen über die Donau" (Dexippus F 6,1.4.12) geschlagen werden konnten[465]. Damals könnte das Regensburger Legionslager zum zweiten Mal zerstört worden sein[466]. Aurelian jedoch befreite „die Vindeliker von der Bedrängnis durch die Barbaren" (H. A. Aurelian 35,4; 41,8).

Bald darauf, 278/279, brachte Kaiser Probus einer Allianz von Burgundern und Vandalen eine schwere Niederlage bei und schlug einen germanischen Verband an einem Fluß, vielleicht dem Lech[467]. Er ließ Raetien „derart friedlich zurück, daß dort nicht einmal der Gedanke an irgendeine gewaltsame Störung übrig blieb" (H. A. Probus 16,1). Damals scheinen sich die Verhältnisse zumindest zeitweilig stabilisiert zu haben, denn auf vermutlich diesen Sieg spielt eine Augsburger Inschrift aus dem Jahr 281 an, die der Provinzstatthalter dem Kaiser als „dem Wiederhersteller der Provinzen und öffentlichen Bauten" – *[restitutori pr]ovinciarum et operum [publicorum]* – gewidmet hatte. Mit der formelhaften Wiederherstellung der *opera [publica]* war die Instandsetzung der zivilen Infrastruktur des Landes gemeint[468].

Die Lage der Provinz hatte sich freilich infolge anhaltender Überfälle und der beklemmenden Sicherheitslage kaum gebessert. Raetien blieb wegen seiner exponierten geostrategischen Lage Ziel germanischer Angriffe und Durchgangskorridor für die Heere beider Seiten. Auch die Straßendörfer südlich der Donau waren, wo nicht zerstört, so doch weitgehend verlassen oder unbewohnbar. Die verbliebene Bevölkerung zog sich auf unzugängliche Höhen und Berge zurück. Die meisten *villae rusticae* südlich der Donau verfielen zu Ruinen. Das Land verödete, die Versorgungskrise spitzte sich dramatisch zu. Damals war das Militär (wieder) auf den Nachschub aus dem Mutterland angewiesen.

In diesen Jahrzehnten brach aber nicht nur die Agrarproduktion und die Selbstversorgung der Provinz zusammen. Auch das Handwerk verlor seine Aufträge und stellte überall seine Arbeit ein. Von der kleinsten Ziegelei bis zum Töpferdorf überlebte nicht eine einzige Werkstatt. Privates Unternehmertum litt empfindlich unter den widrigen Verhältnissen. Steuerlast, Inflation, Absatzschwierigkeiten und die unaufhörlichen Zerstörungswellen belasteten das Handwerk so schwer, daß es schon gegen Ende des 3. Jahrhunderts, als sich die Situation langsam wieder besserte, nicht mehr möglich war, die alten Produktionsorte zu reaktivieren. Der niedrige Lebensstandard der Provinzbevölkerung – er läßt sich am zivilisatorischen Gradmesser 'Keramik' recht gut beurteilen – verlangte nicht mehr nach dem reichen Warenangebot früherer Zeiten. Man gab sich gezwungenermaßen mit dürftigen Produkten zufrieden: Die „besten" keramischen Erzeugnisse kamen damals noch aus der Ziegelei von Rohrbach im waldreichen Hinterland des Friedberger Ostens[469].

XII Neue Hoffnung

Heute ist noch völlig unklar, was militärisch zwischen 260 und 290 an der Grenze, im Hinterland und an der Donau tatsächlich geschah. Im Dunkel bleibt auch die Geschichte der Günzburger Zivilsiedlung. Sicher ist nur, daß sich die Vicani nicht auf die natürlich geschützte, gut zu verteidigende Höhe im Bereich der Günzburger Oberstadt zurückzogen wie beispielsweise in *Abodiacum*-Epfach, wo nach 297 eine Befestigung auf dem von einer Lechschleife umflossenen Lorenzberg errichtet wurde, oder in Kempten, wo sich die letzten Bewohner der Römerstadt auf der geschützten Burghalde am gegenüberliegenden Illerufer niederließen.
Günzburg war nach allem, was wir heute aufgrund der Befunde in der Unterstadt sagen können, in dieser Zeit noch eine offene, ungeschützte Siedlung. Mackensen[470] hielt eine „new fortification for the civil settlement of *Guntia* (Günzburg), which was also substantially reduced in size, at the *transitus Contiensis* in about 280" für denkbar, verneinte aber indirekt eine Militärpräsenz und den Bau eines Kastells in dieser Zeit.
Funde des späten 3. Jahrhunderts sind im Günzburger Fundstoff ohne weiteres herauszufiltern, so etwa die silberne Armbrustfibel *(Abb. 215)*, ein Vorläufer der spätantiken Zwiebelknopffibel[471]. Um so wichtiger sind die Gräber aus der Nekropole an der Ulmer Straße, die nun zu einer wesentlichen Quelle der Kontinuität in dieser Zeit werden. Wir kommen gleich darauf zurück. Doch noch eine andere Fundgattung, die Münzen, hilft uns, die Siedlungsentwicklung zumindest in Umrissen räumlich nachzuzeichnen. Denn eine Frage wurde in diesem Zusammenhang immer wieder gestellt: Haben sich die Städte und Ortschaften im Hinterland durch den Rückzug der Siedler aus den vorderen Grenzgebieten und die Aufnahme von Flüchtlingen vergrößert oder schrumpften sie infolge der allgemeinen Landflucht zusammen?
Zunächst ist zu beobachten, daß die Günzburger Münzkurve um die Jahrhundertmitte zusammenfällt, sich aber doch schon bald nach 260 festigt und bis 284 wieder ansteigt *(Abb. 49)*. Die Spitze um die Jahre 268–275[472] kann eine Entvölkerung des Vicus kaum begründen. Kartiert man die Münzen der zweiten Hälfte des 3. Jahrhunderts, zeigt sich ein Schwerpunkt im Gebiet zwischen St. Martin und der Brunnengasse *(Abb. 220)*.

Kontinuität im Wandel: Die Reformen Diokletians

In der Provinzhauptstadt feierte eine durch den amtierenden Statthalter im Jahr 290 veranlaßte Ehreninschrift[473] den Nachfolger des Kaisers Probus, C. Aurelius Valerius Diocletianus (284–305; *Abb. 214*), als *providentissimus princeps, rector orbis ac dominus fundator pacis aeternae* (IBR 121), als „Lenker und Herr der Welt und Begrün-

Fig. 2.

214 Münzanhänger des Kaisers Diocletianus (284–305) von der Flur „Mordschlacht" (Andruck vor 1869; Akten Hist. Ver. Günzburg).

der des ewigen Friedens" (die übertrieben unterwürfige Hofsprache dieser Zeit täuscht allerdings nicht über die schwierige Situation hinweg, in der sich Raetien und die benachbarten Grenzprovinzen damals befanden). Die Inschrift geht vermutlich auf ein militärisches Ereignis zurück, nämlich einen Feldzug in den Bodenseeraum und an die Donauquellen (288), der den Kaiser am Geburtstag Roms *(natalis Urbis)*, am 21. April des Jahres 289, zu einer Siegesfeier in die Provinzhauptstadt geführt hatte (Paneg. 10, 9, 1). Sie könnte aber auch anläßlich eines Treffens mit seinem Augustus-Kollegen Maximianus (285–310) gesetzt worden sein; auf diesem „Krisengipfel" dürfte man auch über die militärischen Sicherungs- und Ausbaumaßnahmen an Rhein und Donau gesprochen haben[474].
Der aus Dalmatien stammende Diokletian war ein Pragmatiker mit militärischem und verwaltungspolitisch-organisatorischem Weitblick: *ordinavit provide multa et disposuit, quae ad nostram aetatem manent*, „er ordnete mit Blick in

die Zukunft viele Dinge, die bis auf unsere Zeit bestand haben", schrieb Eutropius (Eutr. IX 23), der Hofschriftsteller des Kaisers Valens 50 Jahre später. Als außergewöhnliche Leistung ist die Tatsache zu würdigen, daß er versuchte, den kompliziert verstrickten, unüberschaubar gewordenen Staatsapparat zu entflechten und in übersichtliche Zuständigkeitsbereiche zu gliedern. Obwohl er nach Art orientalischer Herrscher den Fußfall (Proskynese) einführte und damit die absolute Macht des Monarchen, das

215 Silberne Armbrustfibel des späten 3. Jahrhunderts, vermutlich aus der Unterstadt (L. 5,8 cm; Inv. P 62).

Dominat, demonstrierte, ordnete er doch die traditionelle Herrschaftsform des Kaisertums (Prinzipat) den Notwendigkeiten des Tages unter und führte erstmals eine Trennung der politischen Staatsgewalt von der militärischen Macht herbei. Er teilte das *imperium* nun mit einem Mitregenten: *Diocletianus et Maximianus, sub quibus primum Romanum imperium divisum est* (Polemius Silvius 58). Die Staatsgeschäfte im Reich wurden nun von zwei Augusti und zwei Caesares jeweils im Westen und Osten geführt. Mit dieser Herrschaftsform, der Tetrarchie (Vierkaiserherrschaft), unternahm Diokletian auch den Versuch, nach den Jahrzehnten der Soldatenkaiser wieder zu einer regelbaren Thronfolge zu kommen, die die Reichseinheit auf Dauer besser gewährleisten konnte als der ständige, unkalkulierbare Herrscherwechsel.
Rom war den Kaisern fremd geworden: Diokletian regierte den Osten von seinem *palatium* in Nikomedeia in Bithynien aus, dem türkischen Izmit am Ostzipfel des Marmara-Meers. Galerius (293 –311) erhielt das Illyricum und den mittleren Donauraum; er residierte im pannonischen Sirmium (Sremska Mitrovica unweit Belgrad) und dem griechischen Thessalonike. Maximianus (285–310) bekam Italien, Raetien, Spanien und Afrika mit Residenzen in Mailand und Aquileia. Constantius (293–306) erhielt Gallien und Britannien mit seiner Hofhaltung in Trier und York.
Spätestens im Frühjahr 289, vermutlich aber schon im vorangegangen Herbst, drang Diokletian mit einer *expeditio Raetica* in den Raetien gegenüberliegenden Teil Germaniens ein, schob den *limes Raetiae* erneut vor und gliederte die Donauquellen, jedenfalls dem Anspruch nach, wieder dem Reich ein[475]. Jetzt sei Rom wieder Herr am gesamten Donaulimes, *per totum Histri limitem*. Sein Kaiserkollege Maximianus, der Caesar des Westens, errang 291/292 einen weiteren Sieg: Er marschierte unbehelligt von der Rheinbrücke bei Mainz zum Donauübergang bei Günzburg und verwüstete das Land der Alamannen[476].

Der *transitus Guntiensis*

Genau in diesem historischen Zusammenhang des Jahres 292, dessen Hintergründe und Entwicklungen im vorangegangenen Kapitel beschrieben wurden, steht die dritte Überlieferung Günzburgs in der antiken Literatur, der *transitus Guntiensis*. In einem Vortrag am kaiserlichen Palatium spricht der Redner:
2. *Quamquam multa mihi ex illis quoque hoc in tempore necessario transeunda sunt ac potissimum ea quibus officio delati mihi a diuinitate uestra honoris interfui, captus scilicet rex ferocissimae nationis inter ipsas quas moliebatur insidias et a ponte Rheni usque ad Danuuii transitum Guntiensem*[477] *deusta atque exhausta penitus Alamannia; nam et maiora sunt quam ut enarrari inter alia possint...* (*Panegyricus Constantio Caesari dictus VIII* (V) 2, p. 233, 12–19)[478].
"Allerdings muß ich viele von jenen Ereignissen bei dieser knappen Redezeit unerwähnt

lassen, sogar die, bei denen ich in Ausübung des mir von Euch übertragenen ehrenvollen Amts dabei war; etwa wie der König eines sehr wilden Stammes gefangen genommen wurde, während er eben feindliche Anschläge gegen uns plante und wie das Land der Alamannen von der Rheinbrücke bis zum Donauübergang bei *Guntia* [wörtlich: bis zum Guntiensischen Donauübergang] durch Feuer verwüstet und entscheidend geschwächt wurde. Diese Erlebnisse sind zu wichtig, als daß sie unter anderen erzählt werden könnten..."

Die Textstelle stammt aus einem Sammelwerk von zwölf lateinischen Lobreden *(Panegyrici)*, die verschiedene Autoren bzw. Redner auf ihre Kaiser oder Mitregenten gehalten hatten; sie wurden vermutlich aus rhetorischem Interesse als Beispiele höfischer Beredsamkeit gesammelt und blieben eher zufällig erhalten. Die überlieferte Auslese enthält z. B. eine Ansprache des jüngeren Plinius auf Kaiser Traian und endet mit einem Panegyricus auf Kaiser Theodosius. Wegen sprachlicher Eigenschaften und Gemeinsamkeiten wurde Eumenius aus *Augustodunum*-Autun als Verfasser bzw. Redner des etwa halbstündigen Panegyricus VIII (V)[479] vermutet, doch hat sich diese Ansicht in der neueren Forschung nicht gehalten. Jedenfalls aber stammte der Referent aus einer gallischen Rhetorenschule, war aber kein reiner Zivilist, sondern mit dem militärischen Milieu vertraut.

Chronologie und Lokalisierung Die Laudatio ist nicht direkt datiert; sie soll aber bald nach 311 der Redensammlung angegliedert worden sein. Wie der Titel des Panegyricus sagt, bezieht sich die Rede auf den im Illyricum geborenen Kaiser Fl. Valerius Constantius mit dem Beinamen Chlorus, „der Blasse" (293–306; *Abb. 216*). Die chronologischen Hintergründe sprechen dafür, daß der Vortrag zu den Quinquennalien, dem Fünfjahresjubiläum seiner Herrschaft am 1. März des Jahres 297 in Trier gehalten wurde, das seit den Jahren des Gallischen Sonderreichs (260–275) Hauptstadt und später durch Constantius Sohn Konstantin den Großen zu einer der wichtigsten Kaiserresidenzen des Westens ausgebaut wurde.

Constantius Chlorus war am 1. März 293 in Mailand von Diokletian und Maximian zum Caesar erhoben und als Mitglied des Herrscherkollegiums für den Reichswesten (Gallien und Britannien) bestimmt worden. Eine seiner ersten Aufgaben war es, den Usurpator Carausius (286–293?) aus Britannien zu vertreiben und die von den Franken zerstörte Rheingrenze wiederherzustellen. Der Panegyricus stammt aus der Zeit unmittelbar nach seinem Sieg über Carausius' Nachfolger Allectus (293–297?) und seiner Rückkehr vom Britannienfeldzug 297. Die Lobrede preist Constantius' politisch-diplomatischen Erfolge ebenso wie seine militärischen Siege gegen die Barbaren. Sie berichtet von einem Triumph über die Parther und erwähnt auch, daß durch seine Taten die Grenzen Germaniens und Raetiens wieder vorgeschoben werden konnten. Alamannen und Sarmaten seien unterworfen, Iouthungen, Quaden und Carper niedergeschlagen. Übrigens zählt die territoriale Bezeichnung der *Alamannia* überhaupt zu den frühesten Erwähnungen (die erste stammt aus dem Jahr 289[480]).

Nach den Eingangsfloskeln wird Günzburg gleich im zweiten Absatz als geographischer Rahmen eines Feldzugs erwähnt, bei dem ein germanischer König *(rex)* festgenommen und der alamannische Siedlungsraum zwischen Rhein und Donau verwüstet worden war. Das Datum der Operation wird in der Rede zwar nicht unmittelbar genannt; nach der Anspielung auf einen Feldzug des Kaisers Maximian muß er jedoch nach 291 und vor 297, dem Datum der Rede, stattgefunden haben. Da man von militärischen Vorbereitungen Maximians für 291 nichts weiß, dachte W. Enßlin an das Jahr 292[481]. Anlaß war offenbar, daß die Alamannen ihre germanischen Brüder im Osten, die Burgunder, über die alte Limeslinie gewaltsam zurückgedrängt hatten. Maximianus wollte verhindern, daß sich die Alamannen in der Folgezeit erholten und im Westen wieder losschlagen konnten. Seine Strafexpedition verlief außerordentlich erfolgreich; er erhielt für den Feldzug am 10. September 293 den Ehrentitel Germanicus Maximus IV.

Der geographische Begriff „zwischen der Rheinbrücke und dem *transitus Guntiensis*" dürfte den Ausgangs- und Endpunkt jenes Feldzugs

216 Kupfermünze mit Silberüberzug (Follis) des Kaisers Constantius Chlorus (305–306), geprägt 305/306 in Ticinum-Pavia. Römergasse 1930 (Inv. 315).

217 Schiffsbrücke über die Donau. Ausschnitt aus den Dakerfeldzügen des Kaisers Trajan auf der 40 m hohen Siegessäule in Rom.

bezeichnen. Jedenfalls waren die „Rheinbrücke" und der „*transitus Guntiensis*" den Zuhörern in Trier bekannt, so daß sie nicht erläutert zu werden brauchten. Der Transitus wurde aufgrund seiner Namensgleichheit mit dem *Itinerarium Antonini* und der *Notitia dignitatum* stets auf Günzburg bezogen, wo er mit dem substantivierten Adjektiv *-(i)ensis* nicht einen Übergang „bei der Günz" – das wäre widersinnig, weil es sich um einen Donauübergang handelte –, sondern bei dem Ort *Gontia/Contia* bezeichnet. Bezüglich der Rheinbrücke hatte man zwar auch an die von Zurzach[482] gedacht, selbst Straßburg käme in Frage, doch ist sie mit gutem Grund stets mit der Brücke vor der Legionsfestung *Mogontiacum* identifiziert worden. Denn Mainz war als Legionsbasis damals immer noch der bei weitem wichtigste Ausgangs- und Endpunkt offensiver Maßnahmen gegen die Germanen nördlich und südlich des Mains. Die alte Heerstraße, die beide Punkte, Mainz und Günzburg, miteinander verband, zog seit den Jahren der flavischen Kaiser von Raetien nunmehr durch das Kerngebiet der frühen Alamannia nach Obergermanien; sie war die kürzeste Verbindung zwischen den beiden Provinzen und hatte ihre militärstrategisch entscheidende Rolle nie eingebüßt.

Wie sah der *transitus* von Günzburg aus? Vermutlich beschreibt er kein festes Brückenbauwerk. Zwar bezeichnet das lateinische Verbum *transire* neutral nur das Überschreiten, es wird aber gerne in Zusammenhang mit Schiffsbrükken[483] gebraucht, die in der zeitgenössischen Literatur höchst uneinheitlich mit dem Terminus *conpages navium* und *navigia nexa* (Verbindung von Schiffen), *pontes iuncti* (verbundene Brücken) oder *pontes navales* (Schiffsbrücken) bezeichnet werden[484]. Gleichwohl waren sie seit undenklichen Zeiten eine der technischen Errungenschaften des zivilen, aber auch des militärischen Brückenbaus. Das Aussehen solcher Schiffsbrücken ist eindrucksvoll auf der Traians- und der Marc-Aurel-Säule in Rom zu sehen *(Abb. 217)*. Sie waren einfach und schnell an jeder beliebigen Stelle des Flusses errichtet und deshalb besonders für militärische Zwekke geeignet, zumal sie auch mit Fuhrwerken, Geschützen und schwerem Gerät befahren werden konnten. Die Schiffsbrücke war mobil und im Notfall rasch durch das Kappen der Halteseile abzubrechen.

Wo lag der Übergang? Wie das adjektivierte *Guntiensis* zu erkennen gibt, lag er bei der Siedlung *Gontia*, d. h. im Bereich der Mündung der *Gontia* in die Donau. Die Günzburger Lokalforschung verband den *transitus* allerdings stets mit einem ganz bestimmten Ort, nämlich mit dem Fundplatz von Steinquadern im Donaubett, die Anfang des 19. Jahrhunderts nordwestlich von St. Martin entdeckt worden waren. Man hielt sie für Reste des Brückenkopfs in

Form eines mit Steintürmen bewehrten Tors. Davon wird gleich die Rede sein.
Zur genauen Position des *transitus* gibt es keine Anhaltspunkte, wenn man vom Verlauf der mittelkaiserzeitlichen Straße absieht, in deren Achse die Schiffsbrücke notwendigerweise gesucht werden muß, selbst dann, wenn sich der Fluß in der Zwischenzeit verlagert hatte. Einen vagen Hinweis gibt der 27 mm große, etwa 10 Gramm schwere Follis des Diokletian[485] mit Hängeöse *(Abb. 214)*, der als Schmuckstück bzw. Amulett am Hals getragen wurde. Die Umschrift lautet: *Imp.(erator) C(aes.) Diocletianus P. F. Aug(ustus)*. Die Rückseite zeigt die Schutzheilige der Münzprägung: *Sacra Mon(e)ta Avgg. et Caess. Nostr.* Dieser Münztyp wurde in Ticinum, Aquileia und Siscia zwischen 300 und 303 geprägt. Der Münzanhänger ist 1829 im Ried an der „Alten Straße"[486] nördlich der Flur Mordschlacht, also in jenem Bereich gefunden worden, wo die oben beschriebene Holzbrücke im Starengries die Donau überquerte *(Kap. V)*. Obwohl es sich um einen Einzelfund handelt, deuten die Fundumstände durchaus auf eine besondere Deponierungsart. Als Flußopfer für die glückliche Reise und Rückkehr *pro itu et reditu* wurden Schmuckstücke, Münzen und Waffen gerne ins Wasser geworfen und versenkt.

Die strategische Bedeutung des Donauübergangs
Abgesehen von der Namensnennung wirft die Erwähnung Günzburgs im Panegyricus verschiedene Probleme auf. Günzburg war am Ende des 3. Jahrhunderts offensichtlich ein militärstrategisch wichtiger Donauübergang, denn von hier aus war es möglich, in den alamannischen Kernraum, das mittlere Neckargebiet, einzudringen und ihn zugleich von Norden aus „in die Zange" zu nehmen. Dadurch konnten die germanischen Neusiedler, die das Dekumatland nach und nach in Besitz genommen hatten, direkt an ihren Wohnplätzen bekämpft werden[487]. Der Günzburger Übergang lag am Ausgangspunkt der alten, unverzichtbaren Heerstraße durch das Neckarland nach *Mogontiacum*-Mainz, dem Eckpfeiler römischer Militärmacht im Rheinland. Hinzu kommt, daß die Günzmündung wieder ein zunehmend wichtiger Stützpunkt für die militärische Donauschiffahrt als Depot, Werft und Bootslagerplatz geworden sein dürfte.
Um die Bedeutung des Günzburger Übergangs richtig einzuschätzen, fragt man sich, wo in dieser Zeit überhaupt noch Donaubrücken in Raetien existierten. Abgesehen von der Steinbrücke vor dem Regensburger Legionslager hat es sich ausschließlich um mittelkaiserzeitliche Holzbrücken gehandelt, die nach ein oder zwei Jahrhunderten kaum mehr alle intakt waren. Ob die Neuburger Donaubrücke mit der Straße durch das Limesgebiet nach Regensburg für den Verkehr noch nutzbar war, darf man bezweifeln, da man den Dienstverkehr von Augsburg zur Legion jetzt besser über die kürzere Strecke durch das Paartal leitete. Die Donaubrücke vor Burghöfe bei Mertingen dürfte in der Mitte des 3. Jahrhundert zerstört worden sein. In Anbetracht der dort (später) stationierten Reitereinheit der *equites Stablesiani iuniores* unter einem *praefectus legionis tertiae Italicae*, dem zugleich der obere Donauabschnitt *partis superioris deputatae ripae primae* (Not. dign. occ. 35, 18) zugeordnet war, dürfte sie aber wiederaufgebaut oder durch eine Pontonbrücke ersetzt worden sein. Die außerordentliche militärgeographische Bedeutung des Lechtals als die Haupteinfallschneise nach Raetien und dem Süden wird durch die Augsburger Iouthungenschlacht des Jahres 260 hinlänglich unterstrichen. Ob Rom sich auf der gegenüberliegenden Donauwörther Seite einen burgusartig befestigten Brückenkopf gesichert hatte, ist in Anbetracht eines späten Münzschatzfunds[488] durchaus wahrscheinlich.
Der nächstgelegene Donauübergang im Westen lag bei *Phoebiana*-Faimingen; von einer Brükke wissen wir nichts. Hier deutet sich aber eine ähnliche Sicherung durch einen Stützpunkt auf dem Hochufer über der Brenz an, von dem die in den Fluß gestürzten Spolien stammen könnten. Verfolgen wir die Flußgrenze vom Günzburger *transitus* weiter nach Westen, finden wir illeraufwärts erst wieder in *Caelio monte*-Kellmünz eine Grenzfestung, vor der eine Holz-[489] oder Schiffsbrücke über die Iller ebenso zu postulieren ist wie beim spätantiken *Cambidano*-Kempten[490].

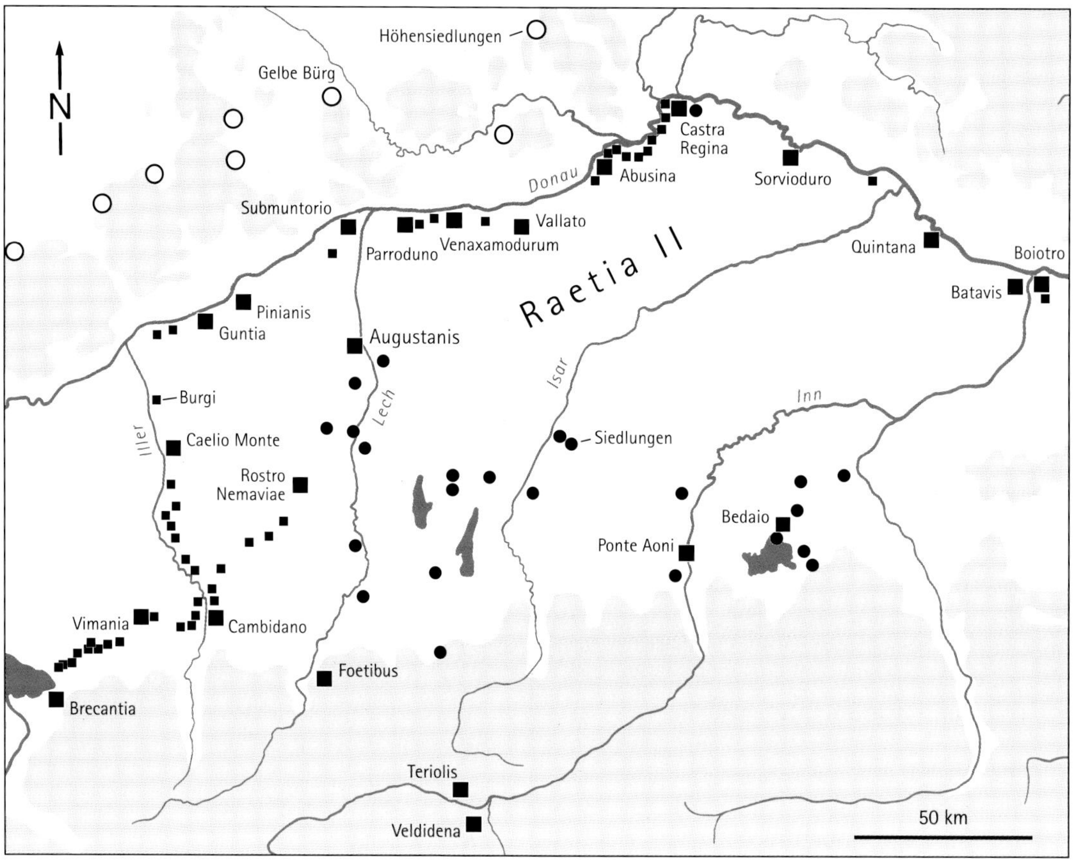

218 Spätrömische Siedlungen und Grenzbefestigungen an Donau und Iller sowie germanische Höhensiedlungen auf der Schwäbischen Alb.

Insgesamt bleibt nach diesem Blick auf die Flußübergangsstellen entlang von Donau und Iller der bestimmte Eindruck, daß sich Rom, ähnlich wie am Rhein, auch entlang der Donau die alten, strategisch wichtigen Übergänge offen gehalten und gesichert hatte, um jederzeit nach Norden ausgreifen zu können. Das stellte freilich für die Germanen jenseits des Flusses auf Dauer eine höchst unangenehme Bedrohung ihrer neuen Siedlungsplätze dar.

Neue Grenzfestungen an Donau und Iller

Wenn Günzburg also durch seinen Flußübergang und seine strategische Lage am Rand des alamannischen Kernraums besondere Bedeutung besaß, stellt sich die Frage, ob dieser Platz, der im 5. Jahrhundert zu den letzten, noch in römischer Hand gebliebenen Grenzfestungen gehörte, nicht damals (um 300) schon eine Truppeneinheit bekommen hatte und als Militärplatz ausgebaut wurde (*Abb. 218*).

Doch darüber gehen die Meinungen auseinander. P. Reinecke und G. Ulbert[491] gingen stillschweigend davon aus. Die Tatsache, daß sich die Zivilisiedlung damals nicht auf die besser schützbare Hochterrasse in der heutigen Oberstadt zurückzog und sich damit gleichsam einigelte, könnte ebenfalls auf eine starke militärische Präsenz weisen.

Die Entscheidung für eine systematische Befestigung der Nordgrenze, der Donau-Iller-Rhein-Linie[492], ist anscheinend erst nach einem neuerlichen Vorstoß der Alamannen in die gallischen Provinzen gefallen; Constantius Chlorus hatte sie 297 zurückgeschlagen[493]. Tatsächlich sind in der Tetrarchenzeit Militärbauten aus der westlichen Nachbarprovinz *Sequania* bekannt. Bauinschriften in *Vitudurum*-Oberwinterthur stammen aus dem Jahr 294, in *Tasgaetium*-Burg bei Eschenz aus der Zeit um 294/305[494]. Die Münzreihen einiger Kastelle in Raetien sowie die archäologischen Befunde in der Nachbarfestung *Caelio Monte*-Kellmünz[495], dem (späteren) Standort der 300 Mann starken *cohors III Herculea Pannoniorum* (Not. dign. occ. 35,30), deuten ebenfalls auf die Wende zum 4. Jahrhundert. Die 35 m über dem Illertal gelegene Festung *Celio Monte* konnte nach stratifizierten Münzen jedenfalls nicht vor 297 angelegt worden sein. M. Mackensen schlug ein Anfangsdatum „nach 297 bzw. gegen oder um 300" vor. In den Kontext maximianischer Festungsbauten an der oberen Donau gehören nach dem gegenwärtigen Kenntnisstand auch das östliche Nachbarkastell *Febian(i)s/Phebianis* bzw. *Pinianis* (Not. Dign. occ. 35,15; Faimingen, Bürgle bei Gundremmingen)[496], *Submuntorio* (Not. Dign. occ. 35,18; Burghöfe bei Mertingen)[497] und das Reduktionskastell von *Abusiana* (Not. Dign.

occ. 35,25; Eining)[498], so daß wir schon allein auf Grundlage dieses strategischen Konzepts auch Günzburg in die Reihe stellen dürfen, zumal die Lücke zwischen Kellmünz und Burghöfe angesichts der Brisanz des Günzburger Donauübergangs sträflich groß wäre[499].

Hinzu kommt von archäologischer Seite, daß die Münzkurve einen beträchtlichen Anstieg unter Diokletian zeigt[500]. Als wichtigstes Argument für einen Truppenstandort in der Zeit um 300 sind jedoch einige Günzburger Bestattungen des späten 3. und frühen 4. Jahrhunderts zu nennen. Sie deuten nicht nur auf die Existenz eines Militärstützpunktes, sondern vor allem auf die Präsenz von Germanen, die in diesem Kontext als Besatzung zu sehen sind; ob sie damals bereits in steinernen Wehrbauten kaserniert oder anders untergebracht waren, wissen wir nicht.

Die große Zeit Konstantins

Mit der Regierungszeit Constantinus I. (des Großen, 306–337; *Abb. 219*), der noch am Todestag seines Vaters Constantius Chlorus am 25. Juli 306 in *Eburacum*-York von alamannischen Hilfstruppen unter ihrem Fürsten *Crocus* zum Augustus ausgerufen worden war, trat eine Phase der Beruhigung und der wirtschaftlichen Konsolidierung ein[501]. Wenn auch nicht alle Reformen Diokletians wie das Höchstpreisedikt wirksam werden konnten, wurden andere Ansätze wie die Münzreform fortgeführt. Das Heer wurde durch die Verkleinerung der Legionen von 6000 auf rund 2000 Mann bei gleichzeitiger Erhöhung der Verbändezahl umstrukturiert. Am 11. Mai 330 weihte Konstantin seine neu gegründete Hauptstadt *Constantinopolis*, die *altera Roma*, das zweite Rom, bei dem griechischen Landstädtchen Byzantion. Eine der wesentlichen verwaltungspolitischen Entwicklungen war die Dezentralisierung der administrativen Funktionsträger, die die spätantike Herrschaftsform noch auf Jahrhunderte prägte. Entsprechend wurden auch die Verwaltungsbezirke verkleinert: Aus den bisher 57 Provinzen entstanden nach dem *Laterculus Veronensis* nun (nach 297, vor 370) 95 Provinzen als Verwaltungs- und Steuereinheiten[502]. Eine neue Gliederungsebene zwischen der Provinz und der örtlichen Präfektur wurde durch zwölf Diözesen eingeschoben; sie unterstanden dem *vicarius* und seinem Stellvertreter, dem *praefectus praetorio*.

Raetien wurde damals (nachweisbar vor 354) in zwei Amtsbereiche geteilt, die *Raetia prima* und die *Raetia secunda*. Beide gehörten zur Diözese *Italia annonaria*, deren Praefektur in *Mediolanum*-Mailand saß. Sie umfaßte Italien, Nordafrika, den Nordwestbalkan, die Alpen und das Alpenvorland. Die Grenze der neuen raetischen Provinzen wird zwischen Bregenz und Kempten vermutet; *Foetibus*-Füssen gehörte jedenfalls bereits zur Raetia II[503]. *Curia*-Chur[504] wurde wohl Hauptort der *Raetia I*, Augsburg behielt seine zentrale Funktion als Hauptstadt der *Raetia II*. Jede der beiden neuen Provinzen wurde von einem Zivilbeamten, dem *praeses*, verwaltet. In Augsburg war der wichtigste Spitzenbeamte angesiedelt, der Vorsteher der kaiserlichen Schatzkammer *(praepositus thesaurorum)*.

219 Kupfermünze mit Silberüberzug (Follis) des Kaisers Constantinus I (306–337), geprägt 318–328 in Aquileia. Schinderweg 1912 (Fl. 1710; Inv. 326).

Nr.	Form	Fundort	Datierung/Herkunft	Inventar
[1]	Schüssel Chenet 320 mit einfachem Fischgrätmuster *(Abb. 221,1)*	Vorstadt 1906, „Städt. Friedhof 1949"	1. Hälfte 4. Jahrhundert	„Inv. 2678"
[2]	Chenet 320 mit Schachbrettmuster *(Abb. 221,3)*	Brunnengasse 9 (1949)	1. Hälfte/Mitte 4. Jahrhundert	Inv. 2677
[3]	Chenet 320 mit Eierstabmuster (4 Bruchstücke) *(Abb. 221,4)*	-	Les Allieux	Inv. 2677
[4]	Chenet 320	Pfarrkirche St. Martin 1962, Schnitt A	1. Hälfte /Mitte 4. Jahrhundert	Walke, Kastellgrabung 52 Abb. 4, 11; Arch. Staatsslg. München, Inv. 1968.24
[5]	Chenet 320 *(Abb. 221,2)*	Unterstadt, verschollen	-	-
[6]	Teller Chenet 304	Pfarrkirche St. Martin 1962, Schnitt B	2. Hälfte 4. Jahrhundert	Walke, Kastellgrabung Abb. 6, 12; Arch. Staatsslg. München, Inv. 1968.76c

Tab. 25 Spätantike Terra Sigillata mit Rädchenverzierung (Argonnensigillata) aus Günzburg.

es Lavezfunde, die eine Besiedlung dieses Geländes im 3. und 4. Jahrhundert bestätigen.
Als Beigabe stammen Lavezgefäße im übrigen auch aus einer Reihe von spätantiken Gräbern an der Ulmer Straße (Grab 89, 122, 167, 197, 203, 863 und 1040; *Abb. 222*) sowie aus Bestattungen in der Oberstadt (Postgasse 8, Kuhberg 8).

Betonhart: Die Kastellmauer

Es gibt zwei gesicherte Baubefunde des spätantiken Kastells in Günzburg, den seit langem bekannten Gußmauerblock in der Ulmer Straße und einen Quaderfund aus der Donau, den man bisher mit dem *transitus* in Verbindung gebracht hatte.
Seit den Jahren vor dem Ersten Weltkrieg (1909) lag der leicht geknickte Verlauf eines starken Gußmauerfundaments auf knapp 20 m zwischen der Haus-Nr. 26 und 28 in der Ulmer Straße frei. Es ist heute noch in der Hofeinfahrt der Ulmer Straße 30 als obertägiges Denkmal erhalten und zu besichtigen. Sein Fundament ist bis zu 6 m breit *(Abb. 223)* und besteht aus Geröll in einem extrem festen Gußmörtelverband *(Abb. 224)*. Aus einer „oberen Kulturschicht" über dem Gußmauerblock stammt der in Aquileia geprägte Centenionalis des Valentinian I. von 364/375[510], der allerdings nichts zur Datierung der Mauer beiträgt.
Ab Haus-Nr. 44 bis hin zur Ulmer Straße 18 und zum Pfarrhofplatz bemerkt man einen deutlichen Geländesprung von gut 1,5 m nach Süden. Diese Höhendifferenz markiert offensichtlich die Südfront des Kastells und die Böschung des vorgelagerten Wehrgrabens; das sah auch Reinecke so[511]. Da die Vorderfront der Häuser 26, 28 und 30 mit ihrer Schmalseite zur Straße hin auf der Kastellmauer steht und die Fassaden in den spätantiken Wehrgraben abzusinken drohten, wurden sie durch Stützpfeiler an den Ecken gesichert. Die Ulmer Straße selbst verläuft im „Bach", einem Vorflutgraben, der mit dem Verlauf des römischen Kastellgrabens vielleicht schon seit dem 1. Jahrhundert identisch sein dürfte und der den Bubesheimer Bach nach Osten zur Günz hin abfließen läßt.
Der Kastellmauer war ein möglicherweise doppelter Wehrgraben vorgelagert. Mehrere Beo-

222 Lavezgefäße aus spätrömischen Gräbern an der Ulmer Straße. Von links: Teller aus Grab 145/197 *(Abb. 237, 4)*, Becher mit Bronzebandage und Henkel aus Grab 203 *(Abb. 237, 3)* und Napf mit Eisenbandage aus Grab 862. Maßstab 5 cm.

bachtungen lassen sich mit dem charakteristischen Profil eines Doppelgrabens verbinden, wie ihn J. Weizenegger 1961 in der Brunnengasse 10 festgestellt und wie ihn auch N. Walke ein Jahr später, 1962, bei der Untersuchung unter St. Martin im Südprofil des Schnitts A hinter einem annähernd nordsüdlich verlaufenden, mächtigen Mauerausbruch beobachtet hatte[512]. Auf der Südseite des Donaubrunnenwegs 1 wurde 1983 ein weiterer 1,8 m tiefer Graben angeschnitten (Abb. 30, 6–7).

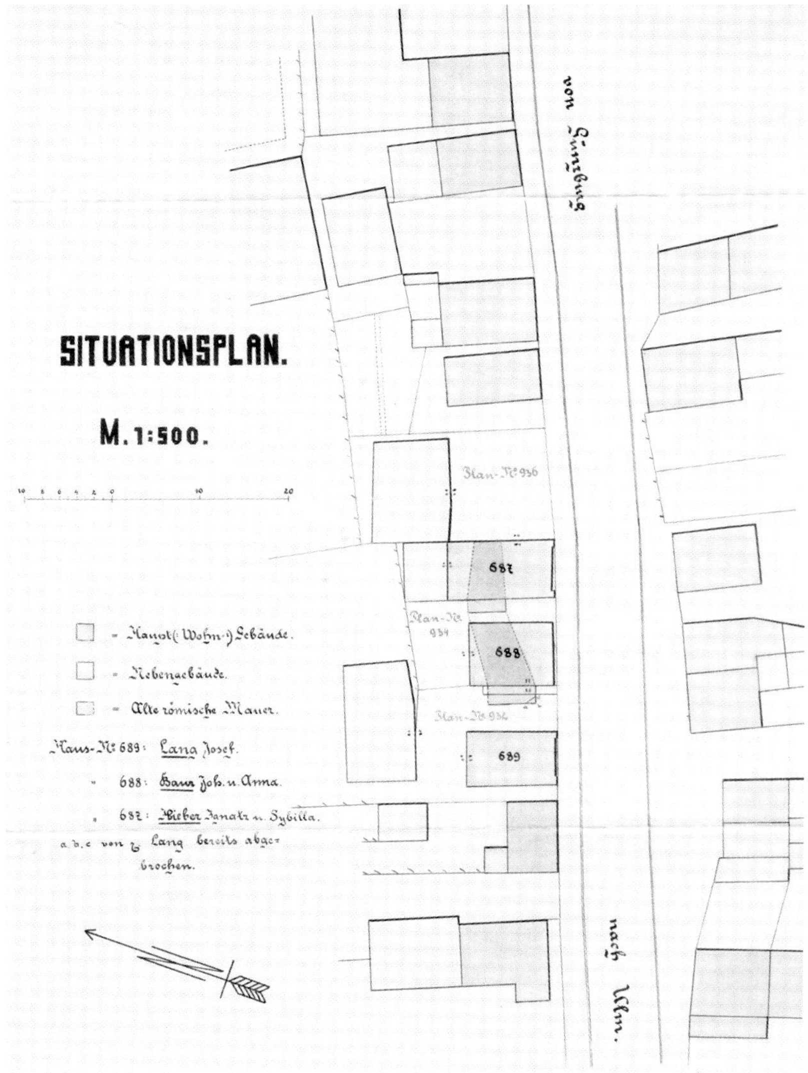

223 Plan des spätrömischen Kastellmauerfundaments in der Ulmer Straße 26, 28 und 30 (Original 1:500 vom 23.12.1909 in Ortsakten BLfD Thierhaupten).

Abgestürzte Steinquader in der Donau

Außer dem genannten Fundamentrest und den Grabenstücken geben Quaderfunde in der Donau einen Hinweis auf die Ausdehnung des Kastells im Norden und die Bauweise seiner Mauer. Nördlich der Martinskirche fließt die Donau in einem alten Bett, dem „Zanker". J. N. Raiser berichtete 1829 von etwa 100 Quadern, darunter einer „Kaiserinnenbüste" und einem Gesims (1830). Ihre Fundstelle am Südrand des Donaubetts von 1824 ist auf der Flurkarte NW XVI 41/42 genau eingemessen; sie liegt 116,6 m nördlich des Donaubrunnenwegs, 173,0 m nordwestlich der Pfarrkirche.

Der Günzburger Apotheker und Heimatforscher Ignaz Wetzler berichtete 1829/30 als Augenzeuge ausführlich über diese Entdeckung[513] und erkannte den Zusammenhang zwischen dem topographischen Standort des Bauwerks und der Flußerosion. Damals sei dort nämlich „...ein Turm gestanden und vom Flusse unterminiert eingestürzt ...". Er schrieb weiter, daß „... durch die näher hereinbrechende Donau Münzen und Steine zum Vorschein kamen, die auf ein kolossales Gebäude schließen lassen. Da die Schiffahrt durch diese Steine, die gleichsam einen Stau im Fluße bildeten, gefährdet war, so liße die k. Bauinspektion einige herausthun. Darunter waren zwei, die die Aufmerksamkeit der Kenner auf sich zogen; an dem einen wollte man noch deutlich die Spuren eines architektonischen Säulenfuß Gesimses, an dem anderen der größere Teil in einer runden Nische [?] nur vom Zahn der Zeit ein wenig angegriffen erkennen. In der Hoffnung, den Zweck des Gebäudes, das einst an dieser Stelle stand, aus der Form der Steine zu ergründen, ließ der Magistrat bei niedrigem Wasserstande viele [von anderer Hand eingefügt: „30 Stück"] aus dem Flußbette herausnehmen. Mächtige ge[...haune] Quader von wildem Marmor (Kalkfelsen)[,] behaunen Platten von Tuffstein, Grundgemäuer 7 Schuh hoch aus Gußwerk bestehend und felsenhart wurden zu Tage gefördert. Eingetretener höherer Wasserstand nötigte von der Arbeit abzustehen und noch viele gewaltige Steine mitunter schon tief eingesandet in der Donau liegen zu lassen. Um die Stelle des eingestürzten Gebäudes durch allenfallsiges völliges Einsanden nicht zu verlieren ließ man sie in die Steuerkarte genau einzeichnen. Daß da ein mächtiges Gebäude gestanden habe, ist nicht zu bezweifeln, aber ob es ein Turm war, steht die Frage. Die gekröpften (i. e. bossierten) Steine am Pfarrkirchturm, bekanntlich einer Römerbrücke, sind ohne alle Verzierung; jene der aus der Donau geholten sind teils gekröpfte, teils verzierte. Den Eingang in den Römerturm [d. h. Kirchturm] findet man [vacat] Schuh über dem

224 Gußmauerfundament des spätrömischen Kastells in der Ulmer Straße 30.

225 In der oberen Turmschicht der Pfarrkirche St. Martin verbaute Kalktuffquader der spätantiken Kastellmauer.

Kirchenpflaster nördlich angebracht...". Gemeint ist der romanische Turm der Pfarrkirche St. Mariae von 1162, deren Patrozinium 1300 in das des hl. Martin umgewidmet worden war *(ecclesia sancti Martini de Gunzzeburg)*. Der aus dem 12. Jahrhundert stammende Turm besteht aus 18 Lagen von bis zu 90 cm hohen Bukkelquadern aus Süßwasserkalktuff, darüber befinden sich acht Lagen glatter Quader[514] *(Abb. 225)*. Sie werden heute als Rest einer staufischen Burganlage gedeutet, wohl aber zumindest zu einem Teil errichtet aus dem spätrömischen Steinmaterial.

1907 führte der Historische Verein Nachgrabungen an der Fundstelle im Donaubett durch, bei denen die etwa 6 m lange, 2,6 m breite Grundmauer wiederentdeckt wurde, „bestehend aus großen Tuffquadern, Kalksteinen u. dazwischen Gußmörtel"; man fand „ferner eine bekleidete männliche römische Büste ohne Kopf, vermutlich das Bild eines Kaisers"[515] *(Abb. 203)*.

Ludwig und Melchior Fierbacher[516] berichteten ergänzend: „... von den 1830–31 aus der alten Donau erhobenen Quadern wurde der größte Teil zum Bau der Brückenköpfe an der 1836 erbauten Günzbrücke verwendet". Tatsächlich liegen einige Quader heute noch im Flußbett und am Nordufer. Am nördlichen Brückenkopf verbaut fand sich ein Kalkquader mit dem Inschriftrest DD. Ein Quader mit den Buchstaben DM ist auf der Vereins-Urkunde dargestellt *(Abb. 2; 226)*. Bei der städtischen Kanalisierung in der Nachkriegszeit sind ebenfalls zahlreiche Süßwasserkalktuff-Blöcke, aber auch kompakte Jurakalkquader geborgen worden, die vielleicht von den Torbauten stammen; einige davon gelangten ins Museum *(Abb. 229)*. Sie sind in Mittelalter und Neuzeit oft als Wagenabweiser an Gebäudeecken (z. B. vor St. Martin) und Straßen gestellt worden *(Abb. 228)*.

Aus den beschriebenen Beobachtungen wird eines klar: Das Gußmörtelfundament sowie die Süßwasserkalk-Quader samt verschiedener Spolien, d. h. Werk- und Architekturteilen älterer Bauten (offensichtlich auch Grabsteine vom römischen Friedhof[517]) gehören nicht zum Fundament einer Donaubrücke, sondern zur spätantiken Befestigung selbst, deren Front infolge der Donauerosion unterspült und über den Prallhang in den Fluß hinabgestürzt war. Der Spolienkomplex aus dem Zanker erinnert durchaus an die Architekturblöcke von Faimingen, die aus der Brenz geborgen werden konnten, in die sie offensichtlich ebenfalls in Folge der Flußerosion herabgefallen waren[518].

Die eng begrenzte Verteilung der Spolien in Günzburg *(Abb. 227)* erhärtet den Verdacht, daß es sich tatsächlich um Reste der Kastellmauer handelt[519], die, wie bei fast allen spätantiken Befestigungen in Raetien, so auch in den

nahegelegenen Stationen Bürgle bei Gundremmingen und Kellmünz, immer wieder aus Spolien abgebrochener Bauten der Mittelkaiserzeit errichtet wurde.
Spolien aus der vermuteten spätantiken Kastellmauer fanden sich:

[1] in der Donau am Zanker,
[2] Donaubett am Zanker: Gesimse, Frauenkopf u.a.[520],
[3] sekundär verbaute Quader in der Günzbrücke,
[4] „Mithrasinschrift" des P. Oppius aus St. Martin *(Abb. 114)*,
[5] „vor dem Pfarrhofplatz" Relief mit Frauenbüste *(Abb. 206)*,
[6] Kastellbauinschrift vor dem Benefiziatenhaus *(Abb. 43)*,
[7] Gewandstatue eines Kaisers (?) *(Abb. 203)*,
[8] Spolien aus der Kanalisierung *(Abb. 229)*,
[9] Tuffquader im Günzbett unterhalb und oberhalb der heutigen Brücke.

Das verwendete Quaderwerk besteht aus Süßwasserkalktuff, der sich im bergfrischen Zustand gut behauen, sogar sägen ließ. Seine Herkunft ist bemerkenswert, denn es gibt diesseits der Donau keine entsprechenden geologischen Vorkommen, wohl aber jenseits des Flusses. Sie müssen im Revier nördlich der Donau, wahrscheinlich in der Umgebung von Wittislingen oder Stotzingen gebrochen und flußabwärts von Langenau her auf der Nau geflößt worden sein[521] *(Abb. 19)*. Wir gewinnen damit einen interessanten Hinweis auf die römischen Aktivitäten *trans flumen*, auf den selbstverständlichen Anspruch, Güter und Bodenschätze jenseits des Flusses jederzeit zu gewinnen und abzubauen.
Im Zusammenhang mit den Beobachtungen zur Kastellmauer sei noch auf Holzfunde von 1888/1889 hingewiesen, die mit dem Kastell in Zusammenhang stehen dürften: „Bei den Restaurations-Arbeiten an der St. Martins-Pfarrkirche fand man tief im Boden, eine von dem Turme bis über den linken Seitenarm des Kirchenkreuzes hinausreichende doppelte eichene Pfahlreihe (die Pfahlreihe durch eine Linie in der gleichen Richtung bis zum Fluße verlängert, soll das jetzige Altwasser an der Stelle treffen wo die Quader 1830 gefunden wurden)", berichtete Maurermeister Bayer[522]. S. Stötter teilte ferner mit: „Beim Umbau der Pfarrkirche 1888 fand man in einer Tiefe von ca. 6 m einen festen Rost von 15 bis 18 Eichenpfählen mit à 30–35 cm Durchmesser. Diese Pfähle deuten auf einen Uferschutz od. Brückenbau hin und stehen jedenfalls mit dem Transitus in Beziehung". Leider ist keiner der Pfeiler erhalten, so daß eine dendrochronologische Untersuchung die möglichen Zusammenhänge einstweilen nicht aufklärt; Pfahlroste unter spätantiken Mauerzügen und Türmen sind keine Seltenheit. Das nächstgelegene Beispiel kennen wir aus der Befestigung des spätantiken Kastells *Boiotro*-Passau[523].
Fassen wir die Beobachtungen zum spätantiken Kastell zusammen: Die Verteilung der Fundmünzen und die Herkunft der Architekturspolien und Südwasserkalktuff- und Jurakalk-Quader weist auf ein Areal zwischen der Brunnengasse, St. Martin und der Ulmer Straße. In ostwestlicher Richtung ergibt sich dadurch eine Breite von etwa 200 m und eine Tiefe von ebenfalls rund 200 m, wenn wir annehmen, daß der Quaderfund noch im Bereich der eingebrochenen Nordmauer lag. Daraus ergäbe sich eine annähernd quadratische Innenfläche von rund 3 Hektar.
Von der Art und Dichte der Innenbebauung wissen wir noch nichts; schon deshalb läßt sich über die Truppengröße nur spekulieren. Im Vergleich zu den Kastellen des raetischen Donau-Iller-Limes gehört Günzburg mit rund 3 ha zu

226 Der in die Donau abgestürzte Turm der spätrömischen Kastellmauer in der Aufnahmeurkunde des Archäologischen Vereins zu Unter-Günzburg von 1831 *(Abb. 2)*.
Links ein Grabstein mit Inschrift DM, rechts ein fiktiver Meilenstein mit Inschrift (G)VNT(IA) und Kranz.

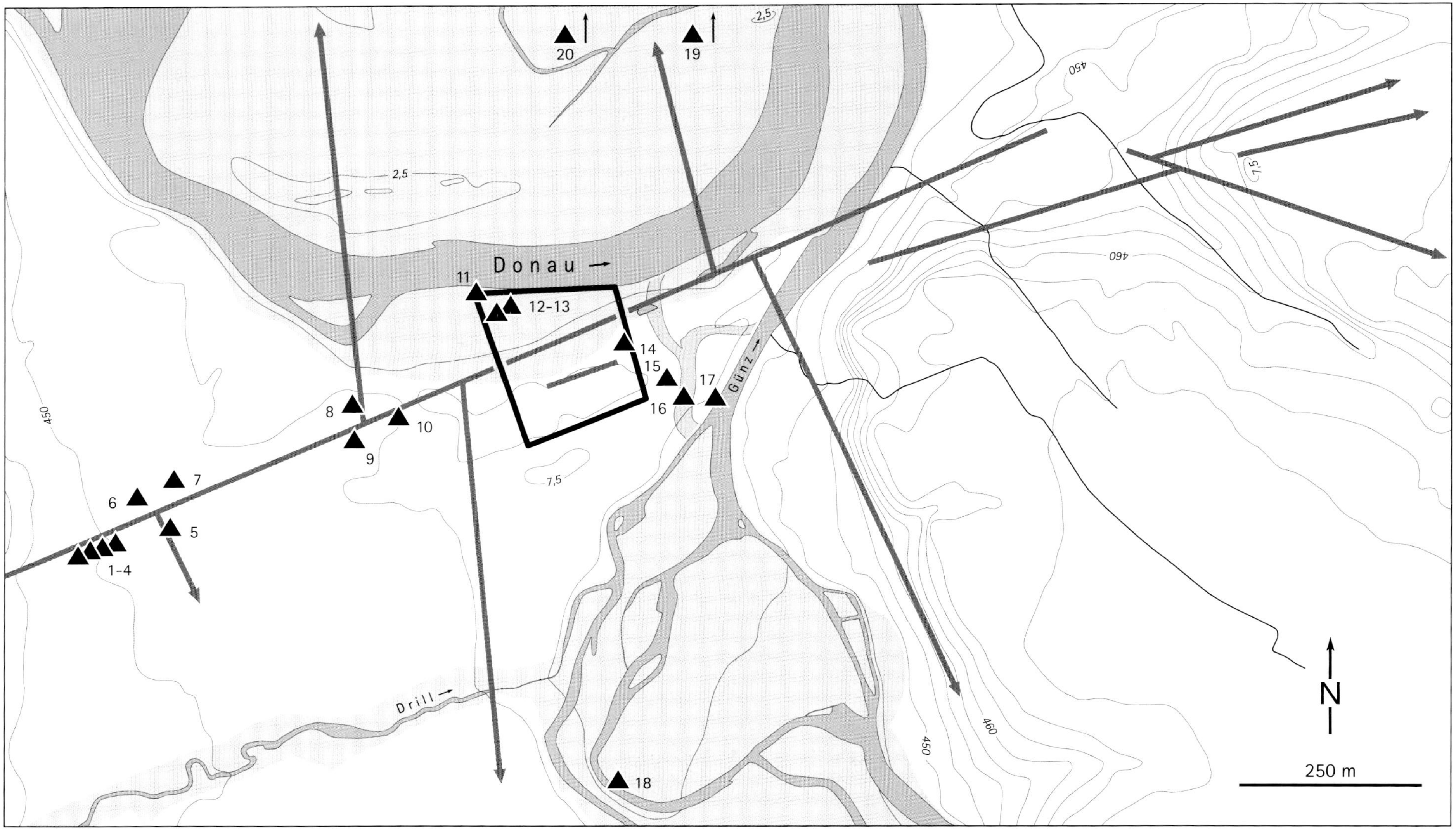

227 Steindenkmäler in Günzburg. Neben dem ursprünglichen Standort vieler Steindenkmäler im Gräberfeld an der Ulmer Straße weist die Verbreitung der in Zweitverwendung verbauten Spolien auf das Areal des spätantiken Kastells. M. 1:8000.

1–4 Akrotere *(Abb. 201)*, Pinienzapfen *(Abb. 200)* und Inschriftenblock *(tabula ansata, Abb. 205)*; 5 Zinnendeckel-Eckstein *(Abb. 207)*; 6 Grabstein mit Inschrift *(Abb. 202)*; 7 Grabrelief eines Ehepaars *(Abb. 204)*; 8 Widderkopf (S. 164 [1]; verloren); 9 Inschriftenblock (S. 166 [4]; verloren); 10 Medusa (S. 164 [2]; verloren); 11 Quader vom Turm der spätrömischen Kastellmauer *(Abb. 225–226)*; 12–13 Fragment einer Gewandstatue *(Abb. 203)* und Frauenkopfskulptur (S. 167 [7]); 14 Mithras-Weihung *(Abb. 114)*; 15 Grabdenkmal mit Frauenbüste *(Abb. 206)*; 16 Kastellbauinschrift *(Abb. 43)*; 17 Inschriftenblock (S. 166 [2]); 18 Weihealtar der Wassermüller *(Abb. 94)*; 19 Weihealtar des Faventianus *(Abb.65)*; 20 unbeschrifteter Altar *(Abb. 107)*.

228 Weißjurakalkblock von der spätrömischen Kastellmauer vor der Pfarrkirche St. Martin.

den größten[524]. Ebenso wenig wissen wir aber auch noch von der spätantiken Zivilsiedlung, ob sich die Bewohner innerhalb der Mauern einquartieren durften oder im offenen Gelände jenseits der Günz am Kappenzipfel niedergelassen hatten, wo doch eine ganz erhebliche Anzahl spätantiker Funde gemacht wurde; das bleibt durch zukünftige Forschungen zu klären.

Durch Brandschichten im Innern des Kastellareals deutet sich an, daß Günzburg in der ersten Hälfte des 4. Jahrhunderts, vermutlich aber auch später, immer wieder zerstört worden ist (*Abb. 213*). Aus einem 2 cm starken Brandhorizont am Pfarrhofplatz 6 (1909) stammt ein Follis Konstantins von 315/320[525].

Guntia wieder Flottenstützpunkt?

Die Funktion des spätrömischen Kastells von Günzburg und seine Besatzung kennen wir nicht, jedenfalls was die Frühzeit, die diokletianisch-konstantinische Phase betrifft. Dem *dux provinciae Raetiae primae et secundae* unterstanden nach der *Notitia dignitatum* damals neben dem beweglichen Feldheer (den *comitatenses*) als Grenzeinheiten rund 11 000 *limitanei* (von *limes*) bzw. *ripariensès* (*ripa*, Ufer): drei Garderegimenter der *equites stablesiani*, drei Alen und sieben Kohorten[526]. Die zerfallene Regensburger *legio III Italica* war in fünf Abteilungen aufgesplittert, die auf die Grenze zwischen *Arbore* (*Arbor Felix*-Arbon am Bodensee), *Cambidano*-Kempten und *Batauis* (Passau-Altstadt) verteilt wurden. Nur für Günzburg fehlte eine Angabe. *Guntia* steht auf der Liste der Notitia auffälligerweise nicht in der geographischen Reihenfolge von Osten nach Westen, sondern in der Gruppe der Legionsstandorte an siebter Position. Zur Erklärung dieses Umstands hat H. U. Nuber 1992 den überzeugenden Verdacht geäußert, in Günzburg könnte zunächst das fehlende sechste Detachement der Regensburger Legion stationiert gewesen sein, bevor es später gegen die *milites Ursarienses* ausgetauscht wurde[527].

Die Funktion der Festung am Donauübergang war zunächst eindeutig auf den Brückenkopf und damit auf die alte Fernstraße nach Mainz hin ausgerichtet. Diese kürzeste Verbindung blieb zugänglich: ...*omnia adversum barbaros patent, quae sunt munita pro nobis,* „alle Wege gegen die Barbaren stehen offen" (Symm. or. I, 4). Kaum zu unterschätzen ist dabei die Sicherung des Flusses als kriegswichtige Verkehrsverbindung für den Truppentransport und die Versorgung der Heere, eine Aufgabe, die Günzburg schon einmal im späten 1. Jahrhundert hatte. Die Eignung der Günzmündung für diese Zwecke wird sich in den zwei vergangenen Jahrhunderten kaum verloren haben.

Auf die Bedeutung der Rheinflotte (*classis Germanica*) im spätantiken Verteidigungssystem hat O. Höckmann[528] hingewiesen und dabei auch besonders die Flotteneinheiten der Notitia

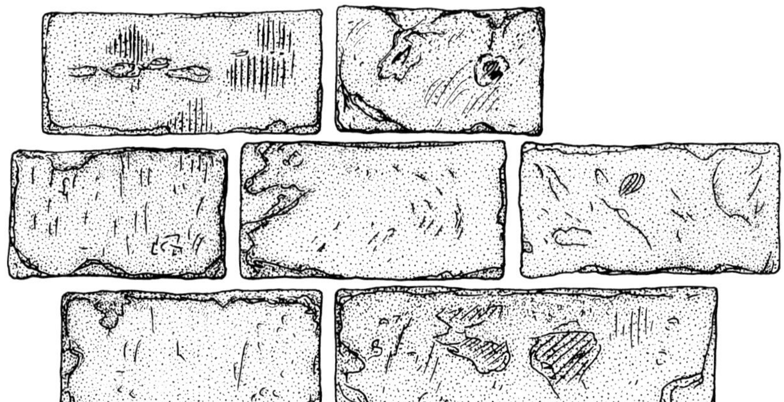

229 Süßwasserkalktuff-Quader von der spätrömischen Kastellmauer. Aus verschiedenen Fundstellen der 1980er Jahre in der Oberstadt, vor allem von der Rathausgasse, wo sie am Ende des 19. Jahrhunderts in der Altkanalisierung verbaut waren. M. 1:20. (Mus. Günzburg).

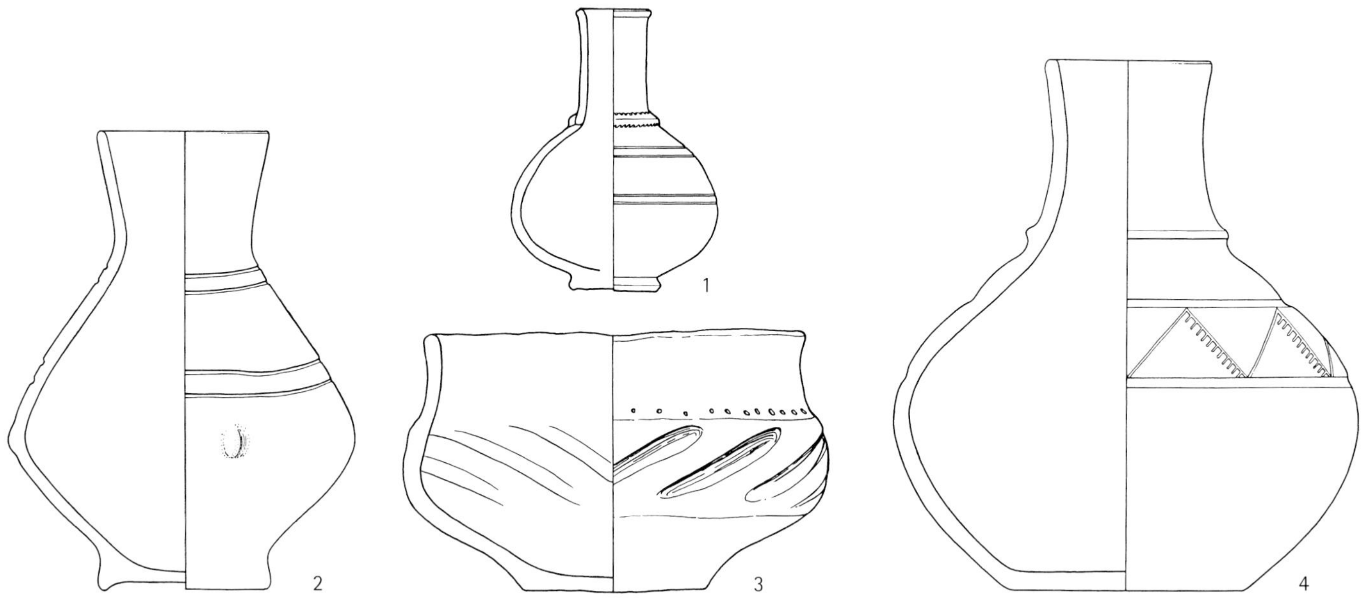

251 Handaufgebaute germanische Keramik aus Gräbern an der Ulmer Straße.
1 Grab 1031, 2 Grab 377, 3 Grab 1087, 4 Grab 875. M. 1:3.

mern verlassenen *villae rusticae* oder am Rande alter *vici* begann sich im 4. Jahrhundert das Siedlungsgefüge zu formieren und neu zu strukturieren: Dorfartige Konglomerate sind zwar noch nicht bekannt, Anzeichen aber deuten auf die Besetzung von Bergrücken und Höhen. Solche „Höhensiedlungen" vor dem raetischen Grenzabschnitt zwischen Iller und Lech waren die Gelbe Bürg bei Dittenheim (Lkr. Gunzenhausen), der Weiherberg bei Christgarten (Lkr. Donau-Ries), der Hesselberg bei Gerolfingen (Lkr. Dinkelsbühl), der Goldberg bei Goldburghausen (Lkr. Aalen), der Rosenstein bei Heubach (Lkr. Schwäbisch-Gmünd) oder der Waldenbühl bei Donzdorf (Lkr. Göppingen) – ihre Zahl mehrt sich zusehends (*Abb. 218*). Da oft nur wenige Funde von den meist bewaldeten Bergspitzen und Plateaus vorliegen und Grabungsergebnisse noch weitgehend fehlen, wird man bei der Interpretation vorsichtig sein, was den Beginn, das Siedlungsgefüge, ihre Befestigung[550] und die daraus abzuleitende Sozialstruktur betrifft. Als schwer zugängliche Höhensiedlungen (die Begriffe „Höhenburg", „Stammesmittelpunkt" oder „Fürstensitz" sind noch verfrüht) waren sie der römischen Militärmacht sicher ein Dorn im Auge und wurden zum Zielpunkt von Strafexpeditionen und Angriffen, wie sie für das fortgeschrittene 4. Jahrhundert vielfach überliefert sind.

Wo Germanen im Rahmen staatlicher Eingliederungsmaßnahmen auf Reichsboden angesiedelt wurden, spricht man von ihnen als *gentiles* („Reichsgermanen") und durch Vertrag verbündete *foederati* (Föderaten), denen man das Land zur Bewirtschaftung überlassen hatte. Abgesehen davon, daß solche Ansiedlungsmaßnahmen den Druck auf die Grenzen minderten, halfen sie zugleich, das landwirtschaftlich brachliegende Gebiet wieder unter den Pflug zu nehmen und ökonomische Engpässe zu lindern. Gefangengenommene Alamannen aus Raetien wurden beispielsweise 370 von Valentinian in der Po-Ebene angesiedelt.

Ein anschauliches Beispiel eines „Wehrbauern" kennen wir aus Westendorf im Lkr. Augsburg. Dort wurden im Bereich einer ländlichen Familiengrablege des 3. Jahrhunderts einige spätantike Bestattungen geborgen, darunter die eines erwachsenen Mannes, der in Rückenlage mit Blick nach Osten beigesetzt war[551]. Sein Trachtzubehör befand sich nicht in Trachtlage am Körper, sondern neben dem rechten Fuß. Neben der rechten Schulter lag ein Satz von 14 Eisenpfeilspitzen. Das Pfeilbündel steckte ursprünglich in einem Köcher; vergangen war der zugehörige Bogen. Dieser Krieger, der hier im frühen 4. Jahrhundert gestorben und beerdigt war, gehörte nicht zu den Söldnern des Grenzheers in den Donaukastellen, sondern saß auf einem Gehöft inmitten der romanischen Gutshoflandschaft, die infolge der grassierenden Landflucht zwar ruiniert, in Resten aber anscheinend noch existent war. Durch solche wehrhaften Bauern war für die Bestellung der *agri deserti* gesorgt; außerdem bedeutete diese Form der Landvergabe eine Ersparnis für die Staatskasse. Denn als eine Art Landmiliz konnten sie zusammen mit ihren Stammesbrüdern rasch mobilisiert und unter römischem Kommando eingesetzt zu werden. Die günstige Straßenlage ihrer Siedlungsplätze kam dieser Taktik entgegen.

Es gehört zu den folgenschweren Auswirkungen der spätantiken Militär- und Herrschaftsstruktur, daß das germanische Söldnerkontingent in den Provinzen allmählich ein starkes Übergewicht bekam. Das Auseinandertriften des germanisch-militärischen Staatsschutzes von der römisch-zivilen Administration war kaum mehr zu verhindern; dadurch verschärfte sich die sozio-kulturelle Auseinandersetzung mit den Fremden. Das Schlagwort von Barbarisierung ging um.

Ein Kaiser zeigt Stärke – Valentinian I.

Nach dem Tod Julianus (Apostata, 361–363), des letzten Kaisers der konstantinischen Dynastie, mußten wie so oft die mit den alamannischen Kleinkönigen ausgehandelten Verträge erneuert werden. Als eine alamannische Gesandtschaft 365 ihren Antrittsbesuch beim neuen Kaiser Valentinian I. (364–375) in Mailand machte, wurden sie mit *minora et vilia munera* (Amm. 26,5,7), kleineren, vermeintlich wertlosen Gastgeschenken entlassen, die sie höchst beleidigt wegwarfen, *indignissima proiecere*. Als Reaktion auf diese als Provokation empfundene Behandlung überfielen sie erneut und dieses Mal gleichzeitig Gallien und Raetien[552]. Die Alamannenpolitik, das Verhältnis zum alamannischen Offiziers-Corps war tief gestört. Überall versuchte man sie auszuschalten; die Kommandostellen wurden jetzt verstärkt mit fränkischen Offizieren besetzt. Man erklärte sie zum *hostis ... totius orbis Romani,* zum „Feind des ganzen römischen Erdkreises" (Amm. 26,5, 13). Valentinian I., sein älterer Sohn Gratianus (367–383) und Valens (364–378) unternahmen äußerste Anstrengungen, die Reichsgrenze „von Raetien bis zur Meerenge des Ozeans" (Amm. 28,

252 Germanische Keramik aus Gräbern in der Ulmer Straße.
1 Grab 1031, 2 Grab 1087, 3 Grab 377, 4 Grab 875.

2,1)[553] durch *magnis molibus*, große Dämme, *castra ... et castella, turresque adsiduas per habiles locos et oportunos*, Kastelle und Türme an geeigneten Stellen, auch jenseits des Flusses, *ultra flumen,* zu befestigen[554]. Die *burgi* von Straß und Finningen[555] im Westen Günzburgs kontrollierten die Donautalstraße und möglicherweise weniger bedeutende Flußübergänge (Abb. 19). Diese zweistöckigen Wachttürme hatten bei einer Seitenlänge von rund 12 m meist quadratischen Grundriß und waren von einem oder mehreren Gräben umwehrt. Bei einer Höhe von über 10 m[556] nahmen sie ein bis zwei Dutzend Mann Besatzung auf. Das neue Verteidigungskonzept bestand nicht nur in der Vorfeldkontrolle durch Wachttürme und der Überwachung der erwähnten *aditus Raetici*, der Grenzübergänge. Ein in die Tiefe des Raums gestaffeltes System von defensiven Befestigungen Straßenposten, Sammelstellen und Nachschubdepots im Landesinnern[557] charakterisierte die Strategie des fortgeschrittenen 4. Jahrhunderts. Daß dem Straßenbau noch einmal besondere Aufmerksamkeit geschenkt wurde, beweist die letzte Reparatur der *via Claudia*[558], deren Fundamenthölzer im Winter 373/374 geschlagen wurden. Danach endete die staatliche Straßenfürsorge und der notwendige Bauunterhalt, jedenfalls auf diesem Abschnitt der Strecke.

In das valentinianische Verteidigungskonzept gehörten nun auch Spähposten *(speculae)* und befestigte Schiffsländen[559] *ultra flumen*, jenseits der Donau, wie sie vor Burghöfe in Donauwörth und gegenüber dem Bürgle in Faimingen schon vermutet wurden; für Günzburg liegen einstweilen keine Hinweise vor. Solche Brükkenköpfe waren für Präventivschläge unverzichtbar, sicherten sie doch den schnellen Flußübergang, wodurch es gelang, den Gegner schon im Vorfeld abzufangen. Gratianus überschritt den Rhein im Sommer 378 gegen die nördlich des Bodensees wohnenden *Lentienses* (Amm. 31,11); es war „historisch der letzte Zug eines römischen Kaisers in rechtsrheinische Gebiete"[560].

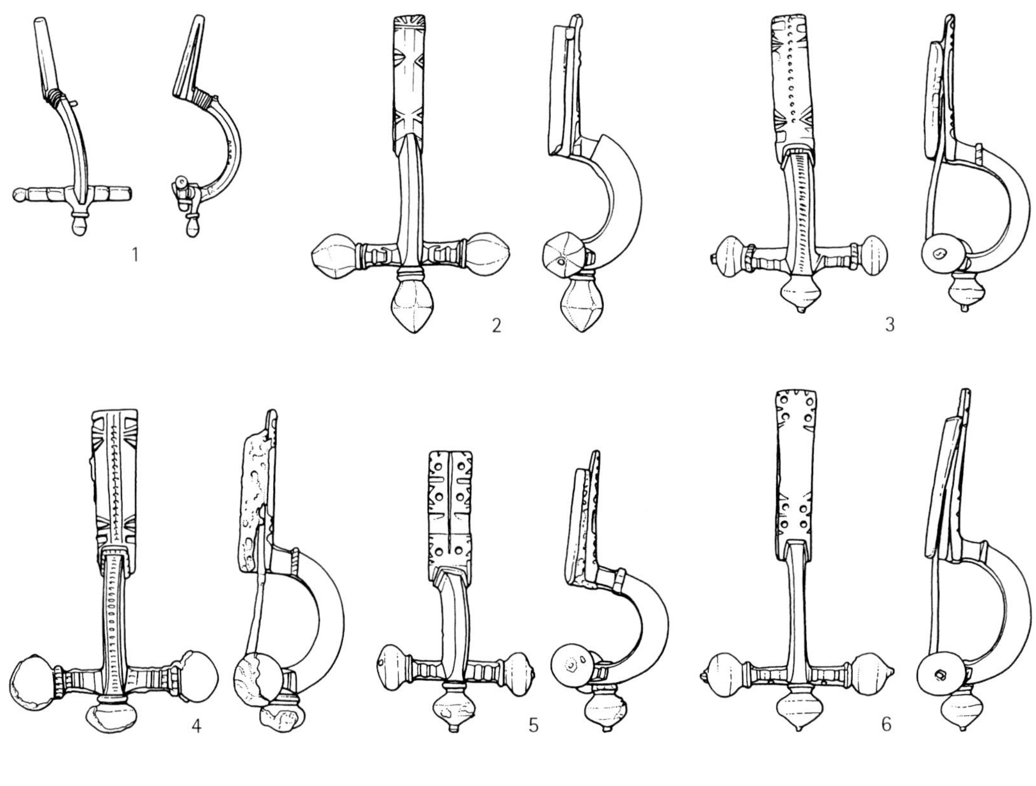

253 Spätrömische Zwiebelknopffibeln aus Siedlungsfunden der Günzburger Unterstadt (1.5) und Gräbern der Oberstadt (2–4.6). 1 Inv. P 62, 2 Inv. 2394=P25 (1908), 3 Inv. 2272=P 23 (1908), 4 Inv. 2335, 5 Donaugasse 4 (Inv. 1959/27), 6 Inv. 2393=P 24. 1 Silber, 2–6 Bronze. M. 1:2.

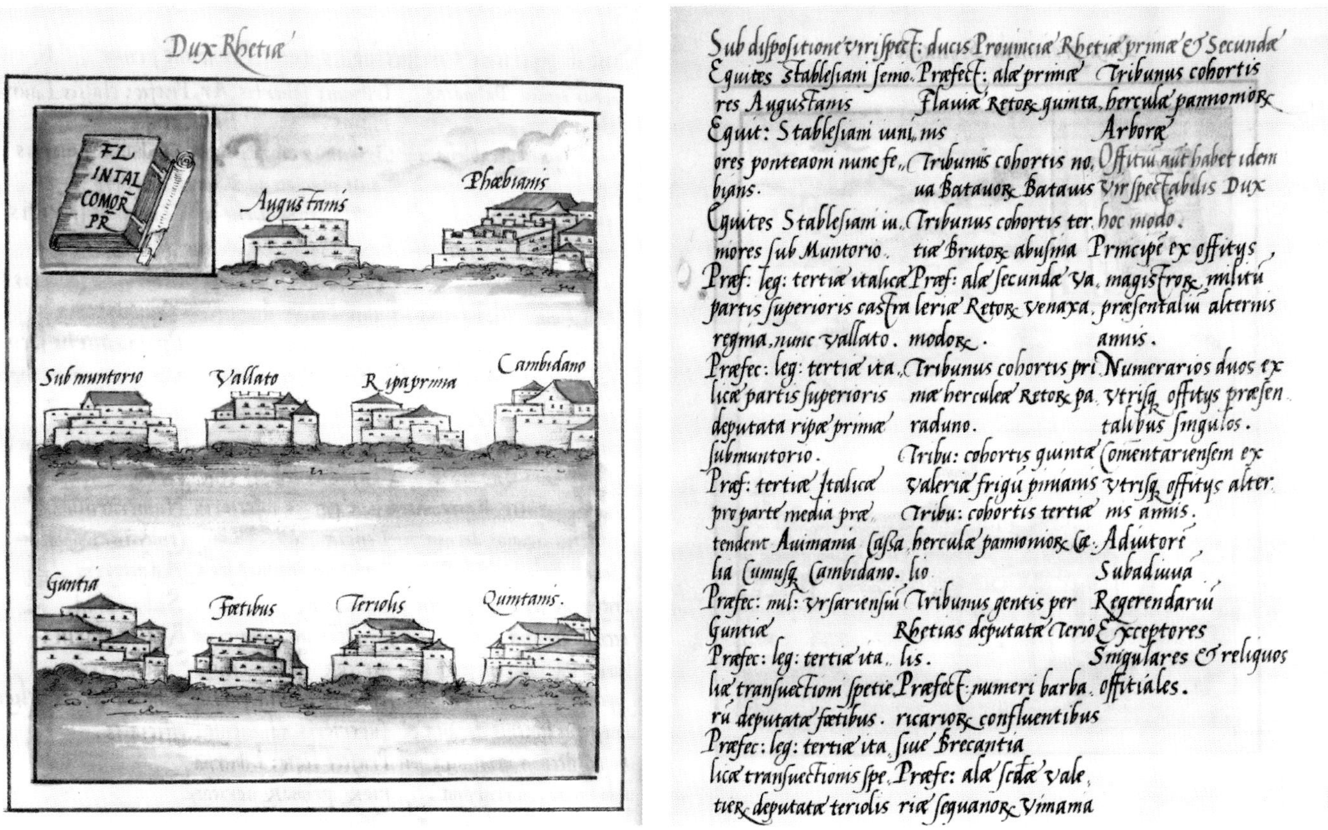

254 Das spätantike Staatshandbuch *Notitia dignitatum* mit Deckblatt *Dux Rhetiae* und der Truppenliste. Guntia und die milites Ursarienses in der 7/8 Zeile von unten. Abschrift der Notitia aus dem Jahr 1551 für Pfalzgraf Ottheinrich; Bayer. Staatsbibliothek München.

Das letzte Aufgebot: Die milites Ursarienses

Als die herausragende Quelle der spätantiken Verwaltungs- und Militärstruktur ist die *Notitia Dignitatum* schon mehrfach erwähnt worden. Es handelt sich um ein Handbuch[561], das alle Gliederungsebenen von Reich und Verwaltung, alle Truppenstandorte und Provinzbehörden in Listenform für den Dienstgebrauch zusammenfaßte. Das erhaltene Exemplar geht auf eine verlorene karolingische Abschrift aus Speyer (Codex Spirensis) zurück. Dieses „Staatshandbuch" wurde am Beginn des 5. Jahrhunderts noch einmal redigiert und auf den neuesten Stand gebracht, es enthielt aber weiterhin noch veraltete Informationen aus diokletianischer und konstantinischer Zeit. Die *Notitia dignitatum omnium, tam civilium quam militarium* (Not. Dign. occ. 35, 9; 20), wie der Titel im vollen Wortlaut heißt, verzeichnete übersichtlich und nach Provinzen gegliedert alle Ämter, Befehlsstellen, Truppenstandorte und Militäreinheiten und gab Auskunft über deren Unterstellungsverhältnisse.

Die Situation in den beiden Provinzen Raetiens geht vermutlich auf Zustände am Ende des 4. Jahrhunderts zurück. In beiden *(Sub dispositione uiri spectabilis ducis prouinciae Raetiae primae et secundae)* waren die Grenzeinheiten und das Feldheer dem *dux* in *Augustanis*-Augsburg unterstellt. Im *Castellum Guntia* (infolge des spätantiken Vokalwechsels nicht mehr mit o geschrieben[562]) lagen zumindest im späten 4. und in der ersten Hälfte des 5. Jahrhunderts als Besatzung die *milites Ursarienses* (eigentlich zu schreiben: *Vrsarienses*), die „Ursariensischen Soldaten"[563]. Sie wurden von einem *praefectus* kommandiert, dem üblicherweise Einheiten von rund 200–500 Mann Stärke unterstellt waren. Ihre Garnison war ausdrücklich ein *castellum (Abb. 254)*.

Größe und Herkunft dieser Formation sind schwer zu ermitteln[564]. Schon für den Namen gibt es kaum eine in allen Punkten überzeugende Erklärung. Spätantike Einheiten waren üblicherweise nach Kaisern oder Göttern, nach Stammesnamen, ihrer Ausrüstung oder ihren militärischen Aufgaben benannt. Der Name *Ursarienses* bleibt dabei unverständlich. Vermutet wurde eine eher unwahrscheinliche Herleitung von der dalmatinischen Insel Ursaria bei Pola[565] oder einer spanischen Stadt namens Ursa. Eher möchte man an jene *ursarii*, Bärenfänger (*ursus*, der Braunbär) denken, die es in den rheinischen Legionen gab[566].

Die ältesten Zeugnisse der *Ursarienses* reichen ins 3. Jahrhundert zurück. Am Niederrhein fanden sich Ziegelstempel eines *N(umerus) VRS(ariensium)*[567]. Abteilungen der Stammtruppe waren offenbar weit verstreut, was für die spätantike Dislokation keineswegs untypisch ist: Die

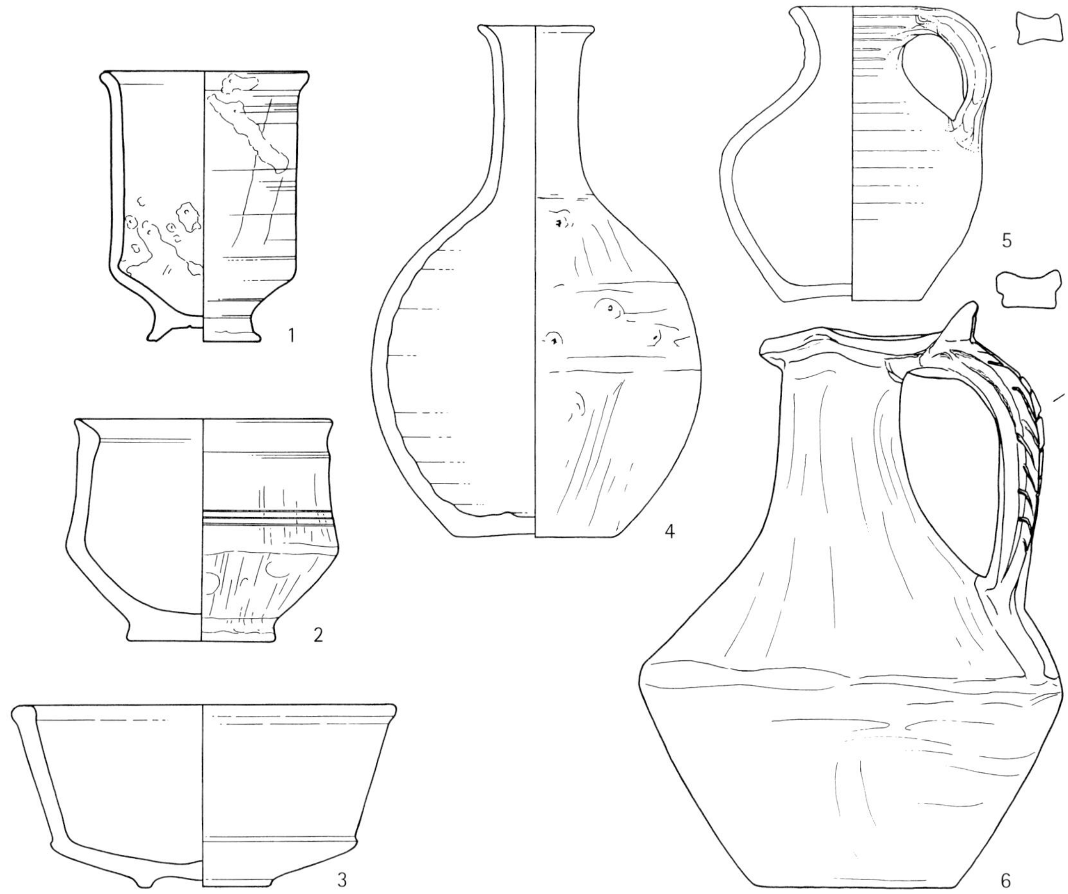

255 Spätrömische Keramik aus Siedlungsfunden der Unterstadt (5), Gräbern der Ulmer Straße (2–4) und Gräbern der Oberstadt (1.6). 1 Einfahrt zwischen den Häusern Institutsstraße 4 und 6 (*Abb. 256*; Inv. 1956/2), 2 Grab 967, 3 Grab 918, 4 Grab 210, 5 (Inv. 725), 6 Institutsstraße 7 (Inv. 1965 /2337). M. 1:3.

Grabinschrift des *imaginifer Ianuarius*, eines Feldzeichenträgers des *n(umerus) Ursarien (sium)* stammt aus Amiens (CIL XIII 3492 = ILS 9210), während seine Truppe in *Rotomagus*-Rouen lag (Not. dign. occ. 37, 21). Eine andere Abteilung, die *auxilia Ursariensia*, war in der Provinz Valeria in *Ponte Nauata* am ungarischen Donauknie stationiert (*nunc Ad Statuas:* Not. dign. occ. 33, 47). Ursarienses werden auch unter den beweglichen comitatensischen Legionen des Westreichs in der Not. dign. occ. 5, 223 aufgeführt. Deshalb könnte es sich bei ihnen tatsächlich um Teileinheiten einer früheren Legion gehandelt haben; doch sicher ist das nicht. Schließlich gab es eine Grenzformation der pseudocomitatensischen Legion der *Cursarienses (=Ursarienses) iuniores,* die vielleicht ebenfalls am Niederrhein stationiert war (Not. dign. occ. 7, 104). Außerdem kennen wir einen *vexilarius horsar(iensium)* von einem in Mauretanien gefundenen Grabstein (CIL VIII 21667).

Zweifellos war im Lauf des 3. Jahrhunderts ein Teil der raetischen Auxilien außer Landes, nicht mehr zurückgekehrt oder aufgerieben worden[568]. Auch nach dem geringeren Umfang der bekannten Kastelle zu urteilen, muß die zahlenmäßige Stärke der einzelnen Truppen und Einheiten beträchtlich abgenommen haben[569]. Das erklärt sich aber auch aus dem neuen Verteidigungskonzept, das jetzt von mobilen Einsatztruppen bestimmt war. Zum anderen aber wissen wir nicht, ob damals alle Grenzsoldaten *(limitanei)* kaserniert sein mußten oder auch in Zivilsiedlungen der Umgebung untergebracht sein konnten.

Die weit verstreuten Zeugnisse der *Ursarienses* jedenfalls sind nicht gerade geeignet, uns ein klares Bild von dieser Einheit zu machen. Vermutungsweise nur waren sie hierzulande stark germanisiert.

Kraftlose Rettungsversuche

Trotz aller „Rettungsversuche“ hatte sich das erschöpfte Wirtschaftssystem der Provinz im fortgeschrittenen 4. Jahrhundert nicht mehr erholt, die Situation in den Grenzgebieten verschärfte sich zusehends. Raetien galt wegen seiner unfruchtbaren Böden, gemeint war wegen seiner Armut, gewöhnlich noch als sicherer als andere Provinzen (Ambr. 18, 21: *solebat tutior esse ieiunio*). Doch das Land blieb ein militärischer Durchgangskorridor, betroffen von Auseinandersetzungen mit den Alamannen[570], nicht selten aber auch Nebenkriegsschauplatz von Bürgerkriegen zwischen verschiedenen Kaisern, besonders zwischen Constantius II. (337–

361), Magnentius (350–353) und seinem Neffen Julianus, in die Barbarenstämme immer wieder hineingezogen waren.
Ammianus Marcellinus, erfahrener Stabsoffizier und einer der letzten großen Geschichtsschreiber der Antike, hat zahlreiche Einzelheiten der römischen Germanenpolitik dieser Zeit überliefert. Im Jahr 354 schrieb er kurz und bündig: *Pax Alamannis petentibus datur a Constantio Augusto* (Amm. 14, 10): Die Alamannen bitten um Frieden, er wird von Constantius gewährt[571]. 355 besiegte Constantius die Lentienser (Amm. 15, 4). Während der Caesar Julianus nach seinem Sieg über die Alamannen bei Straßburg 357 noch am Oberrhein festgehalten und Constantius II. bereits nach dem Osten abgezogen war, fielen die Juthungen in die *Raetia secunda* ein. Besonders die Invasion von 357/358 muß die Provinz hart getroffen haben. Der von Constantius II. aus Sirmium abgeordnete *magister peditum*, der Heermeister Barbatio, konnte die Situation noch einmal bereinigen[572]. Möglicherweise folgten neue Grenzbefestigungsarbeiten, weil sich Constantius noch 358 rühmte, die Zugangsmöglichkeiten nach Raetien *(aditus Raetici)* gesichert und die Angst beseitigt zu haben. Das langfristige Ziel seiner Politik war es, die im ehemaligen Dekumatland seßhaft gewordenen *Alamanni* und *Burgundiones*[573] in Schach zu halten und alle kriegswichtigen Fernstraßen zu sichern[574]. Für 361 sind mehrere Vormärsche ins Feindesland überliefert; eine Kolonne unter dem *magister equitum* Nevitta marschierte *per mediterranea Raetiarum.*
Im 4. Jahrhundert hielten viele Stadtmauern dem konzentrierten germanischen Ansturm nicht mehr stand: Im Spätherbst 355 nahmen die Franken die alte *Colonia Claudia Ara Agrippiniensium*-Köln, 368 fiel die Legionsfestung *Mogontiacum*-Mainz. Auch die Stadtmauer der raetischen Provinzhauptstadt *Augusta*-Augsburg dürfte die Alamannen kaum mehr beeindruckt haben.
Über wiederholte Zerstörungen (um 383 wird eine Brandschicht im Bürgle bei Gundremmingen datiert, spätrömische Brandschichten in Günzburg sind zeitlich noch nicht genauer faßbar) und Plünderungszüge der Juthungen über die Alpen bis vor Mailand wissen wir ebensowenig Genaues wie über den Feldzug des *magister equitum* Theodosius 370/371 *per Raetias* gegen die *Lentieses* im nördlichen Bodenseeraum, der mit der oben erwähnten Ansiedlung alamannischer Kriegsgefangener als *tributarii* in der Poebene endete (Amm. 28, 5, 8–15).

256 Spätrömische rauhwandige Keramik mit Bleiglasurresten, die beim Brand aufgetropft sind. Kanne aus Grab 913 an der Ulmer Straße (links) und Becher von der Institutsstraße in der Oberstadt (*Abb. 255, 1*; Inv. 1956/12).

Archäologische Spuren des späten 4. Jahrhunderts Die archäologischen Hinterlassenschaften des fortgeschrittenen 4. Jahrhunderts in Günzburg sind spärlich und mit wenigen Worten zu umschreiben. An Kleinfunden kennen wir eine Zwiebelknopffibel aus der Donaugasse 4 *(Abb. 253,5)*. Bemerkenswert ist der 13,6 cm große, verzierte Bronzehalsring vom alten Krankenhausgarten (1910, Ulmer Straße 66)[575], wie er von Germanen (selten auch Germaninnen) im ostpreußischen Weichselgebiet, an der Oder und im Rhein-Main-Mündungsgebiet am Ende des 4./Anfang des 5. Jahrhunderts getragen wurde *(Abb. 249, 7)*. Da im Fundgebiet des Städtischen Friedhofs bisher keine spätrömischen Körpergräber bekannt sind, dürfte es sich eher um einen Siedlungsfund handeln.
Rauhwandige Irdenware wie zum Beispiel der Krug *Abb. 255,6*[576] ist oft schwer zu identifizieren. Zahlreiche Bruchstücke von glasierten

Tab. 26 Spätantike glasierte Reibschüsseln aus Günzburg.

Nr.	Fundstelle	Inventar/Literatur
[1]	Ulmer Straße 34	2731
[2–3]	Römergasse 12	1989.18; 23d
[4]	Äußere Brunnengasse 5	1958.19
[5]	Donaugasse 4	1959.27
[6–23]	St. Martin	Walke, Kastellgrabung Abb. 12,1-9; Arch. Staatsslg. München 1968.21 ff.
[24–25]	Kappenzipfel 21	1983.3

257 Blick in den Bereich des spätrömischen Gräberfelds in der Institutsstraße (ehem. Institutsgasse) in der Günzburger Oberstadt.

Reibschüsseln gehören in die zweite Hälfte des 4. Jahrhunderts *(Tab. 26)*. Sie bezeichnen einen Geschirrkomplex, der in dieser Form zwar den alten Funktionstypus der Reibschüssel aufgreift, nun aber durch seine Glasur auf der Reibfläche eine raetische Besonderheit darstellt, auch was die Verwendung der Bleiglasur betrifft. Wir kennen heute zwei Töpfereien/Ziegeleien im Umland von Augsburg sowie eine bei Bregenz, die solche glasierten Waren hergestellt haben[577]. Es ist nicht ganz auszuschließen, daß auch die anschließend besprochene Ziegelei am Birketweiher in Günzburg glasierte Ware produziert hat. Es gibt mehrere Irdenwaregefäße in Günzburg, die durch Glasurspritzer auf ihrer Oberfläche *(Abb. 255,1.4; 256)* und durch ihre Tonqualität auf ein lokales Produktionsmilieu hinweisen.

Erneute Festungsbauten in Günzburg? Einige Beobachtung deuten auf Bauaktivitäten unter Valentinian und seinem Mitregenten und Nachfolger Valens. Da ist zunächst eine Valens-Münze aus dem Gußmauer-Fundamentblock im Zanker. Die Prägung der *gloria Romanorum*-Serie aus dem Jahr 378 könnte einen *terminus post quem* für eine Reparatur- oder Ausbauphase geben, wenn sie tatsächlich im Mörtel steckte, wie die Fundüberlieferung vermuten läßt. Sie spricht davon, daß „die Kupfermünze ... in Mörtel liegend gefunden"[578] worden sei. In einer anderen zeitgenössischen Formulierung scheint sie allerdings eher sekundär mit diesem Befund verbunden: „... In einer Öffnung eines Steines lag eine kleine Kupfermünze; die Öffnung scheint aber durch das Wasser ausgefressen und die Münze, die darin war, nur zufällig hineingekommen zu sein".

Bemerkenswert sind die Reste einer vermutlich spätrömischen Ziegelei, die 1911 „Beim alten Ziegelstadel" 350 m südlich der Römerstraße (Augsburger Straße), 125 m nordöstlich des Birketweihers durch ausgepflügte Ziegel entdeckt worden war. Das Areal zwischen dem heutigen Drosselweg und der Birketstraße unmittelbar westlich der Stegerwaldstraße (Fl. 1633/Teile)[579] erbrachte „Unmengen" von Tegulaplatten, Hohlziegeln *(tubuli)*, gewöhnlichen quadratischen Ziegeln in zwei Größen *(lateres, laterculi)*, dazwischen auch „fehlerhafte Ware, nämlich im Feuer verbogene und verschlackte Stücke". Eine nördliche und eine südliche Bodenwelle enthielt Rückstände des Herstellungsprozesses, Ziegelmehl, Holzasche und an zwei Stellen „Haufen von sorgfältig geknetetem Lehm". Im Osten des Ziegelfelds lag eine Lehmgrube, die Ziegelöfen befanden sich vermutlich an der Westseite[580]. In den 1960er Jahren wurde das Gelände überbaut, wobei erneut zwar Ziegelschutt *(tegulae)* beobachtet wurde; leider kam es jedoch nicht zu einer archäologischen Untersuchung.

Heute ist das Gebiet völlig zerstört. Deshalb bleibt die Zeitstellung des Ziegeleikomplexes unsicher. Das einzige datierbare Bruchstück stammt von einer glasierten Reibschüssel[581], einer Ware, die, wie gesagt, in der Mitte des 4. Jahrhunderts aufkam und alle spätantiken Plätze bis an den Beginn des 5. Jahrhunderts geradezu als Leitfossil begleitet. Im Vergleich zu den Ziegeleien von Bregenz, Rohrbach und

258 Spätrömischer Glasbecher mit abgesprengtem Rand aus einem 1909 zerstörten Grab in der Institutsstraße (H. 6,2 cm; Inv. 2334).

259 Das spätantike Gräberfeld in der Günzburger Oberstadt auf Grundlage der Flurkarte NW XVI 42.15 aus dem Jahr 1924/25. Die Nummern entsprechen der Liste V (geschlossene Signatur: Lage gesichert, M: Justinusmünze). M. 1:1000.

Stätzling ist es unwahrscheinlich, daß eine mittelkaiserzeitliche Ziegelei hier in der Mitte des 4. Jahrhunderts reaktiviert worden wäre. Vermutlich handelt es sich um eine Neugründung im Zusammenhang mit Bauaktivitäten in valentinianischer oder nachvalentinianischer Zeit.

Neue Gräber auf dem Berg

Der alte Begräbnisplatz am Dreirosenberg endete in der Mitte des 3. Jahrhunderts, aber auch der große Friedhof an der Ulmer Straße war nach und nach aufgegeben worden. Die jüngsten Bestattungen dort stammen aus der Mitte bzw. dem mittleren Drittel des 4. Jahrhunderts; genauere Datierungen wird man jedoch erst von der wissenschaftlichen Bearbeitung des Komplexes erwarten dürfen.

Ein zweiter, neu von den spätantiken Bewohner Günzburgs angelegter Friedhof entstand nun jedoch in der Nordwestecke der Oberstadt, dort, wo man eine Befestigung erwartet hätte. Er lag auffälligerweise nicht an einer der Römerstraßen, sondern hoch über dem Kastell, in topographisch exponierter Lage über dem Günz- und dem Donautal (*Abb. 220*). Seine Bestattungen fanden sich im Bereich zwischen der Postgasse und der alten Casern-Gasse, der heutigen Institutsstraße (*Abb. 257*). Dort hatte in der mittleren Kaiserzeit ein Gebäude unbekannter Zweckbestimmung gestanden; in Grab III von 1964/1965 am Marktplatz 30 sowie in der Institutsgasse 7 wurde römischer Bauschutt mit Fachwerklehmresten und Siedlungsabfall (Terra Sigillata, raetische Ware, Tierknochen) geborgen. Das Gräberfeldareal bedeckte am höchsten Punkt des Stadtbergs eine fast rechteckige Fläche von 90 x 70 m. Dieser Bereich wurde bis dicht an den Abhang belegt, der im Norden unmittelbar hinter der Stadtmauer und im Westen nach einer Geländestufe im Bereich des Radwinkels scharf zur Günz abfiel (*Abb. 259*). Die ersten Gräber sind schon 1840 im Straßenbereich vor Haus Nr. 12/14 der Institutsstraße beim Pflastern entdeckt worden – so flach lagen einzelne Bestattungen unter der Straße. Generationen später wurden 1881 und 1900 im

260 Germanisches Grab in der Institutsstraße 7 (1992) im Grabungsbefund. Handaufgebaute Keramikflasche (H. 14,3 cm).

Hofeingang der Unteren Apotheke am Marktplatz 30 und in der Postgasse 2 weitere Skelette zerstört. 1902 konnten in der Institutsstraße 7 die ersten mit Beigaben ausgestatteten Gräber geborgen werden, die die spätrömische Zeitstellung sicherstellten. Es folgten bei Baumaßnahmen zwischen dem Marktplatz und der Stadtmauer in den Jahren 1905, 1908, 1909, 1912, 1924/25 und 1927/29 weitere Bergungen, die nach und nach den Umfang dieses bedeutenden Friedhofs offenbarten. Nach dem Krieg sind 1951, 1956, 1957, 1960 und 1964/1965 weitere Bestattungen angeschnitten worden. 1966 untersuchte die Spätrömische Kommission der Bayerischen Akademie der Wissenschaften (München) im Garten der Institutsstraße 14 (Ecke Postgasse) eine 11 x 2 m breite Fläche, wo 1908 Bestattungen zum Vorschein gekommen waren; später, 1994, wurden hier weitere Gräber entdeckt. Im nördlichen Randbereich des Friedhofs konnten dagegen keine Bestattungen mehr festgestellt werden.

Trotz der eindeutigen Bestimmungen des Denkmalschutzgesetzes wurden am Marktplatz 30 im Jahr 1980 noch einmal rund elf Körpergräber unbeobachtet zerstört. Nachdem 1992 in der Institutsstraße 7 erneut ein Körpergrab mit einer germanischen Keramikflasche *(Abb. 260)* notgeborgen worden war, konnte im Folgejahr 1993 die erste Grabung auf einer 2 x 9 m breiten Restfläche im Parkplatzbereich der Institutsstraße 7 vom Bayerischen Landesamt für Denkmalpflege durchgeführt werden[582]. Immerhin fanden sich noch vier geostete, beigabenlose Körpergräber (Kopf im Westen, Blick nach Osten). Sie lagen dicht gedrängt rund 0,8 m unter dem heutigen Gehwegniveau. Grab 5 besaß einen Ziegelsarkophag *alla cappuccina* aus dachförmig gegeneinander gestellten Tegulae mit einem *imbrex*-gedeckten First, wie sie im romanischen Milieu weit verbreitet waren. Eine weitere beim Straßenbau 1995 beobachtete Fläche in der Gasse vor dem Theaterplatz am östlichen Randbereich des Gräberfelds blieb ohne Befund.

Insgesamt umfaßt der Friedhof rund 20 Fundstellen mit 56 nachweisbaren, aber wohl an die 100 zerstörten Bestattungen. Bedenkt man die

261 Beschläge eines spätrömischen Gürtels aus dem Grab am Marktplatz 32 *(Abb. 262)*.

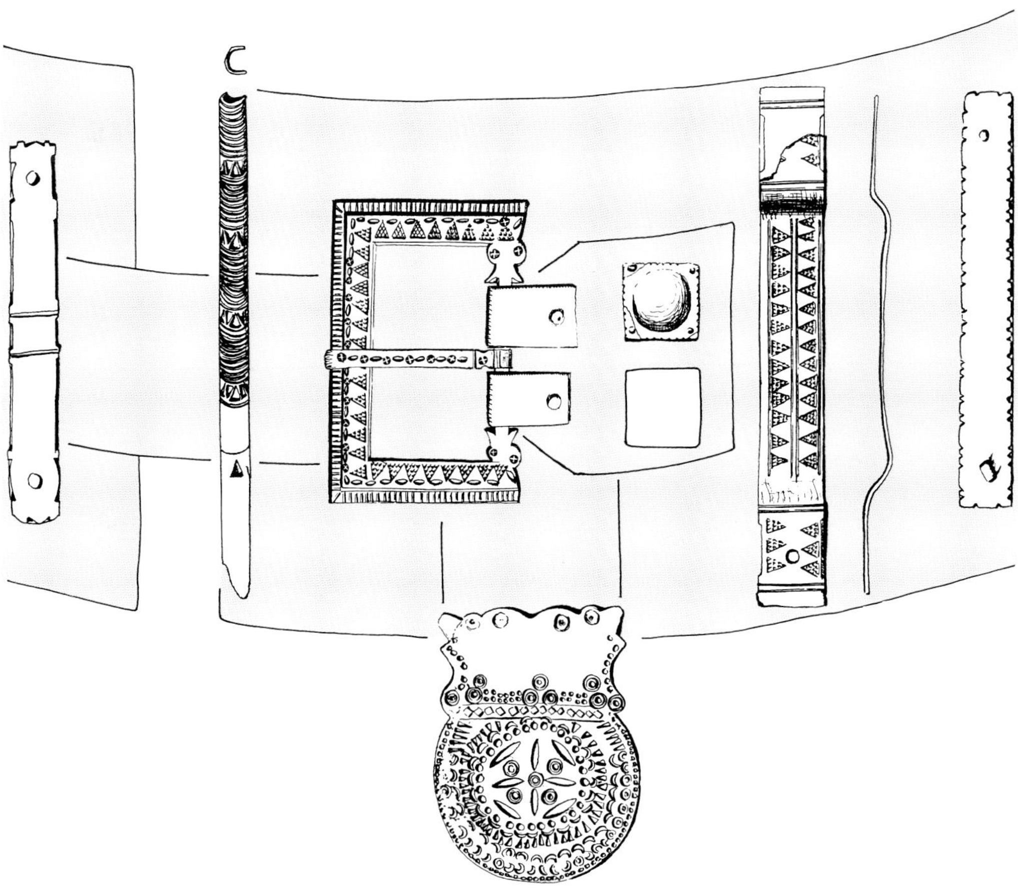

262 Rekonstruktion des spätrömischen Gürtels aus dem Grab am Marktplatz 32 *(Abb. 261)*. M. 1:2.

bebaute und unzugängliche Fläche bei der in dieser Zeit üblichen Belegungsdichte, könnte die Zahl der Bestattungen fast an die 500 herangereicht haben.
Die meisten Gräber waren orientiert, d. h. geostet. Darin unterscheidet sich der Friedhof deutlich von dem an der Ulmer Straße. Nur ein geringer Teil führte dagegen eine Totenausstattung, die Masse war offensichtlich beigabenlos. Aufschlußreich ist ein Vergleich beider Bestattungsplätze im Hinblick auf die Chronologie und die ethnische Zugehörigkeit. Die ältesten Gräber der Oberstadt überlappen sich zeitlich mit denen an der Ulmer Straße. Die germanische Flasche von der Institutsstraße 7 könnte formal durchaus noch ins späte 3. Jahrhundert oder in konstantinische Zeit gehören; sie ist unmittelbar vergleichbar mit den Gefäßen aus der Ulmer Straße *(Abb. 250; 251–252)*. Die Gräber mit Zwiebelknopffibeln gehören dem gesamten 4. Jahrhundert an, der rote Becher mit Glasurspritzern *(Abb. 255, 1)*[583] aus dem Bereich des Stadttheaters am Kuhturm dagegen in die zweite Jahrhunderthälfte. E. Keller, der die spätrömischen Grabfunde von Günzburg 1971 zusammenfassend bearbeitet hatte, rechnete mit zwei Bezirken, einem nördlichen aus der Mitte und zweiten Hälfte 4. Jahrhunderts und einem südlichen, der bis ins frühe 5. Jahrhundert belegt wurde. Aus diesem Bereich stammt der 6,2 cm hohe Glasbecher mit abgesprengtem Rand *Abb. 258*. Das jüngste Grab kommt vom Marktplatz 32. Es enthielt die Gürtelgarnitur *Abb. 261*–262 (1905)[584], die aufgrund zahlreicher Parallelen in die erste Hälfte des 5. Jahrhunderts datiert werden muß. Im Vergleich zum Friedhof an der Ulmer Straße ist der in der Oberstadt also deutlich, um Jahrzehnte länger belegt worden, von Romanen ebenso wie von Germanen; sein Beigabenspektrum wirkt insgesamt deutlich jünger.
In Anbetracht der verbreiteten Beigabenlosigkeit stellt sich hier jedoch eine andere Frage: Inwieweit sind die Gräber der Oberstadt ein Spiegelbild des kulturellen Wandels im 4. und 5. Jahrhundert, in dem die äußerliche Pracht und der materielle Begräbnisaufwand unter den Romanen seine Bedeutung verloren hatte? Die expressive Totenklage wie in der römisch-paganen Welt waren ebenso verpönt wie Grabopfer und Totenmahle. Der Kirchenvater Augustinus (354–430) verurteilte den heidnischen Brauch des *pultes et panem et merum*, der Beigabe von Brei, Brot und Honigwein (Aug. conf. VI 2).
In dem veränderten Befund des späten 4. Jahrhunderts verbirgt sich das grundsätzliche Problem, ob Beigabenlosigkeit und Orientierung des Grabs nun als Hinweis auf christliche Bestattungsformen gesehen werden dürfen: Was waren überhaupt die Gründe für die Anlage eines neuen Friedhofs in der Oberstadt? Könnten sie mit dem christlichen Glauben der hier Bestatteten zusammenhängen?

Die hl. Afra und das frühe Christentum Ein Blick auf die frühen Christen in der Provinzhauptstadt *Augustanis* erleichtert das Verständnis für diese Problematik und hilft unserer Vorstellungskraft, die Veränderungen des 4. Jahrhunderts besser zu verstehen. Als Rückschwung auf die Christenverfolgungen Diokletians führten die Mailänder Toleranzedikte Galerius' von 311 und 313 nicht nur zur Anerkennung des christlichen Glaubens: Seine Anhänger wurden von nun an verschont.
Nach Konstantins epochemachendem Sieg an der Milvischen Brücke am 28. Oktober 312 über seinen Kontrahenten Maxentius (306–312) soll ihm eine Lichterscheinung am nächtlichen Himmel den Weg gewiesen haben: *In hoc signo vinces!* Bald stand das Christogramm als Schlachtenhelfer auf allen Schilden und Helmen (314) und wurde als Zeichen des gottgeweihten Heeres auf zahlreichen Münzprägungen verbreitet – freilich, Konstantin blieb in der Tradition seiner Vorgänger *pontifex maximus*. Doch jetzt standen nicht mehr der Adler Jupiters oder die Siegesgöttin Victoria auf den Feldzeichen, jetzt war es das Kreuz, *vexilla militum crucis insignia sunt* (Hieron. ep. 107, 2). Aus der Untergrundbewegung war eine vom Staat anerkannte Religion geworden.
Roms Position zu den religiösen Gefühlen der besiegten Völker war stets von einer bemerkenswerten Toleranz geprägt; ihre Götter wurden zwar akzeptiert, aber umgedeutet und den

eigenen Vorstellungen angepaßt. Doch in Sachen Christenglaube lagen die Dinge anders. Der *rex Iudaeorum* galt eher als politischer Aufrührer, dessen verborgene Agitation Unruhen hervorrief und der politischen Führung Sorge machte. Der monotheistische Anspruch war genauso schwer mit den religiösen Pflichten des römischen Götterglaubens vereinbar, wie die Vorstellungen von Erlösung, Gottesherrschaft und Weltuntergang. Die Anhänger Christi wurden unter Nero als Brandstifter gebrandmarkt, 50 Jahre später von Plinius (Plin. epist. X 96) als potentielle Verbrecher eingeschätzt. Kaiser Traian sah als aufgeklärter Herrscher diesen Vorgängen mit souveräner Gelassenheit entgegen: Eine Verfolgung sei nicht römische Sache, sie entspreche nicht dem Zeitgeist, *nec saeculi est.*

Im 4. Jahrhundert wurde der Zwiespalt zwischen der christlichen Aussage und der Lebensrealitität offenbar. Der hl. Martinus von Tours (316/317–397), selbst aus einer oberitalisch-pannonischen Offiziersfamilie stammend, war mit 15 Jahren in die Armee Constantius II. eingetreten; er verließ sie drei Jahre später mit der Einstellung eines Kriegsdienstverweigerers: *Christi ego miles sum. Pugnare mihi non licet*: „Ich bin ein Soldat Christi; zu Kämpfen ziemt sich für mich nicht" (Sulp. Severus, vita Martini 4,3) – es war schwer geworden, Kriege im christlichen Geist zu führen, auch wenn es galt, die heidnischen Germanen zurückzuschlagen und vom Reich fernzuhalten.

Eine für die Christianisierung der damaligen Provinzbevölkerung charakteristische Episode[585] ist das Martyrium der hl. Afra, die in der 50 km entfernten Hauptstadt hingerichtet worden war[586]. Das älteste Zeugnis ihrer Verehrung findet sich bei Venantius Fortunatus um 565/571[587]; der Kult an ihrer Grabstätte hatte die Völkerwanderungszeit überdauert.

Jene Schwarze *(afra)*, die im Berner Codex *afra Veneria* genannt wird, trug den Frauennamen Veneria (Venerea), der nicht als Berufsbezeichnung (Venusdienerin, Prostituierte), sondern als *nomen appellativum* zu deuten ist. Sie war am 7. August in Augsburg vor den Richter geführt worden *(VII idus Augusti. Apud provintiam ritiam in civitate agusta)*. Als Datum gilt gemeinhin die Christenverfolgung Diokletians, von der auch die jüngere *Conversio* explizit spricht: *In quo tempore cum christianis esset gloriosa persequutio et omnes christiani comprehensi*, „in jener Zeit, als die ruhmreiche Christenverfolgung war und man alle Christen verhaftete". Die spätere *passio* datiert *sub diocletiano imperatore procosole ver prisco*, „unter dem Kaiser Diokletian und dem Proconsul Ver[-] Priscus", also wohl in die Jahre zwischen 302/303 und 313. Die Forschung favorisiert das Jahr 304.

Konflikt zwischen Kaiser und Gott Das Kaiseropfer war eine der wichtigsten Loyalitätsbezeugungen, die der römische Staat seinen Bürgern abverlangte; seine Verweigerung galt als Beleidigung der Götter und wurde als Beweis christlicher Anhängerschaft aufgefaßt. Veneria wurde also vor den Untersuchungsricher geführt, der sie zunächst nach Art römischer Gerichtsverfahren in Rede und Gegenrede fragt, wie sie heiße: *Quae diceris? Afra respondit: Etsi inuoluta sum peccatis, tamen christiana*, „Wie heißt Du? Afra antwortet: Auch wenn ich mit Sünden behaftet bin, bin ich dennoch eine Christin". Es folgt ein eindrucksvoller Disput, während dessen sie sich weigert, den heidnischen Göttern zu opfern: *Accede ad capitolium et sacrifica*, „geh auf das Kapitol und opfere", fordert sie der Richter auf. Afra antwortet: *Capitolium meum Christus est. Magis sacrifica*, „besser, Du opferst" (den römischen Göttern und dem Genius des Kaisers). Der Richter beschwört sie *Aut sacrifica aut te incendam*, „Entweder Du opferst, oder ich muß Dich verbrennen lassen". Es folgt die Verurteilung Afras, weil sie als Christin „nicht am Staatsopfer teilnehmen" will, *noluit sacrificiis participari*. Sie wird zur Verbrennung bei lebendigem Leib verurteilt, *vivam incendi*, und erleidet zusammen mit 26 anderen den Feuertod auf einer Lechinsel, *ad insulam fluvii quae uocatur Lacce* (*Lacce* war die alamannische Form des Flußnamens, die Venantius Fortunatus noch als das klassisch-lateinische *Licca* kannte[588]).

Die lokale Afraverehrung knüpfte an den spätantiken Bestattungsplatz rund 1100 m südlich der Römerstadt an, „am zweiten Meilenstein vor der Stadt Augsburg", wo Afra auf dem Friedhof des 4. Jahrhunderts bestattet worden war; er mochte ursprünglich vielleicht einmal in der Nähe einer *villa suburbana* oder einer Straßenstation gelegen haben[589]. Für einen Christen war die Bestattung auf einem solchen Friedhof höchst erstrebenswert, ein Grab in der Nähe von Märtyrern *ad sanctos* oder *martiribus sociata*, wie es auf dem Grabstein der Sarmannana in Regensburg heißt. Selbst bei unbekannten *corpora martyrum* beerdigt zu sein, bedeutete höchstes Glück, weil sie als Blutzeugen des Glaubens nicht auf das Ende aller Tage und das Jüngste Gericht warten mußten, sondern schon die ewige Seligkeit vor Gott erlangt hatten[590].

Christliche Friedhöfe Christen sind, das sei vorweggenommen, in Günzburg nicht nachweisbar. Doch jedermann kannte ihre Zeichen allein durch die Rückseitendarstellungen auf vielen Münzen Konstantins. Die alte Leichenverbrennung, bei den Juden eine Schandstrafe, bei den römischen Christen als heidnischer Brauch von Zauberern, Hexen und Häretikern verpönt, war ebenso wie die Beigabensitte nicht mehr zeitgemäß. Die Ausrichtung der Gräber entsprach nicht dem spätantik-heidnischen Gebrauch: Sie waren geostet mit Blick zur aufgehenden Sonne, weil man von dort den wiederkommenden Christus erwartete, das Versprechen der Unsterblichkeit, *futurae immortalitatis promissio* und die *resurrectio mortuorum* erhoffte, die Auferstehung der Toten nach ihrem ewigen Schlaf *(somnum aeternale)*. Christus war nach jüdischem Vorbild begraben worden *(inhumatus)*. Wie in der jüdischen Grabgemeinschaft galt auch unter Christen die Regel, daß die Glaubensbrüder nach dem Tod zusammenbleiben sollten. Andersgläubige wurden vom gemeinsamen Begräbnisplatz ausgeschlossen. Der karthagische Bischof Cyprianus (um 200–258) ging noch einen Schritt weiter: Er verbot im Jahr 254 sogar die Bestattung unter Andersgläubigen. Friedhöfe (*coemeteria, areae sepultuarum nostrarum* [Tertullian]) konnten jetzt übrigens auch *intra muros,* bei den Kirchen angelegt werden, eine Sitte, die sich besonders im Osten des Reichs ausbreitete. Die Bestattung des Verstorbenen war nicht mehr allein Familiensache, sondern Angelegenheit der Gemeinde. Gesang und Gebet hatten die heidnische Totenklage abgelöst. Das Abendmahl mit Brot und Wein beschloß die Totenfeierlichkeiten.

Bis zum Ende des 4. Jahrhunderts, als das Christentum durch Theodosius I. zur Staatsreligion erhoben wurde (392), hatten sich wohl zunächst die Mitglieder der höheren Beamtenschaft und die *honestiores* der Provinzaristokratie dem Christentum zugewandt. Ein eindrucksvolles Beispiel ist eine vermutlich in die Zeit nach 388 gehörige Grabinschrift aus Rom. Sie nennt den mit 35 Jahren verstorbenen Heraclius, Bürger der zweiten raetischen Provinz, Vorsteher der Füssener Soldaten, *Heraclius civis secundus Retus, filius Lupicini ex presidibus, qui fuit praepositus militum Fotensium*[591]. Wie in Füssen wird es auch unter den römischen Offizieren Guntias Anhänger des christlichen Glaubens gegeben haben.

XV Gescheitert: Das 5. Jahrhundert

Raetien gehörte zum Herrschaftsbereich des Kaisers Valentinianus II. (375–392). Damals hatte der von Britannien kommende Usurpator Magnus Maximus (383–388) die Juthungen angestiftet, das mit einer unerwartet reichen Ernte gesegnete Raetien zu überfallen. Valentinian schickte ihnen den fränkischen General Bauto mit hunnischen und alanischen Föderaten entgegen. Trotz anfänglicher Erfolge verlor er die Provinz an den inzwischen von Theodosius I. (379–395) als Mitkaiser im Westen anerkannten Maximus[592], der 387 von Raetien aus Oberitalien eroberte. Im Folgejahr gelang es den beiden anderen *Augusti*, ihn wieder zu beseitigen. In den neunziger Jahren hören wir nichts mehr von Kämpfen in Raetien; der Vertrag des Fl. Eugenius mit den Franken und Alamannen 392 und seine Erneuerung 396 und 398 durch Stilicho weisen darauf hin, daß Rom damals wieder versuchte, die Probleme an der Nordgrenze wie früher auf diplomatisch-pekuniäre Weise zu regeln.

In dieser Zeit schwand die römische Besiedlung unter dem Druck anhaltender Bedrohung dahin. Nur wenige der noch existierenden Straßensiedlungen und die schwer zugänglichen Wehrsiedlungen im Landesinnern (Goldberg bei Türkheim, Lorenzberg bei Epfach, Moosberg bei Murnau) waren noch am Leben. Von den Villen im Umfeld der schützenden Hauptstadt hatte kaum eine die schweren Zeiten überstanden. Die Verteilung spätantiker Grab- und Siedlungsfunde zeigt überdeutlich, wie die einst dichte Besiedlung im Lauf des 4. Jahrhunderts auf das Dreieck zwischen der Hauptstadt, Kempten und der Münchner Schotterebene zusammengeschmolzen war[593]. Viele Plätze lehnten sich stärker als zuvor an das noch über weite Strecken intakte Straßennetz an. Ihre auffällige Standortwahl aber dokumentiert die ständige Notwendigkeit rascher Rückzugsbewegung.

Der Lebensstandard der Provinzbevölkerung war auf ein niedriges Niveau abgesunken. Das Ende des regulären Geldnachschubs in Günzburg wird durch den in Thessaloniki geprägten Halbcentenionalis des Theodosius I. von 384/388[594] markiert. Die Versorgungslage im Alpenvorland war nicht erst jetzt prekär[595]. Die Abhängigkeit von Italien glich den Verhältnissen des frühen 1. Jahrhunderts. Hatte man schon spätestens seit Septimius Severus die *annona* der *legio III Italica* in Trient gesammelt (CIL V 5036)[596], so war am Ende des 4. Jahrhunderts in der Diözese *Italia annonaria* der Nachschub, die *annona Raetica* bzw. die *onera Raetica*, sprichwörtlich und mehr oder weniger wirkungslos geworden[597]. Die beiden von Legionsdetachements überwachten Versorgungsstationen am Alpenfuß in *Foetibus*-Füssen (Not. dign. occ. 35, 21) und *Teriolis*-Zirl (Not. dign. occ. 35, 22) mußten die Nachschubwege freihalten und den Transport durchs Gebirge unterstützen und sichern. Die Verproviantierung der Grenztruppen mußte nunmehr wieder über die Alpenpässe schlimmstenfalls mit Saumpferden und Lasttieren bewerkstelligt werden. Den unsäglichen Aufwand illustriert der Alptraum des Kirchenvaters Augustinus. In seiner 413–426 abgefaßten Schrift über den Gottesstaat berichtet er, wie er im Traum zu einem Pferd geworden sei und zusammen mit anderen Lasttieren den Soldaten Getreide gebracht habe, *annona Raetica,* weil es für Raetien bestimmt war[598]. Während die Raetia I über die Graubündener Pässe mit Oberitalien verbunden war, lief der Warentransport für den nördlichen Teil der Raetia II über den Brenner und streckenweise noch auf der alten *via Claudia*[599].

Anfang vom Ende – Das Reich zerfällt

Das Reich war in die Jahre gekommen. 395/396 traf Theodosius eine folgenschwere Entscheidung: Er teilte das Reich geographisch in zwei Hälften. Honorius (393–423) erhielt den lateinischen Westen, Arcadius (383–408) den griechischen Osten. In der Regierungszeit der kaiserlichen Brüder durchquerte ein vandalisch-alanisches Heer unter dem *magister militum per Illyricum*, dem Westgoten *Alaricus*-Alarich 401 wohl von Pannonien kommend Raetien mit dem Ziel Oberitalien und plünderte Teile Noricums und Vindelikiens. Der Oberbefehlshaber des Westreichs, der Vandale Flavius Stilicho, eilte ihm mit italischen Truppen im Winter über den Splügenpaß entgegen, wo er offenbar mit

263 Bronzene Kerbschnittriemenzunge aus dem Bereich des Gräberfelds an der Ulmer Straße (Wetzlerstraße 2, 1927/28 „über Grab 16"); verloren (L. 6,8 cm; Inv. 2300).

264 Goldmünze (Solidus) des Ostgotenkönigs Theodericus (473–526) mit einer Legende des oströmischen Kaisers Anastasius I (491–518), der ihn 497 als kaiserlichen Regenten in Italien anerkannt hatte. Geprägt 493/518 in Ravenna. Gefunden 1935 unter einer Torfschicht im Deffinger Wald (Deffingen-Kleinkötz) nahe der Winterbachquelle (Inv. 363).

Unterstützung des *dux Raetiae* Jacobus[600] den Überfall stoppen und Vandalen und Alanen durch einen Vertrag im Alpenvorland binden konnte[601].

Inzwischen war Alarich nach Oberitalien einmarschiert und belagerte die Kaiserresidenz in Mailand. Zur Entsetzung nahm Stilicho offenbar raetische Truppen über den Brenner mit nach Venetien[602], eine Maßnahme, die man früher zusammen mit dem Versiegen der Fundmünzen als systematische Räumung des Alpenvorlands durch das römische Heer und als *de facto*-Aufgabe der römischen Staatsgewalt in Raetien gedeutet hatte[603]. Auch hier hat sich in den vergangenen Jahren ein Paradigmawechsel eingestellt. Denn die in Italien eingesetzten Kontingente dürften vermutlich wieder an ihre Standorte zurückgekehrt sein. Gegen einen stillschweigenden Abzug zu Beginn des 5. Jahrhunderts spricht auch die Nachricht, daß Kaiser Honorius im Jahr 409 Generidus zum Befehlshaber der Truppen des oberen Pannonien, Noricums und Raetiens bis an die Alpen ernannt habe[604]. Eine der jüngsten raetischen Inschriften vom Augsburger Domplatz belegt die Präsenz von Truppen in der Provinz nach 394/395 (*Pannoniciani, Angrivarii, Honoriani*, Wagner 46). Bei aller Datierungsproblematik im Einzelnen spricht schließlich auch die letzte Redaktion der *Notitia dignitatum* um 430 dafür, daß das raetische Grenzheer bis in die Mitte des 5. Jahrhunderts fortbestand.

Doch nach wie vor blieb die *Raetia secunda* Einfallschneise und Auffangraum germanischer Angriffe. Ihre Verteidigung überließ man wie bisher germanischen Föderaten verschiedener Nationalität. In Günzburg erweist ein stempelverzierter breiter Militärgürtel mit scheibenförmiger Riemenzunge[605] (Form Trier-Basel[606]) aus dem Grab am Marktplatz 32 die Besatzung über das Jahr 400 hinaus *(Abb. 261–262)*. Diesen Grabfund darf man durchaus als Hinweis dafür betrachten, daß die *milites Ursarienses* tatsächlich bis um 430, wahrscheinlich sogar bis in Mitte des 5. Jahrhunderts wenigstens noch in Teilen präsent waren[607].

Der letzte Sold oder: Vom Ende der Römerherrschaft in Vindelikien

Die Aufgabe der valentinianischen Wachttürme in Westraetien ist nirgends genauer zu fassen. Der benachbarte Burgus von Finningen bei Neu-Ulm scheint über 406 hinaus besetzt gewesen zu sein. Aus der Entlohnung seiner Besatzung könnten wohl zwei in der Nachbarschaft gefundene Goldmünzen *(solidi)* des Arcadius und Constantinus III. (407–411) stammen[608]. Unter ihm haben auch anderenorts noch Einheiten ihren Dienst getan, wie Münzfunde von Burghöfe, dem Bürgle und dem Lorenzberg bei Epfach andeuten[609]. Die Riemenzunge einer Kerbschnittgarnitur[610] mit Darstellung eines Meerungeheuers *(Abb. 263)* vom Anfang des 5. Jahrhunderts gehört wie das erwähnte Gürtelgrab in der Oberstadt zu den jüngsten archäologischen Zeugnissen Günzburgs.

410 wurde Rom von Germanen geplündert. In den Jahren 429 bis 431 schlug der *magister utriusque militiae* Aetius die eingedrungenen Juthungen noch einmal aus Raetien zurück. Er versuchte sie durch *debellatio*, den totalen Krieg, auszuschalten. Der Wortlaut unserer Quellen deutet aber unmißverständlich auf starke Auflösungserscheinungen im Alpenvorland hin, da in Verbindung mit dem Juthungenkrieg die Niederwerfung rebellierender Noriker und Vindeliker, *Nori rebellantes* und *Vindelici*, erwähnt werden[611]. Auch die oben zitierte Augsburger Inschrift der *Pannoniciani, Angrivarii* und *Honoriani* bezog man auf diese Kämpfe[612]. All diese Vorgänge haben sich im archäologischen Fundraster des mehr und mehr entvölkerten Landes nicht mehr niedergeschlagen. Vereinzelte

Goldmünzenfunde werfen freilich kein typisches Bild auf den Zustand des Alpenvorlands um die Mitte des 5. Jahrhunderts. In beiden Raetien wurden nicht weniger als 17 Goldmünzen der Zeit zwischen 395 und 491 gefunden, zehn davon im Gebiet nördlich der Alpen. Zwei gehören in die Zeit nach 423, zwei weitere sogar in die letzten Jahre des Westreichs (Mertingen-Burghöfe und Nordheim, Solidi des Leo von 457/474 und Zeno von 474/491)[613]. Man wird den Verdacht nicht los, daß sie buchstäblich mit dem letzten Sold an die Donau kamen. Damals versiegte der geregelte Geldverkehr endgültig – und mit dem Nachschub an Soldzahlungen verliert auch der Archäologe das so ausgezeichnete Instrument der Münzdatierung. Die Bodenfunde verlieren an Schärfe und Beweiskraft, zumal der Kulturbruch zwischen der romanischen Spätantike und dem germanischen Herzogtum alle übrigen zivilisatorischen Hinterlassenschaften des einst so dichten Lebens im Alpenvorland überdeckte.

Wie man sich „das Ende" vorzustellen hat, illustriert eindrucksvoll die Vita des hl. Severin. Allerdings bezieht sie sich auf den raetischen Osten und eine Truppeneinheit im norischen *Batavis*-Passau-Innstadt: „Zu der Zeit, als das römische Reich noch existierte, wurden in vielen Städten Soldaten zur Bewachung der Grenze mit öffentlichen Geldern *(publicis stipendiis)* unterhalten. Als diese Regelung ein Ende fand, lösten sich diese Militärtruppen zugleich mit dem Grenzverteidigungssystem *(limes)* auf, nur die Abteilung in Batavis hielt noch so gut es ging aus. Von dieser hatten sich einige Mann nach Italien aufgemacht, um für ihre Kameraden den letzten Sold *(extremum stipendium)* zu holen. Doch auf dem Weg wurden sie von den Barbaren umgebracht"[614].

In der letzten romanischen Hochburg, der Provinzhauptstadt *Augustanis,* vollzog sich die Ablösung der spätantik-christlichen Administration und der Übergang ins germanische Frühmittelalter langsam[615]. Der Zustand ihrer Bauwerke und Mauern wird ein trostloses Bild geboten haben[616]. Schon bald nach der Jahrhundertmitte, nachdem das hunnische Heer auf den Katalaunischen Feldern westlich von Troyes geschlagen, Attilla zur Umkehr gezwungen und Aëtius ermordet war (454), war das Alpenvorland und der nördliche Teil der ehemaligen Provinz Raetien fest in alamannischer Hand.

Am 4. September 476 wurde der letzte römische Kaiser, der sechsjährige Romulus Augustus (475–476), von Odoaker, dem ersten, in Ravenna residierenden germanischen König in Italien, abgesetzt und in das *castellum Lucullanum* bei Neapel verbannt. Damit war auch in den Augen vieler Zeitgenossen das weströmische Kaisertum beendet.

Die Gründe für den lange andauernden Niedergang der *Roma aeterna* und das Ende der *pax Romana* in den Provinzen waren vielfältig und vielschichtig. Sie lagen weder in der Vernachlässigung römischer Götter, wie manche glaubten, noch in städtischer Dekadenz oder Luxusleben. Es war die mangelnde römische Präsenz und Durchsetzungskraft in einem zu groß gewordenen Reich, dessen strenge Sozialordnung zwangsläufig nach und nach aufweichte. Das Imperium löste sich vollends auf, nachdem die Abwehr der äußeren Feinde gescheitert und die Integration und Einbürgerung der germanischen Randvölker mißglückt war.

Finale: Germanische Herzöge übernehmen das Kommando

Jene Germanen, die nun die Herrschaft über das Provinzgebiet übernahmen, waren nicht mehr jene, die Rom einst unter dem Druck der Ereignisse und zur Verteidigung ihrer Grenzen ins Land geholte hatte. Es waren vielmehr immer neue Siedlungswellen aus dem Norden und Osten Europas, gemischte Völker aus Thüringen und Böhmen, darunter auch Langobarden und Franken, die sich im 5. Jahrhundert im Alpenvorland an den Fernstraßen niedergelassen und das ehemals reichsrömische Territorium, zeitweilig unter der ostgotischen Schutzherrschaft Theoderichs in Ravenna, in Besitz genommen hatten[617].

Funde aus Denzingen bei Günzburg weisen in die Jahre um 500[618]. In Günzburg selbst klafft einstweilen noch eine zeitliche Lücke von über 150 Jahren, bis die ersten Reihengräber der Merowingerzeit im Stadtgebiet faßbar werden[619]. Auch wenn P. Reinecke 1919 vermutete, daß die Spätantike nahtlos ins germanische Frühmittelalter übergegangen wäre – nachweisbar ist das einstweilen nicht, aber im Vergleich zu anderen Plätzen des Donaugebiets doch nicht unwahrscheinlich.

Erst der Landesausbau des frühen 6. Jahrhunderts hinterließ wieder Spuren im archäologischen Fundbild. Er knüpfte, soweit man das heute sagen kann, nicht an die Topographie des spätantiken Kastells von Günzburg an, das längst ein Ruinenfeld geworden war (*Abb. 264*). Wir kennen bisher ausschließlich Grabfunde, nämlich Ausschnitte kleinerer und größerer Reihengräberfriedhöfe aus der unmittelbaren Umgebung zugehöriger Gehöfte: Beim Aushub einer Stützmauer vor der Tankstelle in der Dillinger Straße 17 sind 1973 mindestens zwei Bestattungen, eines davon ein Männergrab mit Lanze, zerstört worden[620]. Beim Apla-/Appoloniabild im Westen, weit außerhalb der Römersiedlung, kam 1908 ein Männergrab mit Langschwert (Spatha) und Schild zum Vorschein. Andere stammen vom „Bubesheimer Kreuz"[621] und vom Günzburger Galgenberg[622]. Siedlungskeramik des 8./9. Jahrhunderts zeigt, daß sich spätestens damals wieder Menschen zwischen Günz und Donau niedergelassen haben[623].

Anmerkungen

I Aus Neugier wird Bürgerstolz

1 Leopold von Ranke, Epochen der Neueren Geschichte (Laupheim 1948) 36.
2 S. Stötter, Günz- und Mindelbote vom 25. November 1911.
3 J. N. von Raiser, Guntia, und merkwürdigere Ereignisse der Donau-Stadt Günzburg, in der Umgegend, und in der Markgrafschaft Burgau; Beschreibung des römischen Antiquariums zu Augsburg; und neue Funde römischer und deutscher Alterthümer in Augsburg, und in der Nachbarschaft (Augsburg 1823).
4 Vgl. Fundber. 5; Jahrb. Hist. Ver. Dillingen 24, 1911, 196 = FMRD I 7132 Nr. 227. – Siehe auch H. Menges, Aus Günzburgs Vergangenheit (Günzburg 1927) 189 f.
5 P. Beck in: Allgemeine Deutsche Biographie 27 (Leipzig 1988) 188–190; W. Grabert, Johann Nepomuk von Raiser und die Vorgeschichte des Historischen Vereins für Schwaben. Miscellanea Suevica Augustana. Augsburger Beiträge zur Landesgeschichte Bayerisch-Schwabens Bd. 3 (Sigmaringen 1985).
6 Forschungsgeschichte von P. Auer, zusammengestellt in: Stroh, Katalog Günzburg 5–7.
7 Z.B. F. X. Edlhard, Chronik der unmittelbaren Stadt Günzburg (Günzburg 1894) 7–19.
8 Sicher dazu beigetragen hat die Tatsache, daß schon unter der Regierung Maria Theresias 1755 die erste Günzburger Lateinschule gegründet worden war: Menges, Vergangenheit (Anm. 4) 80 f.
9 Ignaz Wetzlers Sohn August (1812–1881) entwickelte das väterliche Interesse in ähnlicher Weise, wenn auch in eine andere Richtung weiter. Er verschrieb sich der geologischen Forschung, besonders dem Tertiär seiner Heimat, ihrer Wirbeltierfauna, den Pflanzen und Schnekken. Er hinterließ dem Historischen Verein Günzburg seine umfangreiche geologisch-paläontologische Sammlung.
10 W. Lorenz, Günzburger Mosaik. Ergebnisse zur Stadtgeschichtsforschung und Erkenntnisse eines Stadtarchivars. Bd. 2 (Günzburg 1996) 176 f.
11 M. Bencker, Römische Funde in der Sammlung des historischen Vereins Günzburg (Nördlingen 1907).
12 J. Vogeser, Praehistorische, römische und merowingische Funde in der Sammlung des historischen Vereins Günzburg (Dillingen o. J. [1910])=Jahrb. Hist. Ver. Dillingen 23, 1910, 155–204.
13 Reinecke, Günzburg; erschienen auch als Gedenkblatt für die Mitglieder des Historischen Vereins Günzburg anläßlich des 10jährigen Bestehens des Vereins im Jahr 1912.
14 Eine wenig später erschienene Zusammenfassung enthielt kaum Neues: F. Wagner, Die Römer in Bayern^2 (München 1928).
15 Auch: E. Ritterling, Museographie für die Jahre 1910-1912, Ber. RGK 7, (1915) 26 ff. bes. 44 ff.
16 P. Auer, Die vorgeschichtliche Besiedlung des Günzburger Gebietes (Günzburg 1938); ders., Geschichte der Stadt Günzburg (Günzburg 1963); Nachruf in: Bayer. Vorgeschbl. 34, 1969, 227 f. (J. Weizenegger).
17 J. Weizenegger, Katalog der Bodenfunde des Historischen Vereins Günzburg e.V., Museumsbestand in Günzburg vor 1945, Teil 1. Documenta historiae Bd. 4, Teil 1 (München 2000).
18 Stroh, Katalog Günzburg.
19 Czysz/Sperber, Funde.
20 Zuletzt W. Czysz in: RiBayern 453–456; Czysz, Günzburg 154–158.
21 M. K. H. Eggert, Prähistorische Archäologie. Konzepte und Methoden (Tübingen, Basel 2001) 354.
22 Behandlung der Denkmalpflege im Unterricht. Bekanntmachung Bayer. Staatsministerium für Unterricht und Kultus vom 22. April 1980 Nr. A/3-8/14507.
23 Eggert, Archäologie (Anm. 21) 370.

II Das Land zwischen Donau und Günz

24 H. Graul/P. Groschopf, Geologische und morphologische Betrachtungen zum Iller-Schwemmkegel bei Ulm. Ber. Naturforsch. Ges. Augsburg 5, 1952, 3–27. – R. Streit/H. Weinig/H. Jerz/W. Stephan, Geologische Übersichtskarte des Iller-Mindel-Gebietes 1:100000. Hrsg. Geol. Landesamt (München 1975).
25 F. Vogel/K. Brunnacker, Bodenkundliche Übersichtskarte von Bayern. Bayer. Geol. Landesamt (München 1955); F. Vogel, Erläuterungen zur Bodenkundlichen Übersichtskarte von Bayern 1:500 000 (München 1961).
26 Z. B. alte Karten wie Top. Atlas des Königreichs Bayern 1:50000, Blatt 60 (1831). – U. Mäck/H. Erhardt, das Schwäbische Donaumoos und die Auwälder zwischen Weißingen und Gundelfingen (Augsburg 1995). – Vgl. die Verbreitung der archäologischen Fundstellen: W. Czysz in: K. Göttlich, Erläuterungen zum Blatt Günzburg L 7526. Moorkarte von Baden-Württemberg 1: 50000 (Stuttgart 1979) 36–40.
27 Über die Entwicklungsgeschichte dieses Moores gibt es m. W. keine naturwissenschaftlichen (z. B. pollenanalytischen) Untersuchungen, die Aufschluß über die Landschaftsentwicklung in der Nähe eines römischen Kastells/Vicus geben könnten.
28 RE IV (Stuttgart 1901) sp. 2103 ff. s. v. Danuvius (C. G. Brandis); E. Schwarz, Was bedeutet der Name Donau? In: Alt-Bayerische Heimat 3, 5.2.1949.
29 J. Schnetz, Flussnamen des Bayerischen Schwabens. Veröff. Schwäb. Forschungsgem. 1 (Augsburg 1950) 72 ff.; H. Krahe, Der Flussname Günz. In: Eranion. Festschr. H. Hommel (Tübingen 1961) 63–68; W. H. Snyder, Zur ältesten Namenschicht der rechten Nebenflüsse der Donau (von der Quelle bis zur Einmündung des Inns). Beitr. Namenforsch. 16 (1), 1965, 176–203 bes. 182 f.; P. Berktold in: Schmid, Studien 31 ff.
30 Vgl. auch Menges, Vergangenheit (Anm. 4) 178; 285: „Der Bubesheimer Bach ist ein jähzorniger Kog [schlim-

mer Bursch], Die Donau kommt langsamer und jedesmal saugrob, Der Günzfluß tut jedoch alleweil recht fein, Wenn's aber gilt, reißt er Haus und Stadel ein."

31 Menges, Vergangenheit (Anm. 4) 178.

32 Aus dem sumpfigen Sediment des Mündungsbereiches stammt die Kastellbauinschrift (Kap. IV).

33 Lorenz, Mosaik (Anm. 10) 13.

34 Trotz umfangreicher Uferschutzbauten im Jahr 1778 verwüstete das Hochwasser im Februar bis Anfang März 1784 St. Martin und seinen umgebenden Friedhof: Lorenz, Mosaik (Anm. 10) 12 f.

35 Fundb. 5, 1971–87; Bayer. Vorgeschbl. 37, 1972, 187.

III 350 Meilen vom Po bis zur Donau

36 Zu dieser Problematik RiBayern 81 ff. 200 ff.; Dietz/Czysz, Schwaben 46 ff. – Für Kempten zuletzt: G. Weber (Hrsg.), Cambodunum-Kempten. Erste Hauptstadt der römischen Provinz Raetien? (Mainz 2000) 19 ff.

37 Reinecke, Günzburg 2 nahm wegen des Ortsnamens und der Spätlatènekeramik eine keltisch-vindelikische Bevölkerung an. – Zuletzt: C.-M. Hüssen, Endlatènezeitliche Fundstellen im oberbayerischen Donauraum. Ber. RGK 81, 2000, 235–302.

38 Vgl. S. Rieckhoff, Süddeutschland im Spannungsfeld von Kelten, Germanen und Römern. Studien zur Chronologie der Spätlatènezeit im südlichen Mitteleuropa. Trierer Zeitschr. Beih. 19 (Trier 1995) Abb. 43 (Karte 1). – Vgl. auch H. P. Uenze, Die Latènezeit in Schwaben. Hist. Atlas Bayer. Schwaben III, 5 (4. Lfg. Augsburg 1998).

39 Inv. 394 (sofern nicht anders vermerkt, befinden sich sämtliche mit „Inv." gekennzeichneten Funde im Museum Günzburg). – Stroh, Kat. Günzburg Taf. 27, 18. – G. Kurz, Keltische Hort- und Gewässerfunde in Mitteleuropa. Deponierungen der Latènezeit. Materialh. Arch. Baden-Württemberg 33 (Stuttgart 1995) Kat. 361 b, Abb. 2; P. Wischenbarth, Eisenobjekte der jüngeren Latènezeit im westlichen Bayerisch-Schwaben. In: Keltische Stahl- und Eisenproduktion im Rothtal (Bayerisch-Schwaben). Berichte zur Archäologie im Landkreis Neu-Ulm und in den angrenzenden Gebieten 2 (Neu-Ulm 2001) 97–121 bes. Kat. 14.

40 Mus. Günzburg, Inv. 386. – Stroh, Kat. Günzburg Taf. 27, 22. – Kurz, Hort- und Gewässerfunde (Anm. 39) Kat. 361 a; Abb. 18; Wischenbarth, Eisenobjekte (wie Anm. 39) Kat. 13.

41 Arch. Staatsslg. München, Inv. E 1990/3, abgebildet in: H. Dannheimer/R. Gebhard (Hrsg.), Das keltische Jahrtausend (Mainz 1993) 340 Kat. 455. – Vgl. dazu K. Wehrberger/G. Wieland, Ein weiteres Knollenknaufschwert und eine Aylesford-Pfanne aus der Donau bei Ulm (Elchingen-Oberelchingen). Überlegungen zu spätkeltischen und frührömischen Gewässerfunden von der oberen Donau. Arch. Korrbl. 29, 1999, 237–256 bes. 249 mit Liste (Nr. 4) sowie die Bemerkungen zu dem Neufund eines Knollenknaufschwerts aus der Donau bei Ulm ebd. bes. 237 ff.; Wischenbarth, Eisenobjekte (wie Anm. 39) Kat. 15.

42 Vgl. W. Torbrügge, Vor- und frühgeschichtliche Flußfunde. Zur Ordnung und Bestimmung einer Denkmälergruppe. Ber. RGK 50/51, 1970/71, 1–146; L. Pauli, Einige Anmerkungen zum Problem der Hortfunde. Arch. Korrbl. 15, 1985, 195–206. – Zu den Donau-Flußfunden siehe L. Pauli, Gewässerfunde aus Burlafingen und Nersingen. In: M. Mackensen, Frühkaiserzeitliche Kleinkastelle bei Nersingen und Burlafingen an der oberen Donau. Münchner Beitr. Vor- u. Frühgesch. 41 (München 1987) 281 ff.

43 Stroh, Kat. Günzburg 31 f. Kat. 93 Taf. 28, 15.18 (Inv. 388).

44 Die erwähnte streifenbemalte Ware gehört eher in die römische Siedlungsphase.

45 Czysz/Endres, Keramik 53, Kat. 35 mit älterer Literatur (Inv. 1958, 21).

46 Nicht auszuschließen ist auch eine spätantike germanische Terra Nigra.

47 Inv. 387. Vgl. Wischenbarth, Eisenobjekte (wie Anm. 39) Kat. 12.

48 K. Schwarz, Atlas der spätkeltischen Viereckschanzen Bayerns (München 1959) bes. 112 ff.

49 Die in Klammern gesetzten Daten beziehen sich auf die Regentschaft der Kaiser.

50 J. Werner, Bemerkungen zum norischen Trachtzubehör und zu Fernhandelsbeziehungen der Spätlatènezeit im Salzburger Land. Mitt. Ges. Salzburger Landeskde. 101, 1961, 149 ff. (= Spätes Keltentum zwischen Rom und Germanien [München 1979] 138–156 bes. 145 ff.); W. Zanier, Der spätlatène- und römerzeitliche Brandopferplatz im Forggensee (Gde. Schwangau). Münchner Beitr. Vor- u. Frühgesch. 52 (München 1999) 42; zuletzt G. Bataille, Arch. Korrbl. 31, 2001, 443–460.

51 Keller, Heimstetten 40 f. Taf. 4,7; 5,3; 7,5. – Vgl. auch Mackensen, Kempten Taf. 92,3 (Grab 223); 90,5 (Grab 220); 86,2 (Grab 212); 82,4 (Grab 206); 79,1 (Grab 202); C. Tappert, Ein keltischer Widderkopfring aus Straubing und verwandte Tierprotomringe. Jahresber. Hist. Ver. Straubing 100, 1998, 173–217 bes. 183 f. Abb. 10. – RiBayern 90 ff.; zur Herkunft der „Heimstetter Leute": A. Faber, Zur Bevölkerung von Cambodunum-Kempten im 1. Jahrhundert. In: W. Czysz/C.-M. Hüssen/H.-P. Kuhnen/C. S. Sommer (Hrsg.), Provinzialrömische Forschungen. Festschr. G. Ulbert (Espelkamp 1995) 13–23.

52 G. Behrens, Römische Fibeln mit Inschrift. Festschr. P. Reinecke (Mainz 1950) 1–12 bes. 2 Abb. 1.

53 Inv. 1979.7 u.

54 Keller, Heimstetten 42 Taf. 2,2–3.

55 C. Redlich, Zur Trinkhornsitte bei den Germanen der älteren Kaiserzeit. Prähist. Zeitschr. 52, 1977, 61–120 Beil. 4 u. Taf. 36; R. A. Maier, Ein germanisches Trinkhorn aus dem Römerkastell Kösching im Stadtmuseum Ingolstadt. Sammelbl. Hist. Ver. Ingolstadt 86, 1977, 15–20; ders., Germanische Trinkhörner im nördlichen Rätien und in ihren religionsgeschichtlichen Zusammenhängen. RiSchwaben 54–55; zuletzt: W. Zanier, Das römische Kastell Ellingen. Limesforschungen 23 (Mainz 1992) 148–150 mit 313, Liste 10; RiBayern 269.

56 Ulbert, Aislingen 43 Taf. 1 (Aislingen); 42 (Burghöfe); 56, 7 (Rißtissen).

57 Czysz, Oberpeiching 31 f. Abb. 15,2.4.

58 Ch. Flügel, Handgemachte Grobkeramik aus *Arae Flaviae* – Rottweil. Fundber. Baden-Württemberg 21, 1996, 315–400; J. Leckebusch, Die Herkunft der Kochtöpfe von Dangstetten. Fundber. Baden-Württemberg 22/1, 1998, 377–427 bes. Abb. 3–4.

59 Vgl. E. Keller, Ein germanisches Tongefäß der frühen (?) Kaiserzeit aus Günzburg/Schwaben. Bayer. Vorgeschbl. 35, 1970, 142–143. Das Gefäß stammt aus einem Brandgrab etwa 10 cm unter Grab V der Lauberwiese (1967). – Zur Problematik des Wandels von Grabsitten zuletzt: P. Fasold, Early Roman graves in Southern Bavaria – a review. In: J. Pearce/M. Millett/M. Struck (Hrsg.), Burial, Society and Context in the Roman World (Oxford 2000) 181–191; P. Fasold/M. Witteyer, Tradition und Wandel im Grabbrauch Rätiens und Obergermaniens während der frühen Kaiserzeit. In: M. Heizelmann/J. Ortalli/P. Fasold/M. Witteyer (Hrsg.), Römischer Bestattungsbrauch und Beigabensitten (Wiesbaden 2001) 293–304.

60 Weitere Beigaben: Glasreste, Drag. 18 und 18/31, großer Krug, handaufgebaute Gefäße (zylindrischer Becher,

eiförmiger Topf).

61 Weitere Beigaben: Verschmolzenes Glas, flavische Sigillatabecher Drag. 30, Drag. 38.

62 Vgl. Keller, Tongefäß (Anm. 59) sah keine stilistischen Verbindungen mit der bei Ulbert, Aislingen 43 beschriebenen Ware; Ulbert war der „Zusammenhang mit dem latènezeitlichen Element ... unverkennbar"; Reinecke, Günzburg 9 hielt diese Keramik für germanisch – allerdings spätrömischer Zeitstellung. – Vgl. dazu auch G. Wieland, Spätkeltische Traditionen in Form und Verzierung römischer Grobkeramik. Fundber. Baden-Württemberg 18, 1993, 61–70.

63 Vgl. dazu W. Zanier, Eine römische Katapultpfeilspitze der 19. Legion aus Oberammergau – Neues zum Alpenfeldzug des Drusus im Jahre 15 v. Chr. Germania 74, 1994, 587–596.

64 W. Czysz, Römische Staatsstraße via Claudia Augusta. Der nördliche Streckenabschnitt zwischen Alpenfuß und Donau. In: La Venetia nell'area Padano-Danubiana. Le vie di comunicazione (Padua 1990) 253–283; E. Walde (Hrsg.), Via Claudia. Neue Forschungen (Innsbruck 1998).

65 G. Winkler, Die Statthalter der römischen Provinz Raetien unter dem Prinzipat. Bayer. Vorgeschbl. 36, 1971, 50–101. - Die *vallis Poenina*, das Wallis, wurde später wieder von Raetien abgetrennt.

66 Zur Lokalisierung von Damasia siehe zuletzt G. Ulbert, Der Auerberg. Münchner Beitr. Vor- u. Frühgesch. 45 (München 1994) 37.

67 A. Schaub, Die förmliche Provinzkonstitution Raetiens unter Tiberius nach dem Zeugnis des Velleius Paterculus. Germania 79, 2001, 399–409; R. Rollinger, Raetiam autem et Vindelicos ac Noricos Pannoniamque et Scordiscos novas imperio nostro subiunxit provincias. Oder: Wann wurde Raetien [einschließlich Noricums und Pannoniens] als römische Provinz eingerichtet? In: P. W. Haider/R. Rollinger (Hrsg.), Althistorische Studien im Spannungsfeld zwischen Universal- und Wissenschaftsgeschichte. Festschr. Franz Hampel (Stuttgart 2001) 267–315.

68 Pferdehirt, Okkupation 232 f. 253 rechnet mit einem Datum von 77/78.

69 Mackensen, Nersingen.

70 RiBayern 488 ff. mit älterer Literatur; H. Bender/J. M. van Brackel/V. Hautmann/B. Rudán, Das frühkaiserzeitliche Kleinkastell Osterhofen-Haardorf, Lkr. Deggendorf (Niederbayern). Bayer. Vorgeschbl. 64, 1999, 132–158.

71 Ch. Frank, Römische Straßenforschungen am bayrischen Iller-Donau-Winkel. Dt. Gaue 9, 1908, 46 ff. bes. 47 f. mit Beibl. IV; Ber. 7, 1914/15, 5 ff.; Ber. 8, 1916/18, 5 ff.; zuletzt B. Eberl, Schwäb. Mus. 1927, 137–148, bes. 147 f.

72 M. Dumler/J. Schmid, Untersuchungen an der Römerstraße Augsburg - Günzburg im Bereich des „Rauhen Forstes" westlich von Augsburg. Jahresber. Heimatver. Lkr. Augsburg 1989/90, 65–71.

73 Zwischen Röfingen und dem Burgauer Bahnhof ist die Straße von S. Stötter 1906 aufgenommen worden. Auf dem Torf lagen in mehreren Schichten Lehm, Faschinen, Erlen/Birken, Eichen und Fichten mit einer jeweils 0,25 m und 0,30 m starken Kiesauflage der Straße. Wichtig ist dieser Befund wegen zukünftiger dendrochronologischer Datierungsmöglichkeiten: Jahrb. Hist. Ver. Dillingen 22, 1909, 57 Taf. 6.

74 Ber. 7, 1914/15, 5 ff.; ebd. 8, 1916/18, 5 ff.

75 R. Kreutle, Römische Straßen im Ulmer Raum. In: Römer an Donau und Iller. Neue Forschungen und Funde (Sigmaringen 1996) 117–123 bes. 118 ff.

76 R. Knorr (Anm. 143).

77 So schon Reinecke, Günzburg 3.

78 Ph. Filtzinger, Bemerkungen zur römischen Okkupationsgeschichte Südwestdeutschlands. Bonner Jahrb. 157, 1957, 181–212 bes. 193 f. 200.

79 Walke, Kastellgrabung 56.

80 Schönberger, Truppenlager 321–497.

81 Schmid, Studien 81 ff.

82 Inv. 1965.14; H.-J. Kellner in Akten Hist. Ver. Günzburg: Serie 2, RIC S. 44.

83 RIC 2, 58.

84 Ber. 5, 1911, 175 (Fl. 778).

85 W. Czysz, Zeitschr. Hist. Ver. Schwaben 73, 1979, 31 ff. Abb. 12–14; ebd. 74, 1980, 51 f. Abb. 19; 75, 1981, 48 Abb. 12.

86 1980 wurde an der Baugruben-Südwand der Ulmer Straße 60 ein grabenartiger Einschnitt von gut 4 m Breite beobachtet. Seine einem Spitzgraben ähnliche Verfüllung (die Spitze blieb unter der Baugrubensohle verborgen) war mehr als 2 m unter der heutigen Oberfläche in den Kies eingetieft. Dieser Graben verlief wohl in annähernd nordsüdlicher Richtung. Er könnte mit dem in der Römergasse 12 zu einer 130 m langen Linie verbunden werden.

87 Zu dieser Problematik auch Faber, Regensburg-Kumpfmühl 126 ff.

88 Pferdehirt, Okkupation 254; 287.

89 Vgl. dazu auch Faber, Regensburg-Kumpfmühl 31; 104. - Vergleichbar die Problematik in Eining: dies., Die südgallische Terra Sigillata aus Kastell und Vicus Eining. Zum Beginn des Militärstützpunkts. Bayer. Vorgeschbl. 58, 1993, 99–122 bes. 117 ff.

IV Die neue Grenze an der Donau

90 R. Nierhaus, Römische Straßenverbindungen durch den Schwarzwald. Badische Fundber. 23, 1967, 117–157.

91 Zusammenfassend D. Planck, ARAE FLAVIAE I. Neue Untersuchungen zur Geschichte des römischen Rottweil. Forsch. u. Ber. Vor- u. Frühgesch. Baden-Württemberg 6/I (Stuttgart 1975) 213 ff.; B. Zimmermann, Zur Authentizität des „Clemensfeldzuges". Jahresber. Augst u. Kaiseraugst 13, 1992, 289–303; M. Yupanqui Werner, ITER DE[RECTVM AB ARGE]NTORATE IN R[AETIAM]. Die flavischen Kastelle Rammersweier und Zunsweier an der römischen Kinzigtalstraße bei Offenburg. Denkmalpfl. Baden-Württemberg 20, 2000, 116–123.

92 Heiligmann, Alb-Limes 193 denkt an Ausbau nach dem Saturninus-Putsch; vgl. RiBaden-Württemberg Abb 13; 50.

93 OA BLfD.

94 Friedhof (1951/52): Kastellgraben?? - Friedhof (1962): Bei dem im Grab P. Auers beobachteten 2,3 m tiefen Einschnitt handelt es sich wohl um einen Erdkeller. - Ulmer Straße 59 (1909): Der 2 m tiefe Spitzgraben wird als mittelalterliche Befestigung gedeutet, die zu dem bekannten Abschnittswall gehört.

95 Bayer. Vorgeschbl. 37, 1972, 189.

96 Schmid, Studien 49 ff. verwarf die Grabenbeobachtungen als nicht verifizierbar.

97 Vgl. RiSchwaben Abb. 109. Zwischen den Fundkomplex um den Städtischen Friedhof und den Kappenzipfel schiebt sich eine fundleere Schneise, die vermutlich auf die oben erörterte zeitgenössische Lage der Günz zurückgeht.

98 Pferdehirt, Okkupation bes. 249 ff.

99 Fünf weitere Bruchstücke von unbekanntem Fundort in 2001. Sch. 12–13 und Inv. 873d.

100 Vgl. auch Schmid, Studien Abb. 16.

101 S. Stötter in Günz- und Mindelbote 48, 1919.

102 Zu einer 12 kg schweren Reibschüssel einer Stuben-

gemeinschaft siehe Abb. 77–80.
103 S. Stötter in Günz- und Mindelbote 48, 1919.
104 Weitere Funde: Winkelverzierter FWL vom Krankenhaus 1911 (2001. Sch. 58). – Ornamentierter FWL (Dicke 3,5 cm) auch vom Kappenzipfel, Haus Lindenmayer (Nr. 18), Inv. 1963-8.
105 Für die glatte Ware siehe Schmid, Studien 81 ff.; die erhoffte Bearbeitung der Reliefsigillata blieb Desiderat.
106 R. W. Davies, The Roman military medical service. Saalburg-Jahrb. 27, 1970, 84–104; ders., Service in the Roman Army (Edinburgh 1989) 209–236; 290–298. – A. Krug, Heilkunst und Heilkult. Medizin in der Antike ([2]München 1993); H. Matthäus, Der Arzt in römischer Zeit. Schr. Limesmus. Aalen 39 u. 43 (Stuttgart 1987, 1989).
107 Inv 1981.6; X 23.25.26. – Zeitschr. Hist. Ver. Schwaben 76, 1982, 40 Abb. 13, 3 (We); einige bildet Schmid, Studien 155 ff. ab.
108 A. K. Lawson, Studien zum römischen Pferdegeschirr. Jahrb. RGZM 25, 1978, 131–172 bes. 140 ff. – Die Beschläge [9] und Abb. 41, 1.6.7 dürften limeszeitlich sein. Vgl. dazu: J. Oldenstein, Zur Ausrüstung römischer Auxiliareinheiten. Ber. RGK 57, 1976, 49–284 bes. 124 ff.; zuletzt M. Schleiermacher, Römisches Pferdegeschirr aus den Kastellen Saalburg, Zugmantel und Feldberg. Saalburg-Jahrb. 50, 2000, 167–193.
109 K. Szirmai, Eine Pferdegeschirr-Gattung mit Lunulaverzierung aus Aquincum. Studien zu den Militärgrenzen Roms III. Forsch. u. Ber. Vor- u. Frühgesch. Baden-Württemberg 20 (Stuttgart 1986) 405–409.
110 A. K. Taylor, Römische Hackamoren und Kappzäume aus Metall. Jahrb. RGZM 22, 1975, 106–133 Verbreitungskarte Abb. 1; Lawson, Pferdegeschirr (Anm. 108) bes. 140 ff.
111 Z. B. Inv. 1965.14d, 1966.10, 1960.6, 1187. – Vgl. M. Scholz, Graffiti auf unverzierter Terra Sigillata und Lavez in: Schmid, Studien 173 ff.
112 Scholz in: Schmid, Studien 173 ff.
113 Günz- und Mindelbote vom 11.5.1910.
114 Erstveröffentlichung F. Ohlenschlager, Römische Inschrift von Günzburg. Jahrb. Hist. Ver. Dillingen 23, 1910, 151–154; I. Iacobs, Röm.-Germ. Corr.-Bl. 4, 1911, 25.
115 E. Fabricius schlug statt der Lesung *proc(urante)* „unter der Aufsicht", *proc(uratore)* vor: ORL A VII [Str. 15] 25 Anm. 1.
116 G. Winkler, Die Statthalter der römischen Provinz Raetien unter dem Prinzipat. Bayer. Vorgeschbl. 36, 1971, 50–101 bes. 56 Kat. 5.
117 So auch F. Tränkle in: Schmid, Studien 57 ff.
118 Z. B. Kortüm, Datierung 41 mit Anm. 151.
119 Pferdehirt, Okkupation 253.
120 M. Kemkes, Das römische Kastell und der Vicus von Mengen-Ennetach. In: Archäologie im Umland der Heuneburg. Arch. Inf. Baden-Württemberg 40 (Stuttgart 1999) 77–90 bes. 82; ders., Frührömisches Militär östlich des Schwarzwaldes. Jahresber. Ges. pro Vindonissa 1997, 17–24 bes. 22.
121 So Winkler 56.
122 Sie werden in Briefen Oberndorfers vom 15.3.1919 und S. Stötters vom 9.3.1919 in den Akten des Historischen Vereins Günzburg irrtümlich als Legionsstempel mit dem Zahlzeichen III gedeutet.
123 B. Cichy, Das römische Heidenheim (Heidenheim 1971) Abb. S. 11 links; Heiligmann, Alb-Limes 220 mit Taf. 152,16; G. Spitzlberger, Die römischen Ziegelstempel im nördlichen Teil der Provinz Raetien. Saalburg-Jahrb. 25, 1968, 65–184 bes. 168 mit Nr. 345; D. Planck, Die römischen Kastelle Heidenheim und Aalen – ein Vergleich. Zivile und militärische Strukturen im Nordwesten der römischen Provinz Raetien (Heidenheim 1988) 33–54 Abb. 1.
124 Ber. 3, 1909, 67 f. – Unbekannt bzw. nicht identifizierbar ist die Herkunft des bei Spitzlberger (Anm. 123) 171, Kat. 377 b notierten Stempels DM.
125 RE I (Stuttgart 1894) s.v. ala bes. sp. 1241 f. (C. Cichorius).
126 Dazu: B. Oldenstein-Pferdehirt, Die römischen Hilfstruppen nördlich des Mains. Jahrb. RGZM 30, 1983, 303–348.
127 E. Stein, Die kaiserlichen Beamten und Truppenkörper im römischen Deutschland unter dem Prinzipat. Beitr. Verwaltungs- u. Heeresgesch. Gallien u. Germanien 1 (Wien 1932) 134 ff.; Heiligmann, Alb-Limes 120; K. Dietz in: RiBayern 136 f. – Junkelmann hält es sogar für möglich, daß aus beiden, der Ala II Gemina und der Ala II Flavia eine Einheit, nämlich die *milliaria* entstanden sei: Junkelmann, Reiter II, 83 ff.; ders., Römische Kavallerie - Equites Alae. Schr. Limesmus. Aalen 42 (Stuttgart 1989) 15 ff.
128 So schon H. Schönberger/H.-G. Simon, Das Kastell Okarben und die Besetzung der Wetterau seit Vespasian. Limesforschungen 19 (Berlin 1980) 45. – Die Identifikation mit einer *ala Flavia milliaria*, die im Jahr 81 in Syrien belegt ist (CIL VI 31032; PME C 170), ist unwahrscheinlich, zumal dieser Einheit die Ordinalzahl fehlt. Sie könnte eine ältere, vor der raetischen gegründete Einheit sein.
129 Vgl. H. Nesselhauf, Umriss einer Geschichte des obergermanischen Heeres. Jahrb. RGZM 7, 1960, 151–179 bes. 167 mit Anm. 25.
130 K. Dietz in: RiBayern 107.
131 G. Winkler, Norbanus, ein bisher unbekannter Prokurator von Raetien. In: Akten VI. Internat. Kongreß Gesch. u. Lat. Epigraphik München 1972 (München 1973) 495–498.
132 Allgemein: M. Junkelmann, Römische Kavallerie – Equites Alae. Schr. Limesmus. Aalen 42 (1989); ders., Reiter I-III; M. Kemkes/J. Scheuerbrandt, Zwischen Patrouille und Parade. Die römische Reiterei am Limes. Schr. Limesmus. Aalen 51 (Stuttgart 1997); dies. (Hrsg.), Fragen zur römischen Reiterei (Stuttgart 1999).
133 Ein Pferd aus dem Aalener Lager: D. Planck, Die römischen Kastelle Heidenheim und Aalen – ein Vergleich. Zivile und militärische Strukturen im Nordwesten der römischen Provinz Raetien (Heidenheim 1988) 33–54, Abb. 11; Junkelmann, Reiter I 43 mit Abb. 29.
134 H. von Petrikovits, Verpflegungsbauten der Legion. Akten XI. Limeskongress Székesfehérvár 1976 (1977) 633–641 (=ders., Beiträge zur Römischen Geschichte und Archäologie II. Beih. Bonner Jahrb. 49 [Köln 1991] 55–59); ders., Die Versorgung der römischen Streitkräfte. Mitt. Ges. Freunde Carnuntum 2, 1979, 14–20 (=ders., Beiträge zur Römischen Geschichte und Archäologie II. Beih. Bonner Jahrb. 49 [Köln 1991] 73–74); N. Hanel, Militär als Wirtschaftsfaktor in den Nordwestprovinzen in der frühen und mittleren Kaiserzeit. In: H. von Hesberg (Hrsg.), Das Militär als Kulturträger in römischer Zeit (Köln 1999) 117–133.
135 Vgl. dazu H. von Petrikovits, Militärisches Nutzland in den Grenzprovinzen des Römischen Reiches. In: Beiträge zur Römischen Geschichte und Archäologie II. Beih. Bonner Jahrb. 49 (Köln 1991) 61–71. – Es fällt auf, daß die besten Böden weit und breit ganz in der Nähe auf der Ebene westlich des Kastells in Richtung Leipheim lagen.
136 Die übrige Zeit ernährten sich die Tiere durch Weidegang.
137 Dazu Junkelmann, Reiter II, 111 f.; Kemkes/Scheuerbrandt, Patrouille (Anm. 132)19 f.

138 Zusammenfassend: C. S. Sommer, Kastellvicus und Kastell. Untersuchungen zum Zugmantel im Taunus und zu den Kastellvici in Obergermanien und Rätien. Fundber. Baden-Württemberg 13, 1988, 457–707.

139 Allgemein: J. Remesal-Rodriguez, Die Ölwirtschaft in der Provinz Baetica: Neue Formen der Analyse. Saalburg-Jahrb. 38, 1982, 30–71; ders., Ölproduktion und Ölhandel aus der Baetica: ein Beispiel über die Verbindung zwischen archäologischen und literarischen Quellen. Münstersche Beitr. Ant. Wirtschaftsgesch. 2 (1983) 91–111; ders., Die Organisation des Nahrungsmittelimports am Limes. In: Studien zu den Militärgrenzen Roms III. Forsch. u. Ber. Vor- u. Frühgesch. Baden-Württemberg (Stuttgart 1986) 760–767.

140 Die verwendeten Abkürzungen: Callender: M. H. Callender, Roman Amphorae (London 1965); Remesal: J. Remesal Rodríguez, Heeresversorgung und die wirtschaftlichen Beziehungen zwischen der Baetica und Germanien. Materialh. Arch. Baden-Württemberg 42 (Stuttgart 1997).

141 Drexel, Faimingen 27 ff.

142 Mit Hinweisen auf W. Barthel, Die Erforschung des obergermanisch-raetischen Limes in den Jahren 1908–1912. Ber. RGK 6, 1910/11, 159 und 167; sowie P. Goessler, Jubiläumsschr. Stuttgarter Mus. (1913) 48.

143 R. Knorr, Die verzierten Terra-sigillata-Gefäße von Rottenburg-Sumelocenna (Stuttgart 1910) 7 Abb. 6; 8; 11; 30 f.; ders., Vorflavische Sigillata aus Günzburg. Röm.-Germ. Korrbl. 6, 1913, 72–74; R. Knorr, Töpfer und Fabriken verzierter Terra-Sigillata des ersten Jahrhunderts (Stuttgart 1919), 111 Textabb. 22. 47 sowie Abb. 46, A–B, Taf. 28, C; 29; 45, A–C; 85, I; 96, E; ders., Verzierte Terra sigillata des ersten Jahrhunderts. Germania 21, 1937, 240–247 bes. 246 Abb. 4,29. – Vgl. dazu diese Günzburger Sigillaten in: A. W. Mees, Modelsignierte Dekorationen auf südgallischer Terra Sigillata. Forsch. u. Ber. Vor- u. Frühgesch. Baden-Württemberg 54 (Stuttgart 1995) bes. Taf. 39,8.18; 58,2; 59,4–5; 78,8; 88,9; 96,3.10; 137,12-13; 165,5; 234,3; 235,2; 242,6.

144 R. Knorr, Terra-Sigillata-Gefäße des ersten Jahrhunderts mit Töpfernamen (Stuttgart 1952) Taf. 19, E.G; 25, H; 31, D; 34, E; 50 Mitte, B.

145 Pferdehirt, Okkupation; Mees, Dekorationen (Anm. 143) - Vgl. dazu die überkritischen, mitunter polemischen Rezensionen, die dem Anliegen nicht immer gerecht werden: P. Eschbauer/A. Faber, Die südgallische Reliefsigillata - Kritische Bemerkungen zur Chronologie und zu Untersuchungsmethoden. Fundber. Baden-Württemberg 13, 1988, 223–247; I. Huld-Zetsche, Rez. A. Mees in: Germania 75, 1997, 792–797.

146 Schmid, Studien 84 f.

147 Kortüm, Datierung 41 ff.; vgl. auch Faber, Regensburg-Kumpfmühl 126 ff. Abb. 16; 17,1.

148 Schmid, Studien 143 ff.

149 Im Hinblick auf ein tiberisch-claudisches Kleinkastell verwundert dies nicht, wenn man vergleicht, wieviel Münzen in Nersingen und Burlafingen gefunden wurden: Mackensen, Nersingen 53 ff. 105 ff. – Vgl. dazu Faber, Regensburg-Kumpfmühl 129 Anm. 32.

150 Faber, Regensburg-Kumpfmühl 129 Abb. 16.

V Aufbruch zu neuen Ufern

151 M. Eckstein, Die zwei Trassen der römischen Donau-Süd-Straße bei Neuburg a.d. Donau. Neuburger Kollektaneenbl. 115, 1962, 18–22. - Donaunordstraße: H. J. Seitz, Die römische Donaunordstraße im Landkreis Dillingen a. d. Donau. Bayer. Vorgeschbl. 38, 1973, 154–160.

152 RGA² 5 (Berlin, New York1983) 271-286 s.v. Decumates agri (G. Neumann/D. Timpe/H. U. Nuber).

153 Zum Begriff Limes RGA² 18 (Berlin, New York 2001) 403-442 bes. 403 ff. (E. Schallmayer/M. Becker).

154 Instruktiv die Karte der natürlichen Wegsamkeiten Südwestdeutschlands: H. Hölder/H. Grees, Geologische Grundlagen der Kulturlandschaft. In: Hist. Atlas Baden-Württemberg II.3 (Stuttgart 1975); danach Kortüm, Datierung Abb. 6; RiBaden-Württemberg Abb. 13; vgl. auch R. Kreutle, Römische Straßen im Ulmer Raum. In: Römer an Donau und Iller. Neue Forschungen und Funde (Sigmaringen 1996) 117–123 bes. 120 f.

155 Th. Knopf, Das römische Sindelfingen. Materialh. z. Archäologie 55 (Stuttgart 2000); Kortüm, Pforzheim.

156 RiBaden-Württemberg 57 ff.

157 Unklar bleibt mir, ob die Trajanmünze Abb. 9 mit dem Flußgott und Rad auf diesen Verkehrsweg anspielt; vgl. dazu die Prägung RIC 266 (112/114) zum Ausbau der *via Traiana* von Benevent nach Brindisi: H. Eisenlohr/B. Pinsker/H. Schubert, Kehrseiten. Politische Ereignisse im Spiegel roemischer Münzen (Wiesbaden 1991) 50.

158 M. Eckholdt, Schiffahrt auf kleinen Flüssen Mitteleuropas in Römerzeit und Mittelalter. Schr. deutsch. Schifffahrtsmus. 14 (1980); ders., Arch. Korrbl. 16, 1986, 203-206; P. W. Haider, Gab es während der römischen Kaiserzeit eine Innschiffahrt auf Tiroler Boden? Tiroler Heimat 54, 1990, 5–24. – Flößerei: D. Ellmers, Flößerei in Vorgeschichte, Römerzeit und Mittelalter. In: H.-W. Keweloh, Flößerei in Deutschland (Stuttgart 1985) 14 ff.

159 Die Donau. Facetten eines europäischen Stromes. Kat. Oberösterr. Landesausst. 1994 (Linz 1994).

160 Vgl. Anm. 129; s. a. W. Gauer, Castra Regina und Rom. Bonner Jahrb. 181, 1981, 1–88, bes. 28-37.

161 Einen Schiffsbruch auf der Brenz vermuten J. Hahn/S. Mratschek, Erycina in Rätien. Fundber. Baden-Württemberg 10, 1986, 147–154.

162 Fundb. 2 (1953–57) (We, Hü); nördlich des Moorkulturhofs bei Punkt 445,0 Römerstraße mit Kalkstickung in 1,6 m Tiefe: S. Stötter in Akten Hist. Ver. Günzburg.

163 Fundb. 5 (1971–87) (We).

164 Heiligmann, Alblimes Abb. 64 führt eine hypothetische Trasse über Nersingen; vgl. S. Clarke in: Ulm und der Alb-Donau-Kreis. Führer arch. Denkm. Deutschland 33 (Stuttgart 1997) Abb. 31.

165 Wichtigste Quelle ist das Manuskript H. Geidel, Der römische Donau-Übergang bei Günzburg o. J. vermutlich 1951 in den Akten Hist. Ver. Günzburg. Gymnasialprof. Dr. Heinrich Geidel ließ sich nach seiner Pension in Günzburg nieder. Zu seiner archäologischen Bildung siehe H. Geidel, Münchens Vorzeit² (München 1938).

166 Ein Uferschutzbau von 1782, der nach dem Donaudurchbruch von 1781 an der Riedhauser Straße (alte Donaubrücke) angelegt wurde, scheint eher unwahrscheinlich.

167 Pfahl, Besiedlung Kat. 117.

168 Maschinengeschriebenes MS von H. Geidel, Der römische Donau-Übergang bei Günzburg o. J., vermutlich 1951, in den Akten des Hist. Ver. Günzburg.

169 Walke, Kastellgrabung 90.

170 Die Grabung 1969 am Kappenzipfel 2 ist noch nicht aufgearbeitet.

171 G. Ulbert, Römische Bronzeknöpfe mit Reliefverzierung. Fundber. Schwaben N.F. 19, 1971, 278–297.

172 K. Kortüm/J. Lauber, Truppen, Dörfer, Häuslesbauer. In: Arch. Deutschland 1, 2000, 6–11.

173 Bei Straubing kamen 1986 in einem Altwasser nahe der Mündung des Allachbachs in die Donau Pfahlgründungen einer Mole und Kaibefestigungen eines seichten, 2 m tiefen Hafenbeckens aus dem Jahr 67 ± zum Vorschein: J. Prammer, Der römische Donauhafen von Straubing,

Ndb. Ausgrabungen und Funde Altbayern 1985/86. Kat. Straubing 9 (Straubing 1986) 69 ff. Abb. 78; ders., Der römische Donauhafen von Sorviodurum, Stadt Straubing, Niederbayern. Arch. Jahr Bayern 1986, 111–114; ders., Das römische Straubing. Bayer. Museen 11 (München 1989) 73–78. – O. Höckmann, Untersuchungen zum Hafen des römischen Kastells Boiotro (Passau-Innstadt). Ostbair. Grenzmarken 40, 1998, 11–16.

174 H. Schönberger/H.-J. Köhler/H.-G. Simon, Neue Ergebnisse zur Geschichte des Kastells Oberstimm. Ber. RGK 70, 1989, 243–319 bes. 261 ff. mit Abb. 8; B. Becker ebd. bes. 308–314.

175 Günz- und Mindelbote 9.11.1911. – Eine taucharchäologische Prospektion im Jahr 2000 durch die Bayerische Gesellschaft für Unterwasserarchäologie (Dr. M. Prell) blieb im Hinblick auf römische Befunde ohne Ergebnis.

176 Menges, Vergangenheit (Anm. 4) 184. Der Gasthof „Zur Linde" = Lände erinnert daran.

177 Die logistischen Aspekte betont auch M. Kemkes, Frührömisches Militär östlich des Schwarzwaldes. Jahresber. Ges. pro Vindonissa 1997, 17–24 bes. 23 f.; vgl. H. U. Nuber, Vindonissa und die frührömischen Truppenlager am Oberrhein. Ebd. 1997, 13–16.

178 K. Strobel, Die Donaukriege Domitians. Antiquitas 1, 38 (Bonn 1989).

179 K. Strobel, Untersuchungen zu den Dakerkriegen Trajans. Studien zur Geschichte des mittleren und unteren Donauraumes in der Hohen Kaiserzeit. Antiquitas 1, 33 (Bonn 1984).

180 H. Halfmann, Itinera Principum. Geschichte und Typologie der Kaiserreisen im Römischen Reich. Heidelberger Althist. Beitr. u. Epigr. Studien 2 (Stuttgart 1986) 185.

181 J. Eingartner/P. Eschbaumer/G. Weber, Der römische Tempelbezirk in Faimingen-Phoebiana. Limesforschungen 24 (Mainz 1993) 25 ff. bes. 32 ff., zur Lage des Kastells ebd. 261 ff.

182 Walke, Kastellgrabung 91; Schönberger, Truppenlager 1985, 363; D. Baatz, Der römische Limes. Archäologische Ausflüge zwischen Rhein und Donau (4. Aufl., Berlin 2000) 348.

183 J. Heiligmann, Der „Alblimes" in: Studien zu den Militärgrenzen Roms III. Vorträge 13. Internat. Limeskongress Aalen 1983. Forsch. u. Ber. Vor- u. Frühgesch. Baden-Württemberg 20 (Stuttgart 1986) 175–181 bes. 178 f.; Heidenheim. Archäologischer Plan des römischen Heidenheim. Hrsg. Landesdenkmalamt Baden-Württemberg (Stuttgart 1994) 1:2500.

184 Der 1966 östlich des Steinkastells entdeckte Graben gehört indes nicht zu einer zweiten, als temporäres Baulager gedeuteten Holz-Erde-Befestigung: R. Sölch, Die Topographie des römischen Heidenheim. Forsch. u. Ber. Vor- u. Frühgesch. Baden-Württemberg 76 (Stuttgart 2001) 20 ff. – Zuletzt G. Balle, Neues zum Reiterkastell von Heidenheim. Arch. Ausgr. Baden-Württemberg 2000 (Stuttgart 2001) 90–94.

185 P. Reinecke, Bayer. Vorgeschfreund 4, 1924, 31.

186 Siehe Anm. 142.

187 Walke, Kastellgrabung 91.

188 G. Ulbert, Handb. Hist. Stätten Deutschland 7, Bayern 2 (Stuttgart 1965) 259.

189 Ph. Filtzinger, Limesmuseum Aalen 3 (Stuttgart 1983) 105 ff. bes. 107.

190 Cichy, Heidenheim (Anm. 123) 37; 45.

191 Schönberger, Truppenlager 470.

192 Drexel, Faimingen 29.

193 Pferdehirt, Okkupation 254.

194 Heiligmann, Alb-Limes 120.

195 Kortüm, Datierung 41 ff.

196 Auch Schmid, Studien 148 ff.

197 Schönberger, Truppenlager 450 C 30; D. Baatz in: H. Schönberger/H.-G. Simon, Okarben 95 mit Anm. 269. – Dagegen G. Waurick, Jahrb. RGZM 33, 1986, 834 ff., der mit einer Ankunft der 22. Legion in Mainz 101 oder wenig später rechnet. Zum Garnisonswechsel vgl. K. Strobel, Bemerkungen zum Wechsel zwischen den Legionen XIV Gemina und XXII Primigenia in Mainz und zur Struktur des untergermanischen Heeres in trajanischer Zeit. Germania 66, 1988, 437–453; K. Kortüm, Die Umgestaltung der Grenzsicherung in Obergermanien unter Trajan. In: E. Schallmayer (Hrsg.), Traian in Germanien – Traian im Reich. Saalburg-Schr. 5 (Bad Homburg v.d.H. 1999) 195–205.

198 So zuletzt auch Kemkes/Scheuerbrandt (Anm. 132) 103 und Schmid, Studien 143 ff.

VI Kleinstadt ohne Stadtrecht

199 Mengen-Ennetach, Emerkingen, Rißtissen, Unterkirchberg, Günzburg, Unterthürheim, Burghöfe, Eining, Oberstimm, Regensburg-Großprüfening, Regensburg-Kumpfmühl, Straubing, Künzing, Moos-Burgstall und Passau.

200 Eingartner/Eschbaumer/Weber, Faimingen 26 ff. 261–268.

201 Drexel, Faimingen 29. – So auch Reinecke, Günzburg 6.

202 B. Rabold, Neue Untersuchungen zum römischen Gebäude in Heidenheim. Zivile und militärische Strukturen im Nordwesten der römischen Provinz Raetien. 3. Heidenheimer Archäologie-Colloquium 1987 (Heidenheim 1988) 55–71; Sölch (Anm. 184).

203 RiBayern 485 f.

204 W. Czysz, Der römische Vicus von Faimingen, Landkreis Dillingen a.d. Donau. Führer zu römischen Militäranlagen in Süddeutschland (Stuttgart 1983) 98–99; O. Braasch, Luftbildarchäologie in Süddeutschland. Kleine Schr. Kenntnis Röm. Besetzungsgesch. Südwestdeutschland 30 (Stuttgart 1983) Taf. 35.

205 G. Gottlieb (Hrsg.), Raumordnung im Römischen Reich. Zur regionalen Gliederung in den gallischen Provinzen, in Rätien, Noricum und Pannonien. Koll. Univ. Augsburg 1985 (München 1989); H. Wolff, „Administrative Einheiten" in den Nordprovinzen und ihre Beziehungen zu römischen Funktionsträgern. In: W. Eck, Lokale Autonomie und römische Ordnungsmacht in den kaiserzeitlichen Provinzen vom 1. bis 3. Jahrhundert. Schr. Hist. Kolleg Kolloquien 42 (München 1999) 47–60.

206 Eingartner/Eschbaumer/Weber, Faimingen 122 ff.

207 Reinecke, Günzburg 7 f.

208 RE 7 (Stuttgart 1943) s. v. Guntia (M. Ihm); IBR S. 215 f.; R. J. A. Talbert, Barrington Atlas of the Greek and Roman World (Princeton, Oxford 2000) Karte 12; ebd. Bd. I, 173.

209 H. Krahe, Der Flussname Günz. In: Eranion. Festschr. H. Hommel (Tübingen 1961) 63–68.

210 Freundliche Mitteilung K. Dietz (Würzburg), der die Korrektur des RIB zu Bruttius für unnötig hält, da z. B. Elusius belegt ist, der leicht zu Elupius verlesen werden kann.

211 Mit ligiertem NTI.

212 P. Reinecke, Die örtliche Bestimmung der antiken geographischen Namen für das rechtsrheinische Bayern. Bayer. Vorgeschfreund 4, 1924, 17–48 bes. 31.

213 P. Reinecke, Günzburg (Schwaben). Bayer. Vorgeschfreund 8, 1929, 68 f.; F. Drexel, Gontia. Germania 14, 1930, 39–40; F. Wagner, Steindenkmale. Schwäb. Mus. 1930, bes. 133 f.; Wagner 229 Kat. 51 Abb. 2; P. Berktold in: Schmid, Studien 29.

214 Nach S. Stötter Fluß-km. 25,8 (Akten Hist. Ver. Günzburg).

215 RE 33 (Stuttgart 1936) sp. 1125 ff. s. v. Novae (E. Polaschek, B. Saria); RE 23 (Stuttgart 1924) sp. 1407 ff. s. v.

legio (E. Ritterling).

216 RE X 2 (Stuttgart 1919) sp. 2022–2149 s. v. Karten (W. Kubitschek); J. B. Harley/D. Woodward (Hrsg.), The History of Cartography I: Cartography in Prehistoric, Ancient, and Medieval Europe and the Mediterranean (Chicago, London 1987).

217 J. Schnetz, Itineraria Romana, Bd. 1. Itineraria Antonini Augusti et Burdigalense (Leipzig 1929); N. Reed, Pattern and Purpose in the Antonine Itinerary. Am. Journ. Philology 99, 1978, 228–253.

218 K. Miller, Itineraria Romana sp. 271, 282; A. Adam, Römische Reisewege und Stationsnamen im südöstlichen Deutschland. Beitr. Namenforsch. N.F. 11, 1976, 1–59 bes. 32.

219 Warum Mommsen in CIL III, S. 721 die Gleichsetzung mit Günzburg mit einem Fragezeichen versah, wissen wir nicht. – Überkritisch P. Berktold in: Schmid, Studien 29 ff.

220 Vgl. Anm. 29.

221 Vgl. dazu H. Wolff, Was ist eine römische Stadt? In: The Roman Town in a Modern City. Aquincum Nostrum II (Budapest 1998) 15–19; M. Zimmermann, Was macht eine Siedlung zur Stadt? Jahrb. Heimat- u. Altertumsver. Heidenheim 8, 1999/2000, 13–21.

222 Allgemein: H. von Petrikovits, Kleinstädte und nichtstädtische Siedlungen im Nordwesten des Römischen Reiches. In: Das Dorf der Eisenzeit und des frühen Mittelalters. Abhandl. Akad. Wiss. Göttingen, Phil.-Hist. Kl. 3, 101 (Göttingen 1977) 86–135.

223 O. Böhme, Bayer. Vorgeschbl. 26, 1961, Taf. 23,1.3; Schillinger-Häfele 238.

224 W. Czysz, Die mittlere römische Kaiserzeit bis an den Beginn des 3. Jahrhunderts nach Chr. Hist. Atlas von Bayerisch-Schwaben, 4. Lfg. (Augsburg 1998) Karte III, 6 B.

225 Jahrb. Hist. Ver. Dillingen 20, 1907, 175 (Ob); Bayer. Vorgeschbl. 22, 1957, 215 (Au/We); Bayer. Vorgeschbl. 24, 1959, 229 f. (Au/We).

226 Bayer. Vorgeschbl. 37, 1972, 187 f.; Fundb. 4 (1964–70) 336 (We).

227 Jahrb. Hist. Ver. Dillingen 23, 1910, 149.

228 H. Eschebach, Die städtebauliche Entwicklung des antiken Pompeji. Ergh. Röm. Mitt. 17, 1979, 60 f. (freundliche Mitteilung D. Feil, Innsbruck).

229 Flurk. NW XVI-42 (1823).

230 Reinecke, Günzburg 7 hielt eine römische Datierung des Abschnittswalls mit Tuffmauerresten in der Unterstadt für möglich.

231 RiBayern 441 ff. Abb. 35; W. Czysz/W. Schmidt, Ausgrabungen im römischen Vicus Phoebiana-Faimingen. Arch. Jahr Bayern 1995, 109–112.

232 G. Spitzlberger, Die römischen Ziegelstempel aus dem nördlichen Teil der Provinz Raetien. Saalburg-Jahrb. 25, 1968, 65–180; W. Czysz in: Czysz/Endres, Keramik 254–258.

233 RE IX 1 (Stuttgart 1914) 333–336 s. v. Hypocaustum (E. Fabricius); F. Kretzschmer, Hypokausten. Saalburg-Jahrb. 12, 1953, 7–42; H. Hüser, Wärmetechnische Messungen an einer Hypokaustheizung in der Saalburg. Saalburg-Jahrb. 36, 1979, 12–30; D. Baatz, Heizversuch an einer rekonstruierten Kanalheizung in der Saalburg. Saalburg-Jahrb. 36, 1979, 31–44.

234 Zum römischen Holzbau: A. Zippelius in: W. Krämer, Cambodunumforschungen 1953-I. Materialh. Bayer. Vorgesch. 9 (Kallmünz 1957) 37–51; zuletzt W. Czysz, Heldenbergen. Limesforschungen 27 (Mainz 2001) 93 ff.

235 Allgemein: A. McKay, Römische Häuser, Villen und Paläste (Feldmeilen 1980); H.-O. Lamprecht, Opus Caementitium. Die Bautechnik der Römer^2 (Düsseldorf 1985); E. Brödner, Wohnen in der Antike (Darmstadt 1989); J.-P. Adam, La Construction Romaine. Materiaux et techniques (Paris 1989)=Roman building. Materials and techniques (London 1993).

236 Jahrb. Hist. Ver. Dillingen 40, 1928, 159.

237 [1] IANVARIA auf TS-Teller mit Stempel CASTVSF aus Rheinzabern (Ber. 12, 1924, 6; Schmid, Studien 419); [2] PAVLINVS auf TS Drag. 18/31 mit Stempel VERECVNDVS aus Heiligenberg (Schmid, Studien 339; Inv. 1187).

238 J. Garbsch, Die norisch-pannonische Frauentracht im 1. und 2. Jahrhundert. Münchner Beitr. Vor- u. Frühgesch. 11 (München 1965); ders., Ein Flügelfibelfragment vom Lorenzberg bei Epfach. Bemerkungen zu Fibeln der Frauentracht von Raetien und Iuvavum. In: Studien zur vor- und frühgeschichtlichen Archäologie. Festschr. J. Werner (München 1974) 163–168 mit Verbreitungskarten; ders., Die norisch-pannonische Tracht. In: ANRW II 12, 3 (Berlin 1985) 546–577.

239 Zur Rekonstruktion vgl. Garbsch, Norisch-pannonische Frauentracht (Anm. 238) Abb. 58.

240 1909: Vogeser, Funde 34, Nr. 22 Abb. 24 = Garbsch 220, Nr. 629.

241 A. Böhme, Tracht und Schmuck der Römerzeit. RiSchwaben 116–118; dies., Tracht und Bestattungssitten in den germanischen Provinzen und der Belgica. In: ANRW II 12, 3 (Berlin 1985) 423–455.

242 M. Schleiermacher, Die römischen Fibeln von Kempten-Cambodunum. Materialh. Bayer. Vorgesch. A 63 (Kallmünz 1993) 13–52. – Vgl. E. Riha, Die römischen Fibeln aus Augst und Kaiseraugst. Forsch. Augst 3 (Augst 1979); E. Ettlinger, Die römischen Fibeln der Schweiz. Handb. Schweiz Römer- u. Merowingerzeit (Bern 1973).

243 Zu Metalluntersuchungen: J. Riederer in: Schleiermacher (Anm. 242) 45–52.

244 F. Kolb, Römische Mäntel: paenula, lacerna, manthys. Röm. Mitt. 80, 1973, 71–167.

245 F. Henkel, Die römischen Fingerringe der Rheinlande (Berlin 1913); Ch. Beckmann, Metallfingerringe der römischen Kaiserzeit im freien Germanien. Saalburg-Jahrb. 26, 1969, 14 ff.; B. Pfeiler, Römischer Goldschmuck des ersten und zweiten Jahrhunderts n. Chr. nach datierten Funden (Mainz 1970); B. Deppert-Lippitz, Römischer Goldschmuck. In: ANRW II 12, 3 (Berlin 1985) 117–126; E. Riha, Der römische Schmuck aus Augst und Kaiseraugst. Forsch. Augst 10 (Augst 1990); I. G. Damm/B. Schneider, Goldschmuck der römischen Frau (Köln 1993); A. Böhme, Kleidung und Schmuck in Rom und den Provinzen. Schr. Limesmus. Aalen 50 (Stuttgart 1997).

VII Geschäftstüchtig: Handwerk und Handel

246 Kerzenständer: z. B. Drexel, Faimingen 39 f. Abb. 3.

247 Inv. 1989.1.

248 H. U. Nuber, Kanne und Griffschale. Ihr Gebrauch im täglichen Leben und in der Beigabe in Gräbern der römischen Kaiserzeit. Ber. RGK 53, 1972, 1–232.

249 Sie wurden von H. Küster (Hannover) bestimmt, dem ich an dieser Stelle für seine Arbeit herzlich danke.

250 RE XXIII 2 (Stuttgart 1959) 1971 s. v. puls (A. Hug); RE XVIII 3 (Stuttgart 1949) sp. 606–611 s. v. panis civilis (B. Kübler); Kl. Pauly IV (1972) sp. 973 s. v. Polenta (W. Hatto). - J. André, L'alimentation et la cuisine à Rome (Paris 1961); W. Hürbin, Römisches Brot. Mahlen, Bakken, Rezepte. Augster Bl. Römerzeit 4 (Augst 1980).

251 W. Czysz, Modeltöpfer in der römischen Ziegelei von Westheim bei Augsburg. In: J. Bellot/W. Czysz/G. Krahe (Hrsg.), Forschungen zur Provinzialrömischen Archäologie in Bayerisch-Schwaben. Schwäb. Geschquellen u. Forsch. 14 (Augsburg 1985) 147–195.

252 Vgl. K. Szabó, Pots à Embouchure Lourde Coulée d'une Pièce avec l'Anse. In: Studien zu den Militärgrenzen Roms III. Forsch. u. Ber. Vor- u. Frühgesch. Baden-Württemberg 20 (Stuttgart 1986) 399–403.

253 D. Baatz, Reibschale und Romanisierung. Acta RCRF 17/18 (1977) 147 ff.; eine weitere Terrakottafigur: S. James, Das alte Rom 4 (Hildesheim 1999) Abb. S. 22.

254 Z. B. E. Grönke/E. Weinlich, Römische Laufgewichtswaagen. Bayer. Vorgeschbl. 57, 1992, 189–230.

255 RE XVII 2 (Stuttgart 1937) sp. 1470 s. v. nundinae (W. Kroll); R. MacMullen, Markttage im römischen Imperium (1970). Abgedr. in: H. Schneider, Sozial- und Wirtschaftsgeschichte der römischen Kaiserzeit (Darmstadt 1981) 280–292; J. Nollé, Nundinos instituere et habere. Epigraphische Zeugnisse zu Einrichtung und Gestaltung von ländlichen Märkten in Afrika und in der Provinz Asia (Hildesheim 1982).

256 O. Schlippschuh, Die Händler im römischen Kaiserreich in Gallien, Germanien und den Donauprovinzen Rätien, Noricum und Pannonien (Amsterdam 1974); P. Kneißl, Mercator – negotiator. Römische Geschäftsleute und die Terminologie ihrer Berufe. Münster. Beitr. Ant. Handelsgesch. 2 (Münster 1983) 73–90; W. Kuhoff, Der Handel im römischen Süddeutschland. Ebd. 3/1 (Münster 1984) 77–107, bes. 89 ff.; M. Wissemann, Die Spezialisierung des römischen Handels. Ebd. 116–124. – Aus Sicht des Archäologen: H. von Petrikovits, Römischer Handel am Rhein und an der oberen und mittleren Donau. In: K. Düwel u.a. (Hrsg.), Untersuchungen zu Handel und Verkehr der vor- und frühgeschichtlichen Zeit in Mittel- und Nordeuropa. Abhandl. Akad. Wiss. Göttingen, Phil.-Hist. Kl. 3, 143 (Göttingen1985) 299–336.

257 G. Walser, Studien zur Alpengeschichte in antiker Zeit (Stuttgart 1994) 73–80.

258 Aurelius, *neg(otiator) artis (–)*(IBR 170); *negot.* (IBR 141, Stadtbergen). – *negot(iatores) mun(icipi)* (Wagner 25)

259 G. Spitzlberger, Die römischen Amphorenstempel von Bregenz. Zum Exporthandel Südspaniens im 1. und 2. Jahrhundert n. Chr. Jahrb. Vorarlb. Landesmusver. 1976/77, 157–184.

260 Vogeser, Funde 37 Nr. 118 (Krankenhausgarten). – F. Strauch/G. F. Thüry, Austernfunde aus römischen Gebäuderesten in Tittmoning, Ldkr. Traunstein. Bayer. Vorgeschbl. 50, 1985, 341–354; 341 ff. bes. 349 ff.; G. F. Thüry, Römische Austernfunde in der Schweiz, im rechtsrheinischen Süddeutschland und in Österreich. In: J. Schibler (Hrsg.), Beiträge zur Archäozoologie, Archäologie, Anthropologie, Geologie und Paläontologie. Festschr. H. R. Stampfli (Basel 1990) 285–301.

261 Neue Funde aus Augsburg. Kat. Städt. Kunstslg. Augsburg, Röm. Mus. V (Augsburg 1978) 91 ff. Taf. 16–17 (Pompeianius); Weinhändler- u. Schankszene: CSIR I 1, 210 (Neuburg); vgl. dazu M. Baltzer, Die Alltagsdarstellungen der treverischen Grabdenkmäler. Trierer Zeitschr. 46, 1983, 7–151 bes. 76 f. - Faßwagen: CSIR I, 1, 55. 63–64 (Augsburg). Siehe auch den Weingott Sucellus: CSIR I 1, 223 (Ostendorf); L. Bakker, Apollo Grannus und Weintransport: Zwei neue Steindenkmäler aus Augusta Vindelicum. Arch. Jahr Bayern 1990, 107–110 Abb. 77.

262 G. Ulbert, Römische Holzfässer aus Regensburg. Bayer. Vorgeschbl. 24, 1959, 6–29; M. Hopf, Einige Bemerkungen zu römerzeitlichen Fässern. Jahrb. RGZM 14, 1967, 212–216; H. Dannheimer, Donatus, ein Küfer in Epfach. Bayer. Vorgeschbl. 36, 1971, 322–324; J. Garbsch, Zu neuen römischen Funden aus Bayern. Bayer. Vorgeschbl. 40, 1975, 94–102 bes. 100 ff.

263 H. Wolff, Der Grabstein des Tridentiner Weinhändlers P. Tenatius Essimnus aus Passau, Niederbayern. Arch. Jahr Bayern 1981, 148–149 Abb. 126; ders., Ostbair. Grenzmarken 23, 1981, 5–16; ders., Grabmäler- und Inschriftenfunde in Passau im Jahre 1980/81. Bayer. Vorgeschbl. 49, 1984, 87–98 bes. 87 ff. = AE 1984, 707.

264 Ch. Flügel, Die römischen Bronzegefässe von Kempten-Cambodunum. Materialh. Bayer. Vorgesch. A 63 (Kallmünz 1993); R. Petrovszky, Studien zu römischen Bronzegefäßen mit Meisterstempeln. Kölner Stud. Arch. Röm. Provinzen 1 (Buch a. Erlbach 1993).

265 Ulbert, Aislingen 1959, 60 f. Abb. 11, 2; 58 ff. (Becher mit Facettenschliff).

266 A. Rottloff, Römische Glasverarbeitung in Augusta Vindelicum – Augsburg. Bayer. Vorgeschbl. 64, 1999, 167–193.

267 D. Paunier, La Pierre oleaire dans l'antiquité en Suisse occidentale. La Pietra ollare dalla Preistoria all'eta moderna. Archeologia dell'Italia Settentrionale 5 (Como 1987) 47–57.

268 Th. Becker in: Schmidt, Studien 159 ff.

296 Vgl. Ulbert, Aislingen Abb. 9, 7 und Schwabmünchen (unveröffentlicht), zitiert in: W. Czysz, Neues aus dem alten Schwabmünchen. 20 Jahre Ausgrabungen im römischen Töpferdorf. Begleitheft zur Sonderausstellung. Museum und Galerie der Stadt Schwabmünchen (Friedberg 1999) 16.

270 W. Czysz in: Czysz/Endres, Keramik 93 Abb. Kat. 88.

271 Allgemein: D. Nörr, Zur sozialen und rechtlichen Bewertung der freien Arbeit in Rom. Zeitschr. Savigny-Stiftung Rechtsgesch. 82, 1965, 67–105; O. Behrends, Die Rechtsformen des römischen Handwerks. In: Das Handwerk in vor- und frühgeschichtlicher Zeit I. Abhandl. Akad. Wiss. Göttingen, Phil.-Hist. Kl. 3, 122 (Göttingen 1981) 141–203. – H. von Petrikovits, Die Spezialisierung des römischen Handwerks. In: Das Handwerk in vor- und frühgeschichtlicher Zeit I. Beitr. Röm. Gesch. u. Arch. II (Köln/Bonn 1971) 87–167; J. Ebert u. a., Die Arbeitswelt der Antike (Leipzig 1984) bes. 116 ff.; G. Zimmer, Römische Berufsdarstellungen. Arch. Forsch. 12 (Berlin 1982); ders., Römische Handwerker. In: ANRW II 12, 3 (Berlin 1985) 205–228; H. Kloft, Arbeit und Arbeitsverträge in der griechisch-römischen Welt. Saeculum 35, 1984, 200–221.

272 Zur Funktion: M. N. Filgis, Römische Darre aus Bad Wimpfen im Vergleich mit rezenten Beispielen. Fundber. Baden-Württemberg 18, 1993, 71–82; Darren zur Getreideröstung vgl. Britannia 5, 1974, 434 ff.

273 Zu den Günzburger Mühlen siehe S. Stötter, Beiträge zur älteren Geschichte der Mühlen Günzburgs. Günz- und Mindelbote 201, 1924); ders., Schwäb. Heimatbote 1939, 4. – Eine taucharchäologische Prospektion im Jahr 2000 durch die Bayrische Gesellschaft für Unterwasserarchäologie (M. Prell) blieb im Hinblick auf römische Befunde ohne Ergebnis.

274 Zu den Molinarii siehe Thesaurus linguae Latinae VIII (Leipzig 1936–1946) sp. 1357 s. v. molinarius (A. Szantyr). – H. Jacobi, Römische Getreidemühlen. Saalburg-Jahrb. 3, 1912, 75–95; R. J. Spain, Romano-British Watermills. Arch. Cantiana 100, 1984, 101–128; Ö. Wikander, Archaeological Evidence for Early Water-Mills – an Interim Report. Hist. of Technology 10, 1985, 151–179; H. W. Pleket, Epigraphica Anatolica 12, 1988, 26–28; zuletzt D. Castella, Le moulin hydraulique gallo-romain d'Avenches „En Chaplix". Cahiers d'archéologie romande 62 (Lausanne 1994); J.-P. Brun/M. Borréani. Deux moulins hydrauliques du Haut-Empire romain en Narbonnaise. Gallia 55, 1998, 279–326. – Zu einer römischen Wassermühle in Dasing: W. Czysz, Die ältesten Wassermühlen. Archäologische Entdeckungen im Paartal (Thierhaupten 1998) 11 ff.

275 Allgemein: RGA[2] II (Berlin, New York 1976) 261–267 s.

v. Römischer Bergbau (R. Schindler). – Vgl. Keltische Stahl- und Eisenproduktion im Rothtal (Bayerisch-Schwaben). Berichte zur Archäologie im Landkreis Neu-Ulm und in den angrenzenden Gebieten 2 (Neu-Ulm 2001).

276 F. Kirchheimer, Bericht über Spuren römerzeitlichen Bergbaus in Baden-Württemberg. Aufschluß 27, 1976, 361 ff.; M. Kempa, Antike Eisenverhüttung auf der Ostalb. Arch. Inf. Baden-Württemberg 20, 1991, bes. 25 ff.; W. Reiff, Die geologischen Grundlagen der Eisenverhüttung auf der Ostalb. 5. Heidenheimer Archäologie-Colloquium „Frühe Eisenverhüttung auf der Ostalb" (Heidenheim 1992) 16 ff.

277 Werkstoffuntersuchungen: R. Pleiner, Zur Schmiedetechnik im römerzeitlichen Bayern. Bayer. Vorgeschbl. 35, 1970, 113–141; W. Ruckdeschel/F. Fischer, Werkstoffuntersuchungen an Eisenteilen aus dem Fundkomplex „Römische Militärstation Augsburg-Oberhausen". Technikgeschichte 41, 1974, 187–200.

278 Allgemein: J. Henning, Schmiedegräber nördlich der Alpen. Germanisches Handwerk zwischen keltischer Tradition und römischem Einfluß. Saalburg-Jahrb. 46, 1991, 65–82; von Schnurbein, Regensburg 1977, Taf. 52, 13 (Grab 261); Mackensen, Kempten, Taf. 137,6 (Grab 340).

279 Inv. 381 = Vogeser, Funde D 11 = Jahrb. Hist. Ver. Dillingen 20, 1906/07, 156.

280 S. Stötter im Günz- und Mindelboten 48, 1919.

281 Vogeser, Funde 37 Nr. 114 (Krankenhausgarten). – Pigmentkugeln: W. Czysz, Zeitschr. Hist. Ver. Schwaben 72, 1978, 44 Abb. 12; ders. ebd. 73, 1979, 60; ders. ebd. 74, 1980, 58 Abb. 23, 5–7 (Munningen); L. Bakker, Römische Stein- und Holzgebäude an der Jesuitengasse in Augsburg. Arch. Jahr Bayern 1989, 122–129 bes. 129. – Zur Herkunft: G. Weisgerber, Wallerfanger Bergblau – seit der Römerzeit stark gefragt. Arch. Deutschland 2, 2001, 8–13; L. Heck, Blaue Pigmentkugeln aus der römischen Villa von Borg. Metalla 6, 1999, 113–139.

282 Czysz/Endres, Keramik 84 ff.

283 W. Czysz, Zur Herstellung römischer Bildlampen. Germania 62, 1984, 67–73.

284 Ulbert, Aislingen Abb. 9,9.

285 RE 16 (Stuttgart 1935) s. v. Mortarium (sp. 319–321) (A. Hug); W. Hilgers, Lateinische Gefäßnamen. Bezeichnungen, Funktion und Form römischer Gefäße nach den antiken Schriftquellen. Bonner Jahrb. Beih. 31 (Düsseldorf 1969) 68 ff. – Beispiele: m. rostratum: Oxé, Bonner. Jahrb. 130, 1925, 83; [–]RANIS MORTA[rium]: ORL B 73 (Pfünz) Taf. 9, 101; Graffito *[e]mit mortarium *(=denario) S(emisse)*: AE 1988, 907 = Bayer. Vorgeschbl. Beih. 3 (München 1990) 94 Abb. 76 (Passau-Innstadt).

286 Ber. 10, 1920/21, 9.

287 Inv. 1971.1.

288 Allgemein: W. Czysz in: Czysz/Endres, Keramik 106–109; R. A. Maier, Rätisches Bauerngeschirr im Umland von Eichstätt und Ingolstadt. Sammelbl. Hist. Ver. Ingolstadt 87, 1978, 296–303; J. Garbsch in: H. Schönberger, Kastell Oberstimm. Limesforsch. 18 (Berlin 1978) bes. 259–278; H. Dannheimer, Ein Keramikfund der mittleren Kaiserzeit aus Straubing (Niederbayern). Bayer. Vorgeschbl. 41, 1976, 133–142; zuletzt W. Zanier, Das römische Kastell Ellingen. Limesforsch. 23 (Mainz 1992) 141–145.

VIII Altar und Amulett: Religiöses Brauchtum

289 Allgemein: F. Drexel, Die Götterverehrung im römischen Germanien. Ber. RGK 14, 1922, 1–68; K. Latte, Römische Religionsgeschichte. Handb. Altertumswiss. V 4 (1960, 2. Aufl. München 1967); R. von Schaewen, Römische Opfergeräte, ihre Verwendung in Kultus und Kunst. Arch. Stud. 1 (Berlin 1940); G. Radke, Zur Entwicklung der Gottesvorstellung und Gottesverehrung in Rom (Darmstadt 1987); R. Muth, Einführung in die griechische und römische Religion (Darmstadt 1988); E. Simon, Die Götter der Römer (München 1990).

290 Vgl. das „Handwaschset" Kanne und Griffschale: Nuber (Anm. 248).

291 K. Völkl, Ein Schlangengefäß aus Veldidena. Jahresh. Österr. Arch. Inst. 38, 1950, 31–36; T. Ulbert, Römische Gefäße mit Schlangen- und Eidechsenauflagen aus Bayern. Bayer. Vorgeschbl. 28, 1963, 57–66; Czysz/Endres, Keramik Kat. 79–80.

292 Allgemein: K. Dietz/G. Weber, Diis Deabusque – allen Göttern und Göttinnen. RiSchwaben 213–218 Abb. 171.

293 E. Schwertheim, Die Denkmäler orientalischer Gottheiten im römischen Deutschland. (Études préliminaires aux Religions Orientales dans l'Empire Romain 40 (Leiden 1974) Raetia 210–224 bes. 269 ff.; R. Wiegels, Die Rezeption orientalischer Kulte in Rom. Freiburger Univ.-Bl. 65 (1976) 37–61; E. Schwertheim, Die orientalischen Religionen im römischen Deutschland. Verbreitung und synkretistische Phänomene. In: ANRW II, 18, 1 (Berlin 1986) 794–813.

294 M. Clauss, Mithras. Kult und Mysterien (München 1990); ders., Cultores Mithrae. Die Anhängerschaft des Mithras-Kults (Stuttgart 1992). – Mithräen: K. Schmotz, Der Mithrastempel von Künzing, Lkr. Deggendorf. In: Vorträge des 8. Niederbayer. Archäologentages (Rahden/Westf. 2000) 11–143; Königsbrunn: RiBayern 468.

295 Schlangengefäße im Sabazioskult: R. Fellmann, Zum Sabazioskult von Vindonissa. Studien zur Religion und Kultur Kleinasiens. Festschr. F. K. Dörner Bd. 1, EPRO 66 (Leiden 1978) 284–294.

296 Inv. 1958.10 (sw Leichenhalle).

297 Inv. 1286.

298 Quell- und Brunnenfassungen: ORL B 64, 7 Abb. S. 7 (Schierenhof); H. G. Frenz, Ein römischer Reliefstein mit doppelseitiger szenischer Darstellung aus Wörth am Main. In: Aus Frankens Frühzeit. Festg. P. Endrich. Mainfränk. Stud. 37 (Würzburg 1986) 133–138; CSIR I 1, 70 (Augsburg).

299 RiBayern 287 Verbreitungskarte Abb. 70; zuletzt Zanier, Brandopferplatz (Anm. 50).

300 Grundlegend: W. Torbrügge, Die bayerischen Inn-Funde. Bayer. Vorgeschbl. 25, 1960, 16–69; ders., Vor- und frühgeschichtliche Flußfunde. Zur Ordnung und Bestimmung einer Denkmälergruppe. Ber. RGK 50/51, 1970/71, 1–146. – L. Pauli/S. Wilbers, Eine Trense der Römischen Kaiserzeit aus der Donau. Germania 63, 1965, 87–105; St. Wirth, Flußfunde aus Augsburg. Acta Praehist. et Arch. 25, 1993, 211–242; L. Pauli, Gewässerfunde aus Nersingen und Burlafingen. In: Mackensen, Nersingen 281–312 bes. 290 u. 298 ff.

301 Wagner 65 Taf. 16, 65 (Stepperg b. Neuburg).

302 RE XIII (Stuttgart 1927) sp. 1808 ff. bes. 1811 s. v. Luna (L. Wickert).

303 Inv. 1960/6

304 RiBayern Abb. 71.

305 Ebd.

IX Das Umland: Gutshöfe

306 W. Czysz in: RiBayern 214 ff.; ders., Das Umland von Augsburg in der römischen Kaiserzeit. In: W. Pötzl/O. Schneider (Hrsg.), Vor- und Frühgeschichte, Archäologie einer Landschaft. Der Landkreis Augsburg Bd. 2 (Augsburg 1996) 203–266. – Einen Eindruck von der Siedlungsdichte gibt W. Czysz, Die mittlere römische Kaiserzeit bis an den Beginn des 3. Jahrhunderts nach Chr.

131–144.

457 Quellen zur Geschichte der Alamannen VI (Sigmaringen 1984) 36 Nr. 45; RiBaden-Württemberg 334 f. Abb. 162; zuletzt Pfahl, Besiedlung 151 f. Kat. 78, 1 mit Taf. 19,78.

458 Vgl. K. Stribrny, Römer rechts des Rheins nach 260 n. Chr. Kartierung, Strukturanalyse und Synopse spätrömischer Münzreihen zwischen Koblenz und Regensburg. Ber. RGK 70, 1989, 351–505.

459 Vor Günzburg: Pfahl, Besiedlung mit Karte Beil. 3; K. H. Rieder, Archäologischer Beitrag zur Siedlungsgeschichte der Region Ingolstadt von der späten Römerzeit bis ins frühe Mittelalter. Sammelbl. Hist. Ver. Ingolstadt 99, 1990, 9–76; W. Czysz, Archäologische Spuren der Römer und Germanen im Stadtgebiet. In: B. Vollmar/G. Paula/C. Kociumaka, Stadt Nördlingen. Ensembles, Baudenkmäler, Archäologische Denkmäler. Denkmäler in Bayern Bd. VII 90/2 (München 1998) LIX–LXXVI.

460 Quellen zur Geschichte der Alamannen I (Sigmaringen 1976) 23.

461 W. Czysz, Die Römer im Ries. In: H. Frei/G. Krahe (Hrsg.), Archäologische Wanderungen im Ries (Stuttgart, Aalen 1979) 73–87.

462 I. Benedetti-Martig, I Romani ed il territorio degli agri decumati nella tarda antichità. Historia 42, 1993, 352–361.

463 Quellen zur Geschichte der Alamannen I (Sigmaringen 1976) 22 f.

464 B. Overbeck, Alamanneneinfälle in Rätien 270 und 288 n. Chr. Jahrb. Num. u. Geldgesch. 20, 1970, 81–150; ders., Alpenrheintal (Anm. 444) 198–200.

465 Vgl. Stickler (Anm. 452) 244–247; Dietz/Fischer, Regensburg 191 f.

466 Dietz/Fischer, Regensburg 191 ff.

467 Zos. 1, 67 f. - Vgl. Mackensen, Kastell (Anm. 455) 146; 160 Anm. 19; Th. Schmidts, Germanische Einfälle in die Provinz Raetien zwischen 278 und 288? Bayer. Vorgeschbl. 63, 1998, 167–185.

468 Wagner 30 = Quellen zur Geschichte der Alamannen VI (Sigmaringen 1984) 41 Nr. 53; Mackensen, Kastell (Anm. 455) 146–148.

469 W. Czysz, Die spätrömische Töpferei und Ziegelei von Rohrbach im Landkreis Aichach-Friedberg. Bayer. Vorgeschbl. 49, 1984, 215–256.

XII Neue Hoffnung

470 M. Mackensen, Late fortifications and building programmes in the province of Raetia: the evidence of recent excavations and some new reflections. In: J. D. Creighton/R.J.A. Wilson (Hrsg.), Roman Germany. Journ. Roman Stud. Suppl. Ser 32 (Portsmouth 1999) 199–244 bes. 205. - St. Johnson, Late Roman Fortifications (London 1983) 173 erwähnt Günzburg nur.

471 Ph. M. Pröttel, Zur Chronologie der Zwiebelknopffibeln. Jahrb. RGZM 35, 1988, 347–372. - Zur Keramik siehe z. B. Walke, Kastellgrabung Abb. 13, 1; 15, 1, 3.

472 Kortüm, Datierung Abb. 85; Schmid, Studien 37; 152.

473 Dazu Quellen zur Geschichte der Alamannen VI (Sigmaringen 1984) 43 Nr. 56. Vgl. Mackensen, Kastell (Anm. 455) 162 Anm. 75.

474 Siehe RE Suppl. VII A 2 (Stuttgart 1948) sp. 2419–2495 bes. 2429 f. s. v. Valerius (Diocletianus) (W. Enßlin); anders Mackensen, Kastell (Anm. 455) 156 f.; vgl. aber A. Lippold, Constantius Caesar, Sieger über die Germanen Nachfahre des Claudius Gothicus? Der Panegyricus von 297 und die vita Claudii der HA. Chiron 11, 1981, 347–369 bes. 352 Anm. 25.

475 Paneg. 10 (2),9,1; 11 (3),5,4; 7,1; 16,1; 17,3 f. - Vgl. RE 14 (1930) sp. 2502 s. v. Maximianus (Herculius) (W. Enßlin).

476 Paneg. 5(8)2,1; Lippold, Constantius Caesar (Anm. 474) 351 f.

477 Beatus Rhenanus las 'Guntiensem' in seiner 1520 erschienenen Ausgabe. Der verlorene Codex M Bertinensis überliefert die ältere Schreibweise Contiensem. Vgl. dazu auch Schnetz (Anm. 29) 67 f.; hyperkritisch P. Berktold in: Schmid, Studien 30, der *Contiensem* als Schreibfehler durch *continenter* ersetzt.

478 E. Baehrens, XII Panegyrici Latini (Leipzig 1911) 232–247; R.A.B. Mynors, XII Panegyrici Latini (Oxford 1964) 174 ff. - Quellen zur Geschichte der Alamannen I (Sigmaringen 1976) 24.

479 Dazu: Lippold, Constantius Caesar (Anm. 474) bes. 351 f.

480 H. U. Nuber, Zur Entstehung des Stammes der Alamanni aus römischer Sicht. In: Geuenich, Franken 367–383 bes. 370 ff. - R. Christlein, Die Alamannen. Archäologie eines lebendigen Volkes (Stuttgart 1978); Kat. Alamannen.

481 W. Enßlin (Anm. 475) sp. 2486 ff.; vgl. auch Okamura 1984 (Anm. 437) 327 mit Tab. 6. - Siehe auch D. Kienast, Römische Kaisertabelle. Grundzüge einer römischen Kaiserchronologie (Darmstadt 1990) 268.

482 C. Jullian, Histoire de la Gaule VII (Paris 1926) dachte unter Hinweis auf Paneg. VIII (V) 3, 3 an Zurzach.

483 Vgl. V. Galliazzo, I Ponti Romani I. Esperienze preromane - storia - analisi architettonica e tipologica - ornamenti - rapporti con l'urbanistica-significato (Treviso o.J., 1995) bes. 169 mit Anm. 98.; ebd. Bd. II, Catalogo generale (Treviso 1994) 269 mit zahlreichen Quellenhinweisen.

484 RE 41 (Stuttgart 1951) sp. 2428 ff. bes. 2443 ff., s. v. pons (A. W. Van Buren; F. Lammert). - Vgl. Quellen zur Geschichte der Alamannen VII, Indices (Sigmaringen 1987) 69.

485 Für die Bestimmung danke ich H. Schubert (Frankfurt a. M.).

486 S. Stötter S. 22 (Akten Hist. Ver. Günzburg): „bei der Straße über die Donau in der „Mordschlacht", der „Aus alam. Grab?" vermutet, was jedoch in diesem Umfeld unwahrscheinlich ist.

487 Vgl. G. Walser, Germanisch-rätische Straßenverbindungen in der Spätantike. In: H. Weimert (Hrsg.), Zivile und militärische Strukturen im Nordwesten der römischen Provinz Raetien. 3. Heidenheimer Archäologenkolloquium 1987 (Heidenheim 1988) 131–138.

488 FMRD I 7071.

489 Undatierte Holzpfeiler mit Eisenschuh wurden 1927 aus der Iller geborgen (OA BLfD Fdst. 7826.15); siehe auch J. Garbsch, Römischer Alltag in Bayern. Festschr. Bayer. Handelsbank (München 1994) Abb. S. 114.

490 M. Mackensen in: Weber, Cambodunum-Kempten (Anm. 36) 134–146.

491 P. Reinecke, Günzburg 8 f.; G. Ulbert in: Handb. Hist. Stätten Deutschlands 7, Bayern 2 (Stuttgart 1965) 259; H. von Petrikovits, Fortifications in the north-western Roman Empire from the third to the fifth centuries A.D. Journ. Rom. Stud. 61, 1971, 178–218 führt Günzburg noch nicht als spätantike Befestigung auf.

492 J. Garbsch, Übersicht über den spätrömischen Donau-Iller-Rhein-Limes, in: J. Garbsch/P. Kos, Das spätrömische Kastell Vemania bei Isny I. Münchner Beitr. Vor- u. Frühgesch. 44 (München 1988) 105–127 bes. 120.

493 Paneg. 6(7)6,2–4; Lippold, Constantius Caesar (Anm. 474) 362 f.

494 Zu CIL XIII 5249 und 5256 s. Mackensen, Kastell (Anm. 455) 163 Anm. 96.

495 Mackensen (Anm. 470); zuletzt ders., RGA^2 16 (Berlin, New York 2000) 358–361 s. v. Kellmünz (M. Mackensen).

496 Not. dign. occ. 35,29; G. Bersu, Die spätrömische Befestigung „Bürgle" bei Gundremmingen. Münchner Beitr. Vor- u. Frühgesch. 10 (München 1984); H. Bender (Hrsg.), Das „Bürgle" bei Gundremmingen. Die Grabung 1971 und neue Funde. Passauer Universitätsschr. Arch. 3 (Espelkamp 1996).
497 Vgl. Stribrny (Anm. 458) 418–423; RiBayern 430.
498 Vgl. Mackensen, Kastell (Anm. 455) 157–159.
499 Auf das hin und wieder postulierte Kastell *Piniana* im Bereich der Illermündung gibt es auch heute keine Hinweise. Jedoch noch Garbsch/Kos, Vemania (Anm. 492) 120 mit Beil. 1.
500 Kortüm, Datierung 41 mit Abb. 85.
501 M. Clauss, Konstantin der Große und seine Zeit (München 1996).
502 O. Seeck, Notitia Dignitatum accedunt Notitia Urbis Constantinopolitanae et Laterculi Prouinciarum (Berlin 1876) 247 ff.
503 Zum Grabstein des Herculius: RiBayern Abb. 99.
504 Zuletzt: S. Gairhos, Archäologische Untersuchungen zur spätrömischen Zeit in Curia/Chur GR. Jahrb. Schweiz. Ges. Ur- u. Frühgesch. 83, 2000, 95–147.

XIII Ins Wasser gefallen: Das spätrömische Kastell

505 Zeitschr. Hist. Ver. Schwaben 39, 1913, 9.
506 Keller, Grabfunde 162.
507 Eine kleine Ansammlung spätrömischer Münzen in der Drillgasse scheint sekundärer Art. Die Fundkritik läßt eine Verwertung nicht zu. Dort sind überhaupt keine Siedlungsspuren mehr bekannt.
508 Bei dem Randstück Schmid, Studien 181 Nr. 7 (Römerstraße 12; Inv. 1979.7) handelt es sich nach dem Ansatz des Eierstabs sicher um eine Drag. 37.
509 Th. Becker in: Schmid, Studien 159 ff.
510 FMRD I 7132 Nr. 395 = Jahrb. Hist. Ver. Dillingen 5, 1911, 193.
511 Reinecke, Günzburg 9.
512 Walke, Kastellgrabung, Planbeil.
513 Akten Hist. Ver. Günzburg: „c) der noch stehende (jetzige Pfarrkirche) Römer=Thurm an der Porta. Da er [der Turm] jetzt ein tiefes Altwasser der Donau ist, und er von der Porta b) [„b) festes Donau=Brücken=Tor"] ausgehend noch über 100 große Quader-Stücke sichtbar in der Donau liegen ...".
514 K. Kraft, Die Kunstdenkmäler von Bayern. Die Kunstdenkmäler von Schwaben 9; Landkreis Günzburg. 1. Stadt Günzburg (München 1993) 51 ff. bes. 60 f.
515 R. Oberndörfer, Wiederentdeckung des Transitus Danubii Guntiensis 1907. Jahrb. Hist. Ver. Dillingen 20, 1907, 169–172.
516 In: Fundbuch S. Stötter in Akten Hist. Ver. Günzburg und Plan Stötter 1905.
517 Wetzler bringt auch die Oppius-Inschrift aus der Pfarrkirche St. Martin mit diesem Fundkomplex in Verbindung. Auch die 1907 in der Donau gefundene Gewandstatue CSIR I 177 = Wagner, Steindenkmäler 136 mit Abb. 6 dürfte in diesen Zusammenhang gehören. – Zu Spolien vgl. die nächstgelegenen Beispiele in Kellmünz oder auf dem Bürgle. Sie beweisen nicht zwangsläufig den überstürzten Bau dieser Kastelle. Viele mittelkaiserzeitliche Grabdenkmäler waren damals verfallen und durften abgeräumt und verbaut werden.
518 G. Weber in: Eingartner/Eschbaumer/Weber, Faimingen 87 ff.
519 Ähnlich schon Reinecke, Günzburg 9 f.
520 J. N. Raiser, Der Ober-Donau-Kreis im Königreiche Bayern (Augsburg 1831) 23 Abb. 9b.
521 Das vermutete der 1996 verstorbene Günzburger Steinmetzmeister Hummel. Vgl. auch Eingartner/Eschbaumer/Weber, Faimingen 21.
522 S. Stötter in: Akten Hist. Ver. Günzburg, S. 22.
523 R. Christlein, Das spätrömische Kastell Boiotro zu Passau-Innstadt. Formen der Kontinuität am Donaulimes im raetisch-norischen Grenzbereich. In: Von der Spätantike zum frühen Mittelalter. Vorträge u. Forsch. 25 (Sigmaringen 1979) 91–123. - Konstanz: G. Schnekenburger, Konstanz in der Spätantike. Arch. Nachr. Baden 56, 1997, 15–25.
524 Garbsch/Kos, Vemania (Anm. 492) 118 ff.
525 Jahrb. Hist. Ver. Dillingen 22, 1909, 70; FMRD I 7132 Nr. 364.
526 Hinzu kommt ein Numerus von Bodensee-Schiffern (*barcarii*) in Bregenz.
527 H. U. Nuber, Fundber. Baden-Württemberg 17/1, 1992, 661 ff. bes. 665; vgl. dazu Garbsch/Kos, Vemania (Anm. 492) 106 f.
528 O. Höckmann, Römische Schiffsverbände auf dem Ober- und Mittelrhein und die Verteidigung der Rheingrenze in der Spätantike. Jahrb. RGZM 33/1, 1986, 369–416, bes. Abb. 10 Tab. 2.
529 Ebd. 410 ff.

XIV Schwere Zeiten

530 Zuletzt: W. Schmidt, Spätantike Gräberfelder in den Nordprovinzen des römischen Reiches und das Aufkommen christlichen Bestattungsbrauchtums. Saalburg-Jahrb. 50, 2000, 213–439.
531 J. Quasten, Death and Burial in Christian Antiquity (Washington 1941) 236 ff.
532 Zur Beigabensitte: M. Martin, Die Zeit um 400. Ur- und frühgeschichtliche Archäologie der Schweiz 5 (Basel 1975) 171–185; ders., Das spätrömisch-frühmittelalterliche Gräberfeld von Kaiseraugst, Kt. Aargau. Baseler Beitr. 5 (Aargau 1991).
533 R. P. Symonds, Rhenish Wares. Fine Dark Coloured Pottery from Gaule and Germany. Oxford Univ. Com. Arch. 23, 1992; S. Künzl, Trierer Spruchbecherkeramik. Dekorierte Schwarzfirniskeramik des 3. und 4. Jahrhunderts n. Chr. Trierer Zeitschr. Beih. 21 (Trier 1997); K. Roth-Rubi, Spätantike Glanztonkeramik im Westen des römischen Imperiums. Ber. RGK 71, 1990, 905–971.
534 RE III (Stuttgart 1899) 2561 s. v. cingulum (A. v. Domaszewski); H. Bullinger, Spätantike Gürtelbeschläge. Typen, Herstellung, Trageweise und Datierung. Diss. Arch. Gandeses (Brügge 1969); O. Stoll, „Offizier und Gentlemen". Der römische Offizier als Kultfunktionär. Klio 80, 1998, 134–162, bes. 137 Anm. 18.
535 H.-U. Voss, Bestattungssitten während der späten Römischen Kaiser- und Völkerwanderungszeit in Mecklenburg-Vorpommern. In: F. Horst/H. Keiling, Bestattungswesen und Totenkult in ur- und frühgeschichtlicher Zeit (Berlin 1991) 187–208; H. Steuer, Theorien zur Herkunft und Entstehung der Alemannen. Archäologische Forschungsansätze. in: Geuenich, Franken 291 ff.; H. Schach-Dörges, Zu süddeutschen Grabfunden frühalamannischer Zeit. Fundber. Baden-Württemberg 22/1, 1998, 627–654. – Ein Beispiel aus Nördlingen-Herkheim: Bayer. Vorgeschbl. Beih. 5, 1992, 128 Abb. 82,8.
536 Das Brandgrab 255 hatte den Kopf des Körpergrabs 253 abgeschachtet. Auch die unklaren Befunde Grab 810, 918, 967 wird man in dieser Hinsicht bei der wissenschaftlichen Bearbeitung prüfen müssen.
537 H. W. Böhme in: Geuenich, Franken Karte 19.
538 E. Meyer, Die Bügelknopffibel. Arbeits- u. Forschber. Sächs. Bodendenkmalpfl. 8, 1960, 216–349; R. Koch, Die Tracht der Alamannen in der Spätantike. In: ANRW II

12.3 (1985) 456 ff. 496–505; Steuer, Theorien (Anm. 535) 293 ff. mit Verbreitungskarte Abb. 5; ders., Die Alamannen auf dem Zähringer Burgberg. Arch. Baden-Württemberg 13, 1990, Abb. 24 B.

539 Fehlguß einer Bügelknopffibel aus Unterthürheim: W. Czysz/G. Krahe, Ausgrabungen und Funde in Bayerisch-Schwaben 1980. Zeitschr. Hist. Ver. Schwaben 75, 1981, 7 ff. bes. 55 mit Abb. 14,5.

540 Vgl. H. W. Böhme (Anm. 537) 45 Abb. 10 (Vireux-Molhain Grab 12).

541 E. Keller, Das spätrömische Gräberfeld von Neuburg an der Donau. Materialh. Bayer. Vorgesch. A 40 (Kallmünz 1979) 26 f. Taf. 2,8; 19,7; F. Teichner, Kahl a. Main. Siedlung und Gräberfeld der Völkerwanderungszeit. Materialh. Bayer. Vorgesch. A 80 (Kallmünz 1999) 56.

542 Vgl. S. Thomas, Studien zu den germanischen Kämmen der römischen Kaiserzeit. Arbeits- u. Forschber. Sächs. Bodendenkmalpfl. 8, 1960, 54–215; H. Schach-Dörges, Zu einreihigen Dreilagenkämmen des 3.–5. Jahrhunderts aus Südwestdeutschland. Fundber. Baden-Württemberg 19/1, 1994, 661–702; H. Steuer, Theorien (Anm. 535) 305 ff.; Teichner, Kahl a. Main (Anm. 541) 125 f. – Siehe auch B. Steidl, Eine germanische Kammacherwerkstatt von Oberpleichfeld. Arch. Jahr Bayern 1998, 101–103. – Zur Herstellung: A. Pietzsch, Nachbildungen von Knochen- und Geweihkämmen aus der Römischen Kaiserzeit und der Völkerwanderungszeit. Arbeits- u. Forschber. Sächs. Bodendenkmalpfl. 23, 1979, 57 ff.

543 Steuer, Theorien (Anm. 535) 306 ff.; H. Schach-Dörges in: Kat. Alamannen, 83 f. mit Abb. 65.

544 Steuer, Theorien (Anm. 535) 270–324.

545 M. Luik/H. Schach-Dörges, Römische und frühalamannische Funde von Beinstein, Gde. Waiblingen, Rems-Murr-Kreis. Fundber. Baden-Württemberg 18, 1993, 349–432 bes. 385 ff.

546 R. Roeren, Zur Archäologie und Geschichte Südwestdeutschlands im 3. bis 5. Jahrhundert. Jahrb. RGZM 7, 1960, 214–294; D. Planck, Die Wiederbesiedlung der Schwäbischen Alb und des Neckarlandes durch die Alamannen. In: H. U. Nuber u. a. (Hrsg.), Archäologie und Geschichte des 1. Jahrtausends in Südwestdeutschland (Sigmaringen 1990) 69–96.

547 E. Keller, RiSchwaben 252–257; Czysz (Anm. 459).

548 K. H. Rieder, Archäologischer Beitrag zur Siedlungsgeschichte der Region Ingolstadt von der späten Römerzeit bis ins frühe Mittelalter. Sammelbl. Hist. Ver. Ingolstadt 99, 1990, 9–76; ders., Spätantike, Völkerwanderung, Merowingerzeit. In: Archäologie um Ingolstadt (Kipfenberg 1995) 211–217.

549 W. Enßlin, Germanen in römischen Diensten. Gymnasium 52 (1941); K. F. Stroheker, Germanentum und Spätantike (Zürich, Stuttgart 1965) 30–53; M. Waas, Germanen im römischen Dienst im 4. Jahrhundert nach Christus (Diss. Bonn 1965); E. Keller, Germanenpolitik Roms im bayerischen Teil der Raetia secunda während des 4. und 5. Jahrhunderts. Jahrb. RGZM 33, 1986, 575–592. – Vgl. M. Martin, Zwischen den Fronten. Alamannen im römischen Heer. In: Kat. Alamannen 119–124.

550 S. Spors-Gröger, Die Befestigungsanlagen auf dem Plateau des Runden Berges. Fundber. Baden-Württemberg 22/1, 1998, 655–719.

551 W. Czysz, Ein spätrömisches Waffengrab aus Westendorf, Lkr. Augsburg. Bayer. Vorgeschbl. 51, 1986, 261–271.

552 St. Lorenz, Imperii fines erunt intacti. Rom und die Alamannen 350–378. Europ. Hochschulschr. R. III 722 (Frankfurt 1997) 74.

553 Zum strategischen Konzept Valentinians I. s. A. Pabst, Quintus Aurelius Symmachus, Reden. Texte Forsch. 53 (Darmstadt 1989) 329–355.

554 Vgl. J. Garbsch, Die Burgi von Meckatz und Untersaal und die valentinianische Grenzbefestigung zwischen Basel und Passau. Bayer. Vorgeschbl. 32, 1967, 51–82; zuletzt Mackensen, Fortifications (Anm. 470) 231 ff.

555 M. Mackensen in: Römer an Donau und Iller (Sigmaringen 1996) 149 ff.

556 Eine aktuelle Liste bei Garbsch in: Garbsch/Kos (Anm. 492) 119–121.

557 Zu den horrea M. Mackensen, Die Innenbebauung und der Nordvorbau des spätrömischen Kastells Abusina/Eining. Germania 72, 1994, 479–513; L. Borhy, Non castra sed horrea ... Zur Bestimmung einer der Funktionen spätrömischer Binnenfestungen. Bayer. Vorgeschbl. 61, 1996, 207–224.

558 J. Pöll, Ein Streckenabschnitt der Via Claudia Augusta in Nordtirol. Die Grabungen am Prügelweg Lermoos/Bez. Reutte 1992–1995. In: E. Walde (Hrsg.), Via Claudia. Neue Forschungen (Innsbruck 1998) 15–111.

559 W. Schleiermacher, Befestigte Schiffsländen Valentinians. Germania 26, 1942, 191–195.

560 A. Demandt, Geschichte der Spätantike. Das Römische Reich von Diokletian bis Justinian (München 1998) 359.

561 R. Scharf, Die Kanzleireform des Stilicho und das römische Britannien. Historia 39, 1990, 461–474 bes. 463; 467; Th. S. Burns, Barbarians within the gates of Rome. A Study of Roman Military Policy and the Barbarians, ca. 375–425 A. D. (Bloomington 1994) 135–138. – Vgl. E. Demougeot, La Notitia dignitatum et l'histoire de l'Empire d'Occident au début du Ve siècle. Latomus 34, 1975, 1079–1134; H. Castritius, Die Grenzverteidigung in Rätien und Noricum im 5. Jh. n. Chr. Ein Beitrag zum Ende der Antike. In: H. Wolfram/A. Schwarcz (Hrsg.), Die Bayern und ihre Nachbarn. Denkschr. Österr. Akad. Wien, Phil.-Hist. Kl. 179 (Wien 1985) 17–28 bes. 24; K. Dietz in: RiSchwaben 274 f.

562 Zur Wandlung des o-Lauts zu -u- (Gontia zu Guntia, z. B. Mogontiacum zu Moguntia) vgl. J. Schnetz, Zeitschr. Kelt. Philologie 14, 1922, 274; ders., Flussnamen (Anm. 29) 75 ff.

563 RiBayern 364; 367.

564 Vgl. D. Hoffmann, Das spätrömische Bewegungsheer und die Notitia Dignitatum. Epigr. Stud. 7 (Düsseldorf 1969) 184.

565 Ebd. Anm. 544.

566 Z. B. ILS 3267; A. v. Domaszewski, Röm.-Germ. Korrbl. 2, 1909, 65. – Vgl. auch M. Clauss, Lexikon lateinischer militärischer Fachausdrücke. Schr. Limesmus. Aalen 52 (Stuttgart 1999) 90. - Der Stifter eines Diana-Altars aus Köln (ILS 9241), ein gewisser Tarquitius Restutus, Zenturio der legio I Minervia, verkündete auf dem Weihealtar stolz, daß er innerhalb von sechs Monaten 50 Bären gefangen hatte.

567 E. Stein (Anm. 437) 273.

568 M. M. Roxan, Pre-Severan Auxilia Named in the Notitia Dignitatum. In: R. Goodburn/P. Bartholomew (Hrsg.), Aspects of the Notitia dignitatum (Oxford 1976) 59–76.

569 Mackensen, Kastell (Anm. 455) 159.

570 R. Rollinger, Zum Alamannenfeldzug Constantius' II an Bodensee und Rhein im Jahre 355 n. Chr. und zu Julians erstem Aufenthalt in Italien. Klio 80, 1998, 231–262.

571 Quellen zu Geschichte der Alamannen I (Sigmaringen 1976) 32.

572 Amm. 17, 6, 1-3. - G. E. Thüry, Chronologische und numismatische Bemerkungen zu den Germaneneinfällen von „357". Bayer. Vorgeschbl. 57, 1992, 305–310.

573 Amm. 18, 2, 15. – Aditus Raetici ebd. 17,13,28.

574 Paneg. 8[5] 2, 1; Amm. 21, 5, 3. – H. Castritius/E. Schallmayer, Kaiser Julian am obergermanischen Limes in den

Jahren 357 bis 359 n. Chr. In: W. Wackerfuß (Hrsg.), Beiträge zur Erforschung des Odenwaldes und seiner Randlandschaften VI (Breuberg-Neustadt 1997) 1–16.

575 Inv. 2249, Fl. 778: Jahrb. Hist. Ver. Dillingen 23, 1910, 147 = Vogeser, Funde E IV 142. – Dazu: Roeren (Anm. 546) bes. 242 Nr. 38; Keller, Neuburg (Anm. 541) 27 ff. Nr. 8 mit Abb. 2, Verbreitungskarte Beil. 1; Pfahl, Besiedlung 81 Taf. 2, 17–18 (Asselfingen).

576 Krug, H. 11,6 cm; Inv. 725.

577 W. Czysz/M. Maggetti/G. Galetti/H. Schwander, Die spätrömische Töpferei und Ziegelei von Rohrbach im Landkreis Aichach-Friedberg. Bayer. Vorgeschbl. 49, 1984, 215–256; W. Czysz in: Czysz/Endres, Keramik 112–114, 257–258; D. Ebner, Die spätrömische Töpferei und Ziegelei von Friedberg-Stätzling, Lkr. Aichach-Friedberg. Bayer. Vorgeschbl. 62, 1997, 115–219; A. Hild, Ein römischer Ziegelofen in Brigantium (Bregenz). Jahresh. Österr. Arch. Inst. 19/20, 1919, 50–66.

578 I. Wetzler S. 2 (1829/30) in Akten Hist. Ver. Günzburg.

579 Zeitschr. Hist. Ver. Schwaben 24, 1911, 174 ff. bes. 184 f.; Fundb. 3 (1957–63) 283. – Siehe auch W. Lorenz, (Anm. 10) 79.

580 R. Oberndorfer, Jahrb. Hist. Ver. Dillingen 24, 1911, 174 ff. bes. 184 f.

581 Inv. 1961/15 (Ecke Stegerwald-/Birketstraße).

582 Örtliche Leitung J. Schmid M.A. (Zusmarshausen).

583 Inv. 1956/1 = [12] 2; Bayer. Vorgeschbl. 22, 1957, 215 = Keller, Grabfunde Taf. 13,9.

584 R. Oberndorfer, Zeitschr. Hist. Ver. Dillingen 21, 1908, 142 f.

585 Reallex. Antike u. Christentum, Suppl. I (1992) 693–718 s. v. Augsburg (E. Dassmann); E. Dassmann, Die Anfänge der Kirche in Deutschland. Urban Taschenb. 444 (Stuttgart 1993) 25–42; H. Wolff, Die Kontinuität der Kirchenorganisation in Raetien und Noricum bis an die Schwelle des 7. Jahrhunderts. In: E. Boshof/H. Wolff (Hrsg.), Das Christentum im bairischen Raum. Passauer Hist. Forsch. 8 (Köln 1994) 1–27 bes. 7–13.

586 F. Prinz, Die heilige Afra. Bayer. Vorgeschbl. 46, 1981, 211–215; W. Berschin, Die älteste erreichbare Textgestalt der Passio S. Afrae. Ebd. 217–224; ders., Am Grab der heiligen Afra. Alter, Bedeutung und Wahrheit der Passio S. Afrae. Jahrb. Ver. Augsburger Bistumsgesch. 16, 1982, 108–121; zuletzt B. Schimmelpfennig, Afra und Ulrich. Oder: Wie wird man heilig? Zeitschr. Hist. Ver. Schwaben 86, 1993, 23–44; W. Schmidt, Gräberfelder (Anm. 530) 281–283.

587 Vita S. Martini 4,642–646 (MGH AA IV 1,368); dazu Wolff (Anm. 585) 7, Anm. 8; H. Dannheimer, Das cenobium beate Afre in Augsburg. In: H. R. Sennhauser (Hrsg.), Wohn- und Wirtschaftsbauten frühmittelalterlicher Klöster (Zürich 1996) 33–46.

588 IBR S. 217, s.v. Licca.

589 J. Werner (Hrsg.), Die Ausgrabungen in St. Ulrich und Afra in Augsburg 1961–1968. Münchner Beitr. Vor- u. Frühgesch. 23 (München 1977); L. Bakker, Ausgrabungen bei St. Ulrich und Afra, Stadt Augsburg, Schwaben. Arch. Jahr Bayern 1983, 130–133; ders. in: RiSchwaben 291–294.

590 H. Brandenburg, Coemeterium. Der Wandel des Bestattungswesens als Zeichen des Kulturumbruchs der Spätantike. Laverna 5, 1994, 206–232.

591 CIL VI 32969; vgl. RiBayern 370 Abb. 99.

XV Gescheitert: Das 5. Jahrhundert

592 Ambr. 18, 21; 24, 4; 6–8; Zos. 4, 35, 5.

593 Keller, Grabfunde Karte Beil.; Czysz, Umland (Anm. 306) 254; ders., Die spätrömische Kaiserzeit, 3. bis 5. Jahrhundert. Hist. Atlas von Bayerisch-Schwaben, Karte III, 6 C (3. Lfg., Augsburg 1989).

594 FMRD I 7132 Nr. 410.

595 N. Christie, The Alps as a frontier (A. D. 168–774). Journ. Rom. Arch. 3, 1990, 410–430.

596 Nachweise in: RiBayern 314.

597 Cod. Theod. 11, 19, 4 (24. Mai 398): Auch kaiserliche Pächter dürfen sich nicht entziehen. – Cod. Theod. 11, 16, 15 (9. Dezember 382) = Cod. Iust. 10, 48, 12; Cod. Theod. 11, 16, 18 (5. Juli 390).

598 Aug. civ. 18, 18, 10 f.

599 Die letzten Meilensteine auf der Brenner-Strecke stammen aus der Zeit des Kaisers Julian: K. Dietz/M. Pietsch, Ein neuer Meilenstein des Julianus Apostata aus Mittenwald. Arch. Jahr Bayern 1996, 129–132.

600 D. Woods, The early career of the *magister equitum* Jacobus. Classical Quarterly 41, 1991, 571–574.

601 Claud. 402; 415; 581. – Vgl. L. Schmidt, Geschichte der Wandalen[2] (München 1942) 14–17; H.-J. Diesner, Das Vandalenreich (Stuttgart 1966) 23.

602 Claud. 319–429; bes. 329–403; 340 f.; 363–365; 414 f. Dazu H. Wolfram, Geschichte der Goten (München 1979) 178–180; Overbeck, Alpenrheintal (Anm. 444) 219 f.; P. W. Haider, Von der Antike ins Frühe Mittelalter. In: J. Fontana (Hrsg.), Geschichte des Landes Tirol I: Von den Anfängen bis 1490 (Bozen 1985) 127–264 bes. 196 f.; Dietz/Fischer, Regensburg 210–212; Burns (Anm. 561) 112–147 zu Stilichos transalpinen Rekrutierungsgebieten.

603 Siehe H. Castritius, Das Ende der Geldwirtschaft im Römischen Reich am Beispiel des Donau-/Alpenraumes. In: Deutscher Numismatikertag München 1981 (1983) 31–39; Dietz/Fischer, Regensburg 212–214; H.-J. Kellner, Römische Fundmünzen vom Martinsbühel und der Münzumlauf in Raetien im 4. Jahrhundert. Veröff. Tiroler Landesmus. Ferdinandeum 78, 1998, 89–114 bes. 95 ff.

604 Zos. 5,46, 2. Vgl. Burns (Anm. 561) 192; 194; 196; 313 Anm. 45.

605 Böhme (Anm. 537) 63 ff. 365 Nr. 18, Verbreitungskarte 14; ders., Das Ende der Römerherrschaft in Britannien und die angelsächsische Besiedlung Englands im 5. Jahrhundert. Jahrb. RGZM 33, 1986, 469–574 bes. 499 f., Abb. 23; H. Steuer, Höhensiedlungen des 4. und 5. Jahrhunderts in Südwestdeutschland. In: H. U. Nuber u. a. (Hrsg.), Archäologie und Geschichte des 1. Jahrtausends in Südwestdeutschland (Sigmaringen 1990) 139–205 bes. 203 Abb. 5, 24 Kat. 24; F. Teichner, Kahl a. Main (Anm. 541) 57 ff.

606 Dieser Typ ist besonders gut im Mittelrheingebiet, aber auch um das Baseler Rheinknie belegt: H. Steuer, Die Alamannen auf dem Zähringer Burgberg. Arch. Inf. Baden-Württemberg 13 (Stuttgart 1990) Abb. 27.

607 Mackensen, Grenzkastell (Anm. 455) 60–63; 106–109.

608 Vgl. Burns (Anm. 561) 137, 139, 214.

609 H. Bender, Spätrömische Silbermünzen aus Bayerisch-Schwaben. Arch. Jahr Bayern, 1986, 122–124; B. Overbeck, Eine spätrömische Siliqua von Burghöfe. Arch. Jahr Bayern, 1990, 147 f. Fundkritisch betrachtet sind diese Münzen nicht unbedenklich, da sie von Sondengängern stammen, ohne ordnungsgemäß gemeldet oder überprüft worden zu sein.

610 Jahrb. Hist. Ver. Dillingen 40, 1928, 158 (sie lag über dem mittelkaiserzeitlichen Brandgrab 10 an der Ulmer Straße); Böhme Typ 1 (Stufe 3).

611 Sidon. 7,233–235; Chronica Gallica (MGH AA IX) 658, 106 VIII; vgl. Hydatius, Continuatio chronicorum A. 429/31 Nr. 93 u. 95 (MGH AA XI 22). Vgl. E. Weber, Aëtius und die norische Limeszone im fünften Jahrhundert. In: Festschr. C. M. Danov. Annuaire Univ. Sofia-Fac. d'Histoire

77, 1985, 473–477.

612 Vgl. R. Scharf, Der Iuthungenfeldzug des Aëtius. Eine Neuinterpretation einer christlichen Grabinschrift aus Augsburg. Tyche 9, 1994, 139–145.

613 FMRD I 7069 Nr. 196–197; 7070 Nr. 2. – Vgl. dazu X. Loriot, Trouvailles isolées de monnaies d'or romaines dans la province de Rétie (Ier–Ve siècles). Studia Numismatica Labacensia A. Jelocnik oblata (Ljubljana 1988) 53–98 bes. 68–70.

614 Eugipp. 20, 1; Prok. Goth. 1, 12, 20; vgl. dazu Dietz/Fischer, Regensburg 213 f. 216 f.; J.-P. Niemeier/G. Wolff, Im Römischen Reich. In: E. Boshoff (Hrsg.), Geschichte der Stadt Passau (Passau 1999) 29 ff. bes. 53 ff. – H. von Petrikovits, Die römischen Provinzen am Rhein und an der oberen und mittleren Donau im 5. Jahrhundert n. Chr. In: Sitzungsber. Heidelberger Akad. Wiss., Phil.-Hist. Kl. 3, 1983 (= Beitr. Röm. Gesch. u. Arch. II. Beih. Bonner Jahrb. 49, Köln 1991) 225–246. - Zur Grenze des Theoderichreichs s. V. Bierbrauer, Archäologie und Geschichte der Goten vom 1.–7. Jh. In: Frühmittelalterl. Stud. 28 (Berlin 1994) 51–171.

615 Ch. Meier, Kontituität - Diskontinuität im Übergang von der Antike zum Mittelalter. In: Kontinuität, Diskontinuität in den Geisteswissenschaften (Darmstadt 1973) 53-94; J. Werner/E. Ewig (Hrsg.), Von der Spätantike zum frühen Mittelalter. Aktuelle Probleme in historischer und archäologischer Sicht. Vorträge u. Forsch. 25 (Sigmaringen 1979); H. von Petrikovits, Der diachorische Aspekt der Kontinuität von der Spätantike zum frühen Mittelalter (Göttingen 1982) 1–16; C. Brühl, Palatium und Civitas. Studien zur Profantopographie spätantiker Civitates vom 3. bis zum 13. Jahrhundert, II: Belgica I, beide Germanien und Raetia II (Köln 1990) 193–218; vgl. H. Wolff, Die Kontinuität städtischen Lebens in den nördlichen Grenzprovinzen des römischen Reiches und das Ende der Antike. In: W. Eck/H. Galsterer (Hrsg.), Die Stadt in Oberitalien und in den nordwestlichen Provinzen des Römischen Reiches (Mainz 1991) 287–318.

616 A. Schaub/L. Bakker/V. Babucke, Die Ausgrabungen „Hinter dem Schwalbeneck 5–9" in Augsburg. Arch. Jahr Bayern 2000, 84–91.

617 H. W. Böhme, Zur Bedeutung des spätrömischen Militärdienstes für die Stammesbildung der Bajuwaren. In: Die Bajuwaren[2] (München, Salzburg 1988) 23–37.

618 Th. Kersting, Besiedlungsgeschichte des frühen Mittelalters im nördlichen Bayerisch-Schwaben. Beitr. Ur- u. Frühgesch. Europa 24 (Weissbach 2000) Taf. 71, 3 a–c (freundliche Mitteilung V. Babucke).

619 W. Wüst, Günzburg. Hist. Atlas von Bayern, Schwaben 13 (München 1983) 19 ff. – Kersting (Anm. 618) 128 f., 211–212.

620 Zeitschr. Hist. Ver. Schwaben 70, 1976, 59. – Auch jenseits der Donau sind in einem Kieswerk 2 km nördlich der Donau gegenüber der Reisensburg 1964 zwei Lanzenspitzen und eine Spatha geborgen worden.

621 Zeitschr. Hist. Ver. Schwaben 76, 1982, 48.

622 Den mit über 50 Gräbern größten Friedhofsausschnitt aus der dörflichen Umgebung Günzburgs kennen wir seit 1864 aus Denzingen und in Deffingen (Flur Hagen und im Winterbachtal), andere aus Großkötz, Leinheim, Mindelaltheim oder Nornheim.

623 Nach einer Notiz bei Menges, Vergangenheit (Anm. 4) soll ein *Marcianus presbyter Guntiensis* 597 an der Synode in Grado als Stellvertreter des Bischofs Ingenienus aus der Raetia secunda teilgenommen haben. Die Synode von Grado datiert in die Jahre zwischen 572 und 577 oder 579. K. Dietz (Würzburg) hat die Bischofserwähnungen freundlicherweise überprüft: Der Bischof von Säben, Ingenienus, ist leicht zu finden (R. Heuberger, Raetien im Altertum und im Frühmittelalter. Schlern-Schriften 20 [Innsbruck 1932] 175 ff.). Einige der Bischöfe werden auf der Synode von Mantua genannt; in den MGH Legum sectio III, 2,1 (1906) 588 Anm. 2 werden die übrigen Bischofserwähnungen verzeichnet. Nur bei G. D. Mansi IX 926 f. findet sich die Erwähnung des Marcianus, nach der Edition freilich so: *Marcianus presbyter locum faciens viri beatissimi Ingenuini episcopi sanctae ecclesiae secundae Rhaeciae.* Von einem *Guntiensis* fehlt jede Spur; vermutlich ist es aus *locum faciens* verlesen, es sei denn, es existierte eine handschriftliche Variante. Dies halte ich aber eher für unwahrscheinlich, weil der Bischof von Säben wohl kaum einen Presbyter aus Günzburg als Vertreter geschickt haben dürfte. Da gab es gewiss andere Leute, die leichter greifbar waren. Vgl. auch R. Bratož, Einflüsse der aquileischen Kirche auf den Ostalpen- und Voralpenraum in der Zeit vom 4. bis zum 8. Jahrhundert (Ljubljana 1990).

Verzeichnis der Fundstellen

Technische Abkürzungen

B.	Breite
BlfD	Bayer. Landesamt für Denkmalpflege
D.	Dicke
Dlist.	Denkmalliste
Dm.	Durchmesser
erh.	erhalten(e)
FLW	Fachwerklehm
Fl.	Flur
Fd. Nr.	Fundnummer
Fdst.	Fundstelle
Fundb.	Fundbuch
H.	Höhe
HK	Holzkohle
Hs.	Haus
HW	handaufgebaute Ware
Inv.	Inventarnummer
Jh.	Jahrhundert
n	nördlich
OA	Ortsakten
ö	östlich
RStraße	Römerstraße
s	südlich
T.	Tiefe
TN	Terra Nigra
TS	Terra Sigillata
u.h.O.	unter der heutigen Oberfläche
verb.	verbrannt
w	westlich
Z-Z-Keramik	Zick-Zack-Keramik

Fundmelder

Au	P. Auer
Cz	W. Czysz
Hü	W. Hübener
Kr	G. Krahe
Ob	R. Oberndorfer
St	S. Stötter
We	J. Weizenegger

Fundbücher (mit Planordner)

S. Stötter (1938–1940)
S. Stötter, Fundbuch 1 (1941–1952)
S. Stötter/J. Weizenegger, Fundbuch 2 (1953–1957)
J. Weizenegger, Fundbuch 3 (1957–1963)
J. Weizenegger, Fundbuch 4 (1970)
J. Weizenegger, Fundbuch 5 (1971–1987)
J. Weizenegger, Fundbuch 6 (1987–2001)

Soweit nicht anders vermerkt, befinden sich alle Funde im Heimatmuseum Günzburg.
Zum Denkmalinventar (Denkmalliste) s. Abb. 7

Liste I: Fundstellen rechts der Günz (A)

	Dillinger Str.	1951/52	Münze	Bayer. Vorgeschbl. 18/19, 1951/52, 284 (St/Au)
1	Dillinger Str. 24 (Wetzler-Garten)	1903	Brunnen am Quellhorizont des Dreirosenbergs	Jahrb. Hist. Ver. Dillingen 22, 1909, 45 f.
2	Reisensburger Str. 1296 (Löwenbrunnen)	1907	Münzen Konstantins u. a.	Ber. 1, 1906/07, 175 (Ob)
3	Kuhberg 5	1912	TS	Ber. 6, 1912, 17 (Ob)
4	M.-Theresia-Str. 7 (Fa. Galgenmüller)	um 1970	Straße	unveröff.
5	M.-Theresia-Str. 10	1912	Keramik	Stö in Akten Hist. Ver. Günzburg
6	M.-Theresia-Str. 12	1912	Tegulae, Mühlstein, Keramik	Ber. 6, 1912, 14 (Ob) 7
	Nördlich vom Kloster der Engl. Fräul. Fl. 231, Osts. Garten	1925/26	Keramik, tegulae. Gelände planiert	Ber. 13, 1926, 9 (St)
	„Gartenanlage	1933	Donau-Südstraße, Siedlungsspuren,	Bayer. Vorgeschbl. 11, 1933, 108 (Au)

Unterstadt"		„vorflav." TS-Stempel	
Unterstadt	1951/52	spätrömische TS	Bayer. Vorgeschbl. 18/19, 1951/52, 285 (St/Au)
Kappenzipfel		spätrömische TS	Bayer. Vorgeschbl. 22, 1957, 214 (Au/We)
Kappenzipfel 2–26	1966	FWL bei Hs. 9, Mörtelestrich bei Hs. 9/5, auf Estrich Brandschicht; Nr. 7 Büstengewicht *(Abb. 84)*	Fundb. 4 (1964–70) Nr. 359 (We)
8 Kappenzipfel 2	1908	Keramik	Ber. 2, 1908, 146 (Ob)
	1989	Grabung BLfD (N. Nieszery)	
9 Kappenzipfel 3	1924	Caligulamünze	Jahrb. Hist. Ver. Dillingen 27, 1924, 177
	1964	Keramik	Bayer. Vorgeschbl. 37, 1972, 187 f. (We)
10 Kappenzipfel 4 (Hs. 646)	1919	Bronzekrug *(Abb. 212)*	Jahrb. Hist. Ver. Dillingen 33, 1920, 8; Ber. 10, 1920–21, 8 mit Abb. 1 (Ob)
	1948	Keramik	Bayer. Vorgeschbl. 17, 1948, 88 (Au)
Kappenzipfel 4 (neu 2a), jetzt Pfarrhof	1969	Grabung Sperber: Mörtelestrich; Planierschicht, darüber 2 Brandschichten (*Abb. 57-58*)	Fundb. 4 (1964–70) Nr. 382; 385 (We)
	1981	Keramik	Fundb. 6 (1987) Nr. 504; 512 (We)
11 Kappenzipfel 9	1964	1 m starke Brandschicht auf älterer Kulturschicht; Donaueinbrüche	Bayer. Vorgeschbl. 37, 1972, 187 f. (We)
12 Kappenzipfel 10	1962	Bachsand; Doppelgraben, Brandschicht, FWL, Graben bei D/E (*Abb. 30*)	Fundb. 3 (1957-63) 299 (We)
13 Kappenzipfel 11/12	1962	Brandschicht	Fundb. 3 (1957-63) 299 (We)
14 Kappenzipfel 12	1963	Sichel	Bayer. Vorgeschbl. 37, 1972, 187 f. (We)
15 Kappenzipfel 12/14 (Haus 650/651)	1906/07	Straßenkörper	Ber. 1, 1906/07, 156 (Ob)
16 Kappenzipfel 14	1964	Brandschutt, Pfosten, FWL, Helmbuschaufsatz *Abb. 60,3*	Bayer. Vorgeschbl. 37, 1972, 187 f. (We)
	1966	2 Phasen: Keramik, prägefrisches Agrippa-As *Abb. 22*; tieferlieg. Brandschicht, eine mittlere, eine höhere Brandschicht	Fundb. 4 (1964–70) Nr. 360 (We)
17 Kappenzipfel 19 (Hs. 660, Müller)	1914 1916 1917	Gebäudeschutt, Mauer und Estrich wie Kappenzipfel 21, Tegulae, Hypokausziegel, verkohltes Balkenstück, flavische TS, TK (Fisch), FWL mit Rädchendekor: Rechtecke gerillt	Ber. 7, 1914/15, 8 ff. (Ob); Ber. 8, 1916/18, 11 f. (Ob)
	1919	Karneolperle, TS	Ber. 8, 1916/18, 6 (Ob), Ber. 9, 1919, 1 ff. (Ob)
	1925/26	verbr. Barackenlehm auf Kulturschicht, über 2 cm Brandschicht auf 15 cm Humus; Keramik, flavische TS	Ber. 13, 1926, 7 (St)
18 Kappenzipfel 20	1964	Keramik, Ziegel, FWL, Tuffmauer, Balkengräbchen	Fundb. 4 (1964–70) 334 (We); Bayer. Vorgeschbl. 37, 1972, 187 f. (We)
19 Kappenzipfel 21 (Gärtner Schmid, Garten Nordseite)	1909	Wandputz, Ziegel, RStraße 6 m B.; Kiesdamm, auf 450 m abgeschwemmt; mehrere Brandgräber?, Amphorenstempel D.T.E.D, Münzen des 4. Jh.	Ber. 4, 1910, 8 f. (Ob)
	1911	Münze	Ber. 5, 1911, 193 f. (Ob)
	1912 1913	6 m br. Straßenkörper, 0,7–0,8 m stark, auf dem gewachsenen Boden; Barackenlehm, Tuffwürfel, Brandschicht, 2 Herde übereinander; Meermuschel Pectunculus,	Ber. 6, 1912, 6 f., 27 ff. (Ob)

(Gärtner Schmid, Garten Nordseite)		Cardium, Lavez mit Eßbohnen; unter Gebäude 0,2 m starke Brandschicht. Im „älteren Barakkenschutt mehrere Brandgräber (u. a. mit Fortis-Lampe), eines mit Mühlstein abgedeckt. Gemme *(Abb. 111)*, Riemenverteiler *(Abb. 61,4)*; Herdstelle, FWL mit Muster, Estrichboden, flavische TS, Carantus, Gußmodel; Münzen des 4. Jh.	
	1921	0,3 m Straßenschicht, überzogen von alluvialem Sand nach Auflassung, flavische TS	Ber. 10, 1920–21, 10 (Ob)
	1921/23	Zuunterst Brandschicht, Barackenlehm mit flav. TS, darauf Brandschutt	Ber. 11, 1923, 5 (St)
	1922	Amphore, Reibschüssel GERMAN, Planierhorizont für Gebäude	Ber. 11, 1923, 6 (St)
	1925	RStraße von Donau abgeschwemmt, 2 Herdstellen, Keramik	Ber. 13, 1926, 6 (St)
	1958	Westseite: Grabung Walke. Brandschicht, Keramik, Miniaturaltar Minnerva *(Abb. 109)*; Grube in RStraße	Fundb. 3 (1957–63) Nr. 233 (We), Walke in: Bayer. Vorgeschbl. 24, 1959, 86–109; Bayer. Vorgeschbl. 24, 1959, 229 f. (Au/We)
	1959	FWL, Keramik	Bayer. Vorgeschbl. 25, 1960, 260 (Au/We)
	1960	Keramik	Fundb. 3 (1957–63) Nr. 263 (We)
	1983	RStraße, Eisenschlacken	Fundb. 5 (1971–87) 440 (We)
20 Kappenzipfel 21, 26	1965	Barackenlehm unter Sandschicht	Fundb. 4 (1964–70) Nr. 350 (Garbsch)
21 Schlachthausstr. 46	1966	RStraße auf Kulturschicht, Brandschicht über 5 m br. RStraße	Fundb. 4 (1964–70) 361 (We); Bayer. Vorgesch.-bl. 37, 1972, 187
22 Schlachthausstr. 50	1909 1910	Hinter dem Haus Schutt, Keramik	Jahrb. Hist. Ver. Dillingen 22, 1909, 56; ebd. 23, 1910, 140 (Stö)
23 Schlachthausstr. 60	1908	Keramik	Ber. 2, 1908, 147 (Ob)
24 Schützenstr. 12 a	1976	Keramik	Fundb. 6 (1987) Nr. 491 (We)
25 Schützenstr. 13 1/2	1968	tegulae, Kalkplattenpflaster, FWL	Fundb. 4 (1964–70) Nr. 376 (We)
(Brenner-Garten Fl. 236)	1992	Grabung BLfD (7.10.–23.11.1992) Wasserleitung und RStraße	Bayer. Vorgeschbl. Beih. 8, 1995, 150, Abb. 22.33
26 Schützenstr. 15	1955	Tuffblock 0,8 x 0,8 x 0,5, tegulae, Mauerrest	Fundb. 2 (1953–57) Nr. 104 (We)
	1956	Münze aus Quellablauf	Bayer. Vorgeschbl. 21, 1956, 292 f. (Au)
	1957	Tuffmauer	Bayer. Vorgeschbl. 22, 1957, 215 (Au/We)
	1978	RStraßenprofil	Fundb. 5 (1971–87) (We)
27 Schützenstr. 16	1911	Keramik	Ber. 5, 1911, 196 (Ob)
28 Schützenstr. 17 (Haslachsche Käserei, Fl. 241, Haus 492)	1903/06	Keramik	Ber. 1, 1906/07 156 (Ob)
Schützenstr. 17	1908	Tegulae, TS	Ber. 2, 1908, 143 (Ob)
Schützenstr. 17 (Hinterhaus)	1952/53	Keramik	Bayer. Vorgeschbl. 21, 1956, 292 (Au)
	1954	Keramik (großer Räucherkelch)	Bayer. Vorgeschbl. 22, 1957, 215 (Au/We)
	1956	Keramik, Münze	Bayer. Vorgeschbl. 21, 1956, 292 f. (Au)
	1964	Keramik	Fundb. 4 (1964–70) Nr. 335 (We), Bayer. Vorgeschbl. 37, 1972, 187 f. (We)
29 Stadtberg 19	1959	Münze	Bayer. Vorgeschbl. 25, 1960, 260 (Au/We)
30 Stadtberg 21	1958	Münze	Bayer. Vorgeschbl. 24, 1959, 229 f. (Au/We)
31 Wagnergasse 3	1951/52	Kalksteinsäule, Dm. ca. 20 cm	Bayer. Vorgeschbl. 18/19, 1951/52, 284 (St/Au)

	(Wagenhalle d. Alten Post)	1909	2 Körpergräber in Suchschnitt, W-O	Ber. 3, 1909, 58 f.; Keller, Grabfunde 234 f. Nr. 8
	(Hof der Alten Post)	1909	1 Körpergrab mit Flasche, Trinkbecher Glas	Ber. 3, 1909, 58 f. (Ob); Keller, Grabfunde 234 f. Nr. 7
		1924/25	Körpergrab, W-O	Ber. 12, 1924, 16 (St)
10	Postgasse 1	1900	Körpergrab	Ber. 2, 1908, 142 (Ob); Keller, Grabfunde 234 f. Nr. 12
		1908	orientiertes Körpergrab	Ber. 2, 1908, 142; Keller, Grabfunde 234 f. Nr. 5
		1927/29	w-o Körpergrab, beigabenlos	Ber. 14, 1928, 169 (St)
11	Postgasse 4 (Härtl)	1957	7 beigabenlose Körpergräber 2 x W-O, 3 x O-W, 1 x N-S, 1 x NO-SW	Fundb. 2 (1953–57) 176 (We); Bayer. Vorgeschbl. 24, 1959, 229 f. (Au/We); Keller, Grabfunde 234 f. Nr. 2
12	Postgasse 8 (Hs. 28)	1912	Körpergrab mit Zwiebelknopffibel, Lavezbecher mit Bronzereifen, Kupferschlacke (?)	Ber. 6, 1912, 12 f. (Ob); Jahrb. Hist. Ver. Dillingen 26, 1913, 172 f.; Keller, Grabfunde 234 f. Nr. 4.

Bibliographie

Abkürzungen lateinischer und griechischer Autoren und Werke

Ambr.	Ambrosius, Epistulae
Amm.	Ammianus Marcellinus, Rerum Gestarum Liber
Aug. conf.	Augustinus, Confessiones
Aur. Vict.	S. Aurelius Victor Afer, De Caesaribus
Caes. Gall.	C. Iulius Caesar, De bello Gallico
Cass. Dio	Cassius Dio Cocceianus, Historia Romana
Cassiod. var.	Fl. Magnus Aurelius Cassiodorus Senator, Variae
Catull.	C. Valerius Catullus, Carmina
Cic. leg.	M. Tullius Cicero, De legibus
Claud.	Claudius Claudianus, Bellum Gothicum
Cod. Iust.	Codex Iustinianus
Cod. Theod.	Codex Theodosianus
Colum.	L. Iunius Moderatus Columella, De re rustica
Dig.	Digesta Iustiniani
Eugipp.	Eugippius, Vita Severini
Fest.	S. Pompeius Festus, De verborum significatione
H.A.	Scriptores Historiae Augustae
Herodian.	Herodianos, Meta Markon basileias istoria
Hieron. ep.	Hieronymus, Epistulae
Hor. c.	Q. Horatius Flaccus, Carmina
Hor. s.	Q. Horatius Flaccus, Saturae sive sermones
Isid. orig.	Isidorus, Origines sive etymologiae
Iuv.	D. Iunius Iuvenalis, Saturae
Luc.	Lucretius Carus, De rerum natura
Macr. Sat.	Ambrosius Theodosius Macrobius, Saturnalia
Not. dign. occ.	Notitia dignitatum occidentis
Oros.	Paulus Orosius, Historiae adversus paganos
Paneg.	Panegyrici Latini
Plin. nat.	C. Plinius Secundus maior, Naturalis historia
Prok. Goth.	Prokopios, De bello Gothico
Pol.	Polybios, Historiae
Pol. Silv.	Polemius Silvius, Laterculus
Sidon.	C. Sollius Apollinaris Sidonius Apollinaris, Carmina
Strab.	Strabon, Geographika
Suet.	C. Suetonius Tranquillus, De Caesarum vita
Sulp. Severus	Sulpicius Severus, vita Sancti Martini
Symm. or.	Q. Aurelius Symmachus, Orationes
Tac. ann.	P. Cornelius Tacitus, Annales
Tac. Germ.	P. Cornelius Tacitus, Germania
Tac. hist.	P. Cornelius Tacitus, Historiae
Tib.	Albius Tibullus, Elegiae
Varro, ling.	M. Terentius Varro, De lingua Latina
Varro, rust.	M. Terentius Varro, Rerum rusticarum libri
Vell.	Velleius Paterculus, Historia Romana
Zos.	Zosimos, Historia Nova

Literaturabkürzungen

(Vgl. die Richtlinien für Veröffentlichungen zur Ur-, Vor- und Frühgeschichte, Archäologie der Römischen Provinzen und Archäologie des Mittelalters. Ber. RGK 71, 1990, 975–998; ebd. 73, 1992, 477–540).

ANRW	Aufstieg und Niedergang der römischen Welt, hrsg. W. Haase/ H. Temporini (Berlin).
Ber.	Bericht über die Ausgrabungen des Historischen Vereins Günzburg/Ausgrabungen und Funde des historischen Vereins Günzburg (1920/21)/Fundbericht des Historischen Vereins Günzburg a. D. (1923) im Jahrb. Hist. Ver. Dillingen 20, 1907-45/46, 1932/1933:

Ber. 1, 1906/1907	Jahrb. Hist. Ver. Dillingen 20, 1907
Ber. 2, 1908	Jahrb. Hist. Ver. Dillingen 21, 1908
Ber. 3, 1909	Jahrb. Hist. Ver. Dillingen 22, 1909
Ber. 4, 1910	Jahrb. Hist. Ver. Dillingen 23, 1910
Ber. 5, 1911	Jahrb. Hist. Ver. Dillingen 24, 1911
Ber. 6, 1912/1913	Jahrb. Hist. Ver. Dillingen 27, 1914
Ber. 7, 1914/1915	Jahrb. Hist. Ver. Dillingen 28, 1915 (1916)
Ber. 8, 1916/1917/1918	Jahrb. Hist. Ver. Dillingen 31, 1918 (1919)
Ber. 9, 1919	Jahrb. Hist. Ver. Dillingen 32, 1919
Ber. 10, 1920/1921	Jahrb. Hist. Ver. Dillingen 33, 1920
Ber. 11, 1921/1922/1923	Jahrb. Hist. Ver. Dillingen 36, 1923
Ber. 12, 1924/1925	Jahrb. Hist. Ver. Dillingen 37, 1924
Ber. 13, 1925/1926	Jahrb. Hist. Ver. Dillingen 39, 1926
Ber. 14, 1927–1929	Jahrb. Hist. Ver. Dillingen 40, 1928
Ber. 15, 1929–1933	Jahrb. Hist. Ver. Dillingen 45/46, 1932/1933

CLE	F. Buecheler, Carmina Latina Epigraphica I/II (Leipzig 1895/1897).
CIL	Corpus Inscriptionum Latinarum (Berlin 1862 ff.).
CSIR	F. Wagner (bearb. G. Gamer/A. Rüsch), Corpus signorum imperii Romani. Deutschland Bd. I,1 Raetia (Bayern südlich des Limes) und Noricum (Chiemseegebiet) (Bonn 1973).
FMRD	Die Fundmünzen der römischen Zeit in Deutschland, hrsg. von H. Gebhart/K. Kraft. Abt. I Bayern, 7 Schwaben (Berlin 1962).
IBR	F. Vollmer, Inscriptiones Baivariae Romanae sive inscriptiones provinciae Raetiae adiectis aliquot Noricis Italicisque (München 1915).
ILS	H. Dessau, Inscriptiones Latinae Selectae (Berlin 1897–1916, Nachdr. 1962).
MGH	Monumenta Germaniae Historica (München).
RGA²	Hoops Reallexikon der Germanischen Altertumskunde (Berlin, New York²).
RE	Pauly - Wissowa, Realencyclopädie der Classischen Altertumswissenschaft (Stuttgart).
RiBaden-Württemberg	Ph. Filtzinger/D. Planck/B. Cämmerer, Die Römer in Baden-Württemberg (Stuttgart, Aalen ³1986).
RiBayern	W. Czysz/K. Dietz/T. Fischer/H.-J. Kellner, Die Römer in Bayern (Stuttgart ²1995).
RiSchwaben	Die Römer in Schwaben. Arbeitsh. Bayer. Landesamt Denkmalpflege 27 (München ²1985).
RiSchweiz	W. Drack/R. Fellmann, Die Römer in der Schweiz (Stuttgart, Jona 1988).
Schillinger-Häfele	U. Schillinger-Häfele, Vierter Nachtrag zu CIL XIII und zweiter Nachtrag zu Fr. Vollmer, Insciptiones Baivariae Romanae. Ber. RGK 58, 1977, 447–603.
Wagner	Fr. Wagner, Neue Inschriften aus Raetien. Ber. RGK 37–38, 1956–1957, 215–264.

Abgekürzt zitierte Literatur

Bencker, Funde	M. Bencker, Römische Funde in der Sammlung des historischen Vereins Günzburg (Nördlingen 1907).
Bencker, Funde II	M. Bencker, Römische Funde in der Sammlung des historischen Vereins Günzburg II (Nördlingen 1908).
Czysz, Günzburg	W. Czysz, Günzburg. In: RGA² Bd. 13 (Berlin, New York 1999) 154–158.
Czysz, Oberpeiching	W. Czysz, Der Tod im Topf. Ausgrabungen im römischen Gräberfeld von Oberpeiching bei Rain am Lech (Friedberg 1999).
Czysz/Endres, Keramik	W. Czysz/W. Endres, Archäologie und Geschichte der Keramik in Schwaben. Neusäßer Schr. 6 (Neusäß 1988).

Czysz/Sperber, Funde	W. Czysz/L. Sperber, Römische Funde aus Günzburg. Kastelljubiläum Guntia 77–1977. Günzburger Hefte 10 (Weißenhorn 1977) 18–49.
Dietz/Czysz, Schwaben	K. Dietz/W. Czysz, Die Römer in Schwaben. Spindlers Handb. Bayer. Gesch. III, 2 (München 2001) 46–95.
Dietz/Fischer, Regensburg	K. Dietz/Th. Fischer, Die Römer in Regensburg (Regensburg 1996).
Drexel, Faimingen	F. Drexel, Das Kastell Faimingen. ORLB 66 c (Heidelberg 1911).
Eingartner/Eschbaumer/Weber, Faimingen	J. Eingartner/P. Eschbaumer/G. Weber, Der römische Tempelbezirk in Faimingen-Phoebiana. Limesforschungen 24 (Mainz 1993).
Faber, Regensburg-Kumpfmühl	A. Faber, Das römische Auxiliarkastell und der Vicus von Regensburg-Kumpfmühl. Münchner Beitr. Vor- u. Frühgesch. 49 (München 1994).
Geuenich, Franken	D. Geuenich (Hrsg.), Die Franken und die Alemannen bis zur „Schlacht bei Zülpich" (496/497). Ergänzungsbde. RGA 19 (Berlin, New York 1998).
Heiligmann, Alb-Limes	J. Heiligmann, Der 'Alb-Limes'. Ein Beitrag zur römischen Besetzungsgeschichte Südwestdeutschlands. Forsch. Ber. Vor- Frühgesch. Baden-Württemberg 35 (Stuttgart 1990).
Junkelmann, Reiter	M. Junkelmann, Die Reiter Roms. Kulturgesch. Antike Welt 45 (Mainz 1990, 1991, 1992², 1993, 1994, 1996).
Kat. Alamannen	Arch. Landesmus. Baden-Württemberg (Hrsg.), Die Alamannen (Stuttgart 1997).
Keller, Grabfunde	E. Keller, Die spätrömischen Grabfunde in Südbayern. Münchner Beitr. Vor.- u. Frühgesch. 14 (München 1971).
Keller, Heimstetten	E. Keller, Die frühkaiserzeitlichen Körpergräber von Heimstetten bei München und die verwandten Funde aus Südbayern. Münchner Beitr. Vor- u. Frühgesch. 37 (München 1984).
Kortüm, Datierung	K. Kortüm, Zur Datierung der römischen Militäranlagen im obergermanisch-rätischen Limesgebiet. Saalburg-Jahrb. 49, 1998, 5-65.
Mackensen, Kempten	M. Mackensen, Das römische Gräberfeld auf der Keckwiese in Kempten. Cambodunumforschungen IV. Materialh. Bayer. Vorgesch. A 34 (Kallmünz 1978).
Mackensen, Nersingen	M. Mackensen, Frühkaiserzeitliche Kleinkastelle bei Nersingen und Burlafingen an der oberen Donau. Münchner Beitr. Vor- u. Frühgesch. 41 (München 1987).
Pfahl, Besiedlung	St. F. Pfahl, Die römische und frühalamannische Besiedlung zwischen Donau, Brenz und Nau. Material. Arch. Baden-Württemberg 48 (Stuttgart 1999).
Pferdehirt, Okkupation	B. Pferdehirt, Die römische Okkupation Germaniens und Rätiens von der Zeit des Tiberius bis zum Tode Trajans. Untersuchungen zur Chronologie südgallischer Reliefsigillata. Jahrb. RGZM 33, 1986, 221–320.
Reinecke, Günzburg	P. Reinecke, Beiträge zur Geschichte Rätiens in der römischen Kaiserzeit I. Günzburg zur Römerzeit. Zeitschr. Hist. Ver. Schwaben u. Neuburg 39, 1913, 1–12 (= Gedenkblatt für die Mitglieder des Hist. Ver. Günzburg anläßlich des 10jährigen Bestehens des Vereins im Jahr 1912).
Schmid, Studien	J. Schmid, Gontia. Studien zum römischen Günzburg (München 2000).
von Schnurbein, Regensburg	S. von Schnurbein, Das römische Gräberfeld von Regensburg. Archäologische Forschungen in Regina Castra-Reganesburg I. Materialh. Bayer. Vorgesch. A 31 (Kallmünz 1977).
Schönberger, Truppenlager	H. Schönberger, Die römischen Truppenlager der frühen und mittleren Kaiserzeit zwischen Nordsee und Inn. Ber. RGK 66, 1985, 321–497.
Stroh, Katalog Günzburg	A. Stroh, Katalog Günzburg. Die vorgeschichtlichen Funde und Fundstätten. Materialh. Bayer. Vorgesch. A 2 (Kallmünz 1952).
Struck, Gräber	M. Struck (Hrsg.), Römerzeitliche Gräber als Quellen zu Religion, Bevölkerungsstruktur und Sozialgeschichte. Arch. Schr. Inst. Vor- u. Frühgesch. Joh. Gutenberg-Univ. Mainz (Mainz 1993).
Ulbert, Aislingen	G. Ulbert, Die römischen Donau-Kastelle Aislingen und Burghöfe. Limesforschungen 1 (Berlin 1959).
Vogeser, Funde	J. Vogeser, Praehistorische, römische und merowingische Funde in der Sammlung des historischen Vereins Günzburg (Dillingen o.J. [1910]) = Jahrb. Hist. Ver. Dillingen 23, 1910, 155–204).
Wagner, Steindenkmale	F. Wagner, Günzburgs römische Steindenkmale. Schwäb. Museum 5, 1930, 133–137.
Walke, Günzburg	N. Walke, Zum römischen Günzburg. Bayer. Vorgeschbl. 24, 1959, 86–109.
Walke, Kastellgrabung	I. Walke, Kastellgrabung in Günzburg. In: Kastelljubiläum Guntia 77–1977. Günzburger Hefte 10 (Weißenhorn 1977) 50–60.
Witteyer/Fasold, Totenehrung	M. Witteyer/P. Fasold, Des Lichtes beraubt. Totenehrung in der römischen Gräberstraße von Mainz-Weisenau (Wiebaden 1995).

Ortsregister

Personenregister

Abbildungsnachweis

Ashmolean Museum Oxford 78
BLfD München 41, 72–73, 79, 82, 215, 240, 258
BLfD Außenstelle Schwaben, Thierhaupten 6, 29, 44, 52, 89, 90–91, 103–104, 122, 124, 134–135, 147, 175, 186, 198, 206, 221.1–2, 223, 232, 236, 243, 250–251, 264
O. Braasch (Landshut) 53, 121
W. Czysz (BLfD Außenstelle Schwaben, Thierhaupten) 12, 21–25, 28–29, 34, 36, 37.2–3, 38, 46 (nach P. Conolly), 47, 48, 54, 64, 65, 71, 78.1, 83, 87, 92, 93.3, 94–95, 97, 107, 111, 123, 127, 131–133, 138, 142–143, 145.1, 150.3, 152, 157, 159.2, 163, 167, 171, 174, 176–177, 178.2–3.5, 179, 183, 185, 190.1, 197, 201.1, 203–204, 212.2, 221.3–4, 224–225, 228, 234–235, 239 Plan, 244.3, 247 Pläne, 255.1–2.6, 257, 260.2, 262 (nach Vorlage L. Ohlenroth)
W. Czysz (BLfD Außenstelle Schwaben, Thierhaupten)/ Graphik V. Babucke (Friedberg) 7, 10, 17, 19, 30, 59, 62, 67, 125, 137, 161–162, 213, 231
W. Czysz (BLfD Außenstelle Schwaben, Thierhaupten)/ W. Schmidt (Königsbrunn)/ Graphik V. Babucke (Friedberg) 58, 259
A. Dransfeld (BLfD Außenstelle Schwaben, Thierhaupten) 34
S. Faber (BLfD Außenstelle Schwaben, Thierhaupten) 13, 2–4, 35, 37.1, 39, 40, 60, 61, 64, 76, 85, 96, 101, 130, 151, 154, 158, 160.2, 168, 170, 172, 182, 188, 205, 207, 229, 230.1, 233, 237.1.3–4, 239.2–4, 242, 249
W. Grabert (Günzburg) 260
K.-H. Henning (BLfD Außenstelle Schwaben, Thierhaupten) 141
Hist. Ver. Günzburg 5, 18, 22, 27, 32–33, 42, 50, 55, 75, 84, 112, 129, 130, 136, 156, 169, 189, 192–193, 202, 209, 211, 216, 219, 226, 263
E. Högg (BLfD Außenstelle Schwaben, Thierhaupten) 63, 77, 78.1–2, 81, 149.2, 178.1, 244–245, 255.3–5
K. Kortüm (Stuttgart) 26, 49
G. Krahe (BLfD Außenstelle Schwaben, Thierhaupten) 8
N. Nieszery (Göttingen) 57
J. Passow (Augsburg) 153
M. Reuter/ J. Lindenthal (Freiburg i. Br.) 150.1–2, 194–195, 230.2–4, 237.2
Röm. Mus. Augsburg 212.1
F. Ruppaner (BLfD München) 14–16, 43, 45, 86, 88, 93.1–2, 96, 98–100, 102, 106, 108–110, 113, 115–116.1, 119–120, 128, 139, 146–148, 155, 159.1, 160.1, 161, 164, 173, 180, 184, 187, 190.2, 222, 246, 248, 252, 256, 161
C. S. Sommer (München) 140, 144–145, 166, 191, 200, 201.2
S. Stötter (Günzburg) 31, 56
H. Stölzl (BLfD München) 116.2, 181, 199, 208
N. Walke (München) 69
J. Weizenegger (Günzburg) 11, 105, 135
S. Westerroth (Augsburg) 13,1.5–8, 74, 165, 239.1, 241, 247.1, 253
M. Witteyer (Mainz) 196
U. Wittki (BLfD Nürnberg) 20, 51, 210, 218 (Vorlage RiBayern).